Digitales Spielen als Handeln in Geschlechterrollen

Claudia Wilhelm

Digitales Spielen als Handeln in Geschlechterrollen

Eine Untersuchung zu Selektion,
Motiven, Genrepräferenzen
und Spielverhalten

 Springer VS

Claudia Wilhelm
Erfurt, Deutschland

Dissertation Friedrich-Schiller-Universität Jena, 2012

ISBN 978-3-658-07971-0   ISBN 978-3-658-07972-7 (eBook)
DOI 10.1007/978-3-658-07972-7

Die Deutsche Nationalbibliothek verzeichnet diese Publikation in der Deutschen Nationalbi-
bliografie; detaillierte bibliografische Daten sind im Internet über http://dnb.d-nb.de abrufbar.

Springer VS
© Springer Fachmedien Wiesbaden 2015

Springer Fachmedien Wiesbaden ist Teil der Fachverlagsgruppe Springer Science+Business Media
(www.springer.com)

Inhalt

Abbildungen

Tabellen

1 Einleitung

1.1 Forschungsinteresse

Digitale Spiele bilden zunehmend für immer größere Teile der Bevölkerung einen wesentlichen Bestandteil der aktiven Freizeitgestaltung (Quandt et al. 2011). Längst sind nicht mehr alle Nutzer männliche Teenager. Digitale Spiele werden seit einiger Zeit auch verstärkt von Frauen und höheren Altersgruppen genutzt. Strukturelle Unterschiede bleiben aber dennoch bestehen. Dies betrifft sowohl qualitative als auch quantitative Aspekte der Nutzung.

Quantitative Unterschiede in der Nutzung digitaler Spiele betreffen die Wahl digitalen Spielens als Freizeitbeschäftigung aus einem breiten Spektrum an medialen und nicht-medialen Aktivitäten. Die Wahl von Medienhandlungen wird häufig auf Basis handlungstheoretisch begründeter psychologischer (im Überblick Hartmann 2009a) und soziologischer Modelle (Renckstorf et al. 2004) erklärt. Als originär kommunikationswissenschaftliche Ansätze stehen beispielsweise der *Uses-and-Gratifications-Ansatz* (z. B. Katz et al. 1973; McLeod/ Becker 1981; Rosengren 1974), der *dynamisch-transaktionale Ansatz* (Früh/ Schönbach 1982) und der *Nutzenansatz* von Renckstorf (1989) zur Verfügung. Eine handlungstheoretische Perspektive impliziert eine Betrachtung der Medienwahl als eine mehr oder weniger bewusste und zielgerichtete Handlungswahl in einem unmittelbaren und weiteren sozialen (gesellschaftlichen) Kontext. Diese Aspekte werden zwar vor allem in soziologisch orientierten Theorien der Mediennutzung berücksichtigt, aber gerade bezüglich der Untersuchung digitalen Spielens werden Zusammenhänge des sozialen Kontextes meist ausgeblendet (vgl. Mäyrä 2007).

Qualitative Unterschiede in der Nutzung digitaler Spiele betreffen neben Nutzungsmotiven und inhaltlichen Präferenzen, deren Erklärung ebenfalls durch die angesprochenen Ansätze abgedeckt werden kann, auch die Interaktion mit dem Spielprogramm und anderen Mitspielern, kurz gesagt, das Verhalten der Nutzer im Spiel. Tätigkeitspsychologisch orientierte Konzeptionen dieser Handlungsdimensionen wurden bereits vorgenommen (z. B. Klimmt 2006). Ebenso erfolgte eine Auseinandersetzung mit sozialen Formen des Spiels (z. B. Fritz 2008; Wimmer et al. 2008). Jedoch wurden die einzelnen Handlungsdimensionen oftmals nicht theoretisch spezifiziert (Ausnahme: Ang et al. 2010) und nur

selten mit anderen Einflusskomponenten wie Nutzungsmotiven und Genrepräferenzen in Beziehung gesetzt (z. B. Hartmann 2008). Damit besteht sowohl, was
die Erklärung der Selektion digitalen Spielens als Freizeitaktivität betrifft, als
auch bezüglich der Erklärung verschiedener, theoretisch zu spezifizierender
Dimensionen des Spielverhaltens weiterer Forschungsbedarf. An diesem Punkt
knüpft die vorliegende Arbeit an, indem sie einen handlungstheoretischen Zugang wählt und digitales Spielen als mehrdimensionales Konstrukt betrachtet.

Neben der oben angesprochenen Annahme einer bewussten und zielgerichteten Handlungswahl und der Berücksichtigung sozialer Kontextbedingungen
betrifft eine solche Konzeption auch die Besonderheiten der Handlungsstruktur
und die spezifischen Merkmale der Spielhandlung. Spiele fokussieren den Nutzer auf seinen Entscheidungsprozess, indem sie eine bestimmte Handlungsabfolge forcieren. Durch die Interaktion mit dem Spielprogramm wird der Spieler
selbst Teil des Spiels (vgl. Corliss 2011: 5). Einer tätigkeitspsychologischen
Betrachtung folgend können zunächst verschiedene Handlungsebenen differenziert werden (Leontjew 1979; vgl. auch Oerter 1993; Klimmt 2006). Darüber
hinaus wird die Vorstellung des Spielens „als Handeln besonderer Art" (Oerter
1993) aus kultureller und entwicklungspsychologischer Perspektive greifbar. In
einem weiteren Schritt kann auf Ebene der Handlungsselektion eine Verortung
digitalen Spielens im freizeitlichen und sozialen Kontext vorgenommen werden.
Auf Ebene des Verhaltens im Spiel erscheint eine Differenzierung in verschiedene Handlungsdimensionen, die wesentliche Merkmale der Spielhandlung abbilden und in engem Zusammenhang mit Nutzungsmotiven und inhaltlichen Präferenzen stehen, plausibel. Damit ist ein handlungstheoretischer Zugang gefunden,
der eine ganzheitliche Betrachtung der Nutzung digitaler Spiele eröffnet. Eine
solche Perspektive zielt darauf ab, offenzulegen, wie Menschen spielen, genauer
gesagt, wie und in welchem Umfang sie mit dem Spielprogramm und anderen
Spielern interagieren. Auf diese Weise kann festgestellt werden, wie Menschen
Spiele sinnhaft auf ihre Lebenswelt beziehen, wie sie es mit anderen Medien
auch tun (ähnlich Corliss 2011: 7).

Widmet man sich den quantitativen und qualitativen Unterschieden in der
Nutzung digitaler Spiele, so liegt eine geschlechtsbezogene Perspektive nahe.
Bereits seit den 1990er Jahren findet eine rege Diskussion zum geringen Anteil
weiblicher Computerspieler und der entsprechend deutlichen männlichen Dominanz in der Computerspielkultur statt (vgl. z. B. Bryce/ Rutter 2005; Cassell/
Jenkins 1998), die bis heute andauert (vgl. Kafai et al. 2008; Shaw 2012). Zunächst konzentrierte sich die Forschung auf die Annahme eines *Digital Gender
Divide*, dessen Ursachen in der geschlechtsspezifischen Einstellung zu Computertechnik und der eigenen Wahrnehmung der Kompetenz im Umgang mit Computern gesehen wurden (vgl. Cooper/ Weaver 2003). Des Weiteren wurde ver-

mutet, dass geschlechtsspezifische Unterschiede in motorischen und kognitiven Fähigkeiten zu Unterschieden in der Nutzung digitaler Spiele führen (z. B. Lucas/ Sherry 2004). Auf der anderen Seite wurden und werden Inhalte und Gestaltung des Angebots an Computer- und Videospielen wie etwa die Darstellung von Frauenfiguren für geschlechtsspezifische Unterschiede in der Nutzungsintensität verantwortlich gemacht (Graner Ray 2004; Hayes 2007). Geschlechterunterschiede in der Nutzung digitaler Spiele sind jedoch nicht nur auf unterschiedlichen Kompetenzen, Erfahrungen und die Darstellung der Spielcharaktere zurückzuführen. Vielmehr müssen auch Faktoren der Freizeitgestaltung und des sozialen Kontextes, Nutzungsmotive und Genrepräferenzen berücksichtigt werden. Diese betreffen nicht nur die Häufigkeit der Nutzung, sondern auch die sozialen Bedingungen der Nutzung sowie das Verhalten im Spiel.

Bisher wurden Geschlechterunterschiede in der Nutzung digitaler Spiele meist auf Basis der biologischen Unterscheidung zwischen Mann und Frau untersucht, jedoch wurde auch festgestellt, dass die Einstellung zu Computern und Technik maßgeblich durch geschlechtstypische soziale Rollenvorstellungen geprägt ist (vgl. Brosnan 1998). Insbesondere digitales Spielen wird als sozial konstruierte Aktivität (Yates/ Littleton 1999) angesehen, die stark mit Geschlechterstereotypen behaftet ist (Cooper/ Weaver 2003). Insofern ist zu vermuten, dass eher die Aneignung von Geschlechterrollen als das biologische Geschlecht die Zuwendung zu digitalen Spielen steuert. Eine psychosoziale Konzeption des Geschlechterbegriffs, wie sie in der Genderforschung vertreten wird (Muehlenhard/ Peterson 2011), bietet daher die Möglichkeit, den Einfluss einer Orientierung an Geschlechterrollen auf die Nutzung digitaler Spiele zu erfassen. Damit verbunden ist die Vermutung, dass sich Männer und Frauen in ihrem Handeln an Rollenerwartungen orientieren, die im Wesentlichen auf Geschlechterstereotypen beruhen. Diese Auffassung wird mit dem Begriff der *Geschlechtsrollenorientierung* zum Ausdruck gebracht. Eine theoretische Grundlage für eine solche Betrachtung liefert die *Geschlechterschematheorie* (Bem 1981a) und die *Theorie sozialer Rollen* (Eagly 1987). Darüber hinaus müssen auch situative und strukturelle Bedingungen einer geschlechtstypischen Nutzung digitaler Spiele berücksichtigt werden, wie in sozial-konstruktionistischen Ansätzen betont wird (vgl. Leszczynski/ Strough 2008), da die Orientierung an Geschlechterrollen von verschiedenen Kontextfaktoren beeinflusst wird.

Damit bildet neben einer handlungstheoretischen Konzeption, die sowohl die Selektion *von* als auch das Verhalten *in* digitalen Spielen umfasst, eine geschlechtsbezogene Perspektive, die auf die Bedeutung des Geschlechts als psychosoziales Konstrukt abstellt, einen weiteren Schwerpunkt dieser Arbeit. Entsprechend ergibt sich aus der Verknüpfung der beiden Themenfelder die forschungsleitende Frage dieser Arbeit: *Welchen Einfluss hat das Geschlecht auf die Nutzung digitaler Spiele?*[1]

Um diese Frage zu beantworten, muss zunächst eine theoretische Grundlage erarbeitet werden, auf deren Basis ein Modell zur Erklärung der geschlechtstypischen Nutzung digitaler Spiele entwickelt werden kann. Damit verbunden sind die untergeordneten Forschungsfragen nach einer modelltheoretischen Fundierung und Spezifizierung der endogenen (Nutzung digitaler Spiele) und exogenen Modellkomponente (Geschlecht). So stellen sich *handlungstheoretisch* folgende Fragen:

- Inwiefern lässt sich digitales Spielen als *soziales Handeln* konzeptualisieren?
- Welche Handlungskomponenten lassen sich bezüglich der Nutzung digitaler Spiele unterscheiden und wodurch sind diese Handlungskomponenten gekennzeichnet?

Des Weiteren kann aus *Genderperspektive* gefragt werden:

- Inwiefern lässt sich das Geschlecht als *psychosoziales Konstrukt* konzeptualisieren?

Nach theoretischer Grundlegung und Spezifikation der Modellkomponenten sind folgende Fragen *empirisch* zu prüfen:

- Inwiefern lässt sich digitales Spielen auf *Selektionsebene* erklären? Welchen Einfluss hat die Geschlechtsrollenorientierung auf die Handlungswahl?
- Inwiefern lässt sich digitales Spielen auf *Ebene des Spielverhaltens* erklären? Welchen Einfluss hat die Geschlechtsrollenorientierung auf das Spielverhalten?
- Welche *situativen* und *strukturellen* Faktoren bedingen den Einfluss der Geschlechtsrollenorientierung auf die Nutzung digitaler Spiele?

Das Forschungsinteresse dieser Arbeit konzentriert sich demnach auf eine geschlechtsbezogene Betrachtung der Nutzung digitaler Spiele. Dabei wird ein handlungstheoretischer Zugang gewählt, der digitales Spielen als multidimensio-

---

1   Der Begriff digitale Spiele umfasst sowohl herkömmliche Computer- und Videospiele als auch Onlinespiele und mobiles Spielen.

nales Konstrukt auffasst, seine soziale Einbettung sowie die besondere Beschaffenheit der Spielhandlung berücksichtigt. Eine Engführung der Untersuchung von Geschlechterunterschieden, wie sie aus einer Konzentration auf das biologische Geschlecht resultiert, wird in dieser Arbeit vermieden. Stattdessen eröffnet eine psychosoziale Konzeption des Geschlechterbegriffs einen differenzierteren Blick auf Dimensionen einer geschlechtstypischen Nutzung digitaler Spiele. Die empirische Prüfung des vorgeschlagenen Handlungsmodells kann offen legen, welche Beziehungen zwischen den einzelnen Handlungskomponenten bestehen, inwiefern Geschlechterrollen diese Handlungskomponenten prägen und ob dieser Einfluss der strengen Dichotomie einer biologischen Geschlechterkonzeption folgt oder davon abweicht.

1.2 Inhalt und Aufbau der Arbeit

Zur Umsetzung des oben skizzierten Forschungsprogramms muss zunächst ein handlungstheoretischer Rahmen erarbeitet werden, der die Konzeptualisierung eines Erklärungsmodells zur Nutzung digitaler Spiele ermöglicht. Daher interessieren zunächst (*Kap. 2*) handlungstheoretisch orientierte Ansätze, die die Mediennutzung allgemein und speziell die Nutzung digitaler Spiele hinsichtlich Selektion und Nutzungsprozess erklären können. In diesem Zusammenhang werden u. a. der Uses-and-Gratifications-Ansatz (z. B. McLeod/ Becker 1981), dynamisch-transaktionale Konzeptionen (z. B. Früh 2002) sowie der Nutzenansatz (z. B. Renckstorf 1989) berücksichtigt. Darüber hinaus müssen bereits etablierte Anwendungen originär soziologischer bzw. psychologischer Konzepte auf die Mediennutzung, beispielsweise tätigkeitspsychologische Ansätze (z. B. Leontjew 1979) zu Rate gezogen werden. Des Weiteren werden Ansätze diskutiert, die Mediennutzung als Interaktion auffassen. Schließlich werden daraus relevante Komponenten eines Erklärungsmodells der Nutzung digitaler Spiele als soziales Handeln abgeleitet.

Damit verfügt die vorliegende Arbeit über ein handlungstheoretisches Grundgerüst, das in den beiden folgenden Kapiteln inhaltlich gefüllt wird. So erfolgt in *Kapitel 3* eine Spezifikation der endogenen Modellkomponente digitales Spielen. Eine Spezifikation der exogenen Modellkomponente Geschlechtsrollenorientierung wird in Kapitel 4 vorgenommen. Die Spezifikation der endogenen Modellkomponente digitales Spielen in Kapitel 3 erfolgt auf Ebene der Handlungsselektion und des Spielverhaltens. Als spieltheoretische Grundlage wird hierfür zunächst die kulturelle (z. B. Caillois 1958; Huizinga 1956) und entwicklungspsychologische Bedeutung (z. B. Oerter 1993) des Spielens erarbeitet und zentrale Merkmale des Spiels und der Spielhandlung abgeleitet. Ergänzt wird dieses Grundlagenkapitel durch eine Betrachtung der Mediennutzung als

Spiel (Stephenson 1988; Vorderer 2001). Anschließend werden die Bedingungen der Selektion digitaler Spiele als Freizeitaktivität sowie die soziale Einbettung dieser Handlungswahl beleuchtet. Auf Ebene des Spielverhaltens wird die Bedeutung motivationaler und situationsspezifischer Einflussfaktoren auf das Spielverhalten herausgearbeitet. Des Weiteren wird eine mehrdimensionale Betrachtung des Spielverhaltens vorgeschlagen, die den sozialen und operativen Charakter des Spielverhaltens berücksichtigt, so dass abschließend die in *Kapitel 2* abgeleiteten Handlungskomponenten hinsichtlich der Nutzung digitaler Spiele spezifiziert werden können.

Kapitel 4 widmet sich einer psychosozialen Konzeption des Geschlechterbegriffs als exogene Modellkomponente. Zunächst werden grundlegende begriffliche Unterscheidungen zwischen biologischem und psychologischem Geschlecht zusammengetragen. Des Weiteren werden unterschiedliche Konzeptionen eines psychosozialen Geschlechterbegriffs herausgearbeitet. In diesem Zusammenhang wird auch die Bedeutung von Geschlechterstereotypen sowie Theorien der Geschlechtsrollenentwicklung (z. B. Bem 1981a; Bussey/ Bandura 1999) erörtert. Zur handlungstheoretischen Anbindung des hier erarbeiteten Geschlechterbegriffs wird die Theorie sozialer Rollen (Eagly 1987) herangezogen. Gleichzeitig werden auch Konzepte, die situative Bedingungen geschlechtsbezogenen Verhaltens integrieren, berücksichtigt (z. B. Deaux/ Major 1987). Danach werden Erkenntnisse zu Geschlechterunterschieden in der Mediennutzung allgemein sowie bezüglich der in *Kapitel 3* herausgearbeiteten Komponenten digitalen Spielens zusammengetragen. Abschließend wird eine Integration des Konstrukts Geschlechtsrollenorientierung in ein Erklärungsmodell zur Nutzung digitaler Spiele vorgeschlagen.

Die in *Kapitel 3* entwickelten endogenen und in *Kapitel 4* erarbeiteten exogenen Modellkomponenten werden in *Kapitel 5* zunächst zu einem Gesamtmodell verknüpft. Danach werden daraus Erklärungsmodelle zur Nutzung digitaler Spiele auf Selektionsebene und auf Ebene des Spielverhaltens sowie eine theoretische Verknüpfung der beiden Ebenen abgeleitet. Darüber hinaus werden mögliche Einflüsse moderierender Variablen auf die Modellbeziehungen diskutiert und Überlegungen zur Messung der Modellkonstrukte angestellt. *Kapitel 6* beschäftigt sich zunächst mit der Wahl eines Untersuchungsdesigns und der Untersuchungsmethode. In diesem Zusammenhang wird auch die Entscheidung für die Durchführung einer Online-Befragung zur Prüfung der in Kapitel fünf formulierten Hypothesen erläutert. Anschließend werden Inhalte und Aufbau des Fragebogens, das Vorgehen bei der Stichprobenrekrutierung sowie Besonderheiten und Bedingungen des gewählten Auswertungsverfahrens der Strukturgleichungsmodellierung beschrieben. *Kapitel 7* widmet sich der Darstellung der Ergebnisse. Nach der Darstellung deskriptiver Ergebnisse zur allgemeinen Beschreibung der Stichprobe und zu allen modellrelevanten Variablen wird die Güteprüfung der Messmodelle der Konstrukte auf Selektionsebene und Ebene des Spielverhaltens dokumentiert. Die Darstellung der Ergebnisse erfolgt anhand der in *Kapitel 5* entwickelten Modelle und Hypothesen wieder jeweils für die Selektionsebene und die Ebene des Spielverhaltens sowie für die modellierte Verknüpfung der beiden Ebenen. Des Weiteren werden analog für beide Ebenen Ergebnisse zu Moderatoreffekten struktureller Variablen präsentiert. Schließlich erfolgt eine zusammenfassende Betrachtung und Interpretation der Ergebnisse. *Kapitel 8* bildet das Schlusskapitel und diskutiert den theoretischen und methodischen Beitrag der Arbeit sowie ihre praktische Relevanz. Darüber hinaus gibt das Kapitel einen Ausblick zu möglichen theoretischen Weiterentwicklungen und alternativen Varianten der methodischen Umsetzung.

2 Handlungstheoretische Konzeptionen der Mediennutzung

Handlungstheoretisch begründete, psychologische Modelle, die ihren Ursprung zu großen Teilen in der Einstellungs- und Verhaltensforschung haben, sowie soziologische Erklärungsansätze, werden in der Mediennutzungsforschung häufig zur Erklärung der Medienselektion herangezogen (vgl. z. B. Hartmann 2009a; McQuail/ Renckstorf 2004; Vorderer 1996). Besonders hervorzuheben ist in diesem Zusammenhang die Theorie geplanten Handelns (Fishbein/ Ajzen 1975), deren Anwendung auf die Mediennutzung bereits als etabliert gelten darf (z. B. Palmgreen/ Rayburn 1985; vgl. dazu auch Rossmann 2011; Hartmann 2009b). Dies zeigt sich auch in einigen aktuellen Arbeiten zur Computerspielnutzung (z. B. Behr 2010). Aber auch andere Ansätze wie das Rubikon-Modell von Heckhausen (Schultheiss 2010) und die sozial-kognitive Theorie von Bandura (LaRose 2009; Lee/ LaRose 2007) finden Beachtung und Anwendung.

Für die vorliegende Arbeit ergeben sich folgende Fragen bezüglich einer handlungstheoretisch fundierten Konzeptualisierung der Mediennutzung, die in den nachfolgenden Abschnitten unter Berücksichtigung einschlägiger theoretischer Ansätze und Modelle diskutiert werden sollen: Inwiefern lässt sich Mediennutzung als bewusste und zielgerichtete oder auch begrenzt rationale Handlung fassen? Und inwiefern kann eine Orientierung der Mediennutzung an gesellschaftlichen Normen und Werten unterstellt werden? Wie kann der Prozess der Mediennutzung handlungstheoretisch konzipiert werden? (2.1) Des Weiteren ist zu hinterfragen, unter welchen Prämissen Mediennutzung als Interaktion aufgefasst werden kann (2.2). Diese Fragen sollen mit besonderem Augenmerk auf die Nutzung digitaler Spiele beantwortet werden. Schließlich werden relevante Handlungsmodelle hinsichtlich ihrer Brauchbarkeit zur Konzeption der Nutzung digitaler Spiele als soziale Handlung hinterfragt und für die Fragestellung bedeutsame Aspekte herausgearbeitet (2.3).

2.1 Medienselektion und –nutzungsprozess

Die Problematik, ob und inwiefern Mediennutzung bewusst und zielgerichtet erfolgt, wird überwiegend – vornehmlich aus Perspektive der Medienwirkungsforschung – im Zusammenhang mit dem Begriff der *Publikumsaktivität* diskutiert (z. B. Levy/ Windahl 1985).

Ansätze der Kommunikationswissenschaft, die in ihrer Konzeption der Mediennutzung eine gewisse handlungstheoretische Fundierung erkennen lassen, sind zum Beispiel der *Uses-and-Gratifications-Ansatz* (z. B. Katz et al. 1973; McLeod/ Becker 1981; Rosengren 1974) und der *dynamisch-transaktionale Ansatz* (Früh/ Schönbach 1982; bezogen auf Fernsehunterhaltung vgl. auch die Triadisch-Dynamische Unterhaltungstheorie von Früh 2002). Der Uses-and-Gratifications-Ansatz (UGA), ursprünglich entwickelt in Anlehnung an Theorien des Strukturfunktionalismus von Merton (1995) und Parsons (z. B. Parsons/ Shils 1951; vgl. dazu McLeod/ Becker 1981: 75f.), folgt in der Logik klassischen Rational-Choice-Modellen. Sein Erklärungsanspruch beschränkt sich auf die Ebene individueller Bedürfnisse. Medienselektion wird im Weberschen Sinne als bewusst und zielgerichtet aufgefasst (McQuail/ Renckstorf 2004: 3). Wenn man jedoch berücksichtigt, dass Mediennutzung nicht immer zielgerichtet, sondern oft auch gewohnheitsmäßig und ritualisiert erfolgt (z. B. Barwise/ Ehrenberg 1994; Rubin 1984), erscheint eine Modellierung der Mediennutzung streng nach dem Rational-Choice-Ansatz fragwürdig (Scheuch 2004). Der Tradition des UGA wird eine breite Palette an Modellen zugeordnet (McLeod/ Becker 1981: 71), die zum Teil gesellschaftliche (z. B. Rosengren 1974) und kulturelle Aspekte (McQuail 1984) integrieren. Habituelles Handeln im Sinne einer begrenzten Rationalität bleibt beim UGA jedoch weitgehend außen vor. Gesellschaftliche Norm- und Wertorientierungen werden insofern berücksichtigt, als dass Bedürfnisse sowohl psychologisch als auch sozial determiniert sind (Katz et al. 1973; Merton 1995).

Im *Nutzenansatz* werden Elemente des Uses-and-Gratifications-Ansatzes mit handlungstheoretischen Annahmen des symbolischen Interaktionismus und der phänomenologischen Soziologie verknüpft (Teichert 1972, 1973; vgl. Renckstorf 1989). Medienhandeln wird hier als Alltagshandeln aufgefasst, wodurch theoretische Bezüge zum symbolischen Interaktionismus (Mead 1968) und zur Handlungstheorie von Schütz (1991) hergestellt werden können. Der Ansatz betrachtet Massenmedien und ihre Botschaften als Objekte der sozialen Umwelt des Handelnden. Diese schaffen Situationen, die definiert werden müssen. Im Prozess der Definition, der Konstitution sozialer Interaktionen, entsteht Sinn, der wiederum einen Teil der gesellschaftlichen Identität einer Person bildet (Blumer 1969; vgl. Renckstorf/ Wester 2004: 55). Das so entwickelte handlungstheoretisch fundierte Referenzmodell (Renckstorf 1989; Renckstorf/ Wester 2001) berücksichtigt sowohl instrumentelle bzw. zielgerichtete als auch ritualisierte bzw. routinemäßige Formen der Mediennutzung in ihrer gesellschaftlichen, sozialen und individuellen Bedingtheit.[2] Scheuch (2004: 28) fügt jedoch hinzu, dass der handlungstheoretische Referenzrahmen eher bei starken Medienwirkungen greift, etwa bei instrumenteller, aktiver Nutzung, wenn eine Veränderung bzw. Anpassung des Wissensvorrats (Schütz 1991) stattfindet. Die Annahme begrenzter Rationalität birgt den Vorteil, dass bei Kenntnis der Beschränkungen (bounds) Handeln immer vorhersehbarer wird. Darüber hinaus sind Rational-Choice-Ansätze in den Sozialwissenschaften beliebt, da sie die Möglichkeit der Formulierung mathematischer Modelle zur Erklärung sozialer Phänomene bieten (Scheuch 2004).

Auch der dynamisch-transaktionale Ansatz (Früh/ Schönbach 1982) weist einige handlungstheoretische Elemente auf, da auch hier ein wechselseitig aufeinander bezogenes Verhalten der Entitäten unterstellt wird. Die dabei ablaufenden Prozesse („Transaktionen") sind nicht zwingend bewusst und zielgerichtet, sondern „viel öfter habituell, unbewusst und im affektiven Bereich" (Schönbach/ Früh 1991: 41) angesiedelt. *Transaktionen* werden in „Inter-Transaktionen" als vorgestellte oder tatsächliche Interaktionsprozesse zwischen Kommunikatoren und Rezipienten und „Intra-Transaktionen" als innerpsychische Interaktionsprozesse zwischen dem Aktivationsniveau und seinen kognitiven Ressourcen unterschieden (vgl. Früh/ Schönbach 1982: 78). Der DTA lässt sich eher der psychologischen Perspektive zuordnen, da sein Erklärungsanspruch und seine postulierten Wirkmechanismen psychologisch fundiert sind (vgl. dazu auch Renckstorf 1989: 324). So wird in der dynamisch-transaktional formulierten Theorie der Fernsehunterhaltung (Früh 2002) für die Nutzung von Fernsehangeboten zur Unterhaltung ein Kommunikationsprozess unterstellt, der sowohl durch Merkmale des Medienangebotes, des Publikums und des gesellschaftlichen und situativen Kontextes als auch durch die Strukturen und Mechanismen der Informationsverarbeitung im Rezeptionsprozess wesentlich geprägt ist (Früh 2002: 67). Im Vordergrund stehen hier die Entstehungsbedingungen der sogenannten „Unterhaltung als Makroemotion" (Früh 2002).

Eine psychologische Perspektive nimmt auch Vorderer (1996: 319) ein, indem er Unterhaltungsrezeption als eine Handlung auffasst, bei der sich kognitive und emotionale Prozesse vollziehen (vgl. auch Vorderer 1992). Zur Erklärung der Fernsehprogrammauswahl wählt auch Bilandzic (2004) eine handlungstheoretische Perspektive in Anlehnung an Essers Modell der Frameselektion (vgl. Esser 1999; 2001) und verknüpft diese mit Informationsverarbeitungsmodellen.

---

2   Bei der Definition ihres (Medien-)Handlungsbegriffs orientieren sich Renckstorf und Wester (2001) stark an Schütz und Luckmann (2003).

Gehrau (2008) untersucht den Zusammenhang zwischen Fernsehqualität und Fernsehnutzung in einem komplexen Modell, indem er das Rubikon-Modell von Heckhausen (1989) mit Rational-Choice-Elementen verbindet.
Explizit handlungstheoretische Wurzeln haben Arbeiten zur Nutzung digitaler Spiele (vgl. dazu auch Abschnitt 3.2) von Klimmt (2006) und Hartmann (2006). Unter Berücksichtigung psychologischer Handlungstheorien geht Hartmann (2006) davon aus, dass der *Selektion* digitaler Spiele ein bewusster und zielgerichteter Auswahlprozess zugrunde liegt, der in einer *Erwartungs-Wert-Struktur* modelliert werden kann. Der Nutzer wägt seine Handlungsalternativen bedürfnisorientiert ab, um mögliche Kosten einer Fehlentscheidung zu vermeiden (vgl. Hartmann 2006: 129). Damit wird für die Selektion digitaler Spiele eine Hochkostensituation unterstellt, im Gegensatz zur für die Fernsehnutzung postulierten Niedrigkostensituation (Jäckel 1992).
LaRose (2009) geht davon aus, dass nicht nur Medienwirkungen lerntheoretisch erklärt werden können, sondern auch das Medienauswahlverhalten. Auf Basis der sozial-kognitiven Lerntheorie von Bandura (1977) formuliert er eine sozial-kognitive Theorie der Medienauswahl. In der sozial-kognitiven Lerntheorie werden behavioristische Annahmen mit Annahmen zu geplantem, vorausschauendem Handeln verknüpft (vgl. LaRose 2009: 11). Hier sieht LaRose (2009) Parallelen zur Entscheidungstheorie, denn auch dort wird unterstellt, dass Menschen Entscheidungen (hier: der Medienwahl) in Abhängigkeit von den erwarteten Konsequenzen dieser Entscheidungen treffen. Mangelnde Rationalität oder Impulsivität wird im Rahmen der sozial-kognitiven Lerntheorie als mangelnde Selbstregulation aufgefasst (vgl. LaRose 2009: 11). Dies trifft, so der Autor, beispielsweise auf suchtähnliches Mediennutzungsverhalten zu. In einer Studie zur Nutzung von Videospielen konnten Lee und LaRose (2007) zeigen, dass mangelnde Selbstregulierung im Spielkonsum durch eine optimale Balance zwischen Selbstwirksamkeit und Anforderung begünstigt wird. Gleichzeitig ergab die empirische Prüfung ihres sozial-kognitven Modells der Videospielnutzung, dass der Ansatz auch unproblematisches Nutzungsverhalten erklären kann.
Zur Erklärung des Publikumserfolgs bei Computerspielen analysiert Schumann (2013) den Selektionsprozess in der präkommunikativen, kommunikativen und postkommunikativen Phase (vgl. dazu auch Schweiger 2007). Dabei legt die Autorin eine Theorie der subjektiven Qualitätsauswahl (vgl. dazu z. B. Wolling 2009) zugrunde, die sowohl nutzerbezogene (Qualitätswahrnehmungen und – erwartungen) als auch Merkmale des Medienangebots als Einflussfaktoren berücksichtigt. Die Selektion von Computerspielen wird von Schumann als „vergleichsweise bewusst und rational" aufgefasst (Schumann 2013: 55).
Zur Beschreibung des Spielprozesses entwirft Klimmt (2006) ein Handlungsmodell, das in Anlehnung an Oerter (2000), der sich wiederum auf den

Tätigkeitsbegriff von Leontjew (1979) bezieht, drei Analyseebenen beinhaltet. Dabei wird eine hierarchisch-sequentielle Organisation der drei Ebenen unterstellt. Auf der untersten Ebene vollziehen sich einzelne Interaktionen zwischen Spieler und Spielprogramm in Form von *Input/Output-Loops*, d. h. einer Eingabe des Spielers folgt die Reaktion des Programms usw. (Klimmt 2006: 71). Diese Betrachtungseinheit entspricht dem Begriff der *Operation* bei Leontjew (1984). Eine Reihe von Input/Output-Loops ergibt wiederum eine *Episode*, die die nächsthöhere Analyseebene darstellt. Eine Episode beinhaltet eine Ausgangssituation, eine Handlung des Spielers, die aus mehreren Input/Output-Loops bestehen kann, und ein *Ergebnis* (z. B. Überwinden eines Hindernisses oder eines Gegners). In einer Episode verfügt der Spieler über eine Reihe von Handlungsmöglichkeiten. Gleichzeitig besteht auch eine gewisse Handlungsnotwendigkeit, die vom Spielprogramm etwa durch das Auftauchen von Gegnern oder anderer Hindernisse erzeugt wird (vgl. Klimmt 2006: 71f.). Hier kann als Parallele für den Begriff der *Episode* der Handlungsbegriff bei Leontjew (1984) angeführt werden. Dementsprechend kann das *Ergebnis* dem *Ziel* bei Leontjew zugeordnet werden. Für die oberste Analyseebene verwendet Klimmt (2006) dann auch den Begriff der *Tätigkeit* und bezeichnet damit die gesamte Tätigkeit des Spielens, die wiederum aus eine Reihe zusammenhängender Episoden besteht. Kennzeichnend für diese Ebenen ist ein übergeordnetes *Thema* (ähnlich dem *Motiv* bei Leontjew), das über das Lösen eines konkreten Problems weit hinaus geht, etwa die Entwicklung einer Spielfigur oder neue Erkenntnisse über die Spielumgebung (vgl. Klimmt 2006: 74f.).

Exkurs: Handlung als allgemeine Tätigkeit

Leontjew (1979) stellt sich die Frage nach einer Bedeutung des Tätigkeitsbegriffs für das Verstehen der Determination des Psychischen und des menschlichen Bewusstseins. Er kritisiert das „Stimulus-Reaktion"-Schema des Behaviorismus: „Die Begrenztheit des eben besprochenen Herangehens ist darin zu sehen, dass auf der einen Seite Gegenstände und Objekte existieren, auf der anderen Seite ein passives, den Einwirkungen ausgesetztes Subjekt." (Leontjew 1984: 14) Für ihn ist es das Subjekt bzw. seine „innere Bedingungen", die in aktiven Prozessen seine gesellschaftliche Umwelt vielfältig gestalten. Diese Prozesse fasst er unter dem Begriff der Tätigkeit (Leontjew 1984: 15). Die Subjekt-Objekt-Beziehung wird um die Komponente der Tätigkeit des Subjekts zu einer Subjekt-Tätigkeit-Objekt-Beziehung erweitert. Tätigkeit wird als eine psychologische Kategorie bzw. als ein System von Prozessen aufgefasst, die gesellschaftliche, von Anfang an praktische Relationsziele des Menschen verwirklichen. Bedürfnisse steuern vergegenständlicht in Motiven die Tätigkeit, die sich „aus

Zielen und den ihnen entsprechenden Handlungen, den Mitteln und Verfahren zur Realisierung der Handlungen" (Leontjew 1984: 17) herausbildet.

Innere (geistige) und äußere (praktische, materielle) Tätigkeiten sind strukturell gleich und beeinflussen sich gegenseitig. Dies impliziert nichts anderes als die Annahme einer Kopplung von Bewusstsein und Verhalten, die ein subjektiver Handlungsbegriff nahe legt. Bewusstsein ist eingebettet in gesellschaftliche Prozesse, das bedeutet, Bedürfnisse, Handlungsziele und Mittel zur Erreichung dieser Ziele sind gesellschaftlich determiniert (vgl. Leontjew 1984: 20). Die Handlung (bei Leontjew Tätigkeit) wird also immer im sozialen Kontext und somit als soziale Handlung betrachtet.

Die hierarchisch-sequentielle Organisation der Tätigkeit basiert auf realisierenden Handlungen als zielgerichtete Prozesse und Operationen als bedingungsabhängige Verfahren, mit deren Hilfe Handlungen ausgeführt werden. Diese beiden Komponenten sind auf jeweils einander untergeordneten Ebenen angesiedelt. Jede Tätigkeit wird durch ein bestimmtes Motiv ausgelöst, das so der Tätigkeit ihren Gegenstand (materiell oder geistig) verleiht, auf den sie sich ausrichtet.[3] Auf Handlungsebene und damit diesem Tätigkeitsmotiv untergeordnet, sind es bewusste Ziele, die den Handlungsprozess bestimmen. Dieser beinhaltet wiederum einzelne Operationen, welche bestimmten Bedingungen unterworfen sind. Aus Perspektive des Motivs können einzelne Handlungsprozesse einer Tätigkeit zugeordnet werden. Identifiziert man konkrete Ziele, so lassen sich diesen Zielen wiederum entsprechende Handlungen zuordnen, die für sich allein stehen oder miteinander verbunden sein können. Als Parallele zu den Überlegungen von Schütz (1991), wenn auch dieser keine sequentiell-hierarchische Struktur unterstellt, kann das Motiv als Weil-Motiv und das Ziel als Um-zu-Motiv interpretiert werden.

Die Beziehungen zwischen den hier beschriebenen Komponenten (Tätigkeit, Motiv, Handlung, Ziel, Operation, Bedingungen) werden von Leontjew nicht als statisch angenommen, vielmehr konstituiert sich die Tätigkeit als dynamisches System, das fortlaufenden Transformationen unterworfen ist (Leontjew 1984: 26). So können Tätigkeiten zu Handlungen, Motive zu Zielen und Handlungen zu Operationen transformiert werden.[4]

Tätigkeiten werden zur Befriedigung von Bedürfnissen, oder allgemeiner formuliert zum Erreichen eines bestimmten Ergebnisses (Tätigkeitsprodukt), vollzogen. Abbildungen und Vorstellungen (mentale Modelle, Aktionsprogramme) regulieren dabei die Tätigkeit in Richtung eines Ergebnisses. Abbildungen

---

3   Als Motiv bezeichnet Leontjew (1984: 21) den imaginierten oder auch reell wahrgenommenen Gegenstand der Tätigkeit, der ihr eine bestimmte Richtung gibt.
4   Diese Veränderlichkeit berücksichtigen auch Schönbach und Früh (1991: 41f.) bezüglich ihres Transaktionsbegriffs im dynamisch-transaktionalen Modell der Medienwirkung.

und Vorstellungen sind aber nur dann tätigkeitsleitend, wenn ihre Bedeutung erkannt, d. h. ihnen Sinn zugeschrieben werden kann. Diese Bedeutungszuweisung wird durch Sprache möglich (vgl. Leontjew 1984: 29).

Zusammenfassend lässt sich mit Leontjew sagen, dass Handeln in seiner Bewusstheit und Zielgerichtetheit gesellschaftlich und sozial begründet ist. Zum einen erfordert Handeln bewusste Kognitionen, die wiederum Sprache voraussetzen und somit sozial bedingt sind (vgl. von Cranach/ Kalbermatten 1997: 324). Zum anderen ist das Entstehen zielgerichteter Handlungsprozesse in der Tätigkeit aus seiner Sicht historisch gesehen eine Folge der auf Arbeit basierenden Herausbildung der Gesellschaft und realisiert sich somit in Prozessen der Arbeitsteilung. Ihre soziale Bedingtheit und Einbettung erfährt die Tätigkeit bei Leontjew demnach dadurch, dass sich das der Tätigkeit vorausgehende Bedürfnis nicht durch die Teilergebnisse (Ziele) der Handlungen einzelner Akteure befriedigen lässt, sondern nur durch ihren Anteil an der (kollektiven) Tätigkeit als Produkt der einzelnen Teilergebnisse (Leontjew 1984: 22).

Exkurs – Ende

Die vorgestellten Ansätze betrachten Mediennutzung überwiegend als bedürfnisorientierte, begrenzt rationale Handlung unter Berücksichtigung situativer Komponenten. Die Definition der Situation hat dabei entweder eine bestimmte Informationsverarbeitungstiefe (Handlungsmodus) bzw. einen bestimmten Bewertungsmodus zur Folge. Merkmale des Medienangebotes werden dabei zwar berücksichtigt (z. B. Schumann 2013), jedoch führen sie nicht zu einer generellen Konzeption der Mediennutzung als sozialer Handlung. Eine dynamisch-transaktionale Perspektive würde dies zwar zulassen, jedoch wurde eine entsprechende Theorie bisher nicht ausformuliert. Abgesehen vom Nutzenansatz (vgl. Renckstorf/ Wester 2004) wird Mediennutzung überwiegend nur dann als soziale Aktivität betrachtet, wenn während oder im Anschluss (zusätzlich) interpersonale Kommunikation erfolgt bzw. die Nutzung in sozialen Konstellationen stattfindet (vgl. Schweiger 2007: 290f.; z. B. Zillich 2013). Von einigen Seiten wird auch bestritten, dass es sich bei der Nutzung von Massenmedien (z. B. Fernsehen) um soziales Handeln handelt (z. B. Jäckel 1994). In diesem Zusammenhang wird darauf verwiesen, dass eine unmittelbare wechselseitige Bezugnahme nicht stattfindet (Jäckel 1994: 469; vgl. Abschnitt 2.3.2).

Dabei wird nicht bedacht, dass eine Engführung der sozialen Bedeutung der Mediennutzung den Blick auf mögliche Emergenzprozesse (Boudon 1980) verstellt und die Analyse von Mehrebenenzusammenhängen (vgl. z. B. Jäckel 2001) erschwert. Die gesellschaftliche Relevanz individueller Mediennutzung verdeutlicht zum Beispiel Zillien (2006), indem sie zur Erklärung der Verteilung digitaler Kompetenzen und der Mediennutzung durch gesellschaftlichen Status

Wissensklufthypothese und Uses-and-Gratifications-Ansatz integriert und so auch Mikro- und Makroebene verbindet. Des Weiteren werden im Rahmen der medienpsychologischen Forschung soziale Prozesse in Bezug auf die Medienauswahl unterucht. So wird zur Erklärung einer geschlechtsspezifischen Computerspielnutzung beispielsweise die Theorie sozialer Identität (z. B. Tajfel 1978) herangezogen (vgl. Trepte/ Reinecke 2010). Nach Tajfel (1978: 63) ist die soziale Identität ein Teil des Selbstkonzeptes, das auf dem Wissen über die Zugehörigkeit zu einer sozialen Gruppe basiert und das bezüglich dieses Wissens verhaltensrelevant werden kann. Entsprechend kann sich die soziale Identität einer Person auch auf das Mediennutzungsverhalten auswirken (vgl. im Überblick Trepte/Reinecke 2013: 63ff.).

2.2 Mediennutzung als Interaktion

Jäckel (1994: 466) geht von einer unterschiedlichen Verwendung des Interaktionsbegriffs in Kommunikationswissenschaft und Soziologie aus, denn für den Fall der Massenkommunikation konstatiert er „[e]in Fehlen von Rückkopplungsmöglichkeiten und gegenseitiger Kontrolle", das „die Unverbindlichkeit von Interaktionen [steigert], wobei zu fragen ist, ob hierfür dann noch der soziologische Interaktionsbegriff verwendet werden darf." Diese Abgrenzung übersieht jedoch, dass auch in der phänomenologischen Soziologie Unterschiede in den Interaktionsbedingungen zwischen unmittelbaren und mittelbaren Erfahrungen, wie etwa „Symptomfülle" (vgl. Schütz 1991: 246) und Grad der Anonymität (Schütz/ Luckmann 2003: 115) mitgedacht werden.

Mit dem Begriff der *Inter-Transaktionen* werden im dynamisch-transaktionalen Ansatz (Schönbach/ Früh 1991) Interaktionsprozesse zwischen Sendern und Empfängern massenmedial vermittelter Botschaften beschrieben. Der Kommunikationsprozess gestaltet sich demnach also als soziale Interaktion in Form gegenseitiger Antizipation von Erwartungen der Interaktionspartner (vgl. Jäckel 1994: 471). Doch auch Schönbach und Früh (1991: 42) geben zu bedenken, dass auf Sender- und Empfängerseite unterschiedliche Voraussetzungen gegeben sind. So hat der Kommunikator einen wesentlich größeren Einfluss auf die Gestaltung und die Auswahl der Inhalte, d. h. er bestimmt maßgeblich die Situationsdefinition (vgl. auch Schulz-Schaeffer 2009). Auf der anderen Seite hat der Rezipient einen wesentlich größeren Einfluss auf die Verbindlichkeit des Kommunikationsprozesses, d. h. ihm obliegt die Möglichkeit eines Abbruchs oder einer Verweigerung der Interaktion (vgl. Jäckel 1994: 471).

Diese Einschränkungen geben auch zu erkennen, dass *Face-to-Face-Kommunikation* häufig als Urform der Kommunikation (vgl. Krotz 2008a) gilt, an der medial vermittelte Kommunikation gemessen wird. So wird bei Face-to-Face-Kommunikation davon ausgegangen, dass kontinuierliches Feedback besteht, die Kommunikation über mehrere Wahrnehmungskanäle verläuft, die Teilnehmer spontan aufeinander reagieren und gleichberechtigt sind (vgl. Neuberger 2007). Dass diese Voraussetzungen aber nur selten komplett erfüllt sein dürften, erscheint einleuchtend. Zur Bestimmung des Interaktionsgrades ist eine Unterscheidung zwischen medial vermittelter und direkter Kommunikation daher wenig zielführend (Neuberger 2007: 38).

Nach Neuberger (2007: 37) wird das Verhältnis zwischen Interaktion und Kommunikation in der Kommunikationswissenschaft in folgenden verschiedenen Varianten beschrieben: (1) Interaktion stellt eine Teilmenge von Kommunikation dar, die durch eine spezifische Kommunikationssituation (Anwesenheit anderer Personen) und einen spezifischen Kommunikationsverlauf (wechselseitig) gekennzeichnet ist, (2) Kommunikation wird als Teilmenge von Interaktion begriffen (Mitteilen und Verstehen), (3) Interaktion (als wechselseitige Verhaltensbeeinflussung) und Kommunikation (als intentionaler Zeichengebrauch) überschneiden sich bzw. sind miteinander verbunden, und (4) Interaktion ist eine Phase im Rezeptionsprozess und umfasst die Interpretation und Selektion von Medienangeboten.

Mediennutzung als parasoziale Interaktion

Hippel (1993: 129) greift den Interaktionsbegriff von Goffman (1986) auf und konstatiert, dass Interaktion nicht zwangsläufig eine „physikalische Wechselwirkung" impliziert, es genüge, dass Personen wechselseitig aufeinander verweisen, ohne direkt miteinander in Kontakt zu treten. Diese Vorstellung von Interaktion legt einen sehr weiten Handlungsbegriff zugrunde, der auch vorgestellte Handlungen berücksichtigt. Ähnlich konzipieren Renckstorf und Wester (2001: 170) Mediennutzung als soziales Handeln, das nicht nur als von außen direkt beobachtbares Verhalten, sondern sich auch in Form innerer Handlungsprozesse („covert behavior"; vgl. dazu Mead 1968) vollzieht. In diese Richtung geht auch Teicherts interaktionistische Fernsehtheorie (Teichert 1972, 1973), die in Anlehnung an das Konzept parasozialer Interaktion von Horton und Wohl (1956) in der Tradition des Symbolischen Interaktionismus formuliert wurde.

Horton und Strauss (1957: 580) unterscheiden drei Formen der Interaktion: (1) Persönliche Interaktion (personal interaction) ermöglicht vollkommene Reziprozität. Die Interaktionspartner beziehen ihr Verhalten wechselseitig aufeinander, indem sie ihr eigenes Verhalten jeweils von der Position des anderen betrachten und es daran ausrichten. Vollzieht sich dabei ein kohärenter fortlaufender Anpassungsprozess, so kann nach Dewey und Bentley (1949; vgl. dazu

Horton/ Strauss 1957) von einer Transaktion als einer Verschmelzung einzelner
Aktionen der Teilnehmer zu einer subjektiv bedeutungsvollen Einheit gesprochen werden. Das Ergebnis persönlicher Interaktionen ist meist nicht vorherseh-
bar. Horton und Strauss (1957: 580) räumen aber ein, dass auch ein routinierter
und ritueller Ablauf möglich ist. (2) Bei der stellvertretenden Interaktion (vica-
rious interaction) wird in Anlehnung an Mead (1968) angenommen, dass sich der
Beobachter wechselseitig in die Rollen verschiedener Akteure versetzt, ohne
selbst an der Interaktion teilzunehmen. Er ist damit nur Zuschauer, hat keine
Kontrolle über das Geschehen und wird von den Interaktionsteilnehmern auch
nicht adressiert. (3) Parasoziale Interaktion stellt eine Mischform der beiden
anderen Formen dar. Hier gibt es eine Persona (Horton/ Wohl 1956: 216), die
von einem Performer verkörpert wird,[5] der die anderen (möglichen) Interaktionsteilnehmer (Publikum) direkt anspricht und dabei versucht, sich an deren möglichen Reaktionen auszurichten. Gelingt dies, so erleben die adressierten Personen
die Interaktion als unmittelbar, persönlich und wechselseitig. Diese Erfahrung
stellt eine Illusion dar, die vom Performer, der den Interaktionsprozess kontrolliert, nicht geteilt wird (vgl. Horton/ Strauss 1957: 580). Jedoch ist diese Illusion
kennzeichnend für die Situation und wird von beiden Interaktionsparteien bewusst konstituiert und beibehalten (Hippel 1993: 131).

Nach Charlton (2004: 177) beschränkt sich das Phänomen parasozialer Interaktion nicht auf soziale Kognitionen von Individuen im Sinne einer Illusion
des Publikums. Vielmehr kann der Prozess der Medienproduktion und -rezeption
als Austausch bzw. Kooperation zwischen Interaktionspartnern und dementsprechend als soziale Handlung verstanden werden. In Anlehnung an Hall (1999)
versteht er das „Schreiben" und „Lesen" von Medientexten als soziales Handeln.
Positionen der Cultural Studies folgend argumentiert Charlton (2004), Massenkommunikation sei nicht einseitig, solange sie in die ökonomischen Beziehungen
des Austauschs von Gütern integriert ist. Ansätzen, die der Forschungstradition
der Cultural Studies zuzurechnen sind, liegt zwar keine eigenständige Handlungstheorie zugrunde, jedoch begreifen diese Arbeiten Mediennutzung – und so
auch die Nutzung digitaler Spiele – als sozial konstruierte Aktivität (z. B. Yates/
Littleton 1999).

Krotz (2008b: 37) sieht den symbolischen Interaktionismus als „basales
Theoriemodell einer handlungstheoretisch entwickelten Kommunikationswissen-
schaft." Kommunizieren, so argumentiert er, sei in erster Linie ein auf andere
Menschen bezogenes und damit soziales Handeln (vgl. Krotz 2008a: 30). Krotz
(2008a: 35f.) verwendet für den Begriff der (kommunikativen) Handlung den
Begriff Kommunikat und ordnet folgende Ansätze der sinn- und bedeutungsba-

---

5   Zur Unterscheidung von Persona und Performer vgl. auch Hippel (1993: 141).

sierten Handlungstheorie zu: (1) Der Symbolische Interaktionismus in der Tradition von Mead (1968) und Blumer (1969) diente Horton und Wohl (1956) zur Formulierung einer interaktionistischen Fernsehtheorie. (2) Auch phänomenologische Ansätze (Schütz 1991; Berger/ Luckmann 1969) fanden ihre Anwendung (vgl. z. B. Keppler 2004). Des Weiteren wurden (3) hermeneutische Ansätze (Charlton/ Neumann 1990) verfolgt. Darüber hinaus sind hier (4) Arbeiten in der Tradition der Cultural Studies (z. B. Hall 1999), (5) ethnografische Ansätze und Psychoanalyse einzuordnen (vgl. Krotz 2008a: 37).

Nach Krotz (2008a) birgt der Rückgriff auf den symbolischen Interaktionismus zur Entwicklung einer handlungstheoretisch orientierten Kommunikationstheorie zwei entscheidende Vorteile. Zum einen wird Kommunikation so als innerer und äußerer Prozess nachvollziehbar (vgl. auch Krotz 2001), zum anderen wird damit auch die soziale und gesellschaftliche Bedeutung kommunikativer Handlungen transparent. Vor diesem Hintergrund ist die Definition folgender Begriffe konstitutiver Bestandteil des Handlungskonzepts (vgl. Krotz 2001: 80ff.; Krotz 2008a: 38): In der Interaktion nehmen Handelnde und Beobachter jeweils eine bestimmte Perspektive ein, die ihre Wahrnehmung strukturiert. Der Begriff der Situation umschließt gleichermaßen den kontinuierlichen Prozess der Aushandlung sowie den Rahmen der Interaktion und bestimmt die Rolle, in der die Interaktionsteilnehmer in Erscheinung treten und damit verbundene Aspekte ihrer Identität präsentieren.

Das Gespräch stellt für Krotz (2008a: 42) die Urform der Kommunikation dar. Im Zuge der Entwicklung mediatisierter Kommunikationsformen haben sich drei unterschiedliche Typen herausgebildet: So lässt sich differenzieren zwischen der Medienrezeption als Kommunikation mit Medieninhalten, medial vermittelter interpersonaler Kommunikation und der Kommunikation mit „intelligenten" Computerprogrammen (Computerspiele) im Sinne einer Mensch-Maschine-Interaktion.

Nutzung digitaler Spiele als Interaktion

Wolling et al. (2008: 13) gehen der Frage nach, „ob die Nutzung von Computerspielen überhaupt etwas mit gesellschaftlich relevanter Kommunikation zu tun hat"und verweisen in ihrem Kommunikationsbegriff auf Webers Definition von sozialem Handeln (Weber 1980). Sie behandeln Computerspiele zunächst als massenmediale Angebote, bei denen die Produzenten der Computerspiele als Kommunikatoren „den angestrebten und zu erwartenden Umgang der Spieler mit dem Medienangebot" (Wolling et al. 2008: 14) bei dessen Erstellung antizipieren. Eine wechselseitige Beziehung der Interaktionspartner (Spieler und Produzent) ist also gegeben.

Krotz (2008b: 33) ordnet Computerspielen dem Kommunikationstypus „interaktiver Kommunikation" zu, denn hier „müssen sich Computersystem und Mensch wie in einem Gespräch wechselseitig aufeinander einstellen." Er grenzt den Begriff der Interaktivität vom soziologischen Begriff der Interaktion ab. Interaktivität bezieht sich aus seiner Sicht auf das Interagieren von Menschen mit Computersystemen, auf das ein Feedback des Computers erfolgt (vgl. Krotz 2008b: 35). Interaktion hingegen meint wechselseitig bezogenes Handeln von Menschen, im weiteren Sinne auch als Handeln eines Menschen in Bezug auf einen Gegenstand (Jäckel 1994). Diese begriffliche Abgrenzung ist kritisch zu beurteilen, da Interaktivität eher einen Zustand und Interaktion einen fortlaufenden Prozess beschreibt. Des Weiteren verweist Krotz (2008b: 37) auf die soziale Bedeutung digitaler Spiele, indem er sie als Sozialisationsagenten bezeichnet und feststellt: „Spielen ist ein Fall sozialen Handelns, und in unserem sozialen Handeln konstituieren wir Kultur und Gesellschaft, soziale Beziehungen und Identität."

Generell lässt sich feststellen, dass sich Sozialwissenschaftler im Besonderen auf die Untersuchung von Online-Rollenspielen konzentrieren, die aus ihrer Perspektive am interessantesten erscheinen, da hier Formen der Kommunikation und Kooperation in Gruppen analysiert werden können (vgl. Corliss 2011). Wimmer et al. (2008) untersuchten explorativ verschiedene Formen sozialen Spiels und konzentrierten sich dabei auf Online-Spiele, mobiles Spielen und LAN-Partys. Nach Lin et al. (2003) sind Online-Rollenspiele künstliche Orte sozialer Interaktion und Gruppendynamik. So werden Spiele sowohl als Ort wie auch als Gegenstand sozialer Interaktionen verstanden (De Kort et al. 2007). Soziale Interaktion während des Spiels gilt als ein Erklärungsfaktor für das Zustandekommen von Spielvergnügen und wird dementsprechend oft als „Gratifikation" der Nutzung von Computerspielen genannt.[6] Dies bezieht sich in erster Linie auf die interpersonale Kommunikation mit anderen Spielern. Auch Klastrup (2003) untersucht die Beziehung zwischen sozialer Interaktion und Vergnügen bei Multiplayer-Konsolenspielen. Neben der Interaktion im Spiel kann auch der Prozess des Spielens an sich als soziale Interaktion betrachtet werden, deren Funktionieren oder Zustandekommen notwendig (aber nicht hinreichend) für den Spielerfolg und damit auch für das Spielvergnügen bzw. das Unterhaltungserleben ist.

Nicht nur die Interaktion zwischen den Spielern ist Gegenstand von Untersuchungen, auch die Prozesse zwischen Spieler und Spielfigur (Avatar) werden betrachtet. Klimmt und Vorderer (2002) versuchen das Konzept parasozialer Interaktion auf die Computerspielnutzung zu übertragen, indem sie die Intensität

---

6 Die Auffassung von parasozialer Interaktion als einer von mehreren möglichen Gratifikationen der Fernsehnutzung folgt einer ähnlichen Logik (vgl. dazu kritisch Hippel 1992).

parasozialer Interaktion mit Computerspielfiguren mit der mit TV-Figuren vergleichen. Des Weiteren beschäftigen sich Klimmt et al. (2009) mit der Beziehung zwischen Spieler und Spielfigur aus sozialpsychologischer Perspektive. So gehen die Autoren davon aus, dass sich der Spieler zumindest für die Zeit des Spiels hinsichtlich bestimmter Merkmale mit der Medienfigur identifiziert. Es wird unterstellt, dass dieser Identifikationsprozess eine temporäre Veränderung der Selbstwahrnehmung in Anpassung an die Spielfigur bewirkt.

2.3 Schlussfolgerungen

Die nachstehenden Ausführungen fassen zunächst wichtige Erkenntnisse der zuvor vorgestellten handlungstheoretischen Perspektiven kritisch zusammen (2.4.1). Danach werden zentrale Implikationen für ein Handlungsmodell zur Erklärung der Nutzung digitaler Spiele abgeleitet (2.4.2).

2.3.1 Zusammenfassung und Kritik

In den vorangegangenen Abschnitten wurde untersucht, inwiefern sich diese handlungstheoretischen Annahmen in Ansätzen der Mediennutzungsforschung wiederfinden und bezogen auf die Nutzung von Medien allgemein sowie digitaler Spiele im Besonderen spezifiziert werden können. Dabei wurde festgestellt, dass weitgehend Konsens darüber besteht, dass mediale Botschaften bewusst und zielgerichtet sowie auch vor dem Hintergrund gesellschaftlicher Einflüsse selegiert und interpretiert werden (Schweiger 2007). So werden im Ansatz von Renckstorf (1989) die medialen Botschaften von den Rezipienten in Anlehnung an Schütz vor dem Hintergrund ihres Wissensvorrats interpretiert (vgl. Scheuch 2004). Dies klärt jedoch noch nicht, unter welchen Bedingungen sich Personen dem einen oder anderen Medienangebot überhaupt zuwenden oder es vermeiden.

Aus Perspektive der Mediennutzungsforschung können im Wesentlichen zwei verschiedene Zugänge zur Integration soziologischer Handlungstheorien identifiziert werden. Auf der einen Seite bildet – orientiert am handlungstheoretischen Mainstream – Webers Handlungsbegriff für viele Arbeiten einen zentralen Ankerpunkt. Das führt aber in den meisten Fällen nicht so weit, als dass auch die soziale Dimension des Handelns – auf die Weber (1980) ja auch eingeht – weiterverfolgt wird. Hier steht demnach die Mediennutzung als zielgerichtete *Aktion* an sich im Vordergrund. Dabei folgt der Entwurf von Handlungsmodellen zur Mediennutzung häufig einer Wert-Erwartungs-Struktur. Darüber hinaus wird deutlich, dass solche Ansätze sich in erster Linie auf Konzepte wie Publikumsaktivität und Nutzung von Massenmedien konzentrieren (McQuail/ Renckstorf 2004). Die Annahme eines aktiven Publikums bedeutet auch, dass die Nutzung von Massenmedien als soziale Handlung konzeptualisiert werden muss. Dies impliziert eine Erforschung des Massenkommunikationsprozesses aus handlungstheoretischer Perspektive. Am deutlichsten wird dies im Uses-and-Gratifications-Ansatz (UGA), der Mediennutzung als soziales Handeln im Weberschen Sinne (von Akteuren geplantes, bewusstes Verhalten in einem sozialen Kontext) unter der Berücksichtigung funktionaler Alternativen und möglicher Konsequenzen begreift.

Auf der anderen Seite steht ein am symbolischen Interaktionismus und phänomenologischen Ansätzen orientiertes, interpretatives Vorgehen, das Mediennutzung als komplexen, inneren und äußeren Prozess zu fassen versucht. Aus dieser Perspektive wird Mediennutzung als *Interaktion* konzipiert. In diesem Zusammenhang wird auch kritisiert, dass vor allem soziologische Handlungstheorien (z. B. Symbolischer Interaktionismus) in der Kommunikationswissenschaft zu wenig Beachtung finden (Krotz 2008a: 30). Mit dem Begriff der Inter-Transaktionen hat zumindest der dynamisch-transaktionale Ansatz die Interaktion zwischen Rezipienten und Kommunikator zum Gegenstand einer theoretischen Auseinandersetzung gemacht, die über den Begriff der Publikumsaktivität hinausgeht. Bezogen auf die Nutzung digitaler Spiele haben sich sowohl Erwartungs-Wert-Modelle (Hartmann 2006) als auch die Anwendung und Übertragung von Ansätzen der Tätigkeitspsychologie (Klimmt 2006) und der sozial-kognitven Lerntheorie (Lee/ LaRose 2007) als brauchbar erwiesen.

2.3.2 Implikationen für ein Handlungsmodell der Nutzung digitaler Spiele

Die oben diskutierten Erkenntnisse werden nun auf den Untersuchungsgegenstand dieser Arbeit übertragen. Die Nutzung digitaler Spiele soll in der vorliegenden Untersuchung als *soziale Handlung* verstanden werden. Diese Definition schließt folgende Aspekte mit ein:

1. *Selektion*: Es wird eine absichtsvolle, nutzenorientierte Handlung unterstellt, deren Wahl sich jedoch auch an sozialen Rollen orientiert und bei häufiger Wiederholung routiniert und ritualisiert erfolgt.
2. *Handlungsstruktur*: Die Spielhandlung ist hierarchisch-sequentiell organisiert. Die oberste Ebene der Handlung bildet die Tätigkeit des Spielens in seiner Gesamtheit, die sich auf der zweiten Ebene aus einzelnen (Spiel-)Episoden zusammensetzt, die wiederum auf unterster Ebene aus Reaktionssequenzen in Form von Input-Output-Schleifen bestehen

(Operationen). Der von Klimmt (2006) recht eng gefasste Episodenbe-griff wird in diesem Zusammenhang abstrakter interpretiert. So bezieht er sich in der vorliegenden Arbeit auf eine Spielsitzung, also eine *Nut-zungsepisode* und keine konkrete Episode im Spiel.

3. *Situationsdefinition*: Die Definition der Situation wird vom Kommuni-kator (Produzent, Spielentwickler) vorgegeben, dennoch hat der Nutzer einen gewissen Spielraum in der Interpretation seiner Rolle (Wahl ver-schiedener Handlungsalternativen und -strategien). Schon mit der Wahl eines Genres bzw. der Wahl eines Spieltitels werden bestimmte Situati-onsdefinitionen wahrscheinlicher. In Online-Rollenspielen ist das Aus-handeln einer Definition der Situation eher möglich, etwa durch inter-personale Kommunikation unter den Spielern bzw. mit dem Betreiber der Plattform. Des Weiteren sei an dieser Stelle auf die Möglichkeit abweichender, eigens entwickelter Handlungsmöglichkeiten verwiesen, die nicht durch das Spiel vorgegeben werden und die unter den Begrif-fen Modding (vgl. Behr 2010, Sotamaa 2010) und Co-creative Gaming (Banks/ Potts 2010) diskutiert werden.

4. *Sinnkonstitution*: Die Spielhandlung konstituiert sich durch Deutung von Symbolen. Bezogen auf den einzelnen Spieler kann man von einer sozialen Handlung sprechen, die sich sowohl subjektiv – orientiert an Bedürfnisdispositionen – als auch sozial – orientiert an sozialen Rollen – konstituiert. Bezogen auf andere Akteure bzw. Entitäten program-mierter Art (Spielcharaktere) kann zumindest von zugeschriebenen – al-so sozial konstituierten – Handlungen gesprochen werden (vgl. dazu Schulz-Schaeffer 2007). Aber auch hier ist indirekt subjektiver Sinn enthalten, z. B. durch den Programmierer bzw. Autor.

5. *Interaktion*: Die Interaktion des Spielers mit programmierten Spielfigu-ren kann als parasozial bezeichnet werden. Fasst man den Interaktions-begriff etwas abstrakter, so kann auch die Interaktion des Spielers mit dem Spielprogramm als parasozial gelten. Die Interaktion mit anderen Spielern wiederum hat sozialen Charakter.

Tabelle 2-1 stellt zur Übersicht einzelne, für die hier bearbeitete Fragestellung relevante, Modellkomponenten den entsprechenden Elementen des tätigkeitsbe-zogenen Ansatzes von Leontjew (1979) gegenüber. So kann der allgemeinen Tätigkeitsebene die Nutzung digitaler Spiele insgesamt und damit die Wahl die-ser Aktivität unter vielen anderen Alternativen zugeordnet werden. Entsprechend wird diese Ebene im Folgenden *Selektionsebene* genannt. Auf der Ebene der Episode bzw. der Nutzungsepisode sind die Aktionen des Spielers im Spiel an-zusiedeln. Diese wird daher als *Ebene des Spielverhaltens* bezeichnet. Die Ebene der Operationen ist für die hier zu untersuchende Fragestellung weniger relevant, da sie aus mechanisch ablaufenden Reaktionssequenzen besteht und somit kaum handlungstheoretisch interpretierbar ist. Zudem gestalten sich eine strenge analytische Trennung von Episode und Operation sowie die Erfassung dynamischer Transformationsprozesse dieser Ebenen (vgl. dazu Leontjew 1984) in Bezug auf digitales Spielen als problematisch (vgl. auch Klimmt 2006). Auf diese Handlungsebene wird daher im Folgenden nicht weiter eingegangen. Darüber hinaus wird sie bei der Konzeption des Handlungsmodells nicht berücksichtigt.

Handlungs-ebenen (vgl. Leontjew 1979; Klimmt 2006)	Definition der Situation	Nutzung digitaler Spiele als soziales Handeln	Determinanten
allgemeine Tätigkeit	durch soziale Rollen, sozio-ökonomischen Kontext	die Wahl digitaler Spiele als Freizeitaktivität (Selektionsebene)	soziale Rollen, sozioökonomi-scher Kontext
Episode	teilweise vorge-geben durch Spiel, bei Multi-playerspielen durch soziale Gruppen	zielgerichtete Handlungsent-scheidungen während des Spiels (Ebene des Spielverhaltens)	vgl. Kap. 3

Tabelle 2-1   Handlungstheoretische Komponenten der Nutzung digitaler Spiele

Einige Modellelemente, insbesondere die spezifischen Determinanten der Nutzung digitaler Spiele, wurden abgesehen von allgemeinen Ausführungen zu sozialen und gesellschaftlichen Bedingungen auf Selektionsebene bisher kaum inhaltlich expliziert. Dieser Aufgabe widmet sich das folgende Kapitel. Nachdem zentrale Bestandteile eines Handlungsmodells zur Nutzung digitaler Spiele erarbeitet wurden, muss nun geklärt werden welche möglichen Faktoren bzw. Faktorenbündel die Modellkomponenten ausfüllen können und so zur Erklärung der Nutzung digitaler Spiele beitragen.

3 Dimensionen der Nutzung Digitaler Spiele

Ausgehend von der Annahme, dass Spielen als Handeln besonderer Art verstanden werden kann (Oerter 1993), bedarf die in Kap. 2 eingenommene handlungstheoretische Perspektive der Spezifikation und Ergänzung durch eine spieltheoretische Betrachtung der Nutzung digitaler Spiele. Im Rahmen dieses Kapitels werden zunächst Ursprung, Bedeutung und zentrale Merkmale dieser Handlung dargestellt (3.1). Dabei geht es auch um die Übertragbarkeit dieser Eigenschaften auf die Mediennutzung allgemein und die Nutzung digitaler Spiele im Besonderen. Im Anschluss werden wesentliche Handlungsdimensionen und -determinanten digitalen Spielens erarbeitet (3.2). Schließlich wird daraus ein handlungstheoretisches Konstrukt der Nutzung digitaler Spiele abgeleitet (3.3).

3.1 Spieltheoretische Grundlagen

In diesem Kapitel werden grundlegende theoretische Annahmen zur Bedeutung des Spiels sowie der Tätigkeit des Spielens behandelt. Zunächst wird der kulturellen Bedeutung des Spiels (*Game*) nachgegangen sowie dessen Merkmale und mögliche Unterscheidungskriterien erarbeitet. Des Weiteren wird aus entwicklungspsychologischer Perspektive die Funktion des Spielens (*Play*) bei der Herausbildung kognitiver und sozialer Fähigkeiten analysiert (3.1.1). Zudem sind aus handlungstheoretischer Sicht die besonderen Merkmale der Spielhandlung relevant (3.1.2). Abschließend werden die Grundlagen einer spieltheoretischen Betrachtung der Mediennutzung diskutiert (3.1.3).

3.1.1 Kulturelle und entwicklungspsychologische Bedeutung des Spiels

Für die theoretische Auseinandersetzung mit Spielen ist die Unterscheidung zwischen *Game* und *Play* grundlegend. Während Soziologen und Kulturanthropologen eher die gesellschaftlichen Bedeutung des sozialen Spiels (*Game*) untersuchen, beschäftigen sich Psychologen und Pädagogen mit dem Spielverhalten, insbesondere mit Formen des kindlichen, subjektiven Spiels (*Play*) und dessen Bedeutung für die individuelle Entwicklung (vgl. auch Sutton-Smith 1978: 13).

Zur kulturellen Bedeutung des Spiels (Game)

Aus kulturanthropologischer Perspektive zeichnet das Spiel eine besondere Qualität des Handelns aus, die sich vom alltäglichen Leben unterscheidet (Huizinga 1956). Als kulturell bedeutend werden in erster Linie soziale Spiele, also Wettkampfspiele mit Regeln, erachtet. Huizinga (1956: 20) definiert Spiel als:

> eine freie Handlung […], die als „nicht so gemeint" und außerhalb des gewöhnlichen Lebens stehend empfunden wird und trotzdem den Spieler völlig in Beschlag nehmen kann, an die kein materielles Interesse geknüpft ist und mit der kein Nutzen erworben wird, die sich innerhalb einer eigens bestimmten Zeit und eines eigens bestimmten Raums vollzieht, die nach bestimmten Regeln ordnungsgemäß verläuft und Gemeinschaftsverbände ins Leben ruft, die ihrerseits sich gern mit einem Geheimnis umgeben oder durch Verkleidung als anders als die gewöhnliche Welt herausheben.

Der Zusammenhang zwischen Spiel und Kultur stellt sich für Huizinga (1956) derart dar, dass Kultur *im* Spiel entsteht. Wesentliche Teilbereiche einer Kultur wie Recht und Ordnung, Verkehr, Beruf, Handwerk und Kunst, Dichtung, Studium und Wissenschaft haben ihren Ursprung in mythischen und kultischen Spielen (Huizinga 1956: 13). In der Weiter- bzw. Höherentwicklung einer Kultur tritt das Spiel jedoch immer weiter in den Hintergrund (Huizinga 1956: 78). Je zivilisierter eine Gesellschaft ist, desto weniger Raum lässt sie für das Spiel. In den heutigen Gesellschaften, so Huizinga (1956: 211), wird der Verlust der Spielformen durch Sport kompensiert, doch auch der unterliegt immer mehr einer Professionalisierung. War das Spiel in Stammeskulturen oftmals heilig und obligatorisch, so wurde es im Zuge der industriellen Zivilisation hingegen hinfällig und profan (vgl. Sutton-Smith 1978).

Caillois (1958) plädiert in seiner Argumentation für einen – im Vergleich zu Huizinga – erweiterten Spielbegriff, der Wett- und Glücksspiele sowie das Spiel der Mimik und Interpretation mit einschließt, und definiert Spiel als eine *freie Betätigung*, die ihren Reiz unter Zwang nicht entfalten könnte (Caillois 1958: 16). Des Weiteren vollzieht sich das Spiel *räumlich und zeitlich abgetrennt* innerhalb im Voraus festgelegter Grenzen. Verlauf und Ergebnis des Spiels sind ungewiss. Es ist eine *unproduktive* Handlung, „die, abgesehen von einer Verschiebung des Eigentums innerhalb des Spielerkreises, bei einer Situation endet, die identisch ist mit der zu Beginn des Spiels" (Caillois 1958: 11f.). Letztlich handle es sich um eine *fiktive* Tätigkeit, die ihre eigene Wirklichkeit abseits von der des alltäglichen Lebens entfaltet und auf eigens für sich geltenden *Regeln* basiert.

Caillois (1958) betont die formale Natur dieser Definition, die nichts über den Inhalt der Spiele aussagt. Außerdem schließen sich die letzten beiden genannten Merkmale – Regeln und Fiktion – für ihn aus. Spiele seien nicht geregelt und fiktiv, sondern entweder geregelt oder fiktiv, denn Regel und Fiktion haben dieselbe Funktion. Beide bewirken eine Abtrennung des Spiels vom gewöhnlichen Leben. Für Caillois (1958) stellen Regel und Fiktion Spielkomponenten dar, nach denen sich Spiele unterscheiden. Sie verkörpern zwei entgegengesetzte Pole seines Ordnungsprinzips. Dabei steht der eine Pol, *Paidia*, für das „Prinzip des Vergnügens, der freien Improvisation und der unbekümmerten Lebensfreude" (1958: 20) und der konträre Pol, *Ludus*, basiert auf dem wachsenden Bedürfnis, die Willkür einzudämmen, sich absichtlich Regeln aufzuerlegen, so dass die Erreichung des angestrebten Ziels so unbequem wie möglich wird.

Zur weiteren, inhaltlichen Differenzierung schlägt er vier Hauptkategorien des Spiels vor: Agôn, Alea, Mimicry und Ilinx (Caillois 1958: 21ff.). Die Kategorie *Agôn* (griech. Wettstreit, Kampf) steht für Wettkampfspiele. Unter *Alea* (lat. Würfel) fasst Caillois (1958: 24) Spiele, die „auf einer Entscheidung basieren, die nicht vom Spieler abhängig ist und auf die er nicht den geringsten Einfluss hat." Gewinn wird hier nur durch Schicksal herbeigeführt und nicht durch die Fähigkeiten der rivalisierenden Spieler. Spiele der Kategorie Alea basieren auf der Willkür des Zufalls. Bei Spielen der Kategorie des Agôn ist der persönliche Einsatz und die Verantwortung des Spielers gefordert, bei Alea hingegen ergibt sich der Spieler seinem Schicksal. In einer Reihe von Spielen finden sich sowohl Elemente des Agôn als auch von Alea. Caillois (1958) nennte hier als Beispiele Domino und Kartenspiele.

Die Spielkategorie *Mimicry* (engl. Nachahmung) beruht auf der temporären Annahme einer Illusion oder Fiktion. Hierunter fallen Phänomene wie Imitation, Schauspiel und Maskerade. Der Spieler wird selbst zu einer fiktiven Figur und verhält sich dementsprechend. Er gibt vor, selbst zu glauben, er sei ein anderer oder er möchte dies andere glauben machen. Die Mimicry vollzieht sich nicht nach festgelegten Regeln, sie ist allein der Aufrechterhaltung der Illusion verpflichtet (vgl. Caillois 1958: 27ff.).

Der Kategorie des *Ilinx* (griech. Rausch) ordnet Caillois (1958: 32) Spiele zu, die auf dem Bedürfnis „nach Rausch beruhen und deren Reiz darin besteht, für einen Augenblick die Stabilität der Wahrnehmung zu stören [...]." Ziel ist es, sich in einen tranceartigen, berauschten Zustand zu begeben und sich der Realität des Alltags zu entziehen. Caillois (1958: 36) beschreibt Ilinx als „Zustand, der weit eher dem Krampf als der Zerstreuung ähnelt" und gleichzeitig organische wie physische Verwirrung bedeutet. Als Beispiele für Aktivitäten, die einen

solchen Rauschzustand begünstigen, sind etwa Motorrad fahren oder Extrem-
sportarten zu nennen, aber auch die Attraktionen in Vergnügungsparks beruhen
auf dieser Kategorie des Spiels.

Die Anwendung der von Caillois (1958) vorgeschlagenen Ordnungsprinzi-
pien auf digitale Spiele ist jedoch schwierig, denn der von ihm behauptete Gegensatz zwischen Regel und Fiktion als bestimmenden Prinzipien des Spiels ist
so nicht haltbar (vgl. Juul 2005). Vielmehr sind digitale Spiele sowohl regelge-
leitet als auch fiktiv, d. h. die beiden Prinzipien schließen sich hier nicht aus,
obschon das eine Prinzip spielbestimmender sein kann als das andere. Egenfeldt-
Nielsen et al. (2008) versuchen Genres digitaler Spiele den vier Spielkategorien
von Caillois (1958) zuzuordnen, wobei eine eindeutige Zuordnung kaum möglich ist. So sind die meisten digitalen Spiele – im Besonderen Actionspiele – der
Spielkategorie Agôn zuzurechnen. Ebenso haben nahezu alle Computerspiele ein
Element des Glücks bzw. des Zufalls in sich (Alea), abgesehen von klassischen
Adventure-Spielen, die vollkommen linear verlaufen (vgl. Egenfeldt-Nielsen et
al. 2008: 26). Die Spielkategorie Mimicry findet sich am ehesten in traditionellen
Rollen- und Adventure-Spielen wieder. Rauschartige Zustände, die Caillois
(1958) der Kategorie Ilinx zuordnet, können vor allem in Rennspielen erlebt
werden. Heutige Spielgenres kennzeichnet also eher eine Kombination verschiedener Spielkategorien (Egenfeldt-Nielsen et al. 2008: 26).

Die Diskussion um den Antagonismus zwischen Regel und Fiktion wurde
vor allem in der Erforschung digitaler Spiele in der Tradition der Cultural Studies weitergeführt (z. B. Frasca 2003; vgl. dazu auch Gosling/ Crawford 2011).
Während die "Ludologists" die Wichtigkeit des spielerischen Elements, der Regeln und der spezifischen Spielstruktur betonen (Ludus bei Caillois), gilt das
Hauptaugenmerk der "Narratologists" der Geschichte bzw. der erzählerischen
Rahmung des Spiels (Paidia bei Caillois), wobei letztere eher eine literaturwis-
senschaftliche Auseinandersetzung mit digitalen Spielen als medialen Texten
kennzeichnet.

Es bleibt die Frage, welche der oben vorgestellten Spieldefinitionen von
Huizinga (1956) und Caillois (1958) sich auf digitale Spiele anwenden lassen. In
seiner Analyse verschiedenster Auffassungen des Spielbegriffs (u. a. auch Huizinga und Caillois) arbeitet Juul (2003: 35) eine eigene Definition heraus. Demnach kennzeichnen Spiele sechs Merkmale (vgl. Juul 2003: 35ff.): (1) Das Spiel
läuft nach festgelegten Regeln ab. (2) Es kommt ein variables und messbares
Ergebnis zustande, was auch bedeutet, dass die Spielanforderungen, an das Leis-
tungsvermögen der Spieler angepasst sein müssen. (3) Dem Ergebnis wird ein
bestimmter Wert (positiv oder negativ) zugeschrieben, der gleichzeitig als Aus-
löser des Spielkonflikts fungiert, indem er die Spieler zu Gewinnern oder Verlie-
rern macht. (4) Die Leistung des Spielers ist entscheidend, d. h. seine Handlun-

gen beeinflussen Spielstand und Ergebnis des Spiels. (5) Der Spieler ist vom Ergebnis (emotional) betroffen, d. h. der Spielausgang ist ihm nicht gleichgültig. (6) Die Konsequenzen des Spiels sind verhandelbar. So kann ein Spielausgang auch reale Konsequenzen haben (z. B. bei Wetten). Juul (2003) möchte mit dieser Definition jegliche Spielgenres und -formen abdecken. Die Kategorisierung einer Handlung als Spiel hängt aus seiner Sicht – das zeigen auch die Merkmale 4 und 5 – wesentlich von der Einstellung des Spielers ab. Eine solch weite und zugleich strenge Fassung des Spielbegriffs lässt viele digitale Spiele (z. B. Grand Theft Auto) zu Grenzfällen werden (vgl. Egenfeldt-Nielsen 2008: 35f.).

Digitale Spiele basieren zwar auch auf Regeln, jedoch sind diese im Vergleich zu klassischen Spielen meist flexibler und komplexer. So sind die Regeln oftmals einem fortwährenden Aushandlungsprozess unterworfen und werden durch die Spieler erweitert oder verändert (vgl. Ang et al. 2010). Des Weiteren gibt es bei einigen digitalen Spielen (insbesondere bei Online-Rollenspielen) kein endgültiges Ergebnis mehr, sondern eher ein unspezifisches, offenes Ende. Darüber hinaus erlaubt die Virtualität eine weitgehende Aufhebung der Zeit- und Ortsgebundenheit des Spiels (vgl. Juul 2003). Die Vielfalt digitaler Spiele macht eine einheitliche Definition schwierig. Bestenfalls lassen sich einige Gemeinsamkeiten identifizieren: Spiele sind Regelsysteme, die formal unterschiedlich repräsentiert werden. Die Spielhandlungen und -ereignisse werden in einer bestimmten Form bewertet (meist in Form von Punkten, die der Spieler bekommt). Dabei muss nicht zwingend die Erreichung eines bestimmten Ziels angestrebt werden (vgl. Egenfeldt-Nielsen 2008: 37) bzw. muss das durch die Spielstruktur vorgegebene Ziel nicht identisch mit dem des Spielers sein (vgl. Ang et al. 2010: 372f.).

Überlegungen und Befunde zur kulturellen Bedeutung des Spiels (vgl. z. B. Sutton-Smith 1978) weisen auf die Ursprünge wesentlicher Unterscheidungsdimensionen von Spielen – und damit auch von digitalen Spielen – sowie auf die damit verbundenen Handlungsoptionen hin. So kann zwischen einem regelgeleiteten, zielgerichteten und einem improvisierten, fiktive Welten erkundenden Vorgehen differenziert werden. Des Weiteren wird zwischen wettbewerbsorientierten und kooperativen Verhaltensweisen unterschieden.

Zur entwicklungspsychologischen Bedeutung des Spielens (Play)

Entwicklungspsychologische Betrachtungen des Spielverhaltens (Play) beziehen sich in erster Linie auf das kindliche Spiel. Im Mittelpunkt steht die Annahme, dass das Kind das Spiel zur Bewältigung von Entwicklungsaufgaben, zur Kompensation des starken Sozialisationsdrucks und (noch) nicht erfüllbarer Wünsche nutzt (z. B. Oerter 1993). Es gibt dem Kind so die Möglichkeit, Probleme zu bewältigen, denen es in der Realität außerhalb des Spiels noch nicht gewachsen ist (vgl. Oerter 2000: 48). Nach Oerter (1993) erlernt das Kind im Spiel die Ausübung von Handlungen im Sinne absichtsvoller, gegenstandsbezogener Tätigkeiten (vgl. auch Leontjew 1979). In diesem Zusammenhang tragen drei Spielformen zur Bewätigung von Entwicklungsaufgaben bei (Oerter 1993): das sensomotorische Spiel (*Mastery Play*), das *Als-ob-Spiel* (auch Symbolspiel bzw. Fiktions- oder Illusionsspiel) und das *Rollenspiel*.[7] Beim sonsomotorischen Spiel erfreut sich das Kind daran, durch seine Handlung einen bestimmten Effekt herbeizuführen. Es erfährt damit eine erste Form des *Flow-Erlebens* (Csikszentmihalyi 1999; vgl. 3.1.2). Im *Als-ob-Spiel* lernt das Kind Handlungen von einem konkreten Gegenstand zu lösen. Dieser Prozess wird auch als *Dekontextualisierung* bezeichnet und stellt eine wichtige Voraussetzung für das Denken dar (Oerter 1993: 24). Im *Rollenspiel* realisiert das Kind die soziale Komponente von Handlungen. Es erkennt, „dass Handlung als Gegenstandsbezug immer mit anderen Menschen zu tun hat" (Oerter 1993: 65). Handlungen werden nun auch mit sozialen *Rollen* verknüpft. So wird der Gegenstandsbezug im *Rollenspiel* zum gemeinsamen Gegenstandsbezug. Das bedeutet, es gibt ein Spielthema, auf das sich die Spielpartner einigen. Das Kind eignet sich so Grundlagen sozialer Interaktion an (Oerter 1993: 65).

Diese lebensbewältigende Funktion des Spiels ist im Gegensatz zu anderen entwicklungsfördernden Funktionen des Spiels wie etwa das Lernen von Fertigkeiten nicht durch andere Handlungen kompensierbar (Oerter 2000). Im Erwachsenenalter nimmt die Lebens- und Existenzbewältigung andere Formen an, wie etwa Kunst und Religion. Auch Kunst und Religion dienen, so Oerter (2000), der Schaffung einer zweiten Realität zur Lösung von Problemen. Dem Autor zufolge mündet das Spiel im Erwachsenenalter in Formen von Arbeit. Gemeint sind Arbeiten, die nicht nur zum Bestreiten des Lebensunterhalts ausgeführt werden, sondern darüber hinaus als schöpferisch und selbstverwirklichend erlebt werden. Dass Arbeit auch ähnliche Erlebnisse wie Spiel hervorbringen kann, belegen die Befunde zum Flow-Erleben bei anspruchsvollen Arbeitstätigkeiten von Csikszentmihalyi (1999).

Insgesamt wird deutlich, dass das Spiel trotz seiner besonderen Merkmale (vgl. Abschnitt 3.1.2) handlungstheoretisch erklärt werden kann. Die von Leontjew (1979) definierte oberste, sinnstiftende Tätigkeitsebene der Handlung (vgl. Abschnitt 2.1) bildet laut Oerter (1993, 2000) den übergeordneten Gegenstandsbezug des Spiels. Neben materiellen Gegenständen und Spielthematiken bildet auf dieser Ebene die Thematik der eigenen Existenz den Gegenstand der Spiel-

---

7   Oerter stützt seine Ausführungen zum kindlichen Spiel im Wesentlichen auf entwicklungspsychologische (z. B. Piaget 1969) und tätigkeitspsychologische Arbeiten (z. B. Leontjew 1979; Wygotski 1987).

handlung (vgl. Oerter 1993: 182). Darüber hinaus konstituiert sich die Spielhandlung als Interaktion des Kindes mit seiner Umwelt im jeweils wechselseitigen Verhältnis der Handlungskomponenten Aneignung und Vergegenständlichung sowie Subjektivierung und Objektivierung (Oerter 1993: 183). Während
das Subjekt in der Vergegenständlichung seine Wirkung als Akteur in der Umwelt erfährt, lernt es in der Aneignung der Umwelt deren Beschaffenheit und
Merkmale kennen und kann sich so besser in ihr orientieren. Im Prozess der
Objektivierung interpretiert das Individuum das Ergebnis seiner Handlung im
Hinblick auf die es umgebenden Realität, wohingegen bei der Subjektivierung
das Handlungsergebnis an die eigenen Bedürfnisse angepasst wird (vgl. Oerter
1993: 183f.).

Wie lassen sich diese Erkenntnisse nun auf Handlungsprozesse im Umgang
mit digitalen Spielen übertragen? Oerter (1993: 202f.) führt an, dass beim Spiel
mit Computern jede Eingabe des Nutzers eine entsprechende Veränderung auf
dem Bildschirm hervorruft. Dieses kontinuierliche Feedback wirkt reaktionsver-
stärkend. Damit verbunden ist eine unmittelbare Erfahrung der Selbstwirksamkeit (vgl. auch Klimmt 2006), die die Handlung zum Selbstzweck werden lässt,
ungeachtet ihrer übergeordneten Ziele (Gewinnen, Erreichen des nächsten Spiel-
levels). Es ist gleichzeitig Grundlage für komplexere Denkprozesse und Bewe-
gungsabläufe (Oerter 1993: 203). Wendet man den Handlungsbegriff von Leontjew (1979; vgl. 2.1) auf die Nutzung digitaler Spiele an und verknüpft diesen mit
den spieltheoretischen Ausführungen von Oerter (1993, 2000), so lässt sich auch
hier ein übergeordneter Gegenstandsbezug konzeptualisieren. Simulationsspiele
gestatten die Erfahrung von Kontrolle und Selbstsicherheit bei gleichzeitigem
Risiko ohne Konsequenzen, während in Abenteuerspielen narrative Inhalte und
das Lösen komplexer Probleme eine symbolische Bewältigung von Entwicklungsaufgaben ermöglichen (Oerter 1993: 203f.).

In Anlehnung an Oerter (1993) integriert auch Klimmt (2006) die Bearbeitung von Lebensthematiken in Form simulierter Lebenserfahrungen als Bedingung für Unterhaltungserleben auf Tätigkeitsebene in sein Handlungsmodell des
Computerspielens (vgl. Abschnitt 2.1). Oerter sieht (2000: 54) jedoch Spiele im
Erwachsenenalter als keine probate Weiterführung des kindlichen Spiels an und
deutet ein solches Verhalten als inadäquaten Umgang mit unbewussten und nicht
verarbeiteten Konflikten. Dies erscheint jedoch wenig plausibel (vgl. dazu Vorderer 2001: 124). Vielmehr können auch Erwachsene von den psychischen Funktionen des Spiels profitieren, so dass sich die unbewusste Auseinandersetzung
mit verschiedenen Lebensthematiken durch die Nutzung digitaler Spiele auch im
Erwachsenenalter fortsetzt. Für diese Vermutung sprechen auch die Nutzerzah-
len (vgl. z. B. Quandt et al. 2011), die belegen, dass digitale Spiele auch in höheren Altersgruppen eine attraktive Freizeitbeschäftigung darstellen.

3.1.2 Merkmale der Spielhandlung

Nachdem in den vorangegangenen Abschnitten die kulturelle und entwicklungspsychologische Bedeutung des Spiels herausgearbeitet wurde, sollen nun die
Besonderheiten der Spielhandlung aus handlungspsychologischer Perspektive
beleuchtet werden. Dabei konzentriert sich die Betrachtung der Spielhandlung
(*play*) auf drei Merkmale (vgl. Oerter 1993). Zum einen ist sie *zweckfrei* und
erfordert daher intrinsische Motivation, da sie nur um ihrer selbst willen ausgeführt wird. Diese Zweckfreiheit macht die spezielle Handlungsdynamik des
Spiels aus. Zweitens findet beim Spielen ein *Wechsel des Realitätsbezugs* statt.
Die Mitspieler definieren den Handlungsrahmen, sie konstruieren die Spielreali-
tät. Drittens kennzeichnet das Spiel ein *Wiederholungs- und Ritualcharakter*.

Zweckfreiheit

Zweckfreiheit bedeutet in diesem Zusammenhang, dass bei der Spielhandlung
Handlungsergebnis und Handlungsfolgen ausgeblendet bleiben. Das Spiel wird
um seiner selbst willen betrieben und scheint „eine rudimentäre Handlung zu
sein, der ein entscheidendes Glied der Handlungskette fehlt, nämlich die Hand-
lungsfolge" (Oerter 1993: 5f.). Im Falle des Spiels steht die Tätigkeit selbst im
Vordergrund, über die ihr ursprünglicher Zweck vernachlässigt wird. Vielmehr
wird vermutet, dass der Zweck in der Spielhandlung selbst zu finden ist und ihr
damit eine *intrinsische Motivation* zugrunde liegt, die ein *Flow-Erleben* während
der Handlung ermöglicht (Csikszentmihalyi 1999). Ein solches Flow-Erleben ist
möglich, wenn die Handlung automatisiert erfolgen kann, d. h. Anforderungen
und Feedback eindeutig sind (Rheinberg et al. 2007: 105; vgl. auch Csikszentmihalyi 1999). Darüber hinaus muss die Aufgabe ein optimales Anforderungsniveau aufweisen. Das bedeutet, es muss so hoch sein, dass es zwar die volle Aufmerksamkeit erfordert, aber noch kontrollierbar ist. Des Weiteren müssen alle
Handlungsschritte einer inneren Logik folgend ineinander übergehen, und alle
Kognitionen, die sich nicht auf die aktuelle Handlungsausführung richten, müssen ausblendbar sein. Damit verbunden ist auch eine stark beeinträchtigte Zeit-
wahrnehmung und ein vollkommenes Aufgehen in der Aktivität, d. h. das aktuelle Handeln wird nicht mehr reflektiert, und man agiert ohne sich seiner selbst
bewusst zu sein (vgl. z. B. Csikszentmihalyi 1999; Rheinberg et al. 2007).
    Das Flow-Konzept liefert damit eine adäquate Beschreibung sogenannter
autotelischer Tätigkeiten (Csikszentmihalyi 1999). Dies können auch Arbeitstätigkeiten sein, die sehr wohl einen Zweck erfüllen, der nur während der Tätigkeit
in den Hintergrund rückt. Die Vorstellung eines Versunkenseins in der Tätigkeit,
wie es der Flow-Zustand beschreibt, ist in Ansätzen vergleichbar mit dem

Rauschzustand bei bestimmten Spielformen (Ilinx), wie er bei Caillois (1958) beschrieben wird. Die Zweckfreiheit der Spielhandlung ermöglicht die Auseinandersetzung mit Konflkten und den Abbau von Spannungen (Sutton-Smith 1978). Gemäß der Konflikt-Enkulturations-Hypothese (vgl. Sutton-Smith: 1978: 68) dienen Spiele der normativen Enkulturation, weil sie die symbolische Auseinandersetzung mit verborgenen Konflikten ermöglichen und damit eine kulturell bedeutsame Form des Lernens darstellen. Dabei kommt auch das sogenannte Yerkes-Dodson-Gesetz (Yerkes/ Dodson 1908; vgl. Sutton-Smith 1978: 14; vgl. z. B. auch Rothermund/ Eder 2011) zum Tragen, welches von einem negativen Zusammenhang zwischen der Komplexität einer Fähigkeit und dem optimalen Motivationslevel zum Erlernen dieser Fähigkeit ausgeht. Zu hohe Motivation und damit auch Zweckorientierung kann demnach den Lernprozess eher stören als fördern. Im Rahmen des Spiels besteht hingegen die Möglichkeit, sich ohne Druck Herausforderungen zu stellen, die außerhalb des Spiels nicht gemeistert werden konnten (Sutton-Smith 1978: 14f.).

Wechsel des Realitätsbezugs

Spiele bieten die Möglichkeit, in eine zweite Realität einzutauchen (Oerter 1993). Dieser Wechsel des Realitätsbezugs muss den potentiell beteiligten Mitspielern durch Metakommunikation („Dies ist Spiel") vermittelt werden. Das Spiel bildet so einen gemeinsam vereinbarten Rahmen mit eigens definierten Regeln. Spieltheoretische Betrachtungen von Bateson (1985: 133) legen nahe, dass Handlungen im Spiel nicht das bedeuten, wofür sie außerhalb des Spiels stehen. So offenbaren sich im Spielverhalten (play) aus Sicht des Autors Paradoxien der Kommunikation. Die Botschaften und Signale, die während des Spielens ausgetauscht werden, sind in gewisser Weise unwahr oder nicht so gemeint (vgl. Hippel 1993: 138). Grundlage dieses Verhaltens ist die Fähigkeit zur Kommunikation auf verschiedenen Ebenen der Abstraktion (Bateson 1985). Die das Spiel rahmende Metakommunikation bezieht sich auf die Beziehung zwischen den Dialogpartnern.[8]

Bateson (1985) beschreibt Spiel als ein Phänomen, in dem Spielhandlungen andere Handlungen des Nicht-Spiels bedeuten. So findet sich im Spiel eine Reihe von Signalen, die für andere Ereignisse stehen. Eine geballte Faust signalisiert beispielsweise Gefahr und bezieht sich auf einen möglichen Faustschlag, der

---

8 Die Beobachtung spielender Affen im Zoo führt Bateson (1985: 133) zu folgender Schlussfolgerung: Das Phänomen des Spielens ist nur möglich, wenn die teilnehmenden Organismen bis zu einem gewissen Grad zu Metakommunikation fähig sind, indem sie beispielsweise Signale mit der Bedeutung „das ist Spiel" austauschen.

aber nicht stattfinden wird (vgl. Bateson 1985: 134). Der Autor möchte mit diesem Beispiel auch verdeutlichen, dass die Rahmung der Handlung als „this is
play" oder „this is ritual" sehr labil ist und leicht missverstanden werden kann.
Die im Spiel vermittelten Signale und Botschaften sind doppelt paradox. Zum
einen bedeuten die Objekte nicht das, was sie eigentlich bedeuten, zum anderen
existieren sie nicht einmal (vgl. Bateson 1985: 135). Seine Analyse führt Bateson
(1985) somit zu zwei Besonderheiten des Spiels: Erstens sind die Botschaften
bzw. Signale unwahr oder nicht so gemeint, zweitens existiert das, was die Signale bedeuten, überhaupt nicht. Als Beispiel führt der Autor an, dass etwa ein
Kniff auf einen Biss hindeuten soll, aber nicht die eigentliche Bedeutung eines
Bisses hat, und dieser real auch nicht ausgeführt wird. So müssen auch Handlungen als „Spielzüge", etwa das Schießen in Actionspielen, anders interpretiert
werden als die gleichen Handlungen außerhalb des Spiels. Bateson (1985: 137)
schlussfolgert, dass durch den Frame *Play* eine primäre Verarbeitungsroute angesprochen wird, so dass alle Botschaften entsprechend interpretiert werden.
Jedoch im Gegensatz zum Traum hält dieser Zustand nicht an, sondern wird
immer wieder neu in Frage gestellt bzw. auf einer Metaebene antizipiert. Der
Frame *Play* impliziert also sowohl primäre als auch sekundäre Verarbeitungs-
prozesse (Bateson 1985: 137).

Aus psychologischer Perspektive kann ein *Frame* hier als eine *metakommu-
nikative* Botschaft zur Organisation der Wahrnehmung verstanden werden, die
gleichzeitig bestimmte Botschaften und ihre Bedeutungen ein- und andere ausschließt (vgl. Bateson 1985: 139). Metakommunikativ meint, dass sich der Frame auf bestimmte Deutungsbedingungen („premises") bezieht und damit die
Bewertung der Botschaften innerhalb des Frames beeinflusst. Bateson (1985)
überträgt die bezüglich des Spiels beobachteten Kommunikationsphänomene auf
Therapieprozesse.

Wiederholungs- und Ritualcharakter

Wiederholung gilt als universelles Prinzip der menschlichen Psyche (Oerter
1993). Beim Spielen ermuntert die Freude am Effekt, das sogenannte Selbst-
wirksamkeitserleben (vgl. Bandura 1997; Klimmt 2006) zur Wiederholung. Darüber hinaus ist die Wiederholung von Spielhandlungen mit dem oben bereits
beschriebenen Flow-Erleben insofern verbunden, als dass autotelisches Erleben
verstärkend wirkt und „das Verhalten andauern lässt" (Csikszentmihalyi 1999:
44f.). Des Weiteren wird das Flow-Erleben stärker, je länger das Spiel andauert,
da Wiederholung zu stärkerer Vertrautheit mit dem Spiel und damit auch zu
einem „flüssigeren" Spielablauf führt (vgl. Rheinberg/ Vollmeyer 2003: 166).

Gerade bei Regel- und Glücksspielen ist der Drang zur Wiederholung besonders stark. Gewinn verlockt zu immer neuen Erfolgen und Glücksgefühlen, und eine Niederlage zum erneuten Versuch den Verlust wieder wettzumachen. Daraus können sich suchtähnliche Tendenzen entwickeln (vgl. Oerter 1993: 16). Auf der anderen Seite kann aus entwicklungspsychologischer Perspektive die Wiederholung von Spielhandlungen der Aufarbeitung traumatischer Ereignisse dienen (vgl. Oerter 1993).

Der *Ritualcharakter* des Spiels beruht darauf, dass es den Spieler aus seiner Alltagssituation heraushebt und ihn in „eine besondere Bewusstseins- und Erlebnislage" (Oerter 1993: 17) versetzt. Gleichzeitig sind damit auch feste Regeln verbunden, die der Spieler befolgen muss. Das Spiel bietet also – befreit von den Zwängen des Alltags – einerseits besondere Handlungserfahrungen, die im alltäglichen Leben nicht möglich sind, anderseits wird dieser Handlungsspielraum durch Regeln eingeschränkt. Der Ritualcharakter offenbart so eine Paradoxie des Spiels, die das Erproben von Verhaltensweisen in einer gesicherten Umgebung ermöglicht (vgl. Oerter 1993: 18).

3.1.3   Mediennutzung als subjektives Spiel

Wie in Abschnitt 3.1.1 festgestellt wurde, scheint das Spiel heute seine ursprüngliche kulturelle Bedeutung weitgehend eingebüßt zu haben (vgl. Huizinga 1956; Oerter 1993). Dieser Bedeutungsverlust kann allerdings auch als Wandel der Rolle des Spiels in modernen Gesellschaften interpretiert werden. So werden in der Unterhaltungsforschung die oben bereits diskutierten anthropologischen Ansätze zur Konzeptualisierung medialer Unterhaltung als Spiel herangezogen (Wünsch 2002).

Stephensons (1988) spieltheoretische Überlegungen zur Rolle der Massenkommunikation können in diesem Zusammenhang als grundlegend angesehen werden. Entgegen der kulturkritischen Sichtweise Adornos (vgl. Horkheimer/ Adorno 1969) sieht er die Funktion der Medien eben nicht nur in der „Betäubung" der Massen, sondern gleichzeitig auch in der Ermöglichung von Anschlusskommunikation im Alltag. Darüber hinaus vertritt er die These, dass der tägliche, feierabendliche Medienkonsum in der heimischen Privatsphäre ein Schritt in die existentielle Richtung ist. Mediennutzung ist demnach eine subjektive Angelegenheit, die dort Freiheit schafft, wo es vorher wenig oder keine gab (Stephenson 1988: 45). Spiel und Freizeit auf der einen Seite sowie Arbeit auf der anderen Seite sind klar getrennte Bereiche des menschlichen Daseins. Spiel gilt als Bereich der Phantasie und ist nicht real, Arbeit hingegen ist real. Jedoch sind beide auf ihre Weise existenziell. So wird in Anlehnung an Huizinga (1956;

vgl. dazu auch Abschnitt 3.1.1) eine Abhängigkeit der Kultur vom Spiel angenommen, denn beim Spielen lernt der Mensch die Regeln seiner Kultur (vgl.
Stephenson 1988). Diese Funktion lässt sich auf die Nutzung von Massenmedien
übertragen. Als weitere Merkmale des Spiels, die sich auch auf Massenkommunikation anwenden lassen, berücksichtigt Stephenson (1988) seine Freiwilligkeit,
seine Funktion als Pause vom Alltag und den damit verbundenen Pflichten, seine
innere Geschlossenheit (hat Anfang und Ende) sowie seine Isolation von Zeit
und Raum. Die meisten Spieltheorien befassen sich lediglich mit beobachtbarem
Verhalten, was sogenanntes „subjektives Spiel", wie es etwa in Form von Tag-
träumen vorkommt, ausschließt (vgl. Sutton-Smith 1988). Stephenson (1988)
bezieht sich daher auf Huizingas (1956) Definition von Spiel, weil diese abstrakt
und weit gefasst ist und seiner Auffassung nach auch Aktivitäten wie Fernsehen
und Zeitunglesen abdeckt. Jedoch sieht Huizinga (1956) den Wettbewerb („con-
test") als Hauptform des zivilisierten Spiels an, die sich kaum auf Aktivitäten
wie Fernsehen oder Radio hören anwenden lässt (vgl. Sutton-Smith 1988: XI).
Die mangelnde Einheitlichkeit der Definitionen macht die Anwendung des Be-
griffs „Spiel" auf die Mediennutzung zum Problem. Einerseits stellt Spiel – in
der Definition Huizingas (1956) – eine Form des Wettbewerbs mit bestimmten
Merkmalen dar (*game*), andererseits wird darunter in Anlehnung an Bateson
(1985) einen bestimmten Modus des Verhaltens bzw. der Interaktion gefasst,
indem man zum Beispiel parasoziale Interaktion als „so-tun-als-ob"-Spiel (*play*)
betrachtet (vgl. Hippel 1993). Dies zeigt auch die spieltheoretische Diskussion
zwischen „Ludologists" und „Narratologists" (vgl. z. B. Egenfeldt Nielsen et al.
2008: 195f.; Gosling/ Crawford 2011: 137f.; auch Abschnitt 3.1.1). Bezüglich
digitaler Spiele erfassen beide Perspektiven wichtige Aspekte: Zum einen steht
die formale Struktur, und zum anderen die Bedeutung von Spielprozessen im
Mittelpunkt der Auseinandersetzung.

Die Betrachtung der Nutzung traditioneller Massenmedien wie z. B. Fernsehen als symbolisches Spiel liegt nahe. Sutton-Smith schreibt im Vorwort zu
Stephensons *The Play Theory of Mass Communication*: „In a sense everything
that comes to a person by popular media, whether literary or electronic, is not the
actual thing to which it refers but is instead a kind of staged and symbolic play
(soap opera) or symbolic ritual (the news)." (Sutton-Smith 1988: XII) In diesem
Sinne kann der Umgang mit Medien als aktive Selbstkonstruktion verstanden
werden. Subjektives Spiel ist demnach eine Form der Kommunikation. In einem
weiteren Schritt lässt sich Massenkommunikation dahingehend unterscheiden, ob
sie die Arbeit, hierzu wird eine informierende Nutzung gezählt, oder die Freizeit
betrifft, indem sie zur Unterhaltung genutzt wird (vgl. Stephenson 1988: 48).
Stephenson (1988) betont die Unterhaltungsfunktion der Massenmedien. Für ihn
ist Massenkommunikation unter dem Aspekt des Spielens ein Weg der Gesell-

schaft ihre Kultur zu entwickeln. Die Informationsfunktion der Massenmedien ist lediglich eine zwischenzeitliche Unterbrechung (*interlude*) ihrer vollzeitlichen Unterhaltungsfunktion, die als hoch entwickelte Form subjektiven Spiels angesehen werden kann (vgl. Stephenson 1988: 50). Jedoch stellt sich heute die Frage, ob Stephensons Vorstellung vom „happy alienated worker" (vgl. Stephenson 1988: 136ff.), der im freizeitlichen Spiel Glück und Befriedigung findet und sich so von monotonen, entfremdenden Arbeitsprozessen erholt, immer noch Gültigkeit hat, da sich der Dualismus von Arbeit und Freizeit zunehmend aufweicht. Einerseits wird die Arbeit – gemessen an der Arbeitszeit – immer weniger (vgl. z. B. Opaschowski 2008: 32ff.), andererseits wird sie auch mehr und mehr zur Selbstverwirklichung. Die Grenzen zwischen Spiel und Arbeit sind fließend. Die Freizeit nimmt also einen immer größeren Teil des Lebens ein, sie und ihre rekreative Funktion werden aber auch zunehmend obsolet. Die Nutzung vielfältiger, zeitintensiver, absorbierender Medienangebote verhindert vielmehr das Aufkommen von Langeweile und das Empfinden der Freizeit als Last (vgl. Opaschowski 2008).

Auch Vorderer (2001) hebt den Spielcharakter einer Mediennutzung zur Unterhaltung hervor. Er bezieht sich auf Oerters (2000) handlungstheoretischen Ansatz und überträgt die von Oerter herausgearbeiteten Merkmale des Spiels Zweckfreiheit, Wechsel des Realitätsbezugs und Wiederholung (vgl. 3.1.2) auf die unterhaltsame Mediennutzung. So sei diese ebenfalls eher intrinsisch als extrinsisch motiviert. Des Weiteren tauchen auch Mediennutzer während der Rezeption in eine andere Welt ein und vergessen die Realität um sich herum. Schließlich erweist sich Wiederholung als besonders charakteristisches Merkmal (vgl. dazu auch Stephenson 1988: 49). Dies gilt beispielsweise für die Nutzung unterhaltender Fernsehangebote, da die Rezipienten stabile Präferenzen in der Nutzung entwickeln, die sich in regelmäßigem Konsum bestimmter Inhalte niederschlagen (vgl. Vorderer 2001: 122f.). Diese Betrachtung einer Unterhaltung als Spiel lässt sich sowohl auf die Nutzung traditioneller Medien (Fernsehen, Bücher) als auch auf die Nutzung digitaler Spiele als interaktive Medien anwenden (vgl. Vorderer 2001: 124).

Zusammenfassend kann festgestellt werden, dass sich Mediennutzung – insbesondere zur Unterhaltung – als subjektives Spiel (*play*) konzeptualisieren lässt, bei dem die Nutzer in eine andere Welt eintauchen und mit medialen Inhalten interagieren. In diesem Sinne dient Unterhaltungsrezeption der Alltagsbewältigung (vgl. Oerter 2000; Vorderer 2001). Bei der Nutzung digitaler Spiele kommt hinzu, dass sich der Spieler beim Eintauchen in eine andere Welt der formalen Struktur des Spiels (*game*) unterwirft und sein aktive Einbindung in das Spiel, d. h. seine – nicht nur kognitive – Interaktion mit medialen Inhalten, durch kontinuierliches Feedback verstärkt wird.

3.2 Konzeptualisierung der Nutzung digitaler Spiele

Nachdem Besonderheiten der Spielhandlung aus spieltheoretischer Perspektive
erarbeitet wurden, widmet sich der nachstehende Abschnitt der Spezifikation des
Handlungskontextes und der Handlungskomponenten digitalen Spielens. So
stellt sich auf *Selektionsebene* die Frage, wie digitales Spielen in den Alltag
eingebettet ist und welche soziale Bedeutung es hat. Daher erfolgen zunächst die
Verortung der Nutzung digitaler Spiele im freizeitlichen Kontext (3.2.1) sowie
eine Auseinandersetzung mit der sozialen Dimension dieser Freizeitbeschäftigung (3.2.2). Auf *Ebene des Spielverhaltens* muss geklärt werden, warum und in
welchen Situationen bestimmte Handlungsoptionen wahrgenommen werden und
welche spezifischen Verhaltensweisen dabei unterschieden werden können.
Hierzu werden verschiedene Motivdimensionen der Nutzung digitaler Spiele
vorgestellt (3.2.3), die Bedeutung der Existenz verschiedener Spielsituationen,
die sich wiederum in der Genrevielfalt digitaler Spiele widerspiegelt, erläutert
(3.2.4) und schließlich zentrale Dimensionen des Spielverhaltens erarbeitet
(3.2.5).

3.2.1 Digitales Spielen als Freizeitaktivität

Im Jahr 2011 nutzten 17,6 Millionen Deutsche und damit etwa ein Viertel der
Bevölkerung ab 14 Jahren digitale Spiele (Quandt et al. 2011). Geschlechtsbezogen ergibt sich ein Nutzeranteil von etwa 30 Prozent der Männer und 21 Prozent
der Frauen. Darüber hinaus ist digitales Spielen nach wie vor in jüngeren Altersgruppen stärker verbreitet: So spielen 67 Prozent der 14- bis 17-Jährigen, 50
Prozent der 18- bis 29-Jährigen, 29 Prozent der 30- bis 49-Jährigen, 17 Prozent
der 50- bis 64-Jährigen, und 10 Prozent der Personen ab 65 Jahren (Quandt et al.
2011: 417). Gleichwohl digitales Spielen in erster Linie das jugendliche Freizeitverhalten dominiert, schreitet die Verbreitung dieser Freizeitaktivität auch in
höheren Altersgruppen voran, was sich auch in einem zunehmenden wissen-
schaftlichen Interesse an der Nutzung digitaler Spiele durch Ältere zeigt (z. B.
De Schutter 2011; Pearce 2008; Quandt et al. 2009).

Die durchschnittliche tägliche Nutzungsdauer digitaler Spiele liegt bei
knapp 50 Minuten (Quandt et al. 2011: 418f.), und die Ausgaben für digitale
Spielesoftware in Deutschland beliefen sich laut Bundesverband Interaktive
Unterhaltungssoftware e. V. (BIU) im Jahr 2010 auf 1,86 Milliarden Euro (vgl.
BIU 2011).[9] Damit wird deutlich, dass es sich bei der Nutzung digitaler Spiele

---

9   Davon entfielen 1,59 Milliarden Euro auf den Verkauf von Datenträgern und Downloads. Der
     restliche Teil des Umsatzes wird durch neuere Geschäftsmodelle wie Gebühren für Abonne-

keineswegs um eine Nischenaktivität handelt, die lediglich in jugendlichen Sub-
kulturen verbreitet ist (vgl. auch Quandt et al. 2011). Vielmehr sind digitale
Spiele in vielen Teilen der Bevölkerung zu einem wichtigen Bestandteil der
Freizeitgestaltung geworden.

Freizeitaktivitäten basieren im Wesentlichen auf der subjektiven Erfahrung
freiwillig gewählten Handlungen, die um ihrer selbst willen, also zum reinen
Vergnügen ausgeführt werden (Csikszentmihalyi 1999). Allgemein akzeptiert ist
auch die Auffassung von Freizeit als Bereich frei disponierbarer Zeitverwen-
dung, in dem selbst bestimmte Aktivitäten ausgeführt werden können und der die
Möglichkeit zur Reflektion und persönlichen Weiterentwicklung bietet (Best
2010). Darüber hinaus wird überwiegend davon ausgegangen, dass sich Freizeitaktivitäten wesentlich von der Ausführung von Arbeitstätigkeiten unterscheiden,
dass diese an bestimmten Orten (der Freizeit) stattfinden und ihre Teilhabe mit
positiven Erwartungen verbunden wird (Best 2010: 23). Insgesamt wird das
Phänomen Freizeit aus recht verschiedenen Blickwinkeln betrachtet. Entsprechend finden sich auch unterschiedliche definitorische Schwerpunktsetzungen
(vgl. Aitchison 2003). So wird Freizeit einerseits als Restzeit (zeitbezogene Definition), zum anderen als Aktivität (besondere Art der Beschäftigung), als gesellschaftlich funktional (funktionalistisch) oder auch als Freiheit von Zwängen
verstanden. Außerdem wird hervorgehoben, dass Freizeit individuell ganz unterschiedliche Bedeutungen haben kann, die außerdem situativ variieren können
(Aitchison 2003: 46).

Im Zusammenhang mit der Nutzung digitaler Spiele wird teilweise der klassischen Vorstellung von Freizeit als freiwilliger Nicht-Arbeit (z. B. Stengel
2007: 652), die einen Gegensatz von Arbeit und Freizeit impliziert, wie ihn auch
Huizinga (1956), Caillois (1958) und Stephenson (1988) in ihren spieltheoretischen Ausführungen vertreten, widersprochen (vgl. Taylor 2003). Im Rahmen
ihrer Untersuchung zu Intensivspielern stellt Taylor (2003) die Frage, ob nicht
auch Arbeit mit Vergnügen und Spiel mit großer Anstrengung verbunden sein
kann. Ihrer Ansicht nach ist ein dichotomes Modell von Arbeit und Freizeit ab-
zulehnen, da die Grenzen zwischen beiden Aktivitäten oft fließend sind (vgl.
Ang et al. 2010; Taylor 2003: 310). Darauf weisen auch Befunde von Deal
(2008) zu Unterschieden in der zeitlichen Nutzung von Browserspielen und traditionellen (v. a. Konsolen-)Spielen hin. Während Browserspiele (meist Pausen-
und Geschicklichkeitsspiele, sog. Casual Games; vgl. 3.2.4) kontinuierlich über
den ganzen Tag hinweg genutzt werden und sich erst abends mit dem Feierabend
und damit dem Beginn der Freizeit ein Abfall in der Nutzung einstellt, konzentriert sich die Nutzung der Videospiele auf die klassische Freizeit und steigt

---

ments und Premium-Accounts (Online- und Browser-Games) oder Ausgaben für Spielerweiterungen und zusätzliche Items (virtuelle Zusatzinhalte) erwirtschaftet (vgl. BIU 2011).

somit erst am späten Nachmittag und über den Abend hinweg an. Unterschiede zeigen sich auch bei den Nutzungsintervallen. So werden Browserspiele eher kurzfristig genutzt, die Spielsitzungen dauern meist nicht länger als 15 Minuten, im Gegensatz zu Videospielen, bei denen die durchschnittliche Nutzungsdauer pro Spielsitzung über drei Stunden beträgt (vgl. Deal 2008). So ist die Nutzung bestimmter digitaler Spiele nur bedingt als klassische Freizeitbeschäftigung einzustufen, sondern insbesondere „[b]rowser-based games [...] seem to be filler activities that can be easily squeezed in between many other routine daily behaviors." (Deal 2008: 81) Dementsprechend haben Videospiele und Browserspiele unterschiedliche Funktionen im Alltag. Die Nutzung von klassischen Videospielen steht in Konkurrenz zu anderen Freizeitbeschäftigungen und der Nutzung anderer Medien zur Unterhaltung. Browserspiele dienen eher der Ablenkung und Zerstreuung, ihre Nutzung konkurriert mit Arbeitsaktivitäten in Beruf und Haushalt (Deal 2008: 85). Des Öfteren wird in diesem Zusammenhang auch diskutiert, inwiefern digitale Spiele andere Freizeitaktivitäten wie z. B. Sport ersetzen. Diesbezüglich lassen sich jedoch kaum Substitutionseffekte feststellen (Quandt et al. 2011: 420f.). Vielmehr erscheint plausibel, dass die Nutzung digitaler Spiele Teil eines Bündels von Freizeitaktivitäten ist, das einen bestimmten Freizeittyp (vgl. z. B. Leven et al. 2010) bzw. eine bestimmte Freizeitorientierung repräsentiert.

Auf Basis einer Befragung von 2.604 Jugendlichen im Alter von 12 bis 25 Jahren im Rahmen der Shell-Studie 2010 identifizieren Leven et al. (2010: 98f.) vier Freizeittypen. In der *kreativen Freizeitelite* (23%) dominieren als Beschäftigungen das Lesen von Büchern, Sport, Unternehmungen mit der Familie und kreativ-künstlerische Aktivitäten. Der Freizeittyp *engagierte Jugendliche* (23%) ist gekennzeichnet durch sportliche Aktivitäten (im Verein und außerhalb), Engagement in Projekten und die Nutzung digitaler Spiele. Die *geselligen Jugendlichen* (28%) bevorzugen soziale Aktivitäten wie Leute treffen, Disco- und Kneipenbesuche und Shoppen. Die Gruppe der *Medienfreaks* (26%) widmet ihre Freizeit hauptsächlich dem Fernsehen, Internet, Musik hören, DVDs schauen und rumhängen. Während sich junge Männer eher den Gruppen Medienfixierte und engagierte Jugendliche zuordnen lassen, sind junge Frauen in den Gruppen der geselligen Jugendlichen und der kreativen Freizeitelite überproportional vertreten. Darüber hinaus rekrutiert sich die Gruppe der Medienfixierten in großen Teilen aus Jugendlichen der Unterschicht, demgegenüber ist die kreative Freizeitelite in der Oberschicht am stärksten vertreten. Dies steht in Einklang mit Annahmen von Bourdieu (1982), dass sich Menschen, die im selben Gebiet leben, einer sozialen Schicht angehören und sich in einem ähnlichen sozialen Umfeld bewegen, den gleichen *Habitus* aufweisen und ähnlichen Beschäftigungen nachgehen. Des Weiteren zeigen die Befunde (vgl. Leven et al. 2010), dass jüngere Altersgruppen eher in den Gruppen der Kreativen und der Engagierten zu finden sind, während Jugendliche der mittleren Altersgruppe (15 bis 17 Jahre) häufiger den Medienfixierten zuzurechnen sind. Im Alter von 18 bis 21 Jahren sind schließlich die geselligen Jugendlichen überrepräsentiert. Während in den jüngeren Altersgruppen jeweils bestimmte Freizeitorientierungen dominieren, entwickelt sich ab 21 Jahren ein individuelles, interessengeleitetes Freizeitverhalten, so dass alle Freizeittypen annähernd gleichermaßen vertreten sind (vgl. Leven et al. 2010: 99).

Insbesondere, was die Nutzung digitaler Spiele in der Freizeit betrifft, wird auf die Existenz sogenannter *Freizeitbarrieren* hingewiesen (vgl. z. B. Bryce/ Rutter 2003). Die soziologische Freizeitforschung bietet hierzu Erklärungsansätze (im Überblick Best 2010), die psychische und soziale Einflussfaktoren integrieren: Die Nutzung bzw. Nicht-Nutzung digitaler Spiele kann demnach zum einen auf hemmende Faktoren auf verschiedenen Ebenen (*Leisure-Constraints-Modell* von Crawford et al. 1991) und zum anderen auf die Orientierung am sozialen Umfeld (*Personal-Community-Hypothese* von Burch 1969) zurückgeführt werden.

Freizeitbarrieren werden definiert als diejenigen Faktoren, die den Zugang zu einer Freizeitaktivität unterbinden, ihre Ausübung erschweren und zeitlich beschränken oder eine mit der Aktvität einhergehende Bedürfnisbefriedigung mindern (Jackson 1988; zit. n. Bryce/ Rutter 2003: 8). Beispiele für solche Hemmnisse bzw. Barrieren sind Geschlecht, Rasse, Schichtzugehörigkeit sowie geistige und körperliche Benachteiligungen (vgl. Best 2010). Das *Leisure-Constraints-Modell* bezieht sich auf drei Kategorien von Freizeitbarrieren (vgl. Crawford et al. 1991: 311f.): Unter *strukturellen Barrieren* werden intervenierende Variablen verstanden, die die Beziehung zwischen Freizeitpräferenzen und tatsächlicher Teilhabe beeinflussen (z. B. finanzielle Ressourcen, Lebensphase, saisonale Aspekte, Klima und Arbeitszeiten). *Intraindividuelle Barrieren* bedingen wiederum die Ausprägung bestimmter Freizeitpräferenzen. Hierunter fassen die Autoren Persönlichkeitsmerkmale und Stimmungen (z. B. Stress, Depression, Angst, sozialisiertes Freizeitverhalten, Einschätzung der eigenen Fähigkeiten). *Interpersonale Barrieren* ergeben sich aus der Interaktion mit dem sozialen Umfeld und beeinflussen sowohl die Freizeitpräferenzen als auch die Partizipation an Freizeitaktivitäten (z. B. Präferenzen des Partners oder Mangel an Mitstreitern für soziale Freizeitaktivitäten). Dabei unterstellen Crawford et al. (1991) ein *hierarchisches-sequentielles* Modell, d. h., intraindividuelle Eigenschaften nehmen zunächst Einfluss auf Freizeitpräferenzen, danach kommt der Einfluss sozialer Beziehungen zum Tragen. Ist dieser wiederum positiv bezüglich der Aktivität, so entscheidet die Existenz struktureller Barrieren über die Ausübung der Tätigkeit. Diese strenge Hierarchie ist kritisch zu betrachten, vielmehr erscheint ein Zusammenspiel der drei Ebenen plausibel. Best (2010: 32) gibt zu bedenken, dass ein solches Modell die Bedeutung persönlicher Motivation unterschätzt. Darüber hinaus sollte nicht davon ausgegangen werden, dass intraindividuelle, interpersonale und strukturelle Freizeitbarrieren unüberwindbar sind. So ist eher zu vermuten, dass diese Beschränkungen für quantitative Unterschiede in der Ausübung von Freizeitaktivitäten sorgen und Freizeitbarrieren im Zusammenspiel mit anderen Faktoren als verhandelbar (*negotiable*) wahrgenommen werden (vgl. auch White 2008). Laut Bryce und Rutter (2003) scheint die wachsende Popularität von digitalen Spielen bei Frauen charakteristisch für ein Verschwinden der Kluft bezüglich bestimmter Freizeitaktivitäten zu sein. Auch dies deckt sich mit der Kritik an der Vorstellung, Freizeitbarrieren (-zwänge) seien statisch und unüberwindbar.

Burch (1969) geht davon aus, dass vor allem das soziale Umfeld bei der Wahl von Freizeitaktivitäten entscheidend ist. Seine *Personal-Community-Hypothese* besagt, dass die Partizipation an Freizeitaktivitäten vom Freizeitverhalten des Freundeskreises, der Arbeitskollegen und der Familie beeinflusst wird (vgl. Burch 1969: 138). Soziale Beziehungen wirken sich demnach stärker auf die Herausbildung von Freizeitmustern aus als individuelle Vorlieben. So können gewohnheitsorientierte oder kompensatorische Freizeitmuster durch das soziale Umfeld aufgebrochen oder auch verstärkt werden. Darauf Bezug nehmend argumentiert Best (2010), dass romantische Beziehungen für Frauen als Freizeitbarrieren wirken, da sie ihre Freizeitpräferenzen der Beziehung zum Partner unterordnen. Dem ist entgegenzuhalten, dass soziale Beziehungen auch neue, bisher nicht entdeckte Freizeitoptionen eröffnen können wie z. B. die Nutzung von Online-Rollenspielen (vgl. dazu Yee 2008).

Neben dem zeitlichen Ausmaß der Zuwendung, müssen auch die monetären Kosten, die eine Freizeitaktivität verursacht sowie deren subjektive Bewertung, berücksichtigt werden (Hartmann 2006: 104f.). Die Nutzung digitaler Spiele erfordert zum einen die Verfügbarkeit eines Spielgeräts (PC oder Konsole) bzw. bei Online-Spielen zusätzlich einen Internetzugang. Des Weiteren ist sie mit der Anschaffung von Spieltiteln, Abonnements sowie virtueller Zusatzinhalte verbunden. Auch bezüglich der finanziellen Investitionen, die die Zuwendung zu digitalen Spielen erfordert, ist zu vermuten, dass insbesondere das Geschlecht als strukturelle Barriere sowie interpersonale Faktoren,[10] also die Bedeutung der Freizeitaktivität im Freundeskreis, als Einflussfaktoren wirken. Legt man das Modell von Crawford et al. (1991) zugrunde, so lassen sich folgende Faktorenbündel zur Erklärung der Nutzung digitaler Spiele als Freizeitaktivität identifizieren:

---

10 Hartmann (2006) bezeichnet diese interpersonalen Faktoren als *soziale Kosten* der Freizeitaktivität.

- *Intraindividuell* beeinflussen Persönlichkeitseigenschaften die Präferenz für bestimmte Freizeitaktivitäten und damit auch spezifische Freizeitorientierungen. Kurzfristig können auch Stimmungen die Wahl der Freizeitaktivität bedingen.
- Auf *interpersonaler* Ebene beeinflusst das soziale Umfeld die Nutzung digitaler Spiele. Ist diese Aktivität bei Freunden, Partner und in der Familie weit verbreitet, so begünstigt dies auch die eigene Nutzung. Diesen Zusammenhang unterstellt auch die Personal-Community-Hypothese (Burch 1969).
- Eine Reihe *struktureller* Merkmale wie Alter und monetäre Kosten können dennoch eine Ausübung der Aktivität einschränken oder auch begünstigen.

Die Intensität der Nutzung digitaler Spiele wird demnach bedingt durch das Zusammenspiel dieser drei Faktorenbündel. Sowohl die Annahme einer Hierarchie bezüglich des Wirkpotentials dieser Faktoren als auch die Vermutung einer Unüberwindbarkeit der auf den verschiedenen Ebenen angesiedelten Barrieren sollten jedoch mit Blick auf die empirischen Befunde zur Nutzung digitaler Spiele (z. B. Quandt et al. 2011; vgl. auch Bryce/ Rutter 2003) aufgegeben werden.

Dieser Abschnitt widmete sich den Bedingungen, die die Wahl digitalen Spielens als Freizeitaktivität beeinflussen. Zum einen lassen sich strukturelle Unterschiede in der Verbreitung dieser Freizeitbeschäftigung ausmachen. Vor allem Alter und Geschlecht sind in diesem Zusammenhang relevante Merkmale. Zum anderen sind individuelle Vorlieben und soziale Beziehungen für die Selektion bestimmter Freizeitaktivitäten entscheidend. Dabei muss berücksichtigt werden, dass die Wahl digitalen Spielens als Freizeitaktivität nicht nur zeitliche, sondern auch finanzielle Aufwendungen in Form von Investitionen in die Hardware- und Softwareausstattung impliziert. Die Vorstellung einer Existenz unüberwindbarer individueller, interpersonaler und struktureller Freizeitbarrieren erscheint jedoch nicht haltbar. So können von diesen Einflusskomponenten zwar dämpfende, aber auch begünstigende Effekte auf die Wahl von Freizeitalternativen ausgehen. Zudem sind digitale Spiele nicht mehr nur ein Phänomen der Freizeit. Digitales Spielen entwickelt immer vielfältigere Formen, die sich in verschiedenste Bereiche des täglichen Lebens einpassen.

3.2.2 Soziale Bedeutung digitalen Spielens

Für die soziale Bedeutung digitalen Spielens sind im Wesentlichen zwei Aspekte relevant, die in wechselseitiger Beziehung zueinander stehen. Zum einen ist der soziale Charakter der Spielhandlungen von Bedeutung, wie er in verschiedensten Formen (gemeinsames Spielen) zum Ausdruck kommt. Zum anderen geht es um die soziale Einbettung des Spielens in den Alltag, und damit verbunden um die Teilhabe der Spieler an einer Gemeinschaft. Beide Aspekte werden in diesem Abschnitt genauer untersucht.

Digitales Spielen als soziale Interaktion

Soziale Spielformen können unterschieden werden in gemeinsames Online-Spielen (z. B. in Online-Rollenspielen wie World of Warcraft), Spielen in einem Local-Area-Network (LAN) und gemeinsames Spielen an einem Gerät (co-located; z. B. an einer Spielkonsole mit mehreren Controllern), wobei die erstgenannten Varianten überwiegend von Männern genutzt werden (Quandt et al. 2011: 416f.). Insgesamt sind Multiplayerspiele (online oder offline) bei jüngeren Altersgruppen wesentlich beliebter als bei älteren Spielergruppen (Quandt et al. 2011: 416).

Das gemeinsame Spielen, besonders im Rahmen von Online-Rollenspielen, erscheint aus sozialwissenschaftlicher Perspektive besonders interessant, da sich hier Erkenntnisse zur (medial vermittelten) Kommunikation und Kooperation in Gruppen gewinnen lassen (Corliss 2011). Nach De Kort et al. (2007) ist die soziale Interaktion während des Spiels ein Erklärungsfaktor für das Zustandekommen von Spielvergnügen. Sie wird daher oft als eine Gratifikation der Nutzung digitaler Spiele genannt. Dies bezieht sich in erster Linie auf die interpersonale Kommunikation mit anderen Spielern (vgl. Abschnitt 2.2; Krotz 2001). Auf der anderen Seite kann auch das Spiel an sich als soziale Interaktion betrachtet werden, deren Funktionieren oder Zustandekommen notwendig (aber nicht hinreichend) für den Spielerfolg und damit auch für Spielvergnügen bzw. Unterhaltungserleben ist.

De Kort et al. (2007: 824) merken kritisch an, dass die meisten Spieleforscher die Relevanz sozialer Faktoren zwar anerkennen, diese Erkenntnis aber nicht zur Integration sozialer Prozesse in deren Erklärungsmodelle führt. Darüber hinaus würden soziale Interaktion und Flow- bzw. Immersionserfahrungen oftmals als konfligierende Aspekte des Spielvergnügens angesehen. Die Autoren unterscheiden zwei verschiedene Arten sozialer Präsenz beim Spielen. Diese kann sich einerseits auf die Präsenz von Mitspielern (ob als Gegner oder Partner) und zum anderen auf die Präsenz von Zuschauern beziehen. Soziale Präsenz ist jedoch nicht allein abhängig von der physischen direkten Erfahrbarkeit der anderen, sie hängt auch von den Bedingungen und Erfordernissen des Spiels ab (nebeneinanderher spielen vs. gemeinsam spielen um ein Ziel zu erreichen). Des Weiteren ist soziale Präsenz kein dichotomes Merkmal, sondern sie bewegt sich zwischen zwei Extremen auf einem Kontinuum. Darüber hinaus beeinflusst das Verschmelzen von vermittelter und direkter Interaktion das Präsenzerleben: Mitspieler und Zuschauer sind im Spielverlauf zu einem mehr oder weniger starken Grad präsent (De Kort et al. 2007: 826).

Klastrup (2003) untersucht die Beziehung zwischen sozialer Interaktion und Vergnügen bei Multiplayer-Konsolenspielen am Beispiel des Spiels „Super Monkey Ball". Sie vergleicht die soziale Situation des gemeinsamen Konsolenspiels mit der des gemeinsamen Fernsehens oder Video-Schauens. All diese Aktivitäten finden gemeinsam im Wohnzimmer statt, im Gegensatz zur (etwas isolierteren) PC-Nutzung. Bei Multiplayerspielen ist das Vergnügen (das Unterhaltungserleben) ein *soziales* und eben kein rein psychologisches Ergebnis der Spielinteraktion. Dabei hängt die Unterhaltungserfahrung stark vom expliziten oder impliziten Beharren der Gruppe auf den Spielregeln ab. In diesem Zusammenhang spricht Klastrup (2003: 385) von „Gaming as an affective alliance", wobei affektive Allianzen verstanden werden als konkrete Manifestationen populärkultureller Formationen. Sie können als lose, soziale Gruppen angesehen werden, die für bestimmte Aktivitäten in einem bestimmten Zeitrahmen zusammenkommen und einen besonderen körperlichen und emotionalen Zustand erreichen. Spielen als affektive Allianz bietet die Möglichkeit, etwas gemeinsam zu unternehmen, gegeneinander anzutreten und sich zu ärgern, ohne dass dies übel genommen wird (der „Metaframe" des Spiels macht es möglich; vgl. Bateson 1985). In einer ethnografisch angelegten Studie beobachtete Klastrup (2003) eine Gruppe mit sehr erfahrenen Spielern und eine Gruppe mit Gelegenheitsspielern, die wenig Erfahrung mit dem Spiel hatten. Die Autorin kommt zu dem Schluss, dass der soziale Charakter des Spielvergnügens nur zum Tragen kommt, wenn die Spieler über genügend Erfahrung mit dem Spiel verfügen und das Anforderungsniveau in der Gruppen übereinstimmend als leicht beherrschbar bzw. niedrig empfunden wird (vgl. Klastrup 2003: 388f.). Erst dann findet eine emotionale Interaktion während des Spiels statt, die als anregend empfunden wird.

Lin et al. (2003) untersuchen die sozialen Dynamiken in Online-Clans.[11] Zum einen interessiert dabei die Motivation zur Clanbildung unter Berücksichtigung der Kosten, Risiken, Pflichten und Vorschriften, die eine Mitgliedschaft mit sich bringen. Zum anderen ist die Art der Kooperation unter anonymen Indi-

---

11 Neben dem Begriff „Clan" existieren noch weitere Bezeichnungen für virtuelle Spielgemeinschaften, z. B. „Gilde" bei Online-Rollenspielen, „Föderation" bei Online-Sportspielen und „Allianzen" bei Browserspielen (vgl. Wimmer et al. 2008: 150).

viduen in Spielsituationen, die gleichzeitig die Unabhängigkeit der Spieler ein-
beziehen, von Bedeutung. Die Autoren diskutieren, wie verschiedene Gruppen
von Spielern in Online-Umgebungen soziale Enklaven bilden und wie Diszipli-
narmaßnahmen zu kooperativen Aktivitäten führen. Auf Basis von Interviews
mit Clanmitgliedern sowie Artikeln und Beiträgen in Foren, die den Meinungs-
austausch zwischen Clan-Mitgliedern abbilden, zeigt sich, dass in den untersuchten Online-Rollenspielen das „Gesetz des Dschungels" vorherrscht und die Clan-
zugehörigkeit notwendig ist, um zu „überleben" (vgl. Lin et al. 2003: 297). Allein Spielen wird als gefährlich und unangenehm empfunden. Die Clan-
Mitgliedschaft fungiert gewissermaßen als Selbstschutz. Darüber hinaus erfordert die interdependente Struktur der Spiele ein Handeln in der Gruppe. Die
Avatare[12] sind erst dann richtig stark, wenn sie sich gegenseitig ergänzen (Lin et
al. 2003; vgl. auch Wimmer et al. 2008: 160). In Multiplayer-Onlinespielen
(Massively Multiplayer Online Games; kurz MMOGs) sind Verständigung und
Interaktion mit anderen Spielern unabdingbar für das Gelingen von Spielaktio-
nen (Fritz 2008: 140).

Soziale Interaktion während des Spiels ist demnach auf zwei Ebenen relevant. Erstens ermöglichen mehr oder weniger alle Formen sozialen Spielens die
gemeinsame Erfahrung spannender und emotionaler Spielsituationen. Der soziale Eventcharakter des Spielens begünstigt Unterhaltungserleben als sogenannte
Meta-Emotion (vgl. Früh 2002). Zweitens ist soziale Interaktion beispielsweise
in Online-Rollenspielen auch zentraler Bestandteil des Spiels, da bestimmte
Ziele nur durch Absprache und Kooperation erreicht werden können.

Digitales Spielen im sozialen Kontext

Mäyrä (2007: 813f.) betont, eine Modellierung der Nutzung digitaler Spiele
müsse sowohl den persönlich-historischen und situativen Kontext als auch den
weiteren sozialen und kulturellen Kontext berücksichtigen, denn die Präferenzen
und Praktiken digitalen Spielens basieren auch auf nicht digitalen Spielerfahrungen und Nutzungskontexten. Als unmittelbaren persönlichen Kontext versteht er
die Umstände des Spielens (gemeinsam vs. allein), Nutzungsmotive und Präferenzen. Der unmittelbare soziale Kontext umfasst die Einstellung des Freundeskreises bzw. des persönlichen sozialen Umfelds zu digitalen Spielen. Daraus
ergibt sich eine multidimensionale Struktur der Spielerfahrung. Als weiteren,
mittelbaren Kontext der Spielerfahrung nennt er Werte, Normen und Einstellungen der Gesellschaft bezüglich digitaler Spiele (vgl. Mäyrä 2007: 813). Diese
Kontextebenen sind wechselseitig miteinander verbunden. So führt regelmäßiges

---

12   Avatare sind die graphisch dargestellten Spielfiguren oder Charaktere, die im Spiel den Spieler
     und seine Handlungen repräsentieren.

Spielen von Multiplayer-Onlinespielen zur Herausbildung virtueller Gemein-schaften, die soziale Funktionen übernehmen: „Virtuelle Spielgemeinschaften dämpfen Niederlagen und Beeinträchtigung im Spielprozess (Frust) und verstär-ken durch Lob und Anerkennung Spielerfolge und konstantes Spielverhalten." (Fritz 2008: 137) Übereinstimmend wird festgestellt, dass digitale Spiele sowohl Ort als auch Gegenstand sozialer Interaktionen (Anschlusskommunikation) sind (De Kort et al. 2007), die über die Teilnahme am Spiel hinausgehen und zur Herausbildung von Subkulturen beitragen (Lin et al. 2003). Fritz (2008: 144f.) unterscheidet vier Kommunikationsformen in virtuellen Gemeinschaften: (1) *Spielbezogene Kommunikation* bezieht sich beispielsweise auf die Absprachen und Planung von Spielaktionen. (2) Die Diskussion über Strategien, der Aus-tausch über Normen und Regeln, aber auch die Mitteilung von Emotionen und Stimmungen wird als *spielbezogene Metakommunikation* bezeichnet. Darüber hinaus beinhaltet (3) die *realweltbezogene Kommunikation* beispielsweise inter-ne Konflikte zwischen einzelnen Mitgliedern und private Mitteilungen. Schließ-lich findet auch (4) *Kommunikation zur Verknüpfung von Spiel- und Realwelt* statt, etwa wenn es um die Aufnahme von Mitgliedern und Zeitabsprachen geht.

Ang et al. (2010) analysieren Spielverhalten aus soziokultureller Perspekti-ve und plädieren für eine Berücksichtigung eines erweiterten Spektrums an Spielaktivitäten, indem sie zwischen *intrinsischem* und *extrinsischem* Spielver-halten unterscheiden. Intrinsisches Spielverhalten bezieht sich auf Aktivitäten innerhalb der vorgegebenen Spielstruktur, während extrinsisches Spiel über die Grenzen des eigentlichen Spiels hinausgeht (Ang et al. 2010: 360). Im intrinsi-schen Spiel dient die Interaktion mit der Spielsoftware (Oberfläche, Avatar, Waffen usw.) zur Erreichung der Ziele des Spielers. Auf Basis qualitativer Daten (Inhalte von Webseiten und Foren verschiedener Spielergemeinschaften) identi-fizieren Ang et al. (2010) verschiedene Formen und Themen extrinsischen Spiel-verhaltens. So werden in den Communitys zum Beispiel Regeln, Strategien und Spielinhalte diskutiert. Einerseits geht es um den Austausch von Spielerfahrun-gen und andererseits um Spielerergänzungen (Fanartikel, Filme, Entwicklung neuer Geschichten) und Spielveränderungen im Sinne von Modding (vgl. Behr 2010; Sotamaa 2010). Diskutieren die Spieler Regeln und Spielerfahrungen, entwickeln Strategiehilfen, erstellen Videos zu ihren Spielsessions, veröffentli-chen Spielromane auf Basis der erlebten Geschichten innerhalb des Spiels oder präsentieren sich gegenseitig ihre Highscores, so sprechen Ang et al. (2010) von einem Prozess der Externalisierung verschiedener Aspekte intrinsischen Spiels und bezeichnen dies als *reflektives* Spielverhalten. Wird jedoch die ursprüngliche Spielgrenze durchbrochen und das intrinsische Spiel verändert, indem Spielre-geln verändert, neue Spielziele oder Spiellevel entwickelt oder neue Inhalte (z. B. Videos) in die Spieloberfläche integriert werden, sprechen die Autoren von *expansivem* Spielverhalten (vgl. Ang et al. 2010: 367f.). Expansives Spielverhalten betrifft demnach alle Aktivitäten, die über die Struktur des Orginalspiels hinausgehen. Ang et al. (2010: 374) schlussfolgern, dass sich das intrinsische Spielverhalten zwar primär auf das Spiel an sich bezieht, dieses kann aber im Falle extrinsischen Spielverhaltens zum Handlungsobjekt zweiter oder dritter Ordnung werden, indem es zur Herausbildung sozialer Beziehungen beiträgt.

Folgende Aspekte konnten bezüglich der sozialen Bedeutung digitalen Spielens herausgearbeitet werden: In einigen Spielen (Online-Rollenspiele) ist soziale Interaktion funktionaler Bestandteil des Spiels. Die Spieler müssen ihre Aktionen absprechen und koordinieren, um ein bestimmtes Ziel zu erreichen. Des Weiteren trägt bei Formen des sozialen Spiels der gemeinsame Eventcharakter wesentlich zum Spielvergnügen bei. Darüber hinaus sind Spiele Gegenstand sozialer Interaktionen in und außerhalb des Spiels (Metakommunikation) und führen so zur Herausbildung von Spielkulturen und Gemeinschaften.

3.2.3 Nutzungsmotive

In der Mediennutzungsforschung widmet sich in erster Linie der Uses-and-Gratifications-Ansatz der Untersuchung von Motiven der Mediennutzung (z. B. Rosengren 1974). Motive sind innere, psychobiologische Kräfte, die dazu beitragen, bestimmte Verhaltensmuster zu veranlassen und stehen in Verbindung zu Bedürfnissen, Trieben und Emotionen (Friedman/ Schuhstack 2004). Nutzungsmotive werden auch als Gratifikationen bezeichnet. Teilweise werden diese in gesuchte und erhaltene Gratifikationen unterschieden (vgl. dazu z. B. Schweiger 2007: 85).

Sherry et al. (2006) untersuchten Gratifikationen der Nutzung digitaler Spiele. In Anlehnung an Greenberg (1974) führten die Autoren zunächst Gruppendiskussionen mit Spielern, Nicht-Spielern und gemischten Gruppen mit dem Ziel der Erfassung verschiedener, relevanter Gratifikationsdimensionen durch. Die anschließende – auf Statements aus den Diskussionen basierende – standardisierte Befragung wurde faktoranalytisch ausgewertet und ergab folgende Dimensionen der Gratifikation von digitalen Spielen: Wettbewerb, Herausforderung, soziale Interaktion, Zerstreuung, Fantasie und Spannung.

Das Motiv *Wettbewerb* (Competition) steht für das Bestreben, anderen Dominanz und Stärke zu demonstrieren, wie es häufig im sportlichen Wettkampf der Fall ist (Bsp. „I like to play to prove to my friends that I am the best."). Die Gratifikation besteht hier in der Reaktion anderer auf die zur Schau gestellte Dominanz und der Etablierung einer starken Position in der Gruppenhierarchie (vgl. Sherry et al. 2006). Das Motiv *Herausforderung* (Challenge) basiert auf der

Absicht seine eigenen Fähigkeiten zu verbessern und ist verbunden mit dem positiven Gefühl eine schwierige Aufgabe gemeistert bzw. eine Hindernis überwunden zu haben (Bsp. "I feel proud when I master an aspect of a game."). Die soziale Gratifikationsdimension (social interaction) stellt auf das Bedürfnis nach *sozialer Interaktion* mit Freunden, das Erleben eines Zusammengehörigkeitsgefühls und die Intensivierung sozialer Beziehungen ab (Bsp.: "My friends and I use video games as a reason to get together."). Die Dimension *Zeitvertreib* (Diversion) beinhaltet die Nutzung digitaler Spiele als Lückenfüller, zur Entspannung, als Flucht aus dem Alltag und aus Langeweile (Bsp. "I play video games when I have other things to do."). *Fantasy* bezieht sich auf die Möglichkeit, in digitalen Spielen Dinge tun zu können, die im realen Leben nicht möglich sind, bzw. in eine andere Rolle schlüpfen zu können (Bsp. "I play video games because they let me do things I can't do in real life."). *Spannung* (Arousal) steht in Verbindung mit der emotional anregenden Wirkung von digitalen Spielen ("I find that playing video games raises my level of adrenaline."). Die hier ermittelten Gratifikationen kommen denen von Greenberg (1974), die sich auf die Fernsehnutzung bezogen, sehr nahe. Vor dem Hintergrund, dass es sich mit diesen beiden Nutzungsaktivitäten vollkommen unterschiedliche Erfahrungen handelt, ist eine nahtlose Übertragung einer Motivskala zur Fernsehnutzung auf die Nutzung digitaler Spiele kritisch zu betrachten (vgl. Krcmar/ Strizhakova 2009: 63).

Seifert und Jöckel (2008) untersuchten den Zusammenhang zwischen Nutzungsmotiven und Spielerleben in Online-Rollenspielen, wobei die Trennschärfe der beiden Dimensionen fraglich ist. So können die Items zu den Merkmalen des Spielerlebens inhaltlich auch als Nutzungsmotive interpretiert werden. Als wichtigste Nutzungsmotive ließen sich „Leistung" (need to win), „Gemeinschaft", „Wettkampf" und „Erkundung" identifizieren (Seifert/ Jöckel 2008: 305).

Ebenfalls in Bezug auf Online-Rollenspiele konnten Williams et al. (2008) folgende Motivfaktoren extrahieren: Gemeinschaft (soziale Interaktion), Leistung (Herausforderung und Wettbewerb) und Immersion (Exploration und Eskapismus). Die von Williams et al. (2008) verwendete Motivskala basiert auf den von Yee (2006) ermittelten Faktoren und ihren Subdimensionen (vgl. Tab. 3-1). Das Leistungsmotiv umfasst demnach drei Aspekte. Als Motiv zur Verbesserung (*Advancement*) bezeichnet Yee (2006) das Verlangen schnellstmöglich Macht und Fortschritt zu erreichen und für das Spiel wertvolle Symbole anzuhäufen. Das Motiv Mechanik (*Mechanics*) steht für das Interesse an Spielhintergrund und Regeln und zielt darauf ab, die eigene Figur in ihrer Leistung zu optimieren. Das Wettbewerbsmotiv (*Competition*) stellt auf das Verlangen ab, sich mit anderen zu messen. Die soziale Komponente berücksichtigt zum einen das soziale Miteinander und die gegenseitige Hilfe im Spiel (*Socializing*), darüber hinaus die Entwicklung langfristiger sozialer Beziehungen (*Relationship*) sowie die Befriedigung, Teil einer Gruppe zu sein und mit dieser Erfolge zu erzielen (*Teamwork*). Schließlich umfasst das Immersionsmotiv den Drang unbekannte Aspekte des Spiels zu erkunden (*Discovery*), das Bedürfnis zur Gestaltung einer Figur und deren Hintergrundgeschichte (*Role-Playing*), die Gestaltung der äußeren Erscheinung dieser Figur (*Customization*) und darüber hinaus die Flucht in eine Online-Welt, um persönliche Probleme zu vergessen (*Escapism*).

Leistungsmotive	soziale Motive	Immersionsmotive
Verbesserung	*Socializing*	*Entdeckung*
Fortschritt, Macht,	Gespräche, Anderen	Exploration, Hinter-
Anhäufung, Status	helfen, Freunde finden	grundwissen, Verbor-
Mechanik	*Beziehung*	genes entdecken
Zahlen, Optimierung,	private Gespräche,	*Rollenspiel*
Variation, Analyse	Unterstützung geben	Geschichte, Entwick-
Wettbewerb	und bekommen	lung des Charakters,
Andere herausfordern,	*Teamwork*	Rollen, Fantasie
Provokation, Dominanz	Zusammenarbeit, Grup-	*Gestaltung*
	penbildung, Gruppen-	Erscheinung, Acces-
	leistungen	soires, Stil, Farbaus-
		wahl
		Eskapismus
		Entspannen, Flucht aus
		dem Alltag, Verdrän-
		gung der Alltagspro-
		bleme

Tabelle 3-1   Motivstruktur von Online-Rollenspielern nach Yee (2006: 773)

Einen ganzheitlichen Ansatz zur Erklärung der Zuwendung zu digitalen Spielen wählten Kallio et al. (2011). Ziel ihrer qualitativen Analyse war die Identifikation von Spielermentalitäten. Dabei folgten sie dem Prinzip der Triangulation und generierten ihr Datenmaterial aus quantitativen Befragungsdaten (n = 804), strukturierten Interviews (n = 73), Tiefeninterviews (n = 33) und Gruppendiskussionen (n = 12). Herausgearbeitet wurden drei Hauptkategorien hinsichtlich derer sich Spieler nach Ansicht der Autoren unterscheiden: (1) *Nutzungsintensität*, die sich in Dauer und Regelmäßigkeit der Nutzung sowie dem Konzentrationslevel während des Spielens ausdrückt. (2) *Gemeinschaft* (sociability) impliziert zum einen das gemeinsame Spielen an einem Gerät bzw. in einem Raum, welches wiederum miteinander, gegeneinander oder simultan erfolgen kann. Zum anderen kann gemeinsames Spielen auch virtuell vernetzt stattfinden. Schließlich umfasst Gemeinschaft auch den sozialen Austausch außerhalb des Spiels. (3) Die *Auseinandersetzung mit dem Spiel an sich* zeigt sich in der Kenntnis bestimmter Spieltitel und Spielreihen, bestimmter Spielgenres sowie in der Zugänglichkeit (kognitiven Verfügbarkeit) bestimmter spielerischer Aspekte. Auf Basis dieser Kriterien konnten insgesamt neun „Mentalitäten" identifiziert werden, von denen jeweils drei als soziale, Gelegenheits- und spielfixierte Typen klassifiziert werden konnten. Die *sozialen Typen* wurden nochmals unterschieden in Personen, die hauptsächlich im Kreis der Familie (mit den Kindern), mit Freunden und allgemein in Gesellschaft Anderer spielen. Gespräche über Spielerfahrungen außerhalb des Spiels waren weniger kennzeichnend für diese Gruppen. Bei den *Gelegenheitsspielern* konnte zwischen Personen, die zum Zeitvertreib spielen, Personen, die Spiele als Lückenfüller zwischen Aktivitäten nutzen, und Personen, die zur Entspannung spielen, differenziert werden. Diese Personen wählten oftmals Spiele, die sie bereits sehr gut beherrschten, die somit keine Anstrengung bedeuteten. Bei den *Spielfixierten*, die den Gegenpol zu den Gelegenheitsspielern bilden, konnte zwischen spaßorientierten, immersiven und unterhaltungsorientierten Spielern unterschieden werden. Die entwickelten Kategorien erwiesen sich jedoch als nicht ganz trennscharf (vgl. Kallio et al. 2011).

Jansz und Martens (2005) untersuchten Nutzungsmotive von Teilnehmern von LAN-Partys. Dabei konnten vier Motive identifiziert werden: Wettbewerb, Gemeinschaft bzw. soziale Interaktion, Interesse (Achievement) und Entspannung (Eskapismus). Soziale Interaktion erwies sich als stärkster Prädiktor für die Häufigkeit der Teilnahme an LAN-Partys, hatte jedoch keinen signifikanten Einfluss auf die Nutzungsdauer. Diesbezüglich erwiesen sich Wettbewerb und Interesse (Achievement) als die stärksten Prädiktoren.

Die Befunde der hier vorgestellten Studien zeigen, dass die Nutzungsmotive je nach Spielgenre und Spielform variieren. Dennoch können einige Motive als genre- und spielformübergreifend bedeutsam herausgearbeitet werden. Dies betrifft das Wettbewerbsmotiv (vgl. auch Hartmann 2008), das Herausforderungsmotiv (z. B. Lucas/ Sherry 2004), das Motiv sozialer Interaktion (z. B. Klastrup 2003; Williams et al. 2008), die Nutzung digitaler Spiele zum Zeitvertreib (z. B. Kallio et al. 2011) und zum Ausleben von Fantasien (z. B. Yee 2006) sowie das Spannungsmotiv (Sherry et al. 2006). Allgemeiner betrachtet, handelt es sich um soziale (Wettbewerb, soziale Interaktion), kognitive (Herausforderung) und affektive Motive (Spannung, Zeitvertreib) sowie im Falle des Fantasiemotivs im weitesten Sinne um Motive der Identitätsbildung (vgl. Schweiger 2007). Um zu zeigen, inwiefern diese Nutzungsmotive mit bestimmten Spielgenres in Verbindung stehen, widmet sich der folgende Abschnitt der Kategorisierung digitaler Spiele und den damit verbundenen Präferenzen.

3.2.4   Spielgenres und –präferenzen

Die Unterscheidung verschiedener Arten und Formen digitaler Spiele erfolgt
meist durch Genrebildung, wobei Genres verstanden werden können als „analy-
tical constructs imposed on a group of objects in order to discuss the complexity
of their individual differences in meaningful way" (Egenfeldt-Nielsen et al.
2008: 41). Im Folgenden soll zunächst anhand einer Reihe von Ansätzen zur
Klassifikation digitaler Spiele gezeigt werden, nach welchen Merkmalen sich
Spiele unterscheiden lassen. Danach werden einige Befunde zu aktuellen Genrepräferenzen vorgestellt und eine Verbindung zu den im vorangegangenen Abschnitt erläuterten Motivdimensionen vorgeschlagen.

Genres digitaler Spiele

Die Erstellung einer Genretypologie ist mit der Schwierigkeit verbunden, trennscharfe Unterscheidungskriterien zu finden, die eine eindeutige Zuordnung von
Spielen zu bestimmten Genres zulassen. Egenfeldt-Nielsen et al. (2008) nehmen
als Kriterium für ihre Genrebildung, die Art und Weise, wie Spielerfolge erzielt
werden. Dabei differenzieren sie zwischen Handlungstyp (z. B. Kampf) und
Erfolgskriterium (z. B. schnelle Reflexe). Die Autoren erkennen jedoch an, dass
diese Kriterien nicht für alle Spiele diskriminierend angewendet werden können.
Insgesamt unterscheiden sie zwischen Actionspielen, Adventurespielen (hierzu
zählen sie auch Rollenspiele im Single-Player-Modus), Strategiespielen (mit den
Subgenres Echtzeit- und Aufbau-Strategiespiele) sowie prozessorientierten Spielen, zu denen Online-Rollenspiele und Simulationen gezählt werden (vgl. Tab. 3-
2).

	Action-spiele	Adventure-spiele	Strategiespiele	prozessorien-tierte Spiele
Handlungs-typ	Kampf	Rätsel lösen	Aufbau von Gesell-schaften in Konkur-renz mit anderen	Exploration und/ oder Beherrschung
Erfolgs-kriterium	schnelle Reflexe	logische Fähigkeiten	Analyse von Zusam-menhängen versch. Spielfaktoren	variiert stark, oft nicht existent

Tabelle 3-2   Genres digitaler Spiele nach Egenfeldt-Nielsen et al. (2008:
                   44)

Apperley (2006) unterscheidet zwischen Simulationen, Strategiespielen, Action-spielen und Rollenspielen. Simulationen basieren auf der Nachahmung von Aktivitäten wie Sport, Fliegen, Fahren oder der Entwicklung von Städten und Gemeinden. Spiele des Genres Strategie, bestehend aus den zwei Subgenres Echt-zeit-Strategie und Aufbau-Strategie. Sie unterscheiden sich im Wesentlichen durch ihre Ästhetik und Vogelperspektive von anderen Spielen. Dabei ist jedoch zu beachten, dass auch Spiele anderer Genres strategisch (Organisation und Bewertung bestimmter Spielkomponenten) gespielt werden können. Bei den Actionspielen unterscheidet Apperley (2006) zwischen zwei Perspektiven (Ego- vs. Zuschauerperspektive). Actionspiele sind vor allem durch ihre höheren Anforderungen an die Reaktionsfähigkeiten des Spielers (Performance) gekennzeichnet. Rollenspiele – hierunter fasst Apperley (2006) auch Adventurespiele – basieren in ihrem Ursprung auf bestimmten Interaktionsregeln für Spieler und ihre Spielumgebung. Übernahm in nicht elektronischen Rollenspielen einer der Spieler die Aufgabe, Umgebung und Nebencharaktere darzustellen, während die anderen die Hauptcharaktere übernahmen, so ist es bei digitalen Single-Player-Rollenspielen der Computer der Umgebung und Nebencharaktere steuert (vgl. Apperley 2006: 17). In der Folge hat sich auch der Schwerpunkt dieses Spielgenres in seiner elektronischen Form verschoben: „The remediation of role-playing to computers changed the focus of the games from character development to the acquisition of characteristics that are contextualized and valued through play." (Apperley 2006: 17) Hervorzuheben ist die Bedeutung sozialer Interaktion bei Rollenspielen. Wenn auch nicht online interagierend, so schaffen Rollenspieler doch einen Diskurs außerhalb des Spiels durch Fanartikel, Websites und Foren. Entsprechend spielt auch hier die soziale Interaktion eine Rolle (Apperley 2006: 18). Diese durch das Internet ermöglichte Vielfalt an Interaktionsoptionen wurde auch auf andere Spielgenres übertragen. In Online-Rollenspielen wird die Grenze zwischen Spiel und Gemeinschaft endgültig durchbrochen.

Behrendt et al. (2003) differenzieren in ihrer Genretypologie nach den Anforderungen der Spielaufgaben, den dabei erwerbbaren Kompetenzen und möglichen, zusätzlichen Handlungsoptionen von Online-Varianten der Genres (vgl. Tab. 3-3) und leiten daraus relevante Eigenschaften und Inhalte von Lernsoftware ab. So können in Simulationen Objekte, Rollen und Handlungsmöglichkeiten ausprobiert werden. Actionspiele trainieren die Schnelligkeit der Nutzer, fordern Hierarchie- und Wettbewerbsdenken und tragen zur Aggressionsbewältigung bei. Adventurespiele fokussieren auf die Lösung von Problemen und können auch zur Verbesserung sozialer Fähigkeiten beitragen. Strategiespiele erfordern abstraktes Denken und vermitteln Kompetenzen im Umgang mit Konflikten und Ressourcen.

Wie oben bereits erwähnt, mangelt es den meisten Versuchen einer Genre-bildung digitaler Spiele an Trennschärfe. Auch die Einteilung von Genres in Fachzeitschriften zu digitalen Spielen (z. B. GameStar, PC Games) unterliegt keiner einheitlichen Systematik, so dass es auch zu Überscheidungen kommen kann. Die dort vorgenommenen Klassifizierungen orientieren sich in der Regel an einem, das Spiel diskriminierenden, Merkmal. Solche Genrekataloge sind „[f]ür die Zwecke einer systematisch-wissenschaftlichen Beschreibung und Ty-pologisierung von Computer- und Videospielen […] jedoch nicht ausreichend, weil sie zu wenig trennscharf sind und die Logik der Klassifizierung keinem stringenten Muster folgt, etwa weil die Kriterien 'Inhalt' und 'Anforderung' vermengt werden" (Klimmt 2001: 484). Nach Klimmt (2001) lassen sich drei Ebenen der Beschreibung von Computer- und Videospielen unterscheiden. Auf der Ebene (1) des narrativen Kontexts erfolgt die Differenzierung anhand der Beschaffenheit der Spielwelt und der Beschreibungen der Rollen. Darüber hi-naus bildet (2) die Aufgabe der Spieler ein Unterscheidungskriterium. Hierunter fallen Aspekte der Problemerfassung, Entscheidungsfindung und Ausführung sowie Anforderungsarten wie Geschwindigkeit und Komplexität. Schließlich muss die Existenz verschiedener (3) Formen medialer Präsentation berücksich-tigt werden. Dies betrifft vor allem räumliche und zeitliche Aspekte.

Genre	Anforderungen	Kompetenzen	Online-Charakteristika
Simulation	Beherrschung und Koordination kom-plexer Strukturen	Erfahrung und Explora-tion neuer Objekte, Rollen und Handlungs-möglichkeiten	experimentierendes und konstruktives Spiel mit anderen
Action	schnelle Reflexe und schnelles Denken	Schnelligkeit, Hierar-chie, Wettbewerb, Aggressionsbewälti-gung	Wettbewerb mit anderen Spielern
Adventure	Probleme lösen und Geduld	Auseinandersetzung mit Gegnern, Explora-tion, soziale Fähigkeiten	andere Spieler treffen und gemein-sam virtuelle Welten erkunden
Strategie	Abstraktion, analyti-sches Denken und Organisation	Regeln, Konflikte und die Nutzung von Res-sourcen	Wettbewerb mit anderen Spielern

Tabelle 3-3   Genretypologie nach Behrendt et al. (2003: 15)

Smith (2006: 47) gibt eine Übersicht über verschiedene Genreklassifikationen und arbeitet sieben Genres als über die von ihm untersuchten Klassifikationen konsistent heraus: (1) Sportspiele (z. B. Madden NFL), (2) Rennspiele (z. Gran Turismo), (3) Simulationen (z. B. Flugsimulatoren), (4) Strategiespiele (z. B. Age of Empires), (5) Rollenspiele (z. B. Ultima Online), (6) Shooterspiele (z. B. Quake) und (7) Kampfspiele (z. B. Mortal Kombat). Demgegenüber ist die Zuordnung zu Action- und Adventurespielen (z. B. Grand Theft Auto) weniger einheitlich. Hier kursieren verschiedene Varianten und Kombinationen (vgl. Smith 2006). Auch sogenannte Gelegenheitsspiele (Casual Games), die eher eine Sammelkategorie verschiedener, wenig komplexer Spiele bilden, sind nicht einheitlich definiert. Hierunter fallen in der Regel Rätselspiele (z. B. Wimmelbildspiele), Brett- und Kartenspiele (z. B. Solitaire) sowie Puzzlespiele (z. B. Tetris). Oft werden diese auch unter der Kategorie Denk- und Geschicklichkeitsspiele zusammengefasst (z. B. Fehr/ Fritz 1993). Hinzu kommen Musik- und Partyspiele (z. B. Sing Star) und Lernspiele (Serious Games; vgl. Ritterfeld et al. 2009), die in älteren Klassifikationen zum Teil noch nicht berücksichtigt sind.

Genrepräferenzen

Bezogen auf die deutsche Gesamtbevölkerung waren 2011 Strategie- und Puzzlespiele (Casual Games) am beliebtesten, gefolgt von Sportspielen sowie Action- und Adventurespielen (Quandt et al. 2011). Jüngere Nutzer zeigen bei fast allen Genres eine höhere Präferenz. Ausgenommen davon sind Casual Games, die von Personen ab 30 Jahren stärker präferiert werden. Laut JIM-Studie sind unter Jugendlichen Strategiespiele, Action- und Shooterspiele sowie Rennspiele am beliebtesten (MPFS 2009). Als beliebtestes Spiel gaben 19 Prozent der 12- bis 19-Jährigen 2011 das Sportspiel „FIFA" an, gefolgt von der Simulation „Die Sims" (15 %), dem Actionspiel „Call of Duty" (12 %) und dem Rennspiel „Need for Speed" (11 %) (vgl. MPFS 2011).

Während das spielerische Interesse vor allem jüngerer Männer von Action- und Shooterspielen sowie Sport- und Rennspielen dominiert wird, bevorzugen Frauen Simulationen wie z. B. „Die Sims", Partyspiele sowie Puzzle- und Rätselspiele (vgl. MPFS 2011; Quandt et al. 2011). Puzzlespiele wie Tetris werden zu 70 Prozent von Frauen gespielt (Graner Ray 2004). Die Fähigkeit, diffuse Dinge in eine Ordnung zu bringen, wird als typisch weiblich angesehen. Des Weiteren enthalten diese Spiele weder Gewalt noch Action, die Frauen abschrecken könnten. Sie sind nicht konfrontativ und bieten eine indirekte Form des Wettbewerbs, bei dem der Spieler nur gegen sich selbst antritt (Graner Ray 2004). Darüber hinaus sind sie den sogenannten Gelegenheitsspielen zuzuordnen, die wenig Zeit beanspruchen und als Pausenfüller genutzt werden können (vgl. auch Deal 2008). Auch dadurch werden sie für Frauen interessant, gerade wenn diese wenig Zeit haben und sich nicht auf stark involvierende Spiele einlassen können (vgl. Graner Ray 2004).

Digitale Spielgenres lassen sich ganz grob differenzieren nach Handlungsanforderungen, narrativen Inhalten und raum-zeitlichen Aspekten. Eine vollkommen trennscharfe Kategorisierung ist bisher jedoch nicht gelungen und wird auch mehr und mehr erschwert durch die Herausbildung immer neuer Subgenres und der Verschmelzung verschiedener Genres. So haben jegliche Genretypologien lediglich den Charakter einer Momentaufnahme. Die Präferenzen für bestimmte Genres unterscheiden sich überwiegend nach Alter und Geschlecht. Auch dies scheint in engem Zusammenhang mit den Handlungsanforderungen der jeweiligen Spielgenres und den damit verbundenen Nutzungsmotiven (z. B. Wettbewerb vs. Zeitvertreib) zu stehen. In Tabelle 3-4 wird der Versuch unternommen, die im vorangegangenen Abschnitt herausgearbeiteten Nutzungsmotive den Spielgenres zuordnen, deren Inhalte und Handlungsanforderungen diese Motive am ehesten abdecken. Dabei ist nicht von einer exklusiven Zuordnung auszugehen, so können beispielsweise auch Actionspiele zum Zeitvertreib genutzt werden. Es geht vielmehr um eine überwiegende Übereinstimmung bzw. gute Passung. So sind vor allem Action-, Kampf- und Shooterspiele sowie Renn- und Sportspiele mit dem Wettbewerbsmotiv zu vereinbaren. Soziale Interaktion wird am ehesten in Party- und Rollenspielen geboten. Herausforderung kann wiederum als nahezu universales Nutzungsmotiv digitaler Spiele angesehen werden, das in den meisten Spielgenres zum Tragen kommt.

Genre	Nutzungsmotive
Action-, Kampf- und Shooterspiele	Wettbewerb, Spannung, Herausforderung
Simulationen	Herausforderung, Fantasie
Adventurespiele	Herausforderung, Fantasie
Renn- und Sportspiele	Wettbewerb, Spannung
Partyspiele	soziale Interaktion
Denk- und Geschicklichkeitsspiele	Zeitvertreib
Rollenspiele	soziale Interaktion, Wettbewerb, Herausforderung
Strategiespiele	Wettbewerb, Spannung, Herausforderung

Tabelle 3-4   Zusammenhang zwischen Spielgenres und Nutzungsmotiven

3.2.5 Dimensionen des Spielverhaltens

Nachdem verschiedene Nutzungsmotive und Besonderheiten unterschiedlicher Spielgenres diskutiert wurden, sollen nun verschiedene Qualitäten des Spielverhaltens genauer beleuchtet werden. Bereits in Abschnitt 3.2.2 wurde der *soziale Charakter* von Interaktionen während und außerhalb des Spiels hervorgehoben. Darüber hinaus zeigte Abschnitt 3.2.4, dass digitale Spiele in ihrer Vielfalt recht unterschiedliche Handlungsanforderungen stellen. Diese sind auch abhängig von der Art der Aufgaben, die bewältigt werden müssen und den Handlungsoptionen, die zur Verfügung stehen, um ein bestimmtes Ziel zu erreichen. Dementsprechend lässt sich das Spielverhalten auch nach seinem *operativen Charakter* unterscheiden.

Konkurrenz und Kooperation

Kollektives Spielen und das damit verbundene Gemeinschaftserleben werden mittlerweile als wesentliche Komponenten der Spielerfahrung angesehen (vgl. 3.2.2). Auch individuelles Spielen im Single-Player-Modus beinhaltet soziale Interaktion, berücksichtigt man, dass das Spielverhalten nicht nur die Interaktion mit der Spielsoftware, sondern auch Aktivitäten außerhalb des Spiels im Rahmen der Spielergemeinschaft miteinschließt (Ang et al. 2010).

Soziale Interaktion kann auf drei verschiedenen Ebenen auftreten (vgl. Ang et al. 2010). Erstens kann sie wichtiger Bestandteil des Spiels sein, wie etwa in Multiplayer-Spielen als Interaktion unter Spielern während des Spiels, wenn Spieler versuchen ein gemeinsames Ziel zu erreichen. Dieses soziale Spiel in virtuellen Gemeinschaften, wie etwa in Clans oder Gilden (vgl. Fritz 2008; Lin et al 2003), basiert im Wesentlichen auf zwei Verhaltensweisen, die zum Spielerfolg führen: *Konkurrenz* und *Kooperation*. Die Gemeinschaftsmitglieder ergänzen einander und treffen Absprachen, um gemeinsam ein Ziel zu erreichen. Dabei stehen sie in Konkurrenz zu anderen Gruppen von Spielern oder auch computergesteuerten Gegnern und Hindernissen. Letztendlich können aber auch die Gruppenmitglieder untereinander konkurrieren, um ihre Position in der Gruppe zu verbessern, je nachdem, wie stark die Gruppenhierarchie ausgeprägt ist (vgl. Wimmer et al. 2008). Kooperation und Konkurrenz kennzeichnet jedoch nicht nur das Spielverhalten in Online-Rollenspielen, sondern auch das gemeinsame Spielen an einem Gerät, das die Möglichkeit bietet, im Team oder gegeneinander zu spielen (vgl. Kallio et al. 2011).

Zweitens zeigt sich soziale Interaktion auch im Austausch von Spielerfahrungen unter Spielern, direkt oder medial vermittelt in entsprechenden Foren und Chats (vgl. Ang et al. 2010; Kallio et al. 2011: 337). Dies kann im Fall der gemeinsamen Lösungsfindung und Hilfestellung als kooperatives Spielverhalten, und im Fall eines gegenseitigen Übertrumpfens, beispielsweise bezüglich erreichter Highscores, als konkurrierendes Spielverhalten interpretiert werden. Drittens basieren auch das Entwickeln von Spielergänzungen und die Modifikation von Spielen auf sozialer Interaktion zwischen Spielern in den entsprechenden Communitys (vgl. Ang et al. 2010: 373), wobei eine Zusammenarbeit zur Weiterentwicklung des Spiels eher als kooperatives Spielverhalten verstanden werden kann.

Laut Eastin (2007) sind Wettbewerb und Kooperation zwei unterschiedliche Handlungsorientierungen zur Erreichung eines Ziels. Eastin und Griffith (2009) fassen Kooperation und Konkurrenz aber auch als Merkmal der Situation auf. So wird angenommen, dass in einer kompetitiven Spielsituation die Erreichung des eigenen Ziels nur auf Kosten des Erfolgs der anderen Akteure realisiert werden kann, während in einer kooperativen Spielsituation alle Teilnehmer am Erfolg partizipieren (vgl. Eastin/ Griffith 2009: 515). Actionspiele bieten beispielsweise vornehmlich Situationen, die ein konkurrierendes Spielverhalten erfordern. In Online-Rollenspielen sind hingegen sowohl Situationen der Konkurrenz als auch der Kooperation vorzufinden bzw. können auch beide Verhaltensweisen gleichzeitig erforderlich sein. Konkurrierendes Spielverhalten ist ein wesentlicher Aspekt des Leistungshandelns, das für digitale Spiele charakteristisch ist, denn diese fordern und belohnen gute Leistungen, die meist nur im Wettbewerb mit anderen Individuen (oder virtuellen Avataren) erreicht werden können (Behr et al. 2008).

Exploration und Zielorientierung

Der operative Charakter des Spielverhaltens zeigt sich in der Art und Weise, wie bestimmte Aufgaben im Spiel gelöst werden bzw. allgemeiner gesprochen, wie der Spieler mit seinen Handlungsoptionen umgeht. Dabei kann zwischen explorativem und zielorientiertem Spielverhalten unterschieden werden.

Sutton-Smith (1978) stellt bezogen auf das kindliche Spiel fest, dass Explorieren im Allgemeinen dem Spiel vorausgeht. Exploration umfasst in diesem Zusammenhang verschiedene Typen spontanen Verhaltens wie Testen, Erkunden, Imitieren und Konstruieren. Eine Erklärung für solche Verhaltensweisen, die auch innerhalb des Spiels zum Tragen kommen, liefert die Neugier-Erregungs-Theorie von Berlyne (1974; vgl. dazu auch Sutton-Smith 1978: 38). Sowohl reale als auch virtuelle Umgebungen bieten dem Subjekt den Kontakt mit einer Vielzahl von Anregungen und Reizen, die neu komplex und widersprüchlich sein können. Durch Exploration kann es die Komplexität der Objekte reduzieren und Strukturen wahrnehmen bzw. neue entdecken. Verläuft dieser

Aneignungsprozess erfolgreich, so wird dies als angenehm empfunden. Diese positiven emotionalen Konsequenzen von Neugierverhalten kommen auch bei digitalen Spielen zum Tragen (vgl. Behr et al. 2008).

Sutton-Smith (1978: 38) merkt jedoch an: „Sicherlich erzeugen und beeinflussen neue Stimuli das explorative Verhalten. Beeinflussen sie aber auch die spielerische Aktivität? [...] [D]eshalb müssen noch andere Variablen ein Rolle spielen." So ist auch die Beherrschung („mastery") einer Situation bzw. eines Objektes und damit die ausreichende Vertrautheit und Angstfreiheit des Spielers Voraussetzung für spontanes, exploratives Verhalten. Wird das Spiel beherrscht, kann es der Entwicklung neuer Reaktionen und kreativer Fähigkeiten dienen (vgl. Sutton-Smith 1978). Darüber hinaus kann eine Erweiterung und Veränderung des Spiels erfolgen, indem neue Regeln und Inhalte hinzugefügt werden. Im Falle nicht-digitaler Spiele obliegt dies allein der Fantasie der Spieler. Bei digitalen Spielen sind für solch kreative Aktivitäten der Spielmodifikation und Erweiterung, die als *Modding* bezeichnet werden (vgl. z. B. Behr 2010), auch technische Fähigkeiten notwendig. Ursprünglich auf eine starke Faszination für ein Spiel zurückzuführen, dient Modding auch der Selbstverwirklichung, dem Kompetenzerwerb und der Herausbildung von Communitys (Behr 2008; Sotamaa 2010: 252). Einerseits stehen dabei Kreativität, Verbesserung von Originalspielen und die Bewältigung von Herausforderungen, andererseits die Zusammenarbeit mit Personen in einem Team und soziale Anerkennung im Vordergrund (Behr 2008; vgl. auch Behr 2010).

Exploratives Spielverhalten kann auch als Abweichen vom durch die Spielstruktur vorgegebenen Pfad verstanden werden, ohne dass dabei das Spiel selbst verändert wird. Behr et al. (2008) sehen Exploration als Alternative zum Leistungshandeln, das auch als zielorientiertes Spielverhalten bezeichnet werden kann. Beim explorativen Spielverhalten

> werden ‚rebellische', individuelle Zielsetzungen an die Stelle der Leistungsvorgaben gesetzt, so dass nicht mehr die Erfüllung der Anforderungen als Motor des Spielspaßes dient, sondern alternative Erlebensformen, die gerade aus nichtleistungsorientierten Handlungsweisen erwachsen. (Behr et al. 2008: 229)

Gerade in Spielphasen der Unter- oder Überforderung kann Exploration zum Unterhaltungserleben beitragen (Behr et al. 2008), indem die Spieler das Spiel erkunden, seine Grenzen austesten oder versuchen das Spiel durch expansives Spielverhalten zu erweitern (vgl. Ang et al. 2010: 372).

Im Kontrast zum explorativen Spielverhalten bewegt sich zielorientiertes Spielverhalten auf den vorgegebenen Spielpfaden. Damit verbunden sind alle Aktivitäten, die im Rahmen der Spielregeln ein möglichst effizientes Erreichen von Zielen ermöglichen. Ang et al. (2010: 361) bezeichnen diese ziel- bzw. leistungsorientierten Verhaltensweisen als progressives Spielverhalten und fassen darunter alle Spielaktivitäten, die sich im Sinne des Spielfortschritts an der vorgegebenen Spielstruktur orientieren. Das Ausmaß zielorientierten und explorativen Spielverhaltens kann im Spielverlauf variieren (vgl. auch Behr et al 2008). Es ist jedoch auch davon abhängig, welche Möglichkeiten des Abweichens und Erkunden im Spiel gegeben sind, sofern keine Spielmodifikation vorgenommen wird, oder ob es überhaupt ein klar definiertes Ziel des Spiels gibt, zu dessen Erreichung eine Abfolge von Handlungsschritten optimiert werden muss.

3.3 Schlussfolgerungen

Abschließend sollen die Erkenntnisse dieses Kapitels zur Nutzung digitaler Spiele kritisch zusammengefasst werden (3.3.1) Des Weiteren erfolgt die Spezifizierung eines theoretischen Konstrukts, das die verschiedenen Handlungskomponenten der Nutzung digitaler Spiele auf Selektionsebene sowie auf Ebene des Spielverhaltens berücksichtigt (3.3.2).

3.3.1 Zusammenfassung und Kritik

Neben Merkmalen wie Zweckfreiheit, Wechsel des Realitätsbezugs und Wiederholung besteht die Besonderheit der Spielhandlung darin, dass sie einen Entscheidungsprozess fokussiert, indem sie durch Regeln eine bestimmte Handlungsabfolge des Spielers forciert (Corliss 2011: 7). Darüber hinaus wird der Spieler durch Interaktion mit anderen Spielern oder dem Computer selbst zum Teil des Spiels (vgl. Corliss 2011). Sowohl das Spielen im Allgemeinen als auch das digitale Spielen im Besonderen können als freiwillige, unproduktive Tätigkeiten der unbewussten Bearbeitung verschiedener Lebensthematiken dienen (Oerter 1993).

   Die Zuwendung zu digitalen Spielen steht in Konkurrenz zu anderen medialen und nicht-medialen Freizeitaktivitäten, wird bestimmt durch individuelle, soziale und strukturelle Einflussfaktoren und erfordert finanzielle Investitionen. Eine mehrdimensionale Betrachtung der Spielhandlung, wie sie hier unter Berücksichtigung des sozialen Kontextes, Nutzungsmotiven, Genrepräferenzen sowie sozialer und operativer Aspekte des Spielverhaltens erfolgt ist, bietet die Möglichkeit, offen zu legen, wie und warum Menschen spielen und wie sie Spiele sinnhaft auf ihre Lebenswelt beziehen (vgl. auch Corliss 2011).

   Probleme ergeben sich in diesem Zusammenhang beim Versuch einer einheitlichen Definition digitaler Spiele (*Game*). Diese haben ihren Wurzeln zwar in nicht-digitalen Spielen, jedoch entwickeln sie sich längst über deren Grenzen hinaus, so dass bei vielen die formalen Merkmale (Spielziel, raum-zeitliche Geschlossenheit) nicht mehr greifen. Damit verbunden ist auch ein Verschmelzen digitaler Spiele mit verschiedensten Lebensbereichen. Hierzu zählt ein Aufweichen der Grenzen zwischen Freizeit bzw. Spiel und Arbeit sowie zwischen Spielwelt und sozialer Gemeinschaft. Des Weiteren wurde darauf hingewiesen, dass auch eine Kategorisierung digitaler Spiele immer schwieriger wird, da immer neue Varianten und Kombinationen von Spielinhalten und Handlungsanforderungen entstehen. Diese Dynamik der Spielwelt zeigt sich auch in der Vielfalt des Spielverhaltens (*Play*) der Nutzer, das zur kreativen und sozialen Entgrenzung der Spielwelt beiträgt.

3.3.2 Implikationen: Spezifikation der Konzeptkomponenten

Für die in Kapitel 2 vorgeschlagene handlungstheoretische Konzeption der Nutzung digitaler Spiele ergeben sich folgende Konstruktkomponenten:

1. Auf Ebene der allgemeinen Tätigkeit (*Handlungsselektion*) stellt digitales Spielen eine zweckfreie, unproduktive, intrinsisch motivierte Handlung dar, die unbewusst der Bearbeitung von Lebensthemen (allgemeiner Gegenstandsbezug; vgl. Oerter 1993) dient, die in Konkurrenz zu anderen Freizeitalternativen steht und die neben zeitlichen auch finanzielle Aufwendungen erfordert (ähnlich Hartmann 2006).
2. *Individuelle, soziale* und *strukturelle* Faktoren können die Wahl von Freizeitaktivitäten sowohl beschränken als auch begünstigen. Dies gilt auch für die Zuwendung zu digitalen Spielen sowie die damit verbundenen Ausgaben. Individuelle Faktoren sind beispielsweise Persönlichkeitseigenschaften. Soziale Faktoren stellen auf die Bedeutung der Freizeitbeschäftigung im sozialen Umfeld ab. Der Einfluss struktureller Faktoren zeigt sich in der unterschiedlichen Verbreitung von Freizeitaktivitäten hinsichtlich Geschlecht, Alter und Bildung.
3. Auf Ebene des Spielverhaltens (*Episode*; vgl. 2.4.2) kennzeichnen die *Spielhandlung operative* und *soziale* Qualitäten. Bezüglich des operativen Charakters kann zwischen explorativem und zielorientiertem Verhalten unterschieden werden. Die soziale Qualität des Spielverhaltens kann als kooperativ oder konkurrierend beschrieben werden. Betrachtet man digitales Spielen als Interaktion, so beziehen sich die kooperative und die konkurrierende Dimension auf die Interaktion mit anderen Spie-

lern sowie die explorative und zielorientierte Verhaltensdimension auf die Interaktion mit dem Spielprogramm.

4. Die Ausprägung der *Spielverhaltensdimensionen* (kooperativ, konkurrierend, zielorientiert und explorativ) wird durch *Nutzungsmotive* (z. B. Wettbewerb, Herausforderung, soziale Interaktion, Zeitvertreib usw.) und *Genrepräferenzen* (z. B. Actionspiele, Online-Rollenspiele usw.) bedingt.[13] So geht es in vielen Multiplayer-Spielen darum, etwas gemeinsam in der Gruppe zu erleben (Motiv soziale Interaktion). Dies erfordert jedoch Kooperation, d. h. dass man sich auf Verhalten, Umgangsweisen und Regeln einigt (Klastrup 2003). Des Weiteren postuliert Hartmann (2008) einen Zusammenhang zwischen Wertedispositionen (kooperativ vs. kompetitiv), der Wetteiferneigung und der Nutzungshäufigkeit kompetitiver Genres (z. B. Shooterspiele).

5. Die hier erarbeiteten Dimensionen des Spielverhaltens sind nicht auf das Handeln innerhalb des Spiels begrenzt, sondern können sich auch in *extrinsischem Spielverhalten* (vgl. Ang et al. 2010) zeigen, etwa im konkurrierenden oder kooperativen Austausch über Spielinhalte oder in explorativen Verhaltensweisen wie Modding (Behr 2010).

Handlungsebene	Handlungskomponente	Determinanten
allgemeine Tätigkeit	Selektion digitaler Spiele als Freizeitaktivität	individuelle, soziale und strukturelle Faktoren
Episode	Spielverhalten: kooperativ, konkurrierend, explorativ, zielorientiert	Nutzungsmotive, Genrepräferenzen (individuelle, strukturelle Faktoren)

Tabelle 3-5   *Handlungstheoretische Komponenten der Nutzung digitaler Spiele*

Zusammenfassend gibt Tabelle 3-5 eine Übersicht zu den in diesem Kapitel erarbeiteten Handlungskomponenten und möglichen Determinanten der Nutzung digitaler Spiele. Im nachfolgenden Kapitel wird versucht, die Bedeutung des Geschlechts als zentrale Einflusskomponente bezüglich sozialen Handelns im Allgemeinen und der Nutzung digitaler Spiele im Besonderen herauszuarbeiten, theoretisch zu fundieren und als exogene Größe in ein Erklärungsmodell zur Nutzung digitaler Spiele zu integrieren.

---

13   Darüber hinaus ist auch der Einfluss weiterer individueller sowie struktureller Faktoren denkbar (vgl. dazu 4.3.2 und 4.4).

4 Geschlecht als Determinante sozialen Handelns

Betrachtet man das Geschlecht als mögliche Determinante sozialen Handelns, bzw. im vorliegenden Fall der Nutzung digitaler Spiele, so muss zunächst ein theoretischer Rahmen für eine geschlechtsbezogene Betrachtung erarbeitet werden. Dies soll im folgenden Kapitel geschehen. Die sozialwissenschaftliche Geschlechterforschung bietet ein breites Spektrum an theoretischen Zugängen zur Bedeutung des Geschlechts auf individueller und gesellschaftlicher Ebene. Bevor diese systematisch analysiert werden können, ist zunächst eine definitorische Abgrenzung verschiedener Begriffskonzeptionen notwendig (4.1). In einem weiteren Schritt wird erarbeitet, warum und unter welchen Bedingungen die Orientierung an Geschlechterrollen das Handeln determiniert (4.2). Darauf aufbauend werden in Abschnitt 4.3 Befunde zur geschlechtstypischen Mediennutzung und im Besonderen der Nutzung digitaler Spiele analysiert. Schließlich wird ein Resümee gezogen und der erarbeitete Geschlechterbegriff im hier postulierten Erklärungsmodell zur Nutzung digitaler Spiele verortet (4.4).

4.1 Definition und Einordnung des Geschlechterbegriffs

Zur Erarbeitung eines für die vorliegende Untersuchung geeigneten Geschlechterbegriffs wird zunächst auf die Unterscheidung zwischen Sex und Gender eingegangen (4.1.1). Des Weiteren – ausgehend von der Bedeutung von Geschlechterstereotypen (4.1.2) für das geschlechtsbezogene Selbstkonzept – wird das Konstrukt der Geschlechtsrollenorientierung (4.1.3) von anderen psychosozialen Konzepten unterschiedlicher Reichweite abgegrenzt.

4.1.1 Sex und Gender

Der Geschlechterbegriff wird in der Literatur in verschiedener Weise definiert. Dabei geht es einerseits um die Erfassung der *individuellen* Bedeutung des Geschlechts und andererseits um seine *soziale* und *gesellschaftliche* Relevanz. Nachstehend wird anhand dieser drei Betrachtungsebenen eine Differenzierung des Geschlechterbegriffs vorgenommen. Darauf aufbauend soll die in dieser Arbeit verwendete Begriffskonzeption abgeleitet werden. Schließlich werden auch mögliche Zusammenhänge zwischen den einzelnen Konzeptionen des Geschlechterbegriffs aufgezeigt.

Auf *individueller* Ebene kann zwischen biologischem Geschlecht und psychologischem Geschlecht unterschieden werden (Alfermann 1996). Das biologische Geschlecht, dem im Englischen der Begriff *Sex* zugeordnet wird, stellt auf physiologische Prozesse ab und basiert auf der Herausbildung biologischer Merkmale sowie der Ausführung von Reproduktionsaufgaben (vgl. Alfermann 1996; Muehlenhard/ Peterson 2011). In Abgrenzung zum biologischen Geschlecht bezieht sich der Begriff *Gender* auf psychologische Merkmale und Verhalten:

> Wenn wir das biologische Geschlecht meinen, sprechen wir von männlich und weiblich, wenn wir die damit verbundenen geschlechtstypischen bzw. als geschlechtstypisch angenommenen Charakteristika meinen, von maskulin und feminin, zusammengefasst vom psychologischen Geschlecht (Bierhoff-Alfermann 1989: 14).

Gender wird demnach als *Subjektvariable* im Sinne individueller Persönlichkeitseigenschaften begriffen, die entweder als maskulin oder feminin angesehen werden können (z. B. Smith 2007). Diese Sichtweise entspricht einer *essentialistischen* Geschlechterperspektive, die annimmt, dass sich der Begriff Gender auf grundlegende, dauerhafte Eigenschaften und kognitive Prozesse bezieht (Bohan 1993).

Widmet man sich der *sozialen* Bedeutung des Geschlechts, so steht seine Funktion als *soziale Kategorie*, die damit verbundenen Gruppenprozesse sowie das Verhalten in sozialen Interaktionen im Vordergrund. Die Unterscheidung von *Sex* und *Gender* bietet in diesem Zusammenhang die Möglichkeit, Geschlechterdifferenzen nicht mehr länger als biologisch bedingt und damit unveränderbar zu betrachten (Riegraf 2010: 61). Der Begriff *Gender* bezieht sich demnach auf soziale Verhaltensweisen, die als typisch männlich und weiblich gelten (Riegraf 2010: 61). Er umfasst nicht nur Persönlichkeitseigenschaften sondern auch Stereotype und Erwartungen, die Männern und Frauen zugeschrieben werden (z. B. Unger 1979; vgl. Muehlenhardt/ Peterson 2011) und wird seither in der psychologischen Forschung dem Begriff *Sex* vorgezogen, wenn es um die Untersuchung geschlechtsbezogener Phänomene geht (Muehlenhard/ Peterson 2011: 794). Er dient demnach einer sozialen Kategorisierung basierend auf psychologischen Merkmalen und Rollenzuweisungen, die mit der biologischen Kategorie *Sex* assoziiert werden. Entsprechend kann *Gender als soziale Zuschreibung* verstanden werden (vgl. Muehlenhard/ Peterson 2011).

Aus *gesellschaftlicher* Perspektive wird insbesondere auf die *soziale Konstruiertheit* des Geschlechterbegriffs hingewiesen. Im Gegensatz zur oben angesprochenen essentialistischen Perspektive stellt Gender aus *sozial-konstruktionistischer* Perspektive kein individuelles Merkmal, sondern ein Konstrukt dar, das bestimmte Transaktionen als geschlechtstypisch angemessen identifiziert (Bohan 1993: 7; vgl. dazu auch Wood/ Eagly 2002). Gender kann demnach auch als aktiver, dynamischer Prozess und damit als Performance einer sozial erwarteten Rolle im Sinne eines *Doing Gender* verstanden werden (z. B. West/ Zimmerman 1991).

Zusammenfassend lassen sich die unterschiedlichen Varianten des Geschlechterbegriffs folgendermaßen systematisieren (Tab. 4-1): (1) Aus biologischer bzw. evolutionsbiologischer Perspektive bezieht er sich auf stabile biologische Merkmale und damit verbundene Reproduktionsaufgaben, die auf der Mikroebene angesiedelt sind und auf physiologischen Prozessen beruhen (vgl. Alfermann 1996; Wood/ Eagly 2002). Diese Begriffsvariante wird auch als biologisches Geschlecht bzw. im Englischen als *Sex* bezeichnet. (2) Aus persönlichkeitspsychologischer Perspektive umfasst der Geschlechterbegriff individuelle, psychische Eigenschaften, die auf kognitiven Prozessen basieren und weitgehend stabil sind. In diesem Zusammenhang wird auch vom psychologischen Geschlecht bzw. von *Gender* gesprochen (vgl. z. B. Bierhoff-Alfermann 1989). Des Weiteren handelt es sich hierbei um eine Betrachtung geschlechtsbezogener Phänomene auf der Mikroebene. (3) Die sozialpsychologische Perspektive befasst sich mit der Funktion des Geschlechts als soziale Kategorie, für die ebenfalls der Begriff Gender Verwendung findet. Hier wird davon ausgegangen, dass Gender auf geschlechtsspezifischen Stereotypen basiert und das Verhalten in und zwischen sozialen Gruppen beeinflussen kann (vgl. dazu z. B. Muehlenhard/ Peterson 2011). Entsprechend ist der Genderbegriff hier auf der Mikro- und Mesoebene angesiedelt. Darüber hinaus ist seine Wirkung als soziale Kategorie abhängig von Gruppenkonstellationen und anderen Einflüssen des sozialen Kontexts (vgl. auch Deaux/ Major 1987). (4) Schließlich betont die soziokulturelle Perspektive die soziale Konstruiertheit des Geschlechterbegriffs, der auf der geschlechtsspezifischen Arbeitsteilung basiert, Männern und Frauen unterschiedliche soziale Rollen zuweist und so die gesellschaftliche Verteilung von Macht und Status regelt (Wood/ Eagly 2002). Des Weiteren betrifft Gender aus dieser Perspektive geschlechtstypisches Verhalten in beruflichen und familiären Kontexten, das im Sinne eines Doing Gender immer wieder neu hergestellt wird (West/ Zimmerman 1991). Geschlecht bzw. Gender als soziale Konstruktion ist demnach auf Makroebene, entsprechend des veränderten Rollenbildes von Mann und Frau, langfristig im Wandel und insbesondere bezogen auf Prozesse auf der Mikroebene kurzfristig flexibel.

Perspektive	Prozesse	Variablen/ Konstrukte	Persistenz	Ebene
biologisch	physische Entwicklung, Fortpflanzung	biologische Geschlechtsmerkmale, Reproduktionsaufgaben	stabil	Mikroebene
persönlichkeitspsychologisch	Kognitionen, Bildung kognitiver Schemata	Persönlichkeitsmerkmale, individuelle Fähigkeiten und Verhaltensweisen	weitgehend stabil	Mikroebene
sozialpsychologisch	soziale Kategorisierung, Gruppenprozesse	Stereotype, Verhalten in sozialen Interaktionen, Gruppenzugehörigkeit	stabil bis flexibel	Mikro- und Mesoebene
soziokulturell	Arbeitsteilung, soziale Konstruktion,	soziale Rollen, Verteilung von Macht und Status, Gesellschaftsform	kurzfristig felixibel, langfristig im Wandel	Mikro-, Meso-, und Makroebene

Tabelle 4-1   Multiperspektivische Einordnung des Geschlechterbegriffs

Zu berücksichtigen ist bei einer solchen Systematisierung, dass die einzelnen Perspektiven sich überlappen (so etwa die sozialpsychologische mit der persönlichkeitspsychologischen und der soziokulturellen Perspektive) und die den Perspektiven zugeordneten Prozesse und Konstrukte in wechselseitiger Beziehung zueinander stehen. So erscheint auch plausibel, dass viele Ansätze zur Erklärung der Bedeutung des Geschlechts interdisziplinärer Natur sind.

Die unterschiedlichen Auffassungen des Geschlechterbegriffs lassen sich in einem weiteren Schritt danach differenzieren, welche Beziehung zwischen den Konstrukten *Sex* (als das biologische Geschlecht) und *Gender* (als psychologisches Geschlecht, soziale Kategorie oder soziale Konstruktion) angenommen wird (vgl. Muehlenhard/ Petersen 2011: 797): So wird einerseits eine *kausale* Verbindung dergestalt angenommen, dass Sex Gender determiniert (z. B. Unger 1979), und andererseits eine wechselseitige Beziehung (*Interaktion*) zwischen den beiden Konstrukten unterstellt (z. B. Hyde 2007; Wood/ Eagly 2002).

In diesem Abschnitt wurden verschiedene Varianten des Genderbegriffs von einem biologischen Geschlechterbegriff abgegrenzt. Anschließend sollen verschiedene Begriffskonzepte diskutiert werden, die sowohl die psychische als auch die soziale und gesellschaftliche Dimension des Genderbegriffs abdecken. Daher wird im Folgenden von Gender als *psychosozialem* Geschlecht gesprochen.

4.1.2 Geschlechterstereotype

Im Rahmen einer psychosozialen Konzeption des Geschlechterbegriffs spielen Geschlechterstereotype eine zentrale Rolle. Im Folgenden werden Funktion, Inhalte und Ursprung von Geschlechterstereotypen dargestellt. Ganz allgemein sind *Stereotype* kognitive Strukturen, die auf sozial geteiltem Wissen über bestimmte Merkmale von sozialen Gruppen basieren, die im Sozialisationsprozess vermittelt werden (Alfermann 1996: 9f.; ähnlich Eckes 2010: 178). Stereotypisierung dient der *Komplexitätsreduktion*, indem Subjekte bestimmten Kategorien zugeordnet werden, welche mit der Ausprägung bestimmter Eigenschaften verknüpft sind (Alfermann 1996: 10; vgl. z. B. auch Tajfel 1963), ohne dass dabei individuelle Unterschiede berücksichtigt werden (Doise et al. 1978: 160). Darüber hinaus dienen sie der Rechtfertigung gesellschaftlicher Rang- und Wertordnungen und damit in der Regel zur Aufwertung der dominanten Gruppe (ethnozentristischer Bias) in einer Kultur (vgl. Alfermann 1996: 11; vgl. z. B. auch Tajfel 1978: 62).

Geschlechterstereotype sind ein „schematized set of beliefs about the psychological traits and characteristics and the behaviors expected of (and seen as appropriate for) men and women" (Stainton Rogers/ Stainton Rogers 2001: 50). Sie bilden sich bereits im Kindesalter heraus (vgl. Alfermann 1996: 12f.) und haben sich bisher als langfristig stabil erwiesen (Eckes 2010; Prentice/ Carranza 2002). Deaux und Lafrance (1998: 794f.) weisen auf die implizite Wirkung von Geschlechterstereotypen hin, der sich Personen häufig nicht bewusst sind und die sich nicht mit ihren öffentlich bekundeten Einstellungen decken muss.

Geschlechterstereotype beinhalten sowohl *deskriptive* als auch *präskriptive* Komponenten (Alfermann 1996: 31). Deskriptive Elemente meinen Eigenschaften, die Männer oder Frauen typischerweise haben, präskriptive Elemente beziehen sich auf Eigenschaften, die Männer oder Frauen haben sollten. Beispielsweise wird von Männern dominantes Auftreten und von Frauen einfühlsames Verhalten erwartet (vgl. Eckes 2010: 178). Die Existenz von Geschlechterstereotypen lässt sich im Wesentlichen auf die geschlechtsspezifische Arbeitsteilung zurückführen (vgl. Alfermann 1996: 20ff.) und steht in engem Zusammenhang mit der Zuordnung von *Geschlechterrollen*. Nach der Unterscheidung sozialer Rollen von Parsons und Bales (1955) entspricht das männliche Stereotyp der instrumentellen Rolle und das weibliche Stereotyp der expressiven Rolle. Der instrumentellen Rolle werden Eigenschaften wie Kompetenz, Rationalität und Selbstbewusstsein zugeordnet, der expressiven Rolle Eigenschaften wie Wärme, Personenorientierung und Emotionalität (vgl. Sieverding/ Alfermann 1992: 7). Diese Rollenverteilung wird von Parsons und Bales (1955) als Grundlage für das Funktionieren gesellschaftlicher Prozesse gesehen, in dem Männer ökonomische und politische Funktionen inne haben, während sich Frauen ihnen untergeordnet häuslichen Pflichten widmen. Diese streng essentialistische Position wurde jedoch bald in Frage gestellt und auf die gesellschaftliche Bedingtheit von Geschlechtsrollenzuweisungen hingewiesen (vgl. Spence/ Buckner 2000: 44). Geschlechterrollen und Geschlechterstereotype bedingen sich so gesehen wechselseitig. Letztere sind aus bestehenden Rollen hervorgegangen, diese wiederum rekurrieren auf die Stereotype (Alfermann 1996: 22).

Ähnlich der Konzeption von Geschlechterrollen von Parsons und Bales (1955) unterscheidet der dualistische Rollenansatz von Bakan (1976) zwei grundlegende Dimensionen der Existenz: *Instrumentalität* (agency) und *Partizipation* (communion). *Agency* steht für Individualität, Trennungsstreben und -fähigkeit, Selbstbehauptung und Durchsetzung nach außen, Unterdrückung von Gefühlen und Kompetenzstreben. Im Gegensatz dazu steht bei *Communion* die Gemeinschaft, soziale Teilhabe, Harmonie und Gemeinsamkeit im Vordergrund. Auch hier lassen sich die oben diskutierten Geschlechterstereotype entsprechend zuordnen (vgl. dazu auch Eagly 1987).

Basierend auf diesen rollenbedingten Differenzierungen gehen zahlreiche Studien zu Geschlechterstereotypen (vgl. z. B. Athenstaedt 2003; Bem 1974; Helmreich et al. 1979; Sieverding/ Alfermann 1992; Spence/ Buckner 2000; Spence et al. 1975) davon aus, dass sich Männer und Frauen in ihren Persönlichkeitsmerkmalen entlang der klassischen agency-communion-Dimensionen (vgl. Bakan 1976) bzw. der Expressivitäts-Instrumentalitäts-Dimensionen (vgl. Parsons/ Bales 1955) unterscheiden. Alfermann (1996: 122) stellt fest, dass instrumentelle bzw. maskuline und expressive bzw. feminine Merkmale, entsprechend der Geschlechterstereotype, auch in den Selbstbeschreibungen der Personen enthalten sind. Weder bei den Stereotypen noch bei den Selbstbeschreibungen sind hinsichtlich der Persönlichkeit im Verlauf der Jahrzehnte nennenswerte Veränderungen festzustellen (Alfermann 1996: 122). Im Gegensatz dazu zeigen sich jedoch bei den Einstellungen zu und der Ausübung von traditionellen Geschlechterrollen deutliche Veränderungen (z. B. Twenge 1997).

Die Problematik von Geschlechterstereotypen und damit auch ihrer Berücksichtigung in Messinstrumenten im Rahmen der Untersuchung von geschlechtsbezogenen Fragestellungen besteht in folgendem *Attributionsfehler* (vgl. Alfermann 1996: 122, 169): Während sich Männer und Frauen hinsichtlich bestimmter Merkmale zwar *quantitativ* unterscheiden, unterstellen Geschlechterstereotype *qualitative* Unterschiede, indem sie von der Gruppe auf das Individuum schließen und der biologisch begründeten Dichotomie folgend konstatieren, welche Merkmale Männer und Frauen typischerweise haben (deskriptiv) und welche sie haben sollten (präskriptiv). Entsprechende Vorstellungen einer bipolaren Geschlechterkonzeption werden im Rahmen der Geschlechtersozialisation erworben (vgl. Deaux/ Lafrance 1998: 795f.). Bereits Constantinople (1973) geht von der Existenz stereotyp maskuliner und stereotyp femininer Persönlichkeitseigenschaften aus, die zwei distinkte Dimensionen bilden. Personen unterscheiden sich hinsichtlich der Ausprägung dieser beiden Dimensionen unabhängig von ihrem biologischen Geschlecht. Zuvor wurden Weiblichkeit und Männlichkeit als gegensätzliche Pole auf einer Dimension betrachtet und nicht als zwei getrennte Dimensionen (vgl. z. B. Constantinople 1973; Sieverding/ Alfermann 1992; Strauß et al. 1996).

Zusammenfassend kann festgestellt werden, dass Geschlechterstereotype im Wesentlichen aus einer geschlechtsspezifischen Zuweisung sozialer Rollen hervorgehen, der Komplexitätsreduktion und der Aufrechterhaltung einer gesellschaftlichen Ordnung dienen und sowohl präskriptive als auch deskriptive Eigenschaften beinhalten. Welche Bedeutung sie für die Definition eines psychosozialen Geschlechterbegriffs haben, wird im nachstehenden Abschnitt ausgeführt.

4.1.3 Konzeptionen eines psychosozialen Geschlechterbegriffs

Im Folgenden werden verschiedene Konzeptionen eines psychosozialen Geschlechterbegriffs vorgestellt, die sich sowohl in ihrer inhaltlichen Breite als auch in Annahmen bezüglich des Einflusses auf das Verhalten unterscheiden. Dazu gehören die *Geschlechtsrollenorientierung* (z. B. Bem 1974), die *Geschlechtsidentität* (z. B. Spence 1993), das *Geschlechtsrollenselbstkonzept* (Athenstaedt 2003), das *Gender-Belief-System* (z. B. Deaux/ Major 1998) und die *normative Geschlechtsrollenorientierung* (Krampen 1979). Abschließend sollen die Konzepte hinsichtlich ihrer Eignung zur Erklärung sozialen Handelns diskutiert werden.

Geschlechtsrollenorientierung

Geschlechterrollen können definiert werden als „sozial geteilte[...] Verhaltenserwartungen, die sich auf Individuen aufgrund ihres sozial zugeschriebenen Geschlechts richten." (Eckes 2010: 178) Bem (1974: 155) geht davon aus, dass geschlechtstypisierte Personen gesellschaftliche Geschlechterstereotype in ihr

Selbstkonzept integrieren. Geschlechtsrollenorientierung meint demzufolge den Grad der Orientierung an gesellschaftlich geteilten Standards bezüglich geschlechtsbezogener Merkmale. Die Geschlechtsrollenorientierung beinhaltet zwei Dimensionen, wobei (1) *Maskulinität* Merkmale und Verhaltensweisen vereint, die der männlichen Rollen zugeschrieben werden und somit als typisch für Männer anzusehen sind (z. B. abenteuerlustig, dominant, stark). Analog dazu steht (2) *Femininität* für als typisch weiblich geltende Eigenschaften (z. B. einfühlsam, träumerisch, weichherzig; vgl. Alfermann 1996: 59). Das so definierte, sogenannte *psychologische Geschlecht* ist in seinen Ausprägungen deutlich variabler als das biologische Geschlecht (Alfermann 1996: 58).[14] Bem (1975) geht davon aus, dass Personen mit stark ausgeprägten Geschlechtsrollenorientierung (sex-typed sex-role classification) in verschiedensten Situationen ein begrenzteres Spektrum an Verhaltensweisen an den Tag legen, weil sie eher dazu tendieren sich geschlechtsrollenkonform zu verhalten. Die Autorin zeigt in einer Reihe von Studien, dass die Geschlechtsrollenorientierung sowohl Informationsverarbeitungsprozesse (z. B. Bem 1981a) als auch das Verhalten (z. B. Bem 1975) beeinflusst. Entsprechend unterstellt sie eine hohe Erklärungskraft des Konstrukts und einen enge Beziehung zwischen Geschlechtsrollenorientierung und Rollenverhalten (vgl. Bierhoff-Alfermann 1989: 22f.). Andererseits hält sie fest, dass es nicht zwingend einen direkten Zusammenhang zwischen Geschlechtstypisierung und der Einstellung zu Geschlechterrollen geben muss (Bem 1981b: 370).

Geschlechtsidentität

Die *Geschlechtsidentität* wird als eine Komponente des Selbstkonzeptes aufgefasst (Spence/ Buckner 2000: 47). Indem sich Personen als maskulin bzw. feminin beschreiben, bringen sie ihre Geschlechtsidentität als generelles Gefühl der Geschlechtszugehörigkeit zum Ausdruck (Spence 1993: 633). Im Gegensatz zu Bem und ihren Annahmen zum Konzept der Geschlechtsrollenorientierung (vgl. Bem 1974) schätzen Spence et al. (1975) Reichweite und Erklärungskraft des Konzepts der Geschlechtsidentität als wesentlich geringer ein (vgl. Bierhoff-Alfermann 1989: 20ff.; Spence 1993). Die Selbstkategorisierung anhand geschlechtsbezogener Eigenschaften ist für sie nur ein Teilaspekt der Geschlechtsrollenentwicklung (Helmreich et al. 1979: 1633). Die Positionen von Bem und Spence unterscheiden sich dahingehend, dass Bem Femininität und Maskulinität

---

14 Dieser Variabilität trägt das *Androgyniekonzept* (Bem 1974, 1975) Rechnung. Als androgyn bezeichnet Bem (1974: 155) Personen mit sowohl maskulinen als auch femininen Eigenschaften. Androgynie bedeutet damit eine gleichzeitig maskuline wie feminine Geschlechtsrollenidentität (vgl. Bierhoff-Alfermann 1989: 19).

als globale Konstrukte mit verhaltensrelevanter Bedeutung betrachte, während Spence davon ausgeht, dass es davon abhängt, ob das Verhalten expressive oder instrumentelle Eigenschaften erfordert, in welchem Ausmaß die Persönlichkeitsmerkmale auf das Verhalten durchschlagen (Helmreich et al. 1979: 1633; vgl. auch Bierhoff-Alfermann 1989).[15] Des Weiteren begreift sie Feminintät als bipolaren Gegenbegriff zur Maskulinität (vgl. Spence 1993: 633).

Geschlechtsrollenselbstkonzept

Das *Geschlechtsrollenselbstkonzept* (vgl. Athenstaedt 2003) wird wiederum als eine Komponente des geschlechtsbezogenen Selbst betrachtet. Athenstaedt (2003) geht von Zusammenhängen zwischen geschlechterstereotypen Merkmalen und geschlechterstereotypem Rollenverhalten aus. In Anlehnung an Bem (1974) unterstellt auch Athenstaedt (2003) ein weibliches und ein männliches Rollenselbstkonzept als zwei unabhängige Dimensionen, doch anders als bei Bem werden diese bei Athenstaedt nicht nur durch geschlechterstereotype Merkmale repräsentiert, sondern auch durch geschlechterstereotypes Verhalten. Darüber hinaus berücksichtigt ihre Konzeption auch sozial unerwünschte Merkmale. Des Weiteren nimmt die Autorin an, dass Geschlechterrollen für die beiden Geschlechter eine unterschiedliche Bedeutung haben. Dies ließ sich in ihrer Studie jedoch nur teilweise bestätigen (Athenstaedt 2003).

Gender-Belief-System

Multifaktorielle Konzeptionen des Geschlechtsselbstkonzepts (z. B. Spence 1993) berücksichtigen die Komplexität der psychologischen Bedeutung des Geschlechts (Athenstaedt 2003: 310). So umfasst das von Deaux definierte *Gender-Belief-System* ein System von geschlechtsbezogenen Vorstellungen, Geschlechterstereotypen, Geschlechtsrolleneinstellungen und Repräsentationen der eigenen Geschlechtsidentität (Deaux/ Lafrance 1998: 789). Dieses System wird als Teil des Selbstkonzeptes je nach aktueller Verfügbarkeit aktiviert und bestimmt in sozialen Interaktionen Erwartungen und Verhalten der Interaktionspartner (vgl. Deaux/ Major 1987). Geschlechterstereotype werden hier also nur als Teilkomponente eines umfassenderen Geschlechtskonzepts betrachtet, gleichwohl wird ihr besonderes Gewicht anerkannt und ihre zeitliche Stabilität und ihr Einfluss auf andere Komponenten des Geschlechtskonzepts hervorgehoben (vgl. Deaux/ Lafrance 1998: 793).

---

15 Die divergierenden Annahmen der beiden Autorinnen sind zurückzuführen auf unterschiedliche theoretische Positionen innerhalb einer persönlichkeitspsychologischen Debatte über eine situationsüberdauernde Konsistenz des Verhaltens (Bem 1981a: 362).

Geschlechtsrolleneinstellungen

Neben der Frage, inwieweit eine Person über bestimmte Persönlichkeitseigenschaften verfügt, die entweder als typischer für das männliche oder das weibliche Geschlecht gelten, und der Frage, ob dies Auswirkungen auf das konkrete Rollenverhalten einer Person in verschiedenen Lebenssituationen hat, widmet sich die psychologische Erforschung der Geschlechterrollen auch der Untersuchung von *Einstellungen* gegenüber gesellschaftlichen Geschlechtsrollenerwartungen (Sieverding/ Alfermann 1992: 6). Solche Einstellungen sind zwar sehr stark kulturabhängig, jedoch zeigt sich interkulturell übereinstimmend, dass Männer traditioneller eingestellt sind als Frauen (Alfermann 1996: 49f.). Begründet wird dies damit, dass Zugeständnisse in Partnerschaft, Arbeitsteilung und Status aus Sicht der Männer einem Verlust an Macht und Einfluss gleichkommen (vgl. Alfermann 1996: 52). Nach Cyba (2000: 98ff.) existieren drei Motive zur Aufrechterhaltung von Ungleichheit im Sinne traditioneller Geschlechterrollen: Traditionalismus (Konformität mit der Tradition, Fortführung bestehender sozialer Verhältnisse), Nutzenorientierung (Verbesserung der Situation der eigenen Person oder Gruppe durch Schlechterstellung der anderen Person oder Gruppe) und Dominanzstreben (Aufrechterhaltung oder Erwerb einer dominanten Situation gegenüber einer anderen Person oder Gruppe). In ihrem Ursprung lassen sich Einstellungen zu Geschlechterrollen somit zum Teil auch anhand der *Theorie sozialer Dominanz* (Sidanius/ Pratto 1999; vgl. auch Pratto/ Walker 2004) nachvollziehen. Die Theorie erklärt die Stabilität patriarchaler Strukturen trotz sinkender Geburtenraten und steigender Erwerbstätigkeit der Frauen (vgl. Wood/ Eagly 2002: 722). Darüber hinaus können Eagly et al. (2004) anhand mehrerer Studien zeigen, dass die Einstellung zu Geschlechterrollen Einfluss auf die Präferenzen in der Partnerwahl hat. Partnerpräferenzen sind demnach eng mit den sozialen Rollen von Männern und Frauen verbunden.

Geschlechtsrolleneinstellungen sind im Sinne normativer Geschlechtsrollenorientierungen integrativer Bestandteil allgemeiner konservativer Einstellungen (Krampen 1979: 264). Darauf aufbauend entwickelt Krampen eine Skala zur *normativen Geschlechtsrollenorientierung* (GRO-Skala, vgl. Krampen 1979, 1983). Die GRO-Skala fragt Einstellungen zu sechs Bereichen ab: Arbeitsteilung, Machtstruktur in der Familie, Politik und Arbeitswelt, Männer- und Frauenberufe, politischer Status von Frauen, geschlechtsspezifische Sozialisation von Jungen und Mädchen und sonstige Geschlechterstereotype.

Normative Geschlechtsrollen-Orientierungen thematisieren somit die präskriptiven und proskriptiven Normen eines Individuums über (subjektiv) geschlechtsspezifisch angemessenes Verhalten und unterscheiden sich daher inhaltlich sowohl von Geschlechtsrollen-Präferenzen und -übernahme als auch von deskriptiven Geschlechtsrollen-Stereotypen.[16] (Krampen 1983: 152)

Die normative Geschlechtsrollenorientierung soll die biologische Geschlechtsvariable um eine sozialpsychologische Dimension ergänzen (Krampen 1979). Im Gegensatz zu Geschlechtsrollenorientierung und Geschlechtsidentität bezieht sich das Konstrukt nicht auf Maskulinität und Femininität, sondern auf eine traditionelle bzw. egalitäre Einstellung zu Geschlechterrollen. Da diese Einstellungen, wesentlich stärker als Geschlechterstereotype, sozialem Wandel unterliegen (vgl. Deaux/ Lafrance 1998; Twenge 1997), müssen die entsprechenden Messinstrumente fortlaufend angepasst werden (vgl. z. B. Athenstaedt 2000).

Wie in Tabelle 4-2 dargestellt, unterscheiden sich die oben erläuterten Konzepte zur Bedeutung des psychosozialen Geschlechts in ihrer Komplexität und in ihren Annahmen zur Persistenz und Wirkungskraft bezüglich Kognitionen und Verhalten. Während das Konzept der *Geschlechtsrollenorientierung* davon ausgeht, dass Geschlechterrollen und Geschlechterstereotype das Selbstkonzept und das Verhalten von Personen beeinflussen, legen die Annahmen zur *Geschlechtsidentität* und zum *Gender-Belief-System* eine situative Bedingtheit des Einflusses nahe. Des Weiteren unterstellt das *Geschlechtsrollenselbstkonzept*, dass Geschlechterstereotype in Abhängigkeit vom biologischen Geschlecht auf das Verhalten wirken. Schließlich wird die *normative Geschlechtsrollenorientierung* als Ergänzung zum biologischen Geschlecht betrachtet, die den Einfluss grundlegender Werte und Normen auf die Einstellung zu Geschlechterrollen abbildet.

---

16 Analog zur Definition in Abschnitt 4.2.1 beziehen sich deskriptive Geschlechterstereotype auf Vorstellungen, wie Männer und Frauen typischerweise sind, während präskriptive Geschlechterstereotype thematisieren, wie Männer und Frauen idealweise sein sollten, und proskriptive beinhalten, wie sie nicht sein sollten (vgl. Swazina et al. 2004: 166; Krampen 1979: 256).

AutorInnen	Begriff	Beschreibung	Bedeutung/ Reichweite
Bem (1974), Alfermann (1996)	Geschlechtsrollenorientierung (GRO)/ Geschlechtsrollenidentität	Selbstkategorisierung auf Basis von Geschlechterstereotypen Wahrnehmung der eigenen Person als Mann oder Frau	GRO bestimmt Kognitionen und Verhaltensweisen
Spence (1993)	Geschlechtsidentität (GI)	Individuelles Bewusstsein über die eigene Geschlechtszugehörigkeit als Komponente des Selbstkonzeptes	Einfluss der GI auf das Verhalten ist situationsabhängig
Athenstaedt (2003)	Geschlechtsrollenselbstkonzept (GRSK)	das geschlechtsbezogene Selbst besteht aus geschlechterstereotypen sozial erwünschten und unerwünschten Persönlichkeitseigenschaften sowie geschlechterstereotypen Verhaltensweisen	geschlechterstereotype Eigenschaften und Verhaltensweisen sind beide Teil des GRSK und haben für Männer und Frauen unterschiedliche Bedeutung
Deaux/ LaFrance (1998)	Gender-Belief-System (GBS)	System geschlechtsbezogener Vorstellungen, Geschlechterstereotype, Geschlechtsrolleneinstellungen und Repräsentationen der eigenen Geschlechtsidentität	Wirkung auf Verhalten und Kognitionen ist abhängig vom Interaktionskontext
Krampen (1979)	normative Geschlechtsrollenorientierung (NGRO)	Normen über geschlechtsspezifisch angemessenes Verhalten	Wahrnehmung von und Einstellung zu Geschlechterrollen

Tabelle 4-2   Konzeptionen eines psychosozialen Geschlechterbegriffs

4.2 Soziales Handeln in Geschlechterrollen

Neben der Entwicklung von Geschlechterrollen interessiert im Besonderen deren handlungstheoretische Bedeutung. Aus sozialpsychologischer Perspektive ist dementsprechend weniger der Erwerb als die Ausführung geschlechtstypischen Verhaltens relevant (Alfermann 1996: 78). Nachfolgend werden zunächst theoretische Annahmen zu den Ursachen eines Handelns in Geschlechterrollen erarbeitet (4.2.1). Anschließend wird die Modellierung möglicher situativer Einflüsse auf geschlechtstypisches Verhalten diskutiert (4.2.2).

4.2.1 Ursachen geschlechtstypischen Verhaltens

Geschlechtstypische Unterschiede im Verhalten sind häufig Gegenstand sozialpsychologischer Untersuchungen. Im Vordergrund stehen dabei unter anderem Unterschiede in prosozialem (z. B. Eagly/ Koenig 2006) und aggressivem (z. B. Eagly 1987) Verhalten, im Verhalten in Paarbeziehungen (z. B. Canary/ Eahba 2006) sowie in verbaler (z. B. Mulac 2006) und non-verbaler Kommunikation (z. B. Hall 2006). Darüber hinaus wird auch der Einfluss von Geschlechtsrollenerwartungen auf leistungsmotiviertes Handeln untersucht. Studien zur Leistungsorientierung von Männern und Frauen im Sport (z. B. Kyllo/ Landers 1995; vgl. dazu Alfermann 1996) zeigen, dass die Aufgabenorientierung bei Frauen stärker ausgeprägt ist als bei Männern, welche sich eher am Wettkampferfolg orientieren. So gesehen verfolgen Männer und Frauen unterschiedliche Ziele. Frauen wollen eine Aufgabe so gut wie möglich absolvieren, für Männer zählt eher die Belohnung, etwa in Form einer verbesserten Rangposition (vgl. Alfermann 1996: 100). Im Folgenden werden verschiedene Theorien zur Erklärung dieser Unterschiede dargestellt. Neben biologischen Ursachen werden die Bedeutung sozialer Rollen sowie kognitive Prozesse als verhaltensrelevant erachtet.

Biologische Ursachen

Biologisch orientierte Theorien erklären die geschlechtsspezifischen Unterschiede als Konsequenz der unterschiedlichen biologischen Rollen von Männern und Frauen im Reproduktionsprozess (vgl. Bussey/ Bandura 1999). In neueren Ansätzen (z. B. Hampton/ Moffat 2004; Hines 2004; Wood/ Eagly 2002) werden *biologische Einflüsse* in erster Linie als Interaktionsvariablen modelliert, die im Zusammenspiel mit Sozialisationsbedingungen Geschlechterunterschiede mitbestimmen (Alfermann 1996: 86). So werden Geschlechterunterschiede im dominanten Verhalten durch die hormonell bedingte größere Neigung von Jungen zu

Rangkämpfen und körperlicher Auseinandersetzung in Interaktion mit Umwelteinflüssen wie sozialen Bekräftigungsmechanismen und stereotypen Erwartungen an männliche Dominanz und weibliche Unterordnung erklärt (zusammenfassend Alfermann 1996: 86). Neu ist außerdem, dass biologische Prozesse nicht mehr nur als Determinanten geschlechtsbezogenen Verhaltens angesehen werden, vielmehr wird eine wechselseitige Beeinflussung unterstellt (vgl. Lafrance et al. 2004: 331).

Die *evolutionsbiologische Perspektive* (z. B. Kenrick et al. 2004) bezieht sich im Wesentlichen auf die unterschiedlichen Reproduktionsfunktionen der Geschlechter, in diesem Sinne kann die geschlechtstypische Arbeitsteilung als konsequente Folge dieser Fortpflanzungsaufgaben interpretiert werden (vgl. dazu auch Alfermann 1996: 89; Parsons/ Bales 1955). Die evolutionstheoretische Annahme *qualitativer* Geschlechterunterschiede basierend auf unterschiedlichen Reproduktionsaufgaben ist kritisch zu betrachten. So zeigt sich in kulturübergreifenden Studien, dass auch in vorindustriellen Gesellschaften Männer keineswegs exklusiv auf die Rolle des Ernährers festgelegt sind und Frauen sich nicht allein und ausschließlich der Erziehung und Betreuung der Kinder widmen (vgl. Wood/ Eagly 2002: 708).

Soziale Rollen und geschlechtsspezifische Arbeitsteilung

Die in vielen Bereichen sozialen Handelns auftretenden geschlechtstypischen Unterschiede lassen sich mit Hilfe der *Theorie sozialer Rollen* von Eagly (1987) erklären. In Anlehnung an Bakan (1976; vgl. dazu auch Abschnitt 4.2.1) geht die Theorie davon aus, dass sowohl Männer als auch Frauen bestimmten normativen Erwartungen ausgesetzt sind. Bei männlichen Personen sind dies instrumentelle Rollenerwartungen (agentic) und bei weiblichen Personen expressive Rollenerwartungen (communion; vgl. auch Alfermann 1996). Diese Rollenerwartungen entsprechen der geschlechtsspezifischen *Arbeitsteilung*. Auf individueller Ebene spricht man von der Rolle als einem Schema bzw. einer abstrakten Wissensstruktur bezüglich einer sozialen Gruppe. Auf gesellschaftlicher Ebene existieren diese Schemata als geteilte Ideologien, die durch die Gesellschaftsmitglieder vermittelt werden (Eagly et al. 2004: 273f.). Geschlechterrollen sind „shared expectations (about appropriate qualities and behaviors) that apply to individuals on the basis of their socially identified gender" (Eagly 1987: 12).

Ausgangspunkt der Theorie bildet demnach die gesellschaftliche *Arbeitsteilung*, bei der das Geschlecht als zentrales Organisationsmerkmal fungiert (Eagly et al. 2004: 269). Die Herausbildung der Geschlechterrollen wird begleitet von Entwicklungs- und Sozialisationsprozessen sowie Dynamiken der sozialen Interaktion, der Selbstregulierung und hormonellen Veränderungen (Eagly et al.

2004: 270). Ausgehend von der physischen Spezialisierung der Geschlechter (Reproduktionsaufgaben der Frau, körperliche Überlegenheit der Männer hinsichtlich Größe und Stärke)[17] auf der einen Seite und den ökonomischen, sozialstrukturellen und ökologischen Bedingungen auf der anderen Seite ergibt sich eine mit Arbeitsteilung verbundene soziale Konstruktion von Geschlecht, die über Prozesse auf der Individualebene wie soziale Interaktion, Selbstregulation und hormonelle Prozesse zu Geschlechterunterschieden in Persönlichkeit und Verhalten führt (vgl. dazu Eagly et al. 2004: 271). Dies ist die Grundannahme der Theorie sozialer Rollen (vgl. Abb. 4-1), wobei von einer Interaktion der beiden verursachenden Faktorenbündel (*biosocial interaction*), physische Geschlechterunterschiede und sozioökonomische, ökologische Faktoren, auszugehen ist (Eagly et al. 2004: 273). Die geschlechtstypische Arbeitsteilung ist demnach ein Ergebnis der wechselseitigen Bedingung von biologischen (geschlechtsspezifische Reproduktionsaufgaben) und sozioökonomischen Faktoren und auf maximale Effizienz ausgerichtet (Wood/ Eagly 2002: 709). Insgesamt ist zu berücksichtigen, dass die dem Modell implizit zugrunde liegende Kausalität nach Meinung der Autoren auch umkehrbar ist (vgl. Eagly et al. 2004: 282).

Die Theorie berücksichtigt nicht nur direkte bzw. *proximale* Einflüsse auf geschlechtstypisches Verhalten, sondern auch indirekte bzw. *distale* – durch individuelle soziale und psychologische Prozesse vermittelte – Einflüsse grundlegender biologischer und sozioökonomischer Faktoren, und wird daher auch als biosoziale Theorie der Geschlechterunterschiede und Ähnlichkeiten bezeichnet (vgl. Wood/ Eagly 2002: 701; Eagly/ Koenig 2006). In ihrer Metaanalyse untersuchen Wood und Eagly (2002) Befunde kulturübergreifender Studien zu geschlechtstypischem Verhalten. Sie kommen zu dem Ergebnis, dass rein evolutionstheoretische Ansätze und sozial-konstruktionistische Theorien kulturübergreifende Geschlechterunterschiede und -gemeinsamkeiten nicht erklären können (vgl. Wood/ Eagly 2002: 707f.). Geschlechterunterschiede sind also auf die unterschiedlichen sozialen Rollen zurückzuführen, die Männer und Frauen in verschiedenen Kontexten einnehmen (instrumentelle und expressive Rolle nach Parsons/ Bales 1955). Geschlechterrollen sind nach Eagly et al. (2004: 274) den spezifischen Rollen (z. B. Berufsrollen) übergeordnet. Das Geschlecht bildet – ähnlich wie Alter, Ethnizität und sozialer Status – immer die grundlegendere Unterscheidung.[18] Des Weiteren beinhalten Geschlechterrollen neben deskriptiven auch präskriptive Stereotype (injunctive norms) (Eagly et al. 2004: 274).

---

17 In postindustriellen Gesellschaften haben diese Aspekte nur noch einen geringen Einfluss (Eagly et al. 2004: 272).

18 Ähnlich argumentiert Bem (1981a) bezüglich des Geschlechterschemas.

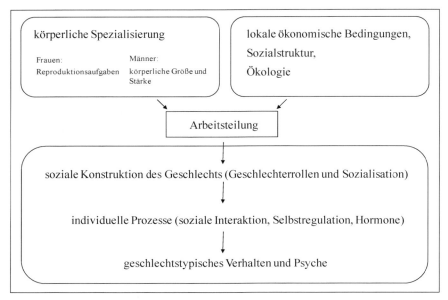

Abbildung 4-1   *Theorie sozialer Rollen von Eagly (Eagly/ Koenig 2006: 162)*

Menschen zeigen geschlechtstypisches Verhalten, um den Erwartungen der anderen zu entsprechen (Eagly et al. 2004: 277).[19] Dahinter verbirgt sich auch die *lerntheoretische Annahme*, dass geschlechtsspezifische Erwartungen über Modelle transportiert werden (vgl. z. B. Bussey/ Bandura 1999). Der gesellschaftliche Sozialisationsdruck in Richtung einer geschlechtstypischen Entwicklung bereitet Jungen und Mädchen auf die Ausübung geschlechtskongruenter sozialer Rollen vor (Wood/ Eagly 2002: 710). Je stärker sich die sozialen Rollen von Männern und Frauen angleichen, desto mehr werden sich diese hinsichtlich Merkmalen der Persönlichkeit und des Verhaltens ähneln (Eagly et al. 2004: 288f.). Die *sozial-kognitive Lerntheorie* von Bandura integriert psychologische und sozialstrukturelle Determinanten zur Erklärung der Geschlechtsrollenentwicklung und -differenzierung (Bussey/ Bandura 1999). Der Ansatz bezieht sich im Wesentlichen und in seiner ursprünglichen Konzeption auf den Erwerb geschlechtstypischer, beobachtbarer Verhaltensweisen (Lernen am Modell). So

---

19 Eagly et al. (2004: 278) geben jedoch zu bedenken, dass es Situationen geben kann, in denen die Vorteile geschlechtsinkongruenten Verhaltens dessen soziale Kosten überwiegen können.

wird davon ausgegangen, dass Jungen vermehrt maskuline und Mädchen vermehrt feminine Verhaltensweisen erwerben, weil sie diese jeweils vermehrt beobachten und ihre Ausübung durch das soziale Umfeld (Eltern, Erzieher) positiv verstärkt wird (vgl. Stainton Rogers/ Stainton Rogers 2001: 43f.). Weiterhin wird angenommen, dass gleichgeschlechtliche Modelle bevorzugt beobachtet und auch nachgeahmt werden. Differentielle Bekräftigung meint in diesem Zusammenhang, dass Mädchen und Jungen für geschlechtstypisches Verhalten belohnt und geschlechtsuntypisches Verhalten bestraft werden (Alfermann 1996: 64ff.). Geschlechtstypisches Verhalten variiert je nach Situation intraindividuell. Zentrale Einflusskomponenten sind das beobachtbare Modellverhalten und die Bekräftigungsbedingungen.

Kognitive Prozesse

Bandura (vgl. z. B. Bussey/ Bandura 1999; Jonas/ Brömer 2002) erweitert dieses Modell unter Berücksichtigung kognitiver Prozesse und trägt damit dem Umstand Rechnung, dass, bevor gleichgeschlechtliche Modelle als solche beobachtet und adaptiert werden können, sie zunächst als solche identifiziert werden müssen. Das bedeutet, dass zuerst eine Geschlechterkategorisierung durch das Kind erfolgen muss. Damit wird deutlich, dass sowohl kognitive Prozesse als auch soziale Einflüsse bei der Entwicklung der Geschlechterrollen von Bedeutung sind (Alfermann 1996: 75). Beides wird in der *Geschlechterschematheorie* von Bem (1981a) berücksichtigt. Die Geschlechterschematheorie geht davon aus, dass Geschlechtstypik ein mögliches Kriterium unter vielen zur Ordnung von Informationen ist. Menschen unterscheiden sich demnach im Ausmaß ihrer Geschlechtsstereotypisierung (z. B. Bem 1974, 1981a). Die zentralen Aussagen der Theorie können folgendermaßen zusammengefasst werden:

1) Geschlechtsrollenentwicklung (*sex typing*) bezeichnet „a process by which a society thus transmutes male and female into masculine and feminine." (Bem 1981a: 354)
2) Ausgangspunkt der Überlegungen ist das Geschlecht, also die Unterscheidung zwischen Mann und Frau, als die beherrschende und grundlegende Dichotomie menschlicher Erfahrung (Bem 1981a: 354). Das Genderschema hat eine biologisch begründete Priorität gegenüber anderen Schemata (Bem 1981a: 362).
3) Ein *Schema* ist eine kognitive Struktur, ein Netzwerk von Beziehungen, das die Wahrnehmung des Individuums organisiert und leitet (Bem 1981a: 355). Das bedeutet, das *Schema* bestimmt die Selektion und Verarbeitung ankommender Informationen. Durch ein Schema wird die

Wahrnehmung von Personen so gelenkt, dass ankommende Stimuli in das jeweilige Schema passen und eingeordnet werden können. Schemata können in ihrer Bedeutsamkeit interindividuell variieren. Personen unterscheiden sich somit darin, welche Schemata sie mit größerer oder geringerer Wahrscheinlichkeit zur Verfügung haben, um Informationen über sich und die Umgebung zu strukturieren.

4) Ausgehend von einer generellen Bereitschaft zur Informationsverarbeitung auf Basis geschlechtsbezogener Assoziationen konstituiert sich – wie Bem es nennt – das Genderschema. Eine Geschlechtstypisierung entsteht durch die Anpassung des Selbstkonzeptes an das Geschlechterschema (Bem 1981a: 355). Die Geschlechterschematheorie geht davon aus, dass die Geschlechtsrollenentwicklung auf einem geschlechtsbezogenen Schematisierungsprozess basiert, also auf einer allgemeinen Bereitschaft, Informationen auf Basis von geschlechtsbezogenen Verknüpfungen, die das Geschlechterschema bilden, zu verarbeiten. Eine Geschlechtstypisierung entsteht demnach dann, wenn das Selbstkonzept mit dem Geschlechterschema verbunden wird (Bem 1981a: 355). [20]

5) Kinder erlernen Geschlechterschemata, indem sie lernen, welche Attribute mit welchem Geschlecht verbunden werden, also auch mit ihnen selbst (Bem 1981a: 355).

6) Geschlechtstypisierte Personen unterscheiden sich von anderen nicht vorrangig durch ihr Ausmaß an Maskulinität bzw. Femininität, sondern danach, ob ihr Selbstkonzept und ihr Verhalten auf Basis des Geschlechterschemas organisiert sind (Bem 1981a: 356): „[S]ex-typed individuals organize their self-concepts in terms of the sex-linked associations that constitute the gender schema." (Bem 1981a: 358) Geschlechtstypisierte Personen neigen also eher zu einer auf Geschlechterschemata beruhenden Informationsverarbeitung als Nicht-Geschlechtstypisierte: „[S]ex typed individuals engage in gender-based

---

20 Geschlechtstypisierung meint hier eine zum biologischen Geschlecht kongruente Typisierung. Gegengeschlechtliche Typisierung wird zwar als Kategorie erfasst, Bem macht hierzu zunächst aber keine weiteren Aussagen. Sie merkt jedoch an, dass gegengeschlechtliche Typisierung in der Theorie unberücksichtigt bleibt (Bem 1981b: 369). Die Ergebnisse der oben zitierten Studie (Bem 1981a) sind widersprüchlich: Im ersten Experiment, in dem es um eine Zuordnung verschiedener Begriffe nach dem Genderschema ging, konnten keine signifikanten Unterschiede zu den nicht-geschlechtlich Typisierten festgestellt werden (Bem 1981a: 357). Im zweiten Experiment zeigte sich zum Teil eine zu geschlechts-kongruent Typisierten spiegelbildliche Informationsverarbeitung bei der Selbsteinschätzung (Bem 1981a: 360). Gleichwohl erscheint es plausibel, geschlechtsinkongruent Typisierte in einer zusätzlichen Kategorie zu erfassen, da hier zwar ein am Geschlechterschema orientierter Informationsverarbeitungsprozess vorliegt, jedoch ein anderer (wohlmöglich intensiverer und bewusster) Verarbeitungsmodus zu vermuten ist.

schematic processing more than do non-sex-typed individuals" (Bem 1981a: 358).

7) Wenn sich Geschlechtstypisierte selbst beschreiben, dann sind für sie die geschlechtsbezogenen Konnotationen der Attribute und Verhaltensweisen salient (Bem 1981a: 356). Das Geschlechterschema erlangt dann zentrale Bedeutung, wenn das Geschlecht (und nicht z. B. individuelle Fähigkeiten und Fertigkeiten) zur Grundlage von Erwartungen, Entscheidungen, Einteilungen – etwa Männer- und Frauenberufe – wird.

Bem konnte in mehreren Studien (Bem 1975; Bem/ Lenney 1976; Bem et al. 1976) zeigen, dass geschlechtstypisierte Personen[21] geschlechtsangemessene Aktivitäten stärker bevorzugen und geschlechtsinadäquate vermeiden. Die enge Verknüpfung von biologischem und psychosozialem Geschlecht wird in der Geschlechterschematheorie in Frage gestellt und zugunsten des Androgyniekonzeptes (vgl. FN 14) aufgegeben: Maskulinität und Femininität werden als voneinander unabhängige Dimensionen betrachtet.

4.2.2 Situative Bedingungen geschlechtstypischen Verhaltens

Nachdem wesentliche Ursachen der Herausbildung von Geschlechterrollen diskutiert wurden, sollen nun die situativen Bedingungen geschlechtstypischen Verhaltens in sozialen Interaktionen beleuchtet werden. In vielen Interaktionssituationen sind geschlechtsbezogene Erwartungen salient. Als Moderatorvariablen für geschlechtstypisches Verhalten identifiziert Aries (2006) die Art der Aufgabe, die Länge der Interaktion, die Gruppenzusammensetzung (gleich- vs. gemischtgeschlechtlich) sowie die Beziehung zwischen den Teilnehmern (Status).

In ihrem *interaktiven Modell geschlechtsbezogenen Verhaltens* begreifen Deaux und Major (1987: 369) Geschlecht als eine Komponente kontinuierlicher Interaktionen, die geprägt sind von den Erwartungen der Teilnehmer, in denen Identitäten ausgehandelt werden und in denen der Interaktionskontext das Verhalten wesentlich mitbestimmt. Der Ansatz betont die Flexibilität geschlechtsbezogenen Verhaltens und den Einfluss situativer Faktoren (Deaux/ Major 1987: 370). Er ist stark an soziologischen Interaktionstheorien (z. B. Mead 1968) ausgerichtet.

---

21 Mit geschlechtstypisiert sind Personen gemeint, die entweder auf der Maskulinitäts- oder auf der Femininitätsskala hohe Ausprägungen aufweisen. Das schließt auch eine gegengeschlechtliche Selbstbeschreibung mit ein (etwa einen Mann, der hohe Ausprägungen auf der Femininitätsskala und niedrige Ausprägungen auf der Maskulinitätsskala aufweist).

Soziale Interaktion wird verstanden als Prozess der Identitätsaushandlung, bei dem die Interaktionspartner als Beobachter und Handelnde versuchen ihre Interaktionsziele zu erreichen. Das bedeutet auch, dass die Handelnden ihr Verhalten an der aktuellen Situation ausrichten. Auf der anderen Seite ist eine gewisse Stabilität und damit auch Vorhersehbarkeit des Verhaltens notwendig, um die Interaktion aufrecht zu erhalten (Deaux/ Major 1987: 370).

Das Modell besteht aus drei Hauptkomponenten, zunächst (1) einem Beobachter (*perceiver*), ausgestattet mit bestimmten Vorstellungen zu Geschlechterrollen (*gender belief systems,* vgl. Abschnitt 4.2.2) und persönlichen Interaktionszielen, (2) einem handelnden Individuum (*target*), das über ein geschlechtsbezogenes Selbstkonzept und eigene Interaktionsziele verfügt, sowie (3) einer Situation, in der geschlechtsbezogene Faktoren in unterschiedlichem Maße salient sein können (Deaux/ Major 1987: 371; vgl. dazu zusammenfassend Deaux/ Lafrance 1998: 789f.). Die so modellierte soziale Interaktion kann dabei in zweierlei Hinsicht nach bestimmten Bedingungen variieren (Deaux/ Major 1987: 370f.): Erstens beeinflussen die Erwartungen der Interaktionsteilnehmer an den jeweils anderen beiderseits die Interaktionssituation. So besteht von Seiten des Beobachters die Tendenz, dass seine Wahrnehmung der Situation in Richtung einer Bestätigung seiner Erwartungen verzerrt ist (*cognitive confirmation*). Andererseits neigt das Objekt der Beobachtung, der Handelnde, dazu, die durch den Beobachter eingangs signalisierten Erwartungen in seinem Verhalten im Sinne einer Self-Fulfilling Prophecy zu bestätigen (*behavioral confirmation*). Die Interaktionssituation wird zum einen beeinflusst von der sozialen Erwünschtheit des erwarteten Verhaltens, von der Gewissheit des Handelnden über die Erwartungen des Beobachters sowie vom Vorhandensein eindeutiger Hinweise zur Definition der Situation (Deaux/ Major 1987: 371). Zum anderen determinieren Prozesse der Selbstbestätigung (Informationsverarbeitung zur Unterstützung des Selbstkonzeptes) und der Selbstpräsentation (Ausrichtung des Verhaltens an äußeren, sozialen Standards) das Verhalten im Rahmen der Interaktion.

Trotz seiner sequenzorientierten Formulierung impliziert das Modell keine Kausalität. Die Autoren weisen darauf hin, dass die Positionen des Beobachters und Handelnden prinzipiell austauschbar sind (vgl. Deaux /Major 1987: 371). Die Beispiele, anhand derer Deaux und Major (1987) ihre Theorie deutlich machen, beziehen sich jedoch im Wesentlichen auf Vorgesetzten-Angestellten-Verhältnisse, so dass implizit eine Anwendbarkeit der Theorie auf hierarchisch strukturierte Interaktionssituationen nahe gelegt wird.

Geschlechterstereotype beeinflussen die modellierte Interaktion insofern, als dass sie (1) Teil der Erwartungen des Beobachters sein können in Abhängigkeit davon, in welchem Maße dieser über individuelle Informationen über das handelnde Individuum verfügt und ob er bereit ist, vorhandene Geschlechterschemata auf die gegebene Situation anzuwenden. Des Weiteren ist entscheidend, inwiefern (2) sie zentral im aktuell präsenten Selbstkonzept (*working self-concept*) des Handelnden verankert und abrufbar sind, und (3) das Geschlecht in der Interaktionssituation eine distinkte Kategorie darstellt und somit salient ist (vgl. Deaux/ Major 1987: 373ff.). Trotz Betonung situativer Einflüsse und der Variabilität in der Verfügbarkeit von Geschlechterschemata im Selbstkonzept und in den Erwartungen der Interaktionsteilnehmer gehen Deaux und Major (1987: 382 ff.) von einer langfristigen Stabilität von Geschlechterstereotypen aus. Dies gelte im Besonderen für globale Konzeptionen der Geschlechteridentität und weniger für an spezifischen Rollen orientierte Geschlechterstereotype. Gleichzeitig bezweifeln sie den generellen Einfluss von Konstrukten wie Maskulinität und Femininität auf geschlechtsbezogenes Verhalten. Vielmehr sei ein solcher Einfluss davon abhängig, ob situationsrelevante (spezifische rollenbezogene) Aspekte der Geschlechterschemata im aktuell präsenten Selbstkonzept des Individuums aktivierbar seien (vgl. Deaux/ Major 1987: 375f.).

Das interaktive Modell geschlechtsbezogenen Verhaltens von Deaux und Major (1987) konzentriert sich auf die Erklärung des Auftretens geschlechtsbezogenen Verhaltens und beansprucht nicht, auch die Ursprünge dieses Verhaltens zu berücksichtigen. Dementsprechend wird die Relevanz direkter (*proximaler*) Verhaltenseinflüsse betont, während grundlegende, indirekt wirkende (*distale*) Faktorenbündel wie evolutionstheoretische Hintergründe und sozioökonomische Komponenten zwar mitgedacht werden, aber nicht im Mittelpunkt der theoretischen Auseinandersetzung stehen (vgl. Deaux/ Major 1987: 370). Dementsprechend verstehen Deaux und Major (1987: 384) ihren Ansatz auch eher als Ergänzung zu bestehenden Theorien der Geschlechtsrollenentwicklung (z. B. Bussey/ Bandura 1999). Deaux ergänzt die Theorie später dahingehend, dass sie weitere die Interaktionssituation determinierende Faktoren (soziale Rolle, Status und Macht) berücksichtigt und damit eine Verknüpfung zu Theorien, die auch distale Faktoren integrieren (z. B. Eagly 1987), herstellt (vgl. Deaux/ Lafrance 1998).

In Bezug auf die Kontextbedingtheit geschlechtstypischen Verhaltens gehen *sozial-konstruktionistische* Ansätze[22] (z. B. Bohan 1993; Marecek et al. 2004) noch einen Schritt weiter. Sie nehmen an, dass die Geschlechterverhältnisse in einer Gesellschaft ein Produkt der menschlichen Beziehungen und der von ihnen verwendeten Sprache ist. Soziale Ungleichheiten sind bereits in der Sprache enthalten und rahmen so das gesellschaftliche Verständnis von Mann und Frau, das auf diese Weise geschlechtsbezogene Ungleichheiten produziert und

---

22 Der Konstruktionismus ist eine dem Konstruktivismus entlehnte Lerntheorie (zum Unterschied zwischen Konstruktivismus und sozialem Konstruktionismus vgl. Ameln 2004; zum sozialen Konstruktionismus vgl. Winter 2010).

aufrechterhält (vgl. Wood/ Eagly 2002: 700). Geschlechterunterschiede sind somit nicht universell und biologisch determiniert, sondern gesellschaftlich bedingt, kontextabhängig und kulturell variabel. Im Sinne eines *Doing Gender* stellen Personen ihr Geschlecht durch eine Reihe geschlechtstypischer Verhaltensweisen her, die in sozialen Interaktionen vermittelt werden (vgl. West/ Zimmerman 1991). „Die Konstruktion von Geschlecht ist das Ergebnis von zwei Leistungen – von Attribution und Darstellung, und beides vollzieht sich in einem komplementären Wechselspiel im Rahmen von sozialen Interaktionen." (Heintz 1993: 32) Frausein bzw. Mannsein wird somit als „kulturelle Performanz" (Butler 1991: 9) verstanden. Gender ist demnach kein Bündel von Eigenschaften, keine Variable und auch keine Rolle, sondern „the activity of managing situated conduct in light of normative conceptions of attitudes and activities appropriate for one's sex category" (West/ Zimmerman 1991: 14). Diese gesellschaftliche Geschlechterkategorie wird als omnirelevant angenommen, Gender konstituiert sich im Sinne eines *Doing Gender* in sozialen Interaktionen durch ihre Anwendung. Biologisches Geschlecht, (gesellschaftliche) Geschlechterkategorie und Gender werden als analytisch distinkte Elemente betrachtet, die sich empirisch jedoch überlappen können (vgl. West/ Zimmerman 1991).

Wie oben erläutert sind Maskulinität und Femininität aus *sozial-konstruktionistischer* Perspektive keine statischen Entitäten, sondern dynamisch und müssen immer wieder neu ausgehandelt werden. Leszczynski und Strough (2008) differenzieren zwischen trait- und state-Komponente der Geschlechtsidentität und untersuchen, ob sich Maskulinität und Femininität in gleichgeschlechtlichen und gemischtgeschlechtlichen Interaktionen unterscheiden. Die Autoren möchten herausfinden, inwiefern die Geschlechtsidentität (state gender role) auch von situativen Komponenten (Aufgabenstruktur, Geschlecht des Partners) beeinflusst wird, und können zeigen, „that early adolescents' views of their masculinity and femininity are flexible across situations" (Leszczynski/ Strough 2008: 731). Jedoch weisen Wood und Eagly (2002) auf Befunde zu kulturübergreifenden Unterschieden hin, die eine strikt sozial-konstruktionistische Perspektive wiederlegen. So sprechen etwa die Arbeitsteilung und die konsistente Zuordnung einer Aktivität zu einem Geschlecht gegen eine Vorstellung von situativ bedingten Geschlechterunterschieden. Zudem können sozial-konstruktionistische Theorien keine durch die sozioökonomische Organisation von Gesellschaften und lokale Ökologie bedingten Unterschiede erklären (Wood/ Eagly 2002: 709).

Mit der Theorie sozialer Rollen von Eagly (z. B. Eagly/ Koenig 2006) und dem interaktionsbasierten Ansatz von Deaux und Major (1987) wurden in den vorangegangenen Abschnitten zwei sozialpsychologische Theorien vorgestellt, die soziales Handeln in Geschlechterrollen erklären können. Mit Blick auf das Forschungsinteresse dieser Arbeit stellt sich die Frage, inwiefern sich diese Ansätze auf die Mediennutzung und insbesondere auf die Nutzung digitaler Spiele anwenden lassen. Daher werden nachfolgend Erkenntnisse zur Bedeutung des Geschlechts für die Mediennutzung zusammengetragen.

4.3 Mediennutzung als Handeln in Geschlechterrollen

Geschlechterunterschiede sind Gegenstand einer Reihe von Studien zur Mediennutzung. Zwischen biologischem und psychologischem Geschlecht wird dabei aber nur teilweise differenziert (vgl. z. B. Knobloch-Westerwick/ Hoplamazian 2011; Trepte 2004), und eine mehrdimensionale, theoretisch fundierte Betrachtung des Geschlechterbegriffs bildet eher die Ausnahme (vgl. Trepte/ Reinecke 2010). Einige Studien thematisieren zwar die Bedeutung von Geschlechterrollen als Determinanten der Mediennutzung, auf eine Messung des Geschlechts als psychosoziales Konstrukt wird jedoch meist verzichtet (z. B. Williams et al. 2009a). Die Mehrzahl der in den folgenden Abschnitten diskutierten Studien bezieht sich daher auf das biologische Geschlecht, um Unterschiede im Mediennutzungsverhalten zu erklären. Zunächst sollen in Abschnitt 4.3.1 anhand ausgewählter Befunde herausgearbeitet werden, bezüglich welcher Aspekte der Mediennutzung Geschlechterunterschiede untersucht werden. Danach wird die Bedeutung des Geschlechts für die Nutzung digitaler Spiele analysiert (4.3.2).

4.3.1 Geschlechterunterschiede in der Mediennutzung

Vor dem Hintergrund der vorliegenden Untersuchung interessieren zwei Aspekte der Mediennutzung im Besonderen: Zum einen stellt sich die Frage nach einem geschlechtstypischen Auswahlverhalten (*Medienselektion*), zum anderen sind Geschlechterunterschiede in der *medial vermittelten Interaktion* von Bedeutung, denn beides sind auch wesentliche Aspekte digitalen Spielens, die in Abschnitt 2.3.2 als zentrale Bestandteile eines Handlungsmodells zur Nutzung digitaler Spiele konzeptualisiert wurden.

Medienselektion

Knobloch-Westerwick (2007) untersuchte die geschlechtsspezifische Selektion von Medienangeboten am Beispiel von Popsongs. In Anlehnung an die Mood-Management-Theorie erfolgte eine prozessuale Betrachtung unter Berücksichtigung der Relevanz der Situation für die (geschlechtsspezifische) Selbstwahrnehmung sowie kurzfristiger, kontextbezogener Komponenten geschlechtsspezifischer Mediennutzung. Die Autorin stellte fest, dass Männer und Frauen Medien (in diesem Fall Musikangebote) in unterschiedlicher Weise zur Stimmungsregulierung nutzen. In einem weiteren Experiment untersuchten Knobloch-Westerwick und Hoplamazian (2011) die Beziehung zwischen biologischem Geschlecht, Geschlechtsselbstkonzept (gemessen mittels BSRI-Skala; vgl. dazu 5.3.1) und der Nutzung geschlechtstypisierter Medieninhalte am Beispiel der Selektion von Zeitschriften. Zunächst wurde die BSRI-Skala abgefragt, dann konnten die Probanden (n = 253) zehn Minuten lang neun verschiedene Zeitschriften durchblättern, von denen jeweils drei anhand der Leserschaft und dem Geschlechterverhältnis der abgebildeten Personen als typisch weiblich, männlich und neutral kategorisiert wurden. Gemessen wurde hierbei die Zeit, in der sich die Probanden mit den geschlechtstypischen bzw. neutralen Titeln beschäftigten. Am Ende wurde nochmals die BSRI-Skala abgefragt. Die Autoren konnten zeigen, dass das biologische Geschlecht sowohl direkt als auch indirekt über das Geschlechtsselbstkonzept Einfluss auf die geschlechtstypische Medienselektion nimmt. So verbrachten beide Geschlechter etwa drei Viertel der verfügbaren Zeit mit der Lektüre geschlechtstypischer Zeitschriften. Darüber hinaus begünstigte eine maskuline bzw. feminine Geschlechtsrollenorientierung das Lesen geschlechtstypischer Zeitschriftentitel. Des Weiteren stellten Knobloch-Westerwick und Hoplamazian (2011) auch einen positiven Effekt der geschlechtstypischen Medienselektion auf das Geschlechtsselbstkonzept fest und konnten damit eine wechselseitige Beziehung der beiden Konstrukte belegen.

Helsper (2010) untersuchte Geschlechterunterschiede in der Internetnutzung unter Berücksichtigung verschiedener Altersgenerationen und Lebenssituationen (Berufstätigkeit, Familienstand). Die Autorin nutzte Daten einer repräsentativen Befragung in Großbritannien (n = 1.578). Sie stellte zum einen eine nichtlineare Beziehung zwischen der Vielfalt der Internetnutzung (Anzahl verschiedener Online-Aktivitäten) fest, d. h. die Vielfalt steigt zunächst mit dem Alter und sinkt ab 45 Jahren wieder. Zum anderen zeigte sich ein Interaktionseffekt zwischen Alter und Geschlecht: Während in den jüngsten Generationen (bis 24 Jahre) kaum Geschlechterunterschiede bestanden, waren sie in den Generationen ab 65 Jahren am größten. Männer nutzten sieben der neun abgefragten Online-Aktivitäten (Pornografie, Online-Shopping, Online-Banking, soziale Netzwerke, persönliche Kommunikation, Spiele, Unterhaltung) häufiger, Frauen nutzten lediglich Gesundheitsinformationen häufiger als Männer.

Insgesamt konzentrieren sich eine Reihe von Studien zur geschlechtstypischen Medienselektion auf die Nutzung von Medieninhalten mit gleichgeschlechtlichen Charakteren (Knobloch/ Zillmann 2003; Trepte 2004) und geschlechtstypischen Themen, wobei Leistung und Wettbewerb als typisch männliche und soziale und interpersonale Themen als typisch weibliche Inhalte gelten

(Knobloch-Westerwick/ Alter 2007; Knobloch-Westerwick et al. 2006). Dass diese beiden inhaltlichen Merkmale (Charaktere und Themen; vgl. dazu auch Oliver 2000) eng miteinander verbunden sind, zeigten Lauzen et al. (2008) in einer Inhaltsanalyse zu sozialen Rollen von männlichen und weiblichen Charakteren im TV-Programm. Dabei wurde auch die Geschlechtersituation in den Produktionszusammenhängen (Zusammensetzung der Produktionsteams) berücksichtigt. Ausgangspunkt bildete das *Elastic Sphere Model* und damit die Annahme, dass gemischte Teams mehr Expertise in der Darstellung zwischenmenschlicher Beziehungen (Rollen mit interpersonalem Fokus) aufweisen als männliche Teams. Diese wiederum haben mehr Expertise bei Rollen mit arbeitsbezogenem Fokus, sind daher erfolgsversprechender in diesem Bereich und tragen zur Risikominimierung bei TV-Produktionen bei. Moderatorvariablen wie Genre und Zielgruppe der Produktion wurden hier jedoch nicht berücksichtigt. Die Autoren konnten zeigen, dass weibliche Charaktere eher eine Rolle mit interpersonalem Fokus (Familie, Freunde, Romantik, Beziehung) inne hatten als männliche. Männliche Charaktere hatten eher arbeits- bzw. berufszentrierte Rollen. Gemischt geschlechtliche Produktionsteams (Drehbuch, Regie) produzierten eher Filme mit männlichen und weiblichen Charakteren in interpersonal fokussierten Rollen als männliche Teams. Gemischt geschlechtliche Teams produzierten weniger Filme und Serien mit Männern und Frauen in berufsbezogenen Rollen als rein männliche Teams.

Kamwahi und Grabe (2008) widmeten sich in ihrer experimentellen Untersuchung geschlechtsspezifischen Unterschieden in der Unterhaltung, Identifikation und Bewertung von TV-Nachrichten. Alle Nachrichten berichteten über negative Ereignisse, nur der Frame (negativ, positiv, ambivalent) wurde variiert. Frauen reagierten sensibler auf das Framing. Sie fühlten sich von positiv geframten Nachrichten besser unterhalten als von negativ geframten, Männer hingegen von negativ geframten besser als von positiv geframten (Interaktionseffekt zwischen Geschlecht und Unterhaltung). Frauen identifizierten sich eher mit Charakteren aus positiv geframten Nachrichten als aus negativ geframten, bei Männern verhielt es sich genau umgekehrt (Interaktionseffekt zwischen Geschlecht und Identifikation). Im Gegensatz zu den Männern bewerteten Frauen positiv geframte Nachrichten höher hinsichtlich Qualität als negativ geframte (Interaktionseffekt zwischen Geschlecht und Valenz). Bezüglich der Verständlichkeit der Nachrichten konnte jedoch kein Geschlechtereffekt nachgewiesen werden. Die Autoren legen zwar biologisch und evolutionspsychologische Ursachen für die Geschlechtereffekte nahe, die Zusammenhänge sind jedoch auch sozialpsychologisch erklärbar.

Medial-vermittelte Interaktion

Lee (2007) untersuchte Auswirkungen geschlechtsspezifischer Sprache auf Geschlechterstereotype in der computervermittelten Kommunikation im Rahmen eines Experiments. Die Probanden mussten gemeinsam mit einem personalisierten bzw. nicht personalisierten Partner via Computer Quizaufgaben lösen. Darüber hinaus wurde Sprachstil (geschlechtsspezifisch/ nicht spezifisch), Geschlecht und Geschlechtsrollenorientierung über die Gruppen variiert. Zur Messung der Geschlechtsrollenorientierung (GRO) wurde das Bem-Sex-Role Inventory verwendet. Es zeigt sich, dass sich Personen mit traditioneller GRO stärker in ihrer Geschlechtszuschreibung durch einen geschlechtsbetonten Sprachstil beeinflussen ließen, jedoch nur dann, wenn keine personalisierten Informationen über den Partner verfügbar waren. Bei Vorliegen personalisierter Informationen über den Partner hatte der geschlechtsbetonte Sprachstil keinen Einfluss. Die GRO beeinflusste des Weiteren signifikant den Effekt geschlechtsbetonter Kommentare auf die Wahrnehmung der Kompetenz des Partners: Personen mit nicht-traditioneller GRO nahmen weiblich kommentierende Partner als kompetenter wahr (traditionelle GRO: männliche Kommentare kompetenter). Bezüglich Konformität gab es keine signifikante Interaktion zwischen GRO und Sprachstil, hier war die personalisierte Information über den Partner entscheidend. Frauen mit traditioneller GRO unterlagen eher dem Konformitätsdruck. Kritisch anzumerken ist, dass sich eine solche Manipulation in Richtung geschlechtsspezifischer Kommentare und Depersonalisierung kaum auf eine natürliche Interaktionssituation übertragen lässt.

Palomares (2009) wendete die Selbstkategorisierungstheorie von Turner et al. (1987) auf geschlechtsbezogene interpersonale Kommunikation an. Die Theorie geht davon aus, dass drei Faktoren die Salienz sozialer Kategorien bestimmen: Zugänglichkeit, die Größe der Inter- und Intragruppendifferenzen (comparative fit) und die soziale Bedeutung und Normativität der Inter- und Intragruppendifferenzen (normative fit). In einem Experiment (n = 276) verfassten Männer und Frauen Emails zu geschlechtstypischen und geschlechtsneutralen Themen an gleich- und gegengeschlechtliche Adressaten. Die Interaktionsthemen beeinflussten die Unterschiede im Sprachgebrauch in der Intergruppensituation. So zeigten sich bei maskulinen Themen die traditionellen Geschlechterunterschiede, bei femininen Themen widersprach das Kommunikationsverhalten jedoch den gängigen Geschlechterstereotypen: Hier äußerten sich Männer unsicherer und vorsichtiger. Weiterhin wurde festgestellt, dass die Salienz der Geschlechterkategorie als partieller Mediator in Intergruppeninteraktionen angesehen werden kann.

Ebenfalls im Rahmen einer experimentellen Untersuchung gingen Alfermann und Stiller (2001) dem Zusammenhang von Kommunikationsverhalten und Geschlechtsrollenidentität nach. Die Untersuchungsteilnehmer (n = 54) wurden hierzu bei der Diskussion in gleich- und gemischtgeschlechtlichen Dyaden hinsichtlich geschlechtstypischer Verhaltensweisen (Lächeln, Nicken, verbale Unterstützung, Redeunterbrechungen, Blickkontakt, Beinstellung und Redezeit) beobachtet. Die Autorinnen stellten fest, dass sich Männer und Frauen in ihrem Kommunikationsverhalten unterscheiden, unabhängig von der Zusammensetzung der Diskussionsdyaden. Entgegen der Erwartung korrelierten die Verhaltensmerkmale kaum mit den Femininitäts- und Maskulinitätsskalen. Alfermann und Stiller (2001: 89) erklärten dies mit situativen Kontexteinflüssen bezüglich des Geschlechtsrollenverhaltens (vgl. Deaux/ Lafrance 1998). Zu berücksichtigen ist auch, dass mögliche Effekte des Diskussionsthemas nicht kontrolliert wurden.

Die dargestellten Befunde zeigen, dass das Geschlecht sowohl in der computervermittelten Interaktion (Lee 2007), der Selektion verschiedener Medienangebote wie Musiktitel (Knobloch/ Zillmann 2003; Knobloch-Westerwick 2007), TV-Serien (Trepte 2004) und Zeitschriften (Knobloch-Westerwick/ Hoplamazian 2011) sowie der Unterhaltung und Bewertung von Medieninhalten (Kamwahi/ Grabe 2008) eine relevante Variable darstellt. Moderiert wird dieser Einfluss von situativen Aspekten wie Interaktionsthemen und Gruppenzusammensetzung (vgl. Lee 2007; Palomares 2009) und soziodemografischen Merkmalen wie Alter (vgl. Helsper 2010). Darüber hinaus stellt nicht nur das biologische, sondern auch das psychologische Geschlecht eine Einflussgröße dar, wobei jedoch das biologische Geschlecht eine deutlich größere Erklärungskraft aufweist (vgl. Alfermann/ Stiller 2001; Knobloch-Westerwick/ Hoplamazian 2011). Im folgenden Abschnitt soll anhand exemplarischer Studien die Bedeutung des Geschlechts für die Nutzung digitaler Spiele gesondert herausgearbeitet werden.

4.3.2 Geschlechtstypische Nutzung digitaler Spiele

Seit den 1990er Jahren werden Geschlechterunterschiede in der Nutzung digitaler Spiele in der sozialwissenschaftlichen Forschung breit diskutiert (vgl. z. B. Cassell/ Jenkins 1998). Zunächst standen in der Forschung vor dem Hintergrund eines angenommenen *Digital Gender Divides* die geschlechtsspezifische Einstellung zu Computern und die eigene Wahrnehmung der Kompetenz im Umgang mit diesen im Vordergrund. So untersuchten Cooper und Weaver (2003) das geschlechtsspezifische Verhältnis zu Computertechnik, im Besonderen den Umgang mit Lernsoftware im Schulunterricht, wobei sie bei Mädchen eine Tendenz der *Computervermeidung* feststellten. Die Autoren führten dieses Verhalten auf eine meist bei Mädchen vorherrschende *Technikangst* („Computer Anxiety") zurück. Diese Tendenz zeigte sich auch in wesentlich seltenerem Besitz und Nutzung von Computern durch Mädchen, aber auch in ihrer mangelnden Präsenz an von Jungen dominierten Orten wie Spielhallen oder Computerspielgeschäften (vgl. auch Durkin/ Aisbett 1999). Weibliche Computervermeidung, so Cooper und Weaver (2003), beruht auf Technikangst, negativer Einstellung gegenüber Computertechnik entsprechend sozialer Stereotype und einem mangelnden Gefühl von *Selbstwirksamkeit* im Umgang mit Computern. Erstaunlich ist die Erkenntnis der Autoren, die ihre Studien seit Mitte der 1980er Jahre bis 2002 durchführten, dass diese Tendenz über etwa zwanzig Jahre stabil geblieben ist. Die von Cooper und Weaver (2003; vgl. dazu auch Cooper 2006) zusammengestellten Studien machen auch deutlich, dass es nicht die Technikkompetenz an sich ist, die geschlechtsbezogen unterschiedlich ist, sondern vielmehr die auf sozialen Stereotypen basierende Einschätzung derselben. Entsprechend stellte auch Brosnan (1998) fest, dass nicht das biologische Geschlecht, sondern die Geschlechtsrollenorientierung die Einstellung zu Computern und Technik beeinflusst.

Einen weiteren Schwerpunkt der Auseinandersetzung bildet die Annahme von geschlechtsspezifischen Unterschieden in motorischen und kognitiven Fähigkeiten, die zu Unterschieden in der Nutzung digitaler Spiele führen (z. B. Lucas/ Sherry 2004). Es konnte jedoch gezeigt werden, dass diese Unterschiede lediglich auf mangelnde Erfahrung und geringere Nutzungshäufigkeit zurückzuführen sind und bei entsprechendem Training verschwinden (vgl. Feng et al. 2007; Ferguson et al. 2008).

Darüber hinaus werden häufig Inhalte und Gestaltung des Angebots an Computer- und Videospielen wie etwa die Darstellung von Frauenfiguren für geschlechtsspezifische Unterschiede in der Nutzungsintensität verantwortlich gemacht (Graner Ray 2004; Hayes 2007). So zeigten Inhaltsanalysen Geschlechterunterschiede in der Häufigkeit und Art der Darstellung von Charakteren (z. B. Miller/ Summers 2007). Williams et al. (2009b) untersuchten 150 Spiele neun verschiedener Plattformen und stellten fest, dass etwa 85 Prozent aller Charaktere männlich sind. Befunde von Dill und Thill (2007) bestätigen Geschlechterstereotype in Form einer aggressiveren Darstellung männlicher Charaktere und einer sexualisierten Darstellung weiblicher Charaktere. Diese Unterschiede fanden sich auch in der Wahrnehmung der Charaktere durch die Spieler wieder (Ogletree/ Drake 2007). Entsprechend wird argumentiert, dass es für Frauen kaum Spielfiguren gibt, die ausreichend Identifikationspotential bieten. Des Weiteren würden Frauen durch die hypersexualisierte Darstellung der weiblichen Avatare abgeschreckt (vgl. dazu auch Hartmann/ Klimmt 2006). Während Männer auch weibliche Avatare wählen, tun dies Frauen bei den männlichen Avataren weniger (Graner Ray, 2004). Eastin (2006) untersuchte den Einfluss der Repräsentation des Geschlechts der eigenen Spielfigur und der des Gegners auf Präsenzerleben und aggressive Gedanken in Spielen mit Egoperspektive bei Frauen. In den Experimenten konnte trotz First-Person-Perspektive der eigene Avatar durch Spiegelungen sichtbar gemacht werden. Frauen mit gleichgeschlechtlichem Avatar bekundeten ein stärkeres Präsenzerleben als Frauen mit männlichem Avatar. Das Geschlecht des Gegners hatte keinen Einfluss auf das Präsenzerleben, bei gleichgeschlechtlichem Avatar traten mehr aggressive Gedanken auf als bei männlichem Avatar. Hier hatte auch das Geschlecht des Gegners einen signifikanten Einfluss: War der Gegner männlich, wurden die meisten aggressiven Gedanken geäußert, unabhängig vom Geschlecht des eigenen Avatars. Die wenigsten aggressiven Gedanken traten bei männlichem Avatar und weiblichem Gegner auf.

Der Einfluss des psychosozialen Geschlechts auf die Computerspielnutzung wurde bisher nur in wenigen Studien untersucht (Norris 2004; Ogletree/ Drake 2007). Zum einen wurde die Geschlechtsidentität von Spielerinnen mit der von Nicht-Spielerinnen verglichen (Norris 2004): Die Studie konnte diesbezüglich keinen signifikanten Unterschied feststellen, jedoch wiesen Frauen mit häufigerer Computernutzung eine stärker maskuline Geschlechtsidentität auf als Frauen, die weniger häufig den Computer nutzen. Zum anderen prüfte eine weitere Studie (Ogletree/ Drake 2007) den Einfluss der Geschlechtsrollenorientierung auf die Nutzungsintensität bei Videospielen. Auch hier fanden sich keine signifikanten Zusammenhänge.

Die Ursachen für Geschlechterunterschiede in der Nutzung digitaler Spiele sind jedoch nicht nur in unterschiedlichen Geschlechtsrollenorientierungen, Kompetenzen, Erfahrungen und der Darstellung der Spielcharaktere zu suchen. Entsprechend der Ausführungen in Kapitel 3 bestimmen auch Faktoren der Freizeitgestaltung, des sozialen Kontextes sowie Nutzungsmotive und Genrepräferenzen die Nutzung digitaler Spiele. Nachstehend sollen diese Aspekte gesondert betrachtet werden. Des Weiteren wird auf mögliche geschlechtstypische Unterschiede auf Ebene des Spielverhaltens eingegangen.

Digitales Spielen als Freizeitaktivität

Ebenso wie das Geschlecht kann auch die Nutzung digitaler Spiele als sozial konstruiert (Yates/ Littleton 1999: 569) aufgefasst werden, indem diese eher als typisch maskuline Freizeitbeschäftigung angesehen wird. So stellten Royse et al. (2007) in qualitativen Interviews mit Intensivspielerinnen, moderaten Spielerinnen und Nichtspielerinnen fest, dass gerade die Nichtspielerinnen eher eine traditionell feminine Geschlechtsidentität offenbaren, für die eine männlich dominierte Computerspielkultur wenig attraktiv erscheint. Dementsprechend wird angenommen, dass die Selektion digitalen Spielens als Freizeitaktivität durch Geschlechterrollen und Freizeitorientierungen, die diesen Geschlechterrollen zugeschrieben werden, beeinflusst wird (Bryce/ Rutter 2003; Jansz et al. 2010). Die Orientierung an Geschlechterrollen hat darüber hinaus maßgeblichen Einfluss auf die Wahl von Freizeitaktivitäten allgemein (z. B. Best 2010; Bryce/ Rutter 2003; Kirkcaldy/ Furnham 1990). So unterscheiden sich Männer und Frauen auch in ihrer Präferenz für *häusliche* und *außerhäusliche* Freizeitaktivitäten (z. B. Aitchison 2003; Moss 2006). Diese Differenzierung trägt dem Umstand Rechnung, dass der Einfluss von Geschlechterrollen auf die Wahl von Freizeitaktivitäten auch mit räumlichen Barrieren verbunden ist, die in erster Linie die traditionell weibliche Freizeitgestaltung betreffen (Best 2010; Moss 2006; vgl. auch Bryce/ Rutter 2003). Demzufolge unterscheiden sich maskuline und feminine Personen nicht nur hinsichtlich der Nutzung digitaler Spiele, sondern auch bezüglich der außerhäuslichen Freizeitorientierung, die eher durch Maskulinität begünstigt wird. So zeigt sich, dass die geschlechtstypischen Unterschiede in der Nutzung digitaler Spiele im öffentlichen Raum noch größer sind als im häuslichen Bereich (vgl. Bryce/ Rutter 2005; Schott/ Horrell 2000).

Sozialer Kontext

Bryce und Rutter (2003) plädieren für einen kontext-orientierten Ansatz, der die soziale Bedeutung digitalen Spielens berücksichtigt. Die Autoren betonen, dass Computerspiele ein Bestandteil sozialer Freizeitaktivitäten sind und dass sie zur Bildung sozialer Netzwerke (z.B. Online Gaming Communities, Clans) beitragen. Spaß und Vergnügen beim Computerspielen entsteht also auch durch soziale Interaktion und Wettbewerb mit Freunden. In diesem Zusammenhang kommt den Orten des Computerspielens eine besondere Bedeutung zu, da diese Orte durch bestimmte soziale Gruppen dominiert werden. Die Autoren sprechen hier von einem „invisible female gamer" (Bryce/ Rutter 2005: 301), d. h. dass Frauen an diesen männlich dominierten Orten (wie Spielhallen, LAN-Partys oder Computerspielgeschäften) kaum zu finden sind. Sie weisen auf die soziale Konstruiertheit der Nutzung digitaler Spiele und das Wirken geschlechtsspezifischer Normen bezüglich dieser Aktivität hin (Bryce/ Rutter 2003, Yates/ Littleton 1999), denn Geschlecht ist in diesem Zusammenhang

> a social and cultural identity – conventionally associated with biological sex – that influences the way individuals present themselves to the world and the ways in which others act toward them. It also determines the norms, expectations, and roles regarded as acceptable, and the nature of interactions between and within sexes. (Bryce/ Rutter 2005: 302)

Auch Kerr (2003) thematisiert die mangelnde soziale Integration weiblicher Spieler in Spielergemeinschaften. So stellt die Einbindung in ein soziales Netzwerk von Spielern eine grundlegende Voraussetzung für die Sichtbarkeit der Spielerinnen in der Community dar (Kerr 2003), denn die Aktivitäten während des Spiels sind nur ein Teil der Spielerfahrung. Offline-Erfahrungen wie etwa *Gespräche*, das Geben von Hinweisen sowie das *Knüpfen sozialer Kontakte* sind ebenso wichtige Elemente (Lin 2008: 67), die eine strukturelle und soziale Isolation weiblicher Spieler (Lin 2008: 78) verhindern.

Darüber hinaus regulieren im sozialen Umfeld von Mädchen und Frauen noch weitere Komponenten den Zugang zu digitalen Spielen. Dazu gehören etwa die stärkere Reglementierung durch die Mutter, andere Pflichten (Studium, Arbeit) sowie der Zugang zu PC oder Spielkonsole, der häufig durch männliche Haushaltsmitglieder kontrolliert wird (Kerr 2003; Schott/ Horrell 2000). Hier zeigt sich auch eine stärkere Normorientierung der Frauen, denn Männer verbringen deutlich mehr Zeit mit Spielen, auch zu Lasten anderer Aktivitäten wie Schlafen oder Studium (Ogletree/ Drake 2007).

Yee (2008) befragte über sechs Jahre insgesamt über 40.000 Spieler verschiedenster Online-Rollenspiele. Mehr als 85 Prozent der befragten Online-Rollenspieler waren männlich. Als Gründe für die mangelnde Repräsentation von Frauen nennt Yee (2008: 85f.) begrenzten sozialen Zugang, soziale Dynamiken im Spiel sowie soziale Normen und Erwartungen. So kommen Frauen meist nur durch ihren Partner zum Spielen, und werden häufig durch die zum Teil sexuell belästigenden Kommentare und Umgangsformen im Spiel abgeschreckt. Damit bedingen sowohl Aspekte des unmittelbaren sozialen Kontextes als auch des Weiteren sozialen Kontextes der Spielkultur Geschlechterunterschiede in der Nutzung digitaler Spiele (Jansz/ Vosmeer 2009: 240; Yates/ Littleton 1999).

Nutzungsmotive

Geschlechterunterschiede in der Nutzung digitaler Spiele werden häufig mit Hilfe des Uses-and-Gratifications-Ansatzes erklärt (z. B. Lucas/ Sherry 2004; vgl. Trepte/ Reinecke 2010). So wird argumentiert, dass Inhalte und Eigenschaften digitaler Spiele nicht den Bedürfnissen von Frauen entsprechen. Die Befunde zu geschlechtsspezifischen Nutzungsmotiven sind jedoch widersprüchlich. Lucas und Sherry (2004) fanden bei allen von ihnen abgefragten Motiven (Herausforderung, Spannung, Zerstreuung, Fantasy, Wettbewerb, soziale Interaktion) signifikant niedrigere Werte für Frauen. Auch Befunde von Sherry et al. (2006) deuten daraufhin, dass das Motiv soziale Interaktion – neben anderen – für Männer eine größere Bedeutung hat als für Frauen. Jansz et al. (2010) fanden in ihrer Untersuchung zu Nutzungsmotiven von Spielern der Simulation „Die Sims2" signifikant höhere Werte der befragten Männer für die Motive Fantasy, Herausforderung und soziale Interaktion.

Allerdings zeigt sich in anderen Studien (z. B. Hartmann/ Klimmt 2006), dass soziale Interaktion für Frauen ein wichtiges Merkmal digitaler Spiele ist. In einer qualitativen Studie zu Motiven weiblicher Spieler stellten Reinecke et al. (2007) fest, dass Herausforderung, Fantasy bzw. Eskapismus und soziale Interaktion auch für Frauen wichtige Nutzungsmotive darstellen, wohingegen Wettbewerb und Siegeswillen („need to win") von ihnen eher weniger motivierend empfunden werden (vgl. dazu auch Hartmann/ Klimmt 2006).

Williams et al. (2009a) gingen bei einer Befragung zu Nutzungsmotiven von Online-Rollenspielern auch Geschlechtereffekten bei der Nutzung nach. Signifikante Unterschiede bei den Spielmotiven zeigten sich dahingehend, dass Frauen etwas stärker von sozialen Motiven getrieben waren und bei den Männern das "Achievement"-Motiv stärker ausgeprägt war. In Bezug auf die Nutzungsmotive wirkte die Beziehung zwischen den Spielern als Moderator: Frauen, die mit ihren Partnern spielten, waren etwas weniger sozial motiviert als allein spielende Frauen. Männer, die mit ihrer Partnerin spielten, waren deutlich stärker sozial motiviert als Männer, die allein spielten.

Auch Yee (2008) untersuchte Nutzungsmotive von Online-Rollenspielen, und fand für Männer und Frauen die gleiche Faktorenstruktur. Es zeigten sich zwar Unterschiede, etwa, dass Männer stärker durch Herausforderung und Wettbewerb und Frauen eher durch Beziehungen motiviert sind, aber auch Gemeinsamkeiten. So zeigten sich bezüglich der Motive soziale Interaktion, Teamarbeit, Exploration, Rollenspiel und Eskapismus nur geringe Unterschiede. Insgesamt ergab sich über alle Motive betrachtet eine Übereinstimmung von 87 Prozent (vgl. bzgl. Präferenzen Lazzaro 2008: 202f.). Stärkere Motivationsunterschiede zeigten sich zwischen Altersgruppen.

Die widersprüchlichen Ergebnisse erklären sich zum Teil durch unterschiedliche methodische Herangehensweisen, Gegenstandsbereiche und Stichprobenzusammensetzungen. So wurden die Motive qualitativ oder quantitativ, bezüglich digitaler Spiele allgemein oder eines bestimmten Spiels bzw. Genres, sowie nur von Frauen oder von Männer und Frauen insgesamt ermittelt. Alfermann (1996: 173f.) weist daraufhin, dass Befunde zur Wettbewerbsorientierung bei Jungen und Mädchen durch die Art der Operationalisierung beeinflusst sein können. Hier spiele die Art der Aufgabe eine wichtige Rolle, bzw. inwiefern diese für das jeweilige Geschlecht selbstwertrelevant ist.[23]

Genrepräferenzen

In einer Befragung von Onlinespielern zeigte sich eine deutliche Präferenz der Frauen (n = 224) für Rollenspiele (79%). Bei den Männern (n = 464) waren die Actionspiele (62,9%) am beliebtesten (vgl. Quandt/ Wimmer 2008). Betrachtet man nicht nur Onlinespiele, sondern Spielgenres allgemein, so stellten Quandt et al. (2011) fest, dass Männer Spiele, die mit oder gegen andere gespielt werden, etwa Sport- und Rennspiele oder Action- und Shooterspiele, bevorzugen. Frauen hingegen bevorzugen stärker Puzzle- und Rätselspiele (Casual Games) sowie Musik- und Partyspiele (vgl. Quandt et al. 2011: 417).

Heeter et al. (2009) untersuchten geschlechtsspezifische Spielpräferenzen, indem sie zunächst Jungen und Mädchen (n = 42) der Klassenstufen 5 und 8 Spiele entwerfen ließen. Die Mädchengruppen entwarfen nur Adventurespiele, während bei den von den Jungen entworfenen Spielen verschiedenste Genreelemente auftauchten (Adventure, Simulation, Kampf, Autorennen). In den meisten von Jungen kreierten Spielen bestand das Ziel darin, jemand anderen zu besiegen. Im Gegensatz dazu ging es bei den Mädchen nur um die Lösung eines Problems. Beim Gamesetting (Fantasy vs. Reality) zeichneten sich keine geschlechtsspezifischen Unterschiede ab, sondern lediglich Altersunterschiede. Bei den Wahloptionen bezüglich der Charaktere unterschieden sich die Geschlechter: Die von Mädchen entworfenen Spiele enthielten die Möglichkeit das Geschlecht zu wählen, die von den Jungen entwickelten Titel eher nicht. Sie stellten (abgesehen von einer Gruppe) nur männliche Charaktere zur Auswahl. Darüber hinaus boten die Spiele der Mädchen auch mehr Möglichkeiten der Charaktergestaltung. Mädchen entwarfen Single-Player-Spiele, aber mit sozialer Interaktion. Jungen wiederum bevorzugten den Multi-Player-Modus, sparten aber soziale Interaktion aus. Im Gegensatz zu vorangegangenen Studien gab es auch viele Gemeinsamkeiten. Beide Geschlechter berücksichtigten eine moralische Dimension des Spiels und wählten eher Fantasy-Themen mit vielen Non-Person-Charakteren. In den Mädchenspielen gab es jedoch mehr humoristische Elemente und in den Jungenspielen mehr Gewalt. Im einer zweiten Teilstudie wurden die entworfenen Spiele von anderen Schülern (n = 521) bewertet, dabei zeigte sich ein deutlicher Geschlechtereffekt. So bevorzugten Mädchen die Mädchenspiele und Jungen die Entwürfe der Jungen. Die Befragten gaben bei fast allen Spielen an, dass diese eher für Jungen geeignet seien, ein Spiel wurde als geschlechtsneutral eingestuft,

---

23 Für weitere wichtige methodische und statistische Hinweise zur Geschlechterunterschiedsforschung vgl. Alfermann (1996: 173ff.).

keines erschien den Befragten geeignet für Mädchen. Spielerfahrung beeinflusste sowohl die Spielentwürfe als auch die Bewertung der Spiele.

Jenkins und Cassell (2008: 14) vertreten die Auffassung, dass die Spieleindustrie nach wie vor überwiegend Spiele entwickelt, die eher den männlichen *Präferenzen* entsprechen. Frauen werden lediglich – wenn überhaupt – als nachrangige Zielgruppe behandelt. Ausnahmen bilden Casual Games, Serious Games (pädagogische Spiele) und Advergaming (werbefinanzierte Spiele). Die Beliebtheit von Casual Games bei Frauen führen die Autoren darauf zurück, dass insbesondere im Erwachsenenalter die Zeit für digitale Spiele mit familiären und beruflichen Verpflichtungen in Einklang gebracht werden muss (vgl. dazu auch Deal 2008). Gerade für Frauen kommen zeitintensive Spiele mit zunehmender Einbindung in berufliche und erzieherische Aufgaben nicht mehr in Frage. Diesen Ansprüchen kommen Casual Games als kurzfristige Pausenspiele entgegen (vgl. dazu auch Jenkins/ Cassell 2008: 17). Carr (2005) gibt hingegen zu bedenken, dass das weibliche Desinteresse an bestimmten Genres (z. B. Action- oder Rennspiele) auf mangelnder Erfahrung basiert.

Insgesamt zeigen die Befunde, dass Männer vielfältigere Präferenzen aufweisen, während Frauen eher nur einzelne Genres (Casual Games, Onlinerollenspiele) nutzen (vgl. Heeter et al. 2009; Quandt et al. 2011: 417).

Spielverhalten

Die Beliebtheit von Onlinerollenspielen unter weiblichen Spielern gilt als Indiz dafür, dass Frauen kooperatives Spielen bevorzugen. Dabei arbeiten die Spieler zusammen, um ein vereinbartes Ziel zu erreichen. Graner Ray (2004: 89) bemerkt hierzu: „[...] while males are comfortable competing for a score or a win/lose result, females are comfortable with a satisfying emotional resolution for the game." Kooperatives Spielen kann als typisch weibliches Nutzungsverhalten angesehen werden, während konkurrierendes Verhalten für männliches Nutzungsverhalten charakteristisch ist. So stellten Cooper und Weaver (2003: 49) geschlechtsspezifische Unterschiede in der Lernleistung am Computer in konkurrierenden und kooperativen Lernsituationen fest. Der Effekt der Gruppenstruktur wirkte sich bei den Mädchen stärker aus als bei den Jungen. Sie erzielten in der kooperativen und individuellen Lernsituation ebenso gute Ergebnisse wie die Jungen, schnitten aber in der konkurrierenden Situation wesentlich schlechter ab. Die Autoren schlussfolgern, dass die konkurrierende Lernsituation bei den Mädchen zu schlechteren Lernleistungen sowie zu einer negativen Einschätzung ihrer eigenen Computerfähigkeiten und damit zu einer negativeren Einstellung gegenüber Informationstechnologie insgesamt geführt hat. Die Daten zeigen, dass, für sich genommen, die Leistungen von Jungen und Mädchen am Computer auf dem gleichen Niveau sind. Jedoch bewirkt die Gegenwart anderer bei Mädchen einen Leistungsabfall (trotz Kontrolle des Geschlechts). Im Gegensatz dazu scheinen Jungen die Gegenwart anderer geradezu als Ansporn und Motivation zu benötigen, um gute Leistungen zu erzielen.

In Anlehnung an Turkle (1995) vertritt auch Graner Ray (2004) die These, dass Frauen es vorziehen, mit Computern in einem kooperativen Sinne zu arbeiten, anstatt sie zu beherrschen. Die im Alltag beobachtbaren Geschlechtsunterschiede bei der Konfliktlösung zeigen sich auch im Problemlöseprozess im Rahmen eines Computerspiels. Graner Ray (2004: 43) bemerkt hierzu:

> The male desire for direct competition and binary outcome is reflected in basic human societal patterns. Patriarchal societies arise when there is pressure for area resources, such as water, land, or food. [...] Women provide much of the society's guidance, and conflicts are worked out through compromise and negotiation. [...] When faced with a conflict, females will choose negotiation, diplomacy, and compromise over direct confrontation.

Diese Kompromissbereitschaft und die Vermeidung von direkten Konfrontationen werden auf einen mütterlichen Urinstinkt zum Schutz des Kindes zurückgeführt. Ein solches Konfliktverhalten wurde in gemischten und nicht gemischten Gruppentests von Computerspielen beobachtet (vgl. Graner Ray, 2004). Da es nicht genug Computer für alle gab, übernahmen die Jungen die Kontrolle über die PCs, während die Mädchen dies weitgehend akzeptierten und zuschauten. In den reinen Mädchengruppen teilten sich die Mädchen die Computer und arbeiteten zusammen. In den reinen Jungengruppen entbrannte hingegen ein Kampf um die besten Computer. Ein ähnliches Verhalten konnten auch Durkin und Aisbett (1999) im Rahmen ihrer qualitativen Studie in Spielhallen feststellen. Dort dominierten die Jungen die besten Spielautomaten, während sich die Mädchen einen Automaten teilten oder einfach nur zuschauten. Aus den Beobachtungen zu schließen, Frauen würden den Wettkampf prinzipiell meiden, wäre dennoch verfehlt. Sie bevorzugen jedoch eher eine indirekte Auseinandersetzung (vgl. Durkin/ Aisbett 1999). Im Kontrast zu diesen Befunden stehen Beobachtungen einer Mädchengruppe in einem schulischen Computerspielclub, in denen weder bezüglich der Selektion der Spiele noch im Verhalten wettkampf- und aggressionsvermeidende Tendenzen festgestellt werden konnten (vgl. Carr 2005).

Der kooperative bzw. konkurrierende Charakter äußert sich nicht nur im Spielverhalten, sondern auch in der Kommunikation an sich. Frauen reagieren wesentlich sensibler auf raue, zurückweisende Kommentare und sexuelle Anspielungen. Empathische Elemente der Kommunikation entsprechen eher ihren Bedürfnissen, so dass die Spielerin das Gefühl hat, man kommuniziere *mit* ihr und nicht *gegen* sie (vgl. Graner Ray 2004). Beleidigungen und verbale Über-

griffe sind für viele Frauen auch wesentliche Gründe, sich von Onlinerollenspielen zu distanzieren, wenngleich sie ihren sonstigen Präferenzen entsprechen (vgl.
Yee 2008). Williams et al. (2009a) stellten in ihre Befragung von Online-
Rollenspielern fest, dass sich Geschlechtsrollenorientierungen bei miteinander
spielenden Partnern verstärkten. Männer verhielten sich aggressiver, und Frauen
weniger aggressiv. Kritisch anzumerken ist, dass Geschlechtsrollenorientierung
zwar als Einflusskomponente angenommen, aber nicht abgefragt wurde. Gemessen wurde lediglich die physische und verbale Aggressivität, Nutzungsmotive
und die Spielzeit auf Basis der Nutzerprotokolle und der eigenen Angaben der
Spieler.

Jenson und De Castell (2007) kritisieren die Annahme einer mangelnden
Wettbewerbsorientierung bei weiblichen Spielern und geben zu bedenken, dass
der zugrundeliegende Wettbewerbsbegriff geschlechtsspezifisch geprägt ist. Das
Wettbewerbsverständnis bei digitalen Spielen sei männlich dominiert. Dabei
gebe die Spielstruktur an sich bereits den Wettbewerbscharakter der Handlung
vor. Andererseits beobachten die Autorinnen bei Mädchen mildere Formen des
Wettbewerbsverhaltens, die weniger auf eine direkte Konfrontation mit anderen
Spielern ausgerichtet sind. Auch diese Argumentation deutet draufhin, dass sich
weibliche Spieler in ihrem Spielverhalten stark an Geschlechterrollen orientieren: „[...] these girls [...] are competing in ways socially regulated as appropriate
to and acceptable for them ‚as girls'" (Jenson/ De Castell 2007: 770).

Ein weiterer Unterschied zwischen Männern und Frauen im Umgang mit
Computern zeigt sich auch im Verhalten während des Spiels. Während Frauen
eher konzentriert auf die Lösung eines Problems hinarbeiten und aufgabenorien-
tiert vorgehen, bewältigen Männer die sich ihnen stellenden Probleme und Hindernisse eher spielerisch und explorativ (vgl. Cooper/ Weaver 2003; Turkle
1995). Das bedeutet auch, dass Frauen sich eher an Vorgaben und Hinweisen
orientieren, um ein bestimmtes Ziel zu erreichen, etwa das Lösen eines Rätsels.
Sie bevorzugen eher den allgemein akzeptierten, korrekten Weg, zum Teil auch
aufgrund mangelnder spielerischer Erfahrung (vgl. Carr 2005). Männer hingegen
gehen eher intuitiv und explorativ vor und versuchen durch Probieren zu Lösun-
gen zu kommen (Cooper/ Weaver 2003: 26). Auch hier kann ein Einfluss von
Geschlechterstereotypen bezüglich der Nutzung digitaler Spiele vermutet werden, der Frauen in ihrem spielerischen Umgang hemmt und Männer eher bekräf-
tigt, sich auch abseits der vorgegebenen Pfade kreativ zu betätigen (vgl. Cooper/
Weaver 2003).

Insgesamt zeigt sich, dass Geschlechterunterschiede, aber auch Gemeinsamkeiten, verschiedenste Dimensionen digitalen Spielens betreffen. Dies be-
ginnt mit dem sozialen Kontext, in dem Spiele eine mehr oder weniger große
Rolle spielen, über die Nutzungsmotive, die wiederum Genrepräferenzen und

Spielverhalten beeinflussen. In vielen der oben zitierten Studien wird die Bedeutung von Geschlechterrollen für die Nutzung digitaler Spiele als Ursache für die Unterschiede angeführt. Theoretische Bezüge werden dabei zum sozialen Konstruktionismus (z. B. Bryce/ Rutter 2005; Yates/ Littleton 1999), zur Theorie sozialer Identität (vgl. Trepte/ Reinecke 2010), zur sozial-kognitiven Geschlechtertheorie (Hartmann/ Klimmt 2006), zur Theorie sozialer Rollen (Jansz et al. 2010; Williams et al. 2009a) und zu interaktionsbasierten Modellen (Hayes 2007) hergestellt.

4.4 Schlussfolgerungen

In diesem Kapitel wurden Grundlagen einer psychosozialen Konzeption des Geschlechterbegriffs erarbeitet sowie dessen Bedeutung für die Mediennutzung und insbesondere für die Nutzung digitaler Spiele verdeutlicht. Darauf aufbauend werden nun abschließend zentrale Diskussionslinien der psychologischen Geschlechterforschung zusammengefasst und kritisch diskutiert (4.4.1). Danach werden zentrale Implikationen für die Bedeutung des psychosozialen Geschlechts im hier postulierten Handlungsmodell zur Erklärung der Nutzung digitaler Spiele abgeleitet (4.4.2).

4.4.1 Zusammenfassung und Kritik

Die Diskussion um die Bedeutung des Geschlechts als psychologische Kategorie bewegt sich zwischen zwei Extrempositionen: Aus *essentialistischer Perspektive* werden damit individuelle und dauerhaft stabile Persönlichkeitsmerkmale beschrieben, während es sich aus *konstruktionistischer Perspektive* um ein Merkmal des Kontextes handelt (vgl. Bohan 1993). Des Weiteren ist umstritten, inwieweit die Herausbildung dieser Kategorie evolutionsbiologisch bedingt ist oder als Folge einer gesellschaftlich funktionalen Geschlechterordnung aufgefasst werden kann. Schließlich wird diskutiert, ob und inwiefern geschlechtstypisches Verhalten auf ein Zusammenspiel von biologischen Prozessen und internalisierten Geschlechterstereotypen zurückzuführen ist oder das Resultat von Aushandlungsprozessen in sozialen Interaktionen ist.

Breit diskutiert wird auch die Bedeutung des *sozialen Wandels* für die Persistenz von Geschlechterrollen und ihren Einfluss auf soziales Handeln. Die in Abschnitt 4.1 vorgestellten verschiedenen Komponenten des Geschlechterselbstkonzeptes sind davon in unterschiedlicher Weise betroffen. Während Geschlechterstereotype als weitgehend stabil und gefestigt angesehen werden können, sind

die Übernahme von Geschlechterrollen und die Einstellungen zu Geschlechter-
rollenerwartungen sozialem Wandel unterworfen (Alfermann 1996: 34). Eine
wesentliche Komponente des Wandels ist die Entwicklung von einer geschlechts*spezifischen* Arbeitsteilung (Männer sind berufstätig, und Frauen küm-
mern sich um Kind und Hausarbeit) hin zu einer geschlechts*typischen* Arbeitsteilung (beide Geschlechter sind berufstätig, jedoch in unterschiedlichem Ausmaß
und mit verschiedenen Proportionen in einzelnen Berufsgruppen). Dies zeigt sich
auch in den Vorstellungen zu Geschlechterrollen, die nun nicht mehr auf qualitative, sondern auf quantitative Unterschiede zwischen den Geschlechtern abstel-
len. Viele Autoren beobachten eine Angleichung der Frauen hinsichtlich Maskulinität im Laufe der letzten Jahrzehnte, während auf der Femininitätsdimension
noch keine oder bestenfalls eine minimale Annäherung stattgefunden hat (vgl.
dazu die Metaanalyse von Twenge 1997). Twenge (1997: 316) erkennt darin einen allgemeinen Trend bezüglich der Geschlechterstereotype, der Frauen mehr
maskuline Eigenschaften zugesteht, nicht aber den Männern mehr feminine
Merkmale. Athenstaedt (2003) konnte in ihrer Studie zeigen, dass Femininität
und Maskulinität für Männer nach wie vor zwei unabhängige Dimensionen darstellen, bei den Frauen konnte jedoch eine positive Korrelation der beiden Konstrukte belegt werden. Frauen scheinen sowohl feminine als auch maskuline
Aspekte in ihr Selbstkonzept zu integrieren. Der Befund kann aber auch auf eine
höhere soziale Erwünschtheit in der Selbsteinschätzung und im Verhalten von
Frauen hindeuten (vgl. Athenstaedt 2003: 316f.). Eine ähnliche, wenn auch nicht
deckungsgleiche Entwicklung wie bei den Selbsteinschätzungen zeigt sich auch
bei allgemeinen Vorstellungen zu deskriptiven und präskriptiven Geschlechterstereotypen. Prentice und Carranza (2002) fanden heraus, dass, wenn danach
gefragt wird, welche Merkmale typischer für eine Frau oder für einen Mann sind
(deskriptive Geschlechterstereotype), den Frauen mehr sozial erwünschte Merkmale zugeschrieben werden als den Männern. Swazina et al. (2004) beobachten
einen kulturellen Wandel bezüglich geschlechtsspezifischer Ideale dahingehend,
dass feminine Eigenschaften für Männer und maskuline Eigenschaften für Frau-
en heute als sozial erwünschter gelten (präskriptive Geschlechterstereotype). Die
Autoren verglichen selbst erhobene Beurteilungen sozial erwünschter Eigenschaften mit Daten von 1978. Folgt man der *Theorie der sozialen Rollen* (Eagly
1987; vgl. dazu auch Abschnitt 4.2.1), so steht die Annäherung oder auch Auf-
weichung der geschlechtsspezifischen Normen im Zusammenhang mit den gesellschaftlichen Veränderungen in der Arbeitswelt sowie der Darstellung des
Männer- und Frauenbildes in den Medien.

Diese Befunde legen ein *quantitatives* Unterschiedsmodell nahe. Männer
und Frauen sind demnach auf denselben Dimensionen vergleichbar. Eine Reihe
von Autoren geht noch einen Schritt weiter und stellt zur Diskussion, ob es über-

haupt sinnvoll ist Geschlechterunterschiede zu untersuchen (vgl. Alfermann 1996). Aries (2006: 23) lehnt eine rein essentialistische Perspektive ab, die den Blick zu sehr auf die Unterschiede richtet und Gemeinsamkeiten der Geschlechter übersieht: „We have tended to overlook the considerable overlap between behavior of men and women and to misrepresent small differences as mutually exclusive differences." So sind Vertreter der *Ähnlichkeitshypothese* (Hyde 2005; Maccoby/ Jacklin 1974) der Ansicht, dass durch die Konzentration auf Geschlechterunterschiede die Blickrichtung in übertriebener Weise auf die Unterschiede gelenkt würde, was zu einer Verfestigung der Unterschiede führt (gesellschaftspolitische Perspektive). Vielmehr legen Befunde aus Metaanalysen nahe, dass es – psychologisch betrachtet – zwischen den Geschlechtern mehr Ähnlichkeiten als Unterschiede gibt (Hyde 2005; vgl. dazu auch Dindia 2006).

Auf der anderen Seite wird die Persistenz von Unterschieden in wichtigen Aspekten der sozialen Interaktion und Persönlichkeit (Interaktions- und Kommunikationsmuster) sowie die Stabilität von Geschlechterstereotypen betont. Auch ihre Universalität spricht gegen eine Vernachlässigung der Geschlechterunterschiede. Wood und Eagly (2002) analysierten kulturübergreifend Geschlechterunterschiede in Arbeitsteilung, Status und Macht. Sie stellten fest, dass soziale und ökonomische Entwicklungen (Kriegsführung, Intensivierung der Landwirtschaft und komplexe Ökonomien) zum niedrigeren Status der Frauen beigetragen haben, indem sie männliche und weibliche Aktivitäten in unterschiedlicher Weise beeinflussten (vgl. Wood/ Eagly 2002: 716f.). Geschlechterstereotype bestimmen nach wie vor berufliche Entscheidungen und damit die Geschlechterverhältnisse in verschiedenen Berufsgruppen (z. B. Bamberg 2004; Krymkowski/ Mintz 2008).

Statt einer vollständigen Vernachlässigung von Geschlechterunterschieden ist vielmehr eine differenziertere Betrachtung geboten, die auch moderierende Variablen berücksichtigt. So zeigen aktuelle Befunde der geschlechtsbezogenen Sozialforschung, dass neben dem biologischen Geschlecht und Kontextbedingungen auch Alter und Bildung die Geschlechtsrollenorientierung beeinflussen. Strough et al. (2007) untersuchten generationsbedingte Unterschiede in der Geschlechtsrollenorientierung. Die Autoren stellten bei Frauen signifikante Unterschiede zwischen den Altersgruppen hinsichtlich Maskulinität und Androgynität, nicht aber für die femininen Eigenschaften fest. Die Befunde deuten daraufhin, so Strough et al. (2007), dass Frauen der Baby-Boomer-Generation[24] in ihrem Selbstbild von der Frauenbewegung beeinflusst wurden und sich daher eher maskuline Eigenschaften zuschreiben als jüngere und ältere Frauen. In der Studie von Calvo-Salguero et al. (2008) zeigten sich Alters- und Bildungseffekte bezüg-

---

[24] Im Sample von Strough et al. (2007) waren dies Frauen im Alter von 40 bis 59 Jahren.

lich der Geschlechtsrollenorientierung bei Frauen, jedoch nicht bei Männern. Darüber hinaus konnte festgestellt werden, dass sich maskuline Stereotype über verschiedene Alters- und Bildungsgruppen hinweg als stabiler erweisen als feminine. Auch hier wird deutlich, dass der Wandel der Geschlechterrollen in erster Linie ein Wandel der weiblichen Geschlechterrolle ist.

Wie oben erläutert, wird in der psychologischen Forschung nach langer Fokussierung auf die Unterschiede mehr Aufmerksamkeit auf mögliche Gemeinsamkeiten der Geschlechter gerichtet (z. B. Aries 2006; Dindia 2006; Hyde 2005). Mit Blick auf die Erforschung geschlechtstypischer Mediennutzung ist zu konstatieren, dass hier zum einen oftmals lediglich das biologische Geschlecht berücksichtigt wird und zum anderen, insbesondere bezüglich der Nutzung digitaler Spiele, nach wie vor – abgesehen von einigen Ausnahmen (z. B. Lazzaro 2008; Yee 2008) – auf quantitative (Zugang, Nutzungsdauer) und qualitative (Motive, Genrepräferenzen, Spielverhalten) Geschlechterunterschiede abgestellt wird. Begründen lässt sich dies mit der Annahme, dass sowohl bei der generellen Entscheidung, digitale Spiele zu nutzen, als auch bei der Wahl eines bestimmten Genres sowie den Handlungsentscheidungen im Spiel die Geschlechterkategorie salient ist (vgl. Trepte/ Reinecke 2010: 233).

4.4.2   Implikationen für eine geschlechtsbezogene Betrachtung digitalen Spielens

In der vorliegenden Untersuchung wird davon ausgegangen, dass sich Männer und Frauen in ihrem Handeln an ihrer Selbsteinschätzung hinsichtlich bestimmter Eigenschaften und an Rollenerwartungen orientieren. Diese Selbsteinschätzungen und Rollenerwartungen basieren im Wesentlichen auf Geschlechterstereotypen, also auf Vorstellungen, welche Eigenschaften für Männer bzw. Frauen typisch oder sozial erwünscht sind. Des Weiteren sind der situative Kontext sowie biologische und soziodemographische Determinanten ausschlaggebend für geschlechtstypisches Verhalten.

In den vorangegangenen Kapiteln (2 und 3) wurde die Nutzung digitaler Spiele als soziales Handeln konzeptualisiert. Dabei konzentrierte sich die Betrachtung auf zwei Handlungsebenen. Zum einen soll auf Selektionsebene die Nutzung digitaler Spiele als Wahl zwischen verschiedenen Handlungsalternativen erklärt werden. Zum anderen soll auf Ebene des Spielverhaltens das Verhalten in der spielerischen Interaktion untersucht werden. Aus den in diesem Kapitel diskutierten theoretischen Ansätzen und empirischen Befunden werden folgende Annahmen zur Bedeutung und Konzeption eines psychosozialen Geschlechterbegriffs im Rahmen dieses Handlungsmodells abgeleitet:

1. Personen unterscheiden sich im Ausmaß ihrer *Geschlechtsrollenorientierung* (vgl. Bem 1974), d. h. ihrer Maskulinität und Femininität. Die
   Geschlechtsrollenorientierung basiert im Wesentlichen auf einer Selbsteinschätzung hinsichtlich bestimmter Eigenschaften, die kongruent ist
   zu vorherrschenden Geschlechterstereotypen. *Geschlechterstereotype*
   sind zentraler und stabiler Bestandteil des geschlechtsbezogenen
   Selbstkonzeptes (vgl. Deaux/ Lafrance 1998; Lueptow et al. 1995).
2. Die Geschlechtsrollenorientierung kann als *psychosoziales Geschlecht*
   verstanden werden, da sie auf einer Verknüpfung von kognitiven und
   sozialen Kategorisierungsprozessen basiert. Die Beziehung zwischen
   biologischem und psychosozialem Geschlecht (Gender) lässt sich im
   Sinne eines *biosozialen Modells* als Interaktion beschreiben (vgl. Eagly
   et al. 2004; Wood/ Eagly 2002).
3. Femininität und Maskulinität sind in Altersgruppen und Bildungs-
   schichten unterschiedlich ausgeprägt (vgl. z. B. Calvo-Salguero et al.
   2008; Strough et al. 2007).
4. Die Geschlechterrollenorientierung bestimmt und gestaltet *soziales
   Handeln* (Eagly 1987) und beeinflusst damit auch
   a) die *Selektion* von medialen und nicht-medialen Aktivitäten sowie
      deren Bedeutung im sozialen Kontext. Sie beeinflusst die Wahl di-
      gitaler Spiele als Freizeitaktivität sowie auch die außerhäusliche
      Freizeitorientierung.
   b) die Häufigkeit *von* und das Verhalten *in* bestimmten Interaktions-
      situationen (vgl. Best 2009). Bezogen auf die Nutzung digitaler
      Spiele bedeutet das, sie beeinflusst Genrepräferenzen, Nutzungs-
      motive (Wettbewerb, soziale Interaktion, Herausforderung) und
      Spielverhalten (kooperativ, konkurrierend, explorativ und zielori-
      entiert).
5. Der Einfluss der Geschlechtsrollenorientierung auf das Verhalten ist
   abhängig von *situativen Bedingungen* (Deaux/ Lafrance 1998). Die
   Nutzung digitaler Spiele beinhaltet Handlungssituationen, in denen das
   Geschlecht als psychosoziale Kategorie hoch salient ist (vgl. Trepte/
   Reinecke 2010). Dies betrifft sowohl die Handlungswahl als auch das
   Verhalten im Spiel.

5 Modellannahmen und Operationalisierung

Ausgehend von einem theoretischen Gesamtmodell, das sowohl die in den vorangegangenen Kapiteln diskutierten Einflussfaktoren als auch die verschiedenen Ebenen und Dimensionen der Spielhandlung berücksichtigt, werden daraus entsprechende Teilmodelle, die die verschiedenen Ebenen der Spielhandlung (allgemeine Tätigkeit, Spielverhalten) erklären sollen, abgeleitet. Zunächst wird in Kap. 5.1 das Gesamtmodell beschrieben, danach folgt die Formulierung der einzelnen Teilmodelle und Hypothesen (Kap. 5.2), schließlich wird die Messung der Modellkonstrukte diskutiert und herausgearbeitet (Kap. 5.3).

5.1 Beschreibung des Gesamtmodells

Im Mittelpunkt des Forschungsinteresses dieser Arbeit steht eine geschlechtsbezogene Betrachtung der Nutzung digitaler Spiele. Dementsprechend lautet die forschungsleitende Frage:

FF: *Welchen Einfluss hat das Geschlecht auf die Nutzung digitaler Spiele?*

Zur Beantwortung dieser Frage wurde ein Modell zur Erklärung der geschlechtstypischen Nutzung digitaler Spiele entwickelt. Damit verbunden sind die untergeordneten Forschungsfragen nach einer modelltheoretischen Fundierung sowie nach der Spezifizierung und Explikation der exogenen (Geschlecht) und der endogenen Modellkomponente (Nutzung digitaler Spiele). In Kapitel zwei wurde eine handlungstheoretische Grundlage für die vorliegende Fragestellung erarbeitet, indem Mediennutzung als bewusst selegierte Handlung aufgefasst wurde, deren Wahl sich an sozialen Rollen und ihrer Bedeutung im sozialen Kontext orientiert, die bei häufiger Wiederholung routiniert und ritualisiert erfolgt und die als Tätigkeit hierarchisch-sequentiell organisiert ist (2.4.2). Darauf aufbauend stellt sich die Frage nach einer handlungstheoretischen Konzeption der Nutzung digitaler Spiele:

FF-A: *Inwiefern lässt sich Digitales Spielen als soziales Handeln konzeptualisieren?*

Ausgehend von einer hierarchisch-sequentiellen Handlungsstruktur vollzieht sich die Nutzung digitaler Spiele auf zwei Handlungsebenen: Allgemeine Tätigkeit und Episode (vgl. allgemein Leontjew 1979; Oerter 1993; für digitales Spielen Klimmt 2006). Dabei interessiert zunächst die Entscheidung zur Nutzung digitaler Spiele als Wahl einer bestimmten Handlungsalternative neben anderen Freizeitmöglichkeiten in einem sozialen Kontext (Handlungsselektion auf allgemeiner Tätigkeitsebene), die auch mit finanziellem Aufwand verbunden ist. In Anlehnung an theoretische Ansätze aus der soziologischen Freizeitforschung (Burch 1969; Crawford et al. 1991; im Überblick Best 2010; vgl. 3.2.1), wird zum einen angenommen, dass diese Handlungswahl durch individuelle, soziale und strukturelle Faktoren beeinflusst wird. Zum anderen wird ein Zusammenhang zwischen der Bedeutung digitalen Spielens als sozial geteiltes Interesse, den damit verbundenen Ausgaben für digitale Spiele und der Nutzungsintensität vermutet.

Fällt die Wahl der Freizeitaktivität zugunsten der Nutzung digitaler Spiele aus, dann ist auf Ebene der Episode nach spezifischen Nutzungsmotiven zu fragen, an die sich die Wahl bestimmter Spielgenres anschließt. Diese implizieren auch das Vorkommen bestimmter Spielsituationen, in denen weitere Handlungsentscheidungen getroffen werden müssen. Dabei ist von Interesse, inwiefern es sich um kooperatives, konkurrierendes, exploratives und zielorientiertes Spielverhalten handelt. Es lassen sich also folgende Handlungskomponenten unterscheiden:

- Zum einen die Handlungsselektion, die sich als zeitliches Ausmaß der Nutzung digitaler Spiele, oder anders gesagt als *Nutzungsintensität*, fassen lässt und die durch die Freizeitorientierung, den sozialen Kontext und Ausgaben für digitale Spiele beeinflusst wird,
- und zum anderen das *Spielverhalten*, dessen sozialer Charakter als kooperativ oder konkurrierend und dessen operativer Charakter als explorativ oder zielorientiert beschrieben werden kann. Das Spielverhalten wird beeinflusst durch die Nutzungsmotive und Genrepräferenzen.

Nach der Ausarbeitung einer handlungstheoretischen Konzeption der Nutzung digitaler Spiele und damit der endogenen Modellkomponente, stellte sich die Frage nach der Spezifizierung der exogenen Modellkomponente, also nach der Erarbeitung eines psychosozialen Geschlechtergriffs, der in dieser Arbeit verwendet werden soll.

FF-B: *Inwiefern lässt sich das Geschlecht als psychosoziales Konstrukt konzeptualisieren?*

Auf Basis der Geschlechter-Schema-Theorie (Bem 1981a) und der Theorie sozialer Rollen (Eagly 1987) wird angenommen, dass die Orientierung an Geschlechterrollen als Komponente des Selbstkonzeptes das soziale Handeln maßgeblich beeinflusst. Die Verwendung einer psychosozialen Variante des Geschlechterkonzepts soll mit dem Begriff der Geschlechtsrollenorientierung (vgl. z. B. Bem 1975) zum Ausdruck gebracht werden. Nach der Konzeption des Geschlechterbegriffs und der Spielhandlung mit den entsprechenden Dimensionen wird gefragt, welcher Zusammenhang zwischen den beiden zentralen Modellkomponenten und weiteren damit verbundenen Modellelementen besteht.

FF-C: *Inwiefern beeinflusst die Geschlechtsrollenorientierung (GRO) die Wahl Digitalen Spielens als Freizeitalternative, dessen soziale Bedeutung, die damit verbundenen Ausgaben sowie Nutzungsmotive, Genrepräferenzen und Spielverhalten?*

Ausgehend von der Theorie sozialer Rollen (Eagly 1987) wird angenommen, dass die Geschlechtsrollenorientierung die Komponenten der Spielhandlung (Nutzungsintensität und Spielverhalten) direkt und indirekt über die Freizeitorientierung, die Bedeutung digitaler Spiele im sozialen Kontext und Ausgaben für digitale Spiele sowie Nutzungsmotive und Genrepräferenzen beeinflusst (vgl. Abb. 5-1).

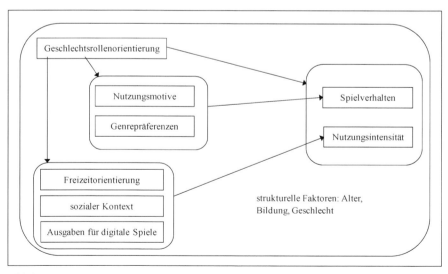

Abbildung 5-1   Gesamtmodell zur Erklärung der Nutzung digitaler Spiele

Des Weiteren sind strukturelle Faktoren wie biologisches, Geschlecht, Alter und Bildung zu berücksichtigen (vgl. 3.3.2 und 4.4.2), die die Beziehungen zwischen den Modellkomponenten moderieren. Die hier grob skizzierten Modellkomponenten und -beziehungen sollen in den nachstehenden Abschnitten genauer spezifiziert werden.

5.2 Teilmodelle und Hypothesen

Im folgenden Abschnitt wird das oben vorgestellte Gesamtmodell in Teilmodelle und dazu gehörige Hypothesen überführt. Entsprechend der oben definierten Handlungsebenen wird ein Erklärungsmodell auf Selektionsebene (5.2.1) und auf Ebene des Spielverhaltens (5.2.3) formuliert. Ein weiteres Erklärungsmodell beschreibt den Zusammenhang zwischen den beiden Handlungsebenen (5.2.4), und schließlich werden in Abschnitt 5.2.5 Modellerweiterungen, die moderierende Einflüsse struktureller Variablen berücksichtigen, ergänzt.

5.2.1 Erklärungsmodell auf Selektionsebene

In Kapitel 4 wurde die *Geschlechtsrollenorientierung* in Anlehnung an Bem (1981a) als zweidimensionales Konstrukt bestehend aus Maskulinität und Femininität definiert. Wie in Abschnitt 5.1 bereits erläutert, kann die Nutzung digitaler Spiele auch verstanden werden als die Selektion einer bestimmten Freizeitaktivität. Dementsprechend steht ihre Wahl in Konkurrenz zu anderen Freizeitalternativen (vgl. 3.2.1 und 3.3). Gleichzeitig ist sie Teil eines Bündels von Freizeitaktivitäten, die einen bestimmten Freizeittyp (vgl. z. B. Leven et al. 2010) bzw. eine bestimmte *Freizeitorientierung* repräsentieren. Aus Genderperspektive wurde in Abschnitt 4.4.2 argumentiert, dass Geschlechterrollen die Selektion von Freizeitaktivitäten beeinflussen, wobei Maskulinität eine stärkere außerhäusliche Freizeitorientierung begünstigt bzw. Femininität diese begrenzt (Aitchison 2003; Moss 2006). Darüber hinaus beeinflusst die Geschlechtsrollenorientierung die *soziale Bedeutung digitaler Spiele* sowie ihre *Nutzungsintensität* dahingehend, dass Maskulinität hier einen positiven und Femininität einen negativen Einfluss hat (vgl. 4.3.2; 4.4.2). Die soziale Bedeutung digitaler Spiele steht in Verbindung mit höheren Investitionen in Spielehardware- und software (vgl. Hartmann 2006), die Austausch und gemeinsames Spielen im Freundeskreis ermöglichen (vgl. 3.2.1). Sie beeinflusst also die Nutzungsintensität nicht nur direkt, sondern auch indirekt über die Ausgaben für digitale Spiele. Des Weiteren wird gemäß der Theorie sozialer Rollen (Eagly 1987) vermutet, dass die Ausgaben für digitale Spiele bei Personen mit maskuliner Geschlechtsrollenorientierung höher und bei Personen mit femininer Geschlechtsrollenorientierung niedriger ausfallen.

H1:   *Je stärker die maskuline Geschlechtsrollenorientierung einer Person ausgeprägt ist, (a) desto stärker ist ihre außerhäusliche Freizeitorientierung, (b) desto größer ist die Bedeutung digitaler Spiele in ihrem sozialen Kontext, (c) desto höher sind ihre Ausgaben für digitale Spiele und (d) desto intensiver nutzt sie digitale Spiele.*

H2:   *Je stärker die feminine Geschlechtsrollenorientierung einer Person ausgeprägt ist, (a) desto geringer ist ihre außerhäusliche Freizeitorientierung, (b) desto geringer ist die Bedeutung digitaler Spiele in ihrem sozialen Kontext, (c) desto geringer sind ihre Ausgaben für digitale Spiele und (d) desto weniger intensiv nutzt sie digitale Spiele.*

Darüber hinaus wird angenommen, dass eine außerhäusliche Freizeitorientierung eher für eine geringere Nutzungsintensität digitaler Spiele spricht (vgl. Leven et al. 2010).

H3:   *Je stärker die außerhäusliche Freizeitorientierung einer Person ist, desto weniger intensiv nutzt sie digitale Spiele.*

Die Nutzungsintensität wird auch bestimmt durch die Bedeutung digitaler Spiele als Freizeitbeschäftigung im sozialen Umfeld (vgl. 3.2.2; 3.3.2). Diesbezüglich, wie auch hinsichtlich der damit verbundenen Ausgaben für digitale Spiele, ist ein positiver Zusammenhang zu vermuten.

H4:   *Je größer die Bedeutung digitaler Spiele im sozialen Kontext einer Person, desto höher sind ihre Ausgaben für digitale Spiele.*

H5:   *Je größer (a) die Bedeutung digitaler Spiele im sozialen Kontext einer Person und je höher (b) ihre Ausgaben für digitale Spiele, desto intensiver nutzt sie digitale Spiele.*

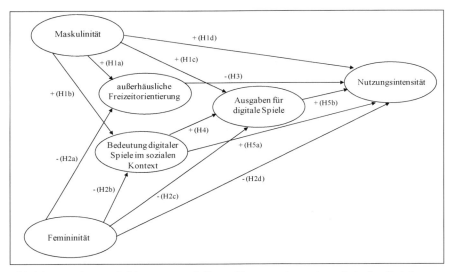

Abbildung 5-2   Erklärungsmodell zur Nutzungsintensität digitaler Spiele

Abbildung 5-2 zeigt die auf Selektionsebene postulierten Zusammenhänge in einem Strukturgleichungsmodell. Dabei werden die vermutete Richtung der Zusammenhänge und die numerische Zuordnung zur entsprechenden Hypothese bzw. Teilhypothese angegeben. Das Modell unterstellt, dass Maskulinität und Femininität als exogene Modellkomponenten sowohl einen direkten als auch einen indirekten Einfluss auf die Nutzung digitaler Spiele haben. Außerhäusliche Freizeitorientierung, die soziale Bedeutung digitaler Spiele und damit verbunden die Ausgaben für digitale Spiele stellen im Modell intervenierende Faktoren dar, die durch Maskulinität und Femininität beeinflusst werden und direkt auf die Nutzungsintensität einwirken.

5.2.2 Erklärungsmodell auf Ebene des Spielverhaltens

Auch bezüglich des Spielverhaltens wird vermutet, dass die Geschlechtsrollen-orientierung sowohl einen direkten als auch einen indirekten Einfluss hat. Als weitere Determinanten wurden in Kapitel 3 Nutzungsmotive und Genrepräferenzen herausgearbeitet, die ebenfalls durch die Geschlechtsrollenorientierung beeinflusst werden (Kap. 4.3.2). So können Wettbewerb und Herausforderung als typisch männliche Nutzungsmotive, Actionspiele als typisch männliche Genrepräferenzen sowie Konkurrenz und Exploration als typisch männliches Spielverhalten identifiziert werden. Auf der anderen Seite entsprechen das Motiv zur sozialen Interaktion, eine Präferenz für Rollenspiele sowie kooperatives und zielorientiertes Spielverhalten eher den typisch weiblichen Eigenschaften und Verhaltensweisen.

H6: *Je stärker die maskuline Geschlechtsrollenorientierung einer Person ausgeprägt ist, (a) desto stärker ist ihr Spielverhalten durch Wettbewerb und Herausforderung motiviert, (b) desto stärker präferiert sie Actionspiele und (c) desto eher verhält sie sich im Spiel konkurrierend und explorativ.*

H7: *Je stärker die feminine Geschlechtsrollenorientierung einer Person ausgeprägt ist, (a) desto stärker ist ihr Spielverhalten durch soziale Interaktion motiviert, (b) desto eher präferiert sie Rollenspiele und (c) desto eher verhält sie sich im Spiel kooperativ und zielorientiert.*

In den Abschnitten 3.2.4 und 3.3.2 wurde bereits auf mögliche Zusammenhänge zwischen Nutzungsmotiven, Genrepräferenzen und Spielverhalten hingewiesen. Diese sollen hier näher spezifiziert werden. Plausibel erscheint, dass zwischen konkurrierendem Spielverhalten, Wettbewerbsmotiv und einer Präferenz für Actionspiele positive Zusammenhänge bestehen (vgl. auch Hartmann 2008).

H8: *Je stärker das Spielverhalten einer Person durch Wettbewerb motiviert ist, desto stärker präferiert sie Actionspiele.*

H9: *Je stärker das Spielverhalten einer Person (a) durch Wettbewerb motiviert ist und je stärker sie (b) Actionspiele präferiert, desto eher verhält sie sich im Spiel konkurrierend.*

Ebenso steht kooperatives Spielverhalten vor allem bei Rollenspielen im Vordergrund (vgl. z. B. Klastrup 2003) und ist eher sozial motiviert (Yee 2006). Die Präferenz für Rollenspiele ist aber auch bedingt durch das Herausforderungsmotiv (Yee 2006) und geht mit explorativem Spielverhalten einher. Auf der anderen Seite kann das Herausforderungsmotiv im Sinne einer Leistungsorientierung auch zu zielorientiertem Spielverhalten führen (ähnlich Behr et al. 2008).

H10: *Je stärker das Spielverhalten einer Person durch soziale Interaktion motiviert ist, desto stärker präferiert sie Rollenspiele.*

H11: *Je stärker das Spielverhalten einer Person (a) durch soziale Interaktion motiviert ist und je stärker sie (b) Rollenspiele präferiert, desto eher verhält sie sich im Spiel kooperativ.*

H12: *Je stärker Personen durch (a) Herausforderung motiviert sind und je
stärker sie (b) Rollenspiele präferieren, desto eher verhalten sie sich im
Spiel explorativ.*

H13: *Je stärker Personen durch Herausforderung motiviert sind, desto eher
verhalten sie sich im Spiel zielorientiert.*

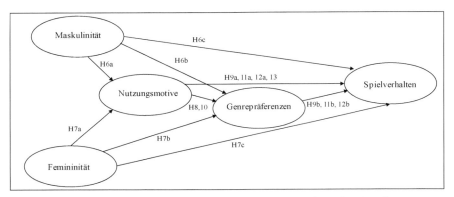

Abbildung 5-3   *Erklärungsmodell zum Verhalten in digitalen Spielen*

Analog zum Erklärungsmodell zur Nutzungsintensität sind in Abbildung 5-3 alle
Modellkomponenten und -beziehungen mit der entsprechenden numerischen
Zuordnung zu den Hypothesen überblicksartig dargestellt. Auch in diesem Modell bilden Maskulinität und Femininität die exogenen Komponenten, während
Nutzungsmotive und Genrepräferenzen als partielle Mediatoren ihrer Einflüsse
fungieren. Bezüglich der Darstellung wurde hier aus Gründen der Übersicht noch
nicht zwischen den einzelnen Dimensionen des Spielverhaltens differenziert.

5.2.3 *Erklärungsmodell zum Zusammenhang der beiden Handlungsebenen*

Nachdem die Erklärungsmodelle zur Nutzungsintensität und zum Spielverhalten
erläutert wurden, soll auch die Verbindung zwischen beiden Ebenen, genauer
gesagt zwischen der Nutzungsintensität und den verschiedenen Dimensionen des
Spielverhaltens, modelliert werden. Dabei wird angenommen, dass die Art des
Spielverhaltens die Nutzungsintensität beeinflusst.

Konkurrierendes und exploratives Spielverhalten sprechen eher für eine ex-
tensive Spielnutzung, da zum einen Revanche für mögliche Niederlagen genommen werden muss bzw. Siege wiederholt werden sollen, und zum anderen

das Erkunden und Ausprobieren bis hin zur Weiterentwicklung von Spielen sehr zeitintensiv ist. Zielorientiertes Spielverhalten bemüht sich um einen möglichst effizienten problemlösungsorientieren Spielverlauf, der zwar eine konzentrierte, aber zeitlich beschränkte Nutzung impliziert. Kooperatives Spielverhalten, wie es gemeinsam an einem Gerät möglich ist, hat oft eher Eventcharakter und spricht eher für eine gelegentliche Nutzung. Zum anderen geht es dabei auch oft um Gemeinschaftsprozesse außerhalb des Spiels.

H14: Je mehr sich Personen im Spiel (a) konkurrierend und (b) explorativ verhalten, desto intensiver nutzen sie digitale Spiele. Je mehr sich Personen im Spiel (c) kooperativ und (d) zielorientiert verhalten, desto weniger intensiv nutzen sie digitale Spiele.

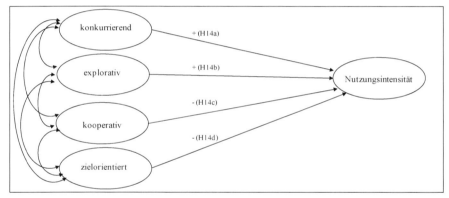

Abbildung 5-4   Erklärungsmodell Spielverhalten und Nutzungsintensität

In Abbildung 5-4 werden zusätzlich zu den postulierten Zusammenhängen auch Korrelationsbeziehungen zwischen den einzelnen Dimensionen des Spielverhaltens dargestellt. Darin soll die Vermutung zum Ausdruck gebracht werden, dass die Spielverhaltensdimensionen nicht vollkommen unabhängig voneinander sind.

5.2.4 Ergänzende Modellannahmen

In Kapitel 3 wurde auf den Einfluss struktureller Variablen bezüglich der Nutzung digitaler Spiele hingewiesen. So wurde festgestellt, dass die Wahl von Freizeitalternativen durch strukturelle Komponenten wie biologisches Geschlecht (z. B. Best 2010) und Bildung (Leven et al. 2010) beeinflusst wird.

Darüber hinaus zeigen sich bezüglich der Nutzung digitaler Spiele auch Altersunterschiede (z. B. Quandt et al. 2011). Wie in Abschnitt 4.4.1 geschildert, wird
auch die Geschlechtsrollenorientierung von strukturellen Variablen wie Alter
und Bildung beeinflusst (z. B. Calvo-Salguero et al. 2008; Strough et al. 2007).
Des Weiteren kann im Sinne eines *biosozialen Modells* (Wood/ Eagly 2002)
postuliert werden, dass der Einfluss des psychosozialen Geschlechts, also der
Geschlechtsrollenorientierung, vom Einfluss des biologischen Geschlechts moderiert wird. Dies kann auch für die Variablen Alter und Bildung vermutet werden. Die oben vorgestellten Modelle zur Nutzungsintensität und zum Spielverhalten müssen demnach in zweierlei Hinsicht ergänzt werden. Zum einen wird
angenommen, dass die Strukturvariablen Geschlecht, Alter und Bildung die
Beziehungen zwischen den Modellkomponenten auf beiden Handlungsebenen
moderieren. Zum anderen wird vermutet, dass sich in den Ausprägungen der
einzelnen Modellkonstrukte Unterschiede hinsichtlich struktureller Variablen
zeigen.

H15:   *Die für die Selektionsebene postulierten Zusammenhänge bezüglich der*
         Intensität der Nutzung digitaler Spiele werden durch den Einfluss der Va-
         riablen (a) biologisches Geschlecht, (b) Alter und (c) Bildung moderiert.
H16:   *Die für die Ebene des Spielverhaltens postulierten Zusammenhänge wer-*
         den durch den Einfluss der Variablen (a) biologisches Geschlecht, (b) Al-
         ter und (c) Bildung moderiert.
H17:   *Die Modellkomponenten auf Selektionsebene werden durch (a) biologi-*
         sches Geschlecht, (b) Alter und (c) Bildung beeinflusst.
H18:   *Die Modellkomponenten auf Ebene des Spielverhaltens werden durch (a)*
         biologisches Geschlecht, (b) Alter und (c) Bildung beeinflusst.

In den hier formulierten Hypothesen ist noch nicht genauer spezifiziert, welche
Moderatoreffekte bezüglich welcher Beziehungen erwartet werden. Das Zusammenspiel der verschiedenen Einflusskomponenten lässt in seiner Komplexität
keine konkreten Annahmen zu. Insofern wird bei der Integration struktureller
Variablen in die Erklärungsmodelle eher explorativ vorgegangen.
    Ein weiterer, wichtiger Handlungsaspekt, der in der bisherigen Modellfor-
mulierung kaum Berücksichtigung fand, soll an dieser Stelle nochmals aufgegrif-
fen werden. So wurden sowohl in den Schlussfolgerungen zu Kapitel 2 als auch
Kapitel 4 *situative* Aspekte des sozialen Handelns hervorgehoben. Auf Selektionsebene kann angenommen werden, dass der Einfluss der Geschlechtsrollenorientierung auf die Nutzungsintensität digitaler Spiele situationsübergreifend wei-
testgehend stabil ist (vgl. Trepte/ Reinecke 2010), da die digitale Spielkultur
insgesamt männlich dominiert ist und auch dementsprechend wahrgenommen

wird (z. B. Bryce/ Rutter 2003). Auf Ebene des Spielverhaltens wird mit dem Einfluss von Genrepräferenzen auch die Vielfalt von Spielsituationen berücksichtigt. Des Weiteren können auch bei der Operationalisierung der Spielverhaltensdimensionen verschiedene Handlungssituationen berücksichtigt werden (vgl. 5.3.4).

5.3 Operationalisierung

Nachdem die relevanten Modellkomponenten zur Erklärung der Nutzung digitaler Spiele hergeleitet und erläutert wurden, geht es nun darum, geeignete Messinstrumente zu finden, die die Konstrukte möglichst umfassend und überschneidungsfrei abbilden. Entsprechend beschäftigen sich die folgenden Abschnitte mit der Auswahl möglicher Indikatoren. Dies betrifft im Einzelnen die Messung der Geschlechtsrollenorientierung (5.3.1) sowie weitere Modellkomponenten auf Selektionsebene wie die Freizeitorientierung und die sozialen Bedeutung digitaler Spiele (5.3.2). Für die Erklärungsmodelle auf Ebene des Spielverhaltens werden Indikatoren zur Erfassung der Nutzungsmotive und Genrepräferenzen erarbeitet (5.3.3). Schließlich wird die Nutzung digitaler Spiele als Nutzungsintensität und als Spielverhalten operationalisiert (5.3.4).

5.3.1 Geschlechtsrollenorientierung

Im Folgenden wird die Messung der Geschlechtsrollenorientierung anhand der hierzu entwickelten Inventare kritisch diskutiert. In Kapitel 4 wurde mit dem *Bem-Sex-Role-Inventory* (BSRI) bereits ein Instrument zur Messung der Geschlechtsrollenorientierung angesprochen, das seit Jahrzehnten in vielen Untersuchungen eingesetzt wird (im Bereich der Mediennutzung z. B. Knobloch-Westerwick/ Hoplamazian 2011; Trepte 2004). Das BSRI misst durch eine Abfrage von Eigenschaften „das Ausmaß der Ähnlichkeit der Selbstbeurteilung mit sozialen Stereotypen" (Schneider-Düker/ Kohler 1988: 257; vgl. Tab. 5-1).

maskuline Items	feminine Items	neutrale Items
acts as a leader	affectionate	adaptable
aggressive	cheerful	conceited
ambitious	childlike	conscientious
analytical	compassionate	conventional
assertive	does not use harsh language	friendly
athletic	eager to soothe hurt feelings	happy
competitive	feminine	helpful
defends own beliefs	flatterable	inefficient
dominant	gentle	jealous
forceful	gullible	likable
has leadership abilities	loves children	moody
independent	loyal	reliable
individualistic	sensitive to the needs of others	secretive
makes decisions easily	shy	sincere
masculine	soft spoken	solemn
self-reliant	sympathetic	tactful
self-sufficient	tender	theatrical
strong personality	understanding	truthful
willing to take a stand	warm	unpredictable
willing to take risks	yielding	unsystematic

Tabelle 5-1   Originalitems des BSRI (Bem 1974: 156)

Noch etwas differenzierter fassen Sieverding und Alfermann (1992: 9) den inhaltlichen Gehalt der Skala: So misst das BSRI das Selbstkonzept einer Person
hinsichtlich der Ausstattung mit instrumentellen und expressiven Persönlichkeitsmerkmalen, die – traditionellen Geschlechterstereotypen folgend – entweder
als typisch weiblich oder typisch männlich angesehen werden. Das BSRI ist das
wohl meist verwendete Instrument zur Messung der Geschlechtsrollenorientierung, dem später mit der Geschlechterschematheorie auch eine theoretische Basis
zugrunde gelegt wurde (vgl. 4.2.1; Bem 1981a; Kritik: Spence/ Helmreich 1981).
Die insgesamt 60 Items der Original-Skala sind Tabelle 5-1 zu entnehmen. Die
deutsche Version des BSRI geht auf Schneider-Düker (vgl. Schneider-Düker/
Kohler 1988) zurück. Ihre Neukonstruktion der Skala enthält ebenfalls 60 Eigenschaften. Strauß et al. (1996) berücksichtigen in ihrer Analyse zur Typenbildung
davon die 40 geschlechtstypischen Eigenschaften. Aufgrund mangelnder Trennschärfe mehrerer Items reduzieren sie die Skala schließlich auf 16 Items, womit
jeweils acht Items zur Messung von Maskulinität und Femininität verbleiben
(Strauß et al. 1996: 72f.; Tab. 5-2).

Maskulinität	Femininität
entschlossen	bemüht, verletzte Gefühle zu besänftigen
furchtlos	empfindsam
hartnäckig	feinfühlig
hat Führungseigenschaften	herzlich
konsequent	leidenschaftlich
scharfsinnig	romantisch
sicher	sinnlich
verteidigt seine Meinung	weichherzig

Tabelle 5-2   Maskulinitäts- und Femininitätsskala nach Strauß et al. (1996)

Das BSRI ist in seiner Anwendung in den vergangenen Jahrzehnten nicht ohne Kritk geblieben. Diese bezieht sich im Wesentlichen auf folgende Aspekte:

- *Mangelnde Konstruktvalidität*: So wurden in faktoranalytischen Validierungsstudien differenziertere Faktorstrukturen identifiziert, etwa zwei Subdimensionen, die dem Faktor Maskulinität zuzuordnen sind (z. B. Blanchard-Fields et al. 1994; vgl. dazu auch Choi/ Fuqua 2003; Choi et al. 2009 für die Kurzform des BSRI) oder auch abweichende Vier-Faktor-Lösungen für beide Geschlechter (Pedhazur/ Tetenbaum 1979).
- *Konstruktion der Skala*: Die Konstruktion des BSRI auf Basis einer Abfrage geschlechtsspezifisch erwünschter Eigenschaften ist nicht unumstritten (vgl. auch Hoffman/ Borders 2001). Pedhazur und Tetenbaum (1979) kritisieren, dass einerseits die soziale Erwünschtheit bestimmter Geschlechtsrollenmerkmale erfragt wird, diese aber andererseits zur Messung der Selbsteinschätzung hinsichtlich Maskulinität und Femininität verwendet werden. So konnte belegt werden, dass mit der Frage nach Selbsteinschätzung und Erwünschtheit jeweils unterschiedliche Konstrukte gemessen werden (vgl. dazu auch Choi et al. 2008).
- *Inhaltliche Begrenztheit:* Bierhoff-Alfermann (1989: 44) geht davon aus, dass Messinstrumente (z. B. BSRI) zur Geschlechtsrollenorientierung im Sinne des Geschlechtsrollenselbstbildes nur einen Teilaspekt von Maskulinität und Femininität erfassen, nämlich das Selbstbild im Hinblick auf personal-soziale Attribute. Nicht erfasst werden das konkrete Rollenverhalten einer Person sowie die Einstellungen zur Geschlechtsrolle (Sieverding/ Alfermann 1992: 9).

- *Mangelnde Aktualität:* Es wird bezweifelt, ob das mittels BSRI gemessene Konzept der Geschlechtsrollenorientierung nach wie vor Gültigkeit besitzt. Weiblichkeit und Männlichkeit wurde in den 1970er Jahren, als die Skala entwickelt wurde, möglicherweise anders wahrgenommen als heute (Hoffman/ Borders 2001: 47).

Die Kritik am BSRI ist jedoch vor dem Hintergrund der Zielstellung der verschiedenen Validierungsstudien zu betrachten. So stellt sich die Frage, ob es bei der Messung der Geschlechtsrollenorientierung durch das BSRI wirklich um eine perfekte Diskriminierung der Population entsprechend ihres biologischen Geschlechts geht. Dies legen zumindest die Diskriminanzanalysen in den oben zitierten Studien (Choi et al. 2008; Pedhazur/ Tetenbaum 1979) nahe. Das würde dann auch bedeuten, dass implizit nach wie vor von einer Bipolarität – und damit Eindimensionalität – des Konstrukts ausgegangen wird und dass es bei der Wahl der Items lediglich um deren Trennfähigkeit zwischen den (biologischen) Geschlechtern geht (vgl. Bierhoff-Alfermann 1989: 24). Diese Vorstellung wird in dieser Arbeit abgelehnt. Entsprechend der theoretischen Ausführungen in Kapitel 4 wird zwar von einer wechselseitigen Beziehung zwischen biologischem und psychosozialem Geschlecht ausgegangen. Dies bedeutet aber keine Kongruenz biologischer und psychosozialer Merkmale. Des Weiteren konnte gezeigt werden, dass die Validitätsprobleme des BSRI überwiegend bei der Langform der Skala auftreten. So prüften Campbell et al. (1997) die Konstruktvalidität der Femininitäts- und Maskulinitätsskala mittels konfirmatorischer Faktorenanalyse. Dabei erwies sich die Kurzform des BSRI als reliabler und valider. Das von ihnen geschätzte Zwei-Faktorenmodell war nahezu unkorreliert und zeigte eine bessere Passung als ein bipolares Ein-Faktor-Modell (vgl. Campbell et al. 1997). Der Kritik an der inhaltlichen Begrenztheit des BSRI ist entgegenzusetzen, dass andere Aspekte des Geschlechtsselbstkonzepts wie etwa die Einstellungen zu Geschlechterrollen kaum nennenswerten Einfluss auf das Verhalten haben und zudem wesentlich stärker sozialem Wandel unterworfen sind (vgl. Alfermann 1996; Deaux/ Lafrance 1998). Hinsichtlich der Aktualität des BSRI kann argumentiert werden, dass das Instrument möglicherweise nicht (mehr) zur Bildung einer Geschlechterrollentypologie geeignet ist. Jedoch misst es eine traditionelle Geschlechtsrollenorientierung, die Handlungsselektion und Verhalten auf verschiedenen Ebenen beeinflusst. So konnten neuere Studien zeigen, dass die mittels BSRI gemessene Geschlechtsrollenorientierung z. B. das Gesundheitsverhalten (Zimmermann et al. 2011), die Nutzung verschiedener Freizeitaktivitäten (Kirkcaldy/ Furnham 1990), das Verhalten in kompetitiven Sportarten (Clément-Guillotin/ Fontayne 2011) sowie berufliche Entscheidungsprozesse (Weisgram 2011) beeinflusst.

Im Rahmen dieser Arbeit wird das BSRI zur Messung der beiden Dimensionen Maskulinität und Femininität verwendet. Eigenschaften, die der maskulinen Dimension zuzuordnen sind, stehen für eine männliche Geschlechtsrollenorientierung. Diese Merkmale gelten als stereotyp männlich. Eine Person, die sich diese Eigenschaften zuschreibt, wird bestimmten Freizeitaktivitäten und Verhaltensweisen eher nachgehen. Dies gilt analog für die feminine Dimension. Zur Messung wird auf eine deutsche Kurzform des BSRI auf Basis der Erkenntnisse von Strauß et al. (1996; vgl. Tab. 5-2) zurückgegriffen.[25] Zum einen erwies sich die Kurzform sowohl in der deutschen als auch in der englischen Version (Campbell et al. 1997) als reliabler, zum anderen muss spätestens bei der Konstruktion des Untersuchungsinstruments (vgl. 6.3) berücksichtigt werden, dass noch weitere Modellkonstrukte abgefragt werden müssen und 40 Items allein für die Ermittlung der Geschlechtsrollenorientierung den inhaltlichen Umfang des Untersuchungsinstruments enorm vergrößern würden.

5.3.2 Freizeitorientierung und sozialer Kontext

Außerhäusliche Freizeitorientierung, die soziale Bedeutung digitaler Spiele sowie die Ausgaben für digitale Spiele wurden in Abschnitt 5.2.1 als Komponenten des Erklärungsmodells zur Nutzungsintensität digitaler Spiele bestimmt. Entsprechend müssen auch für diese Konstrukte Messinstrumente entwickelt werden.

Außerhäusliche Freizeitorientierung

Freizeitorientierungen können über die Häufigkeit verschiedener Freizeitaktivitäten gemessen werden (z. B. Leven et al. 2010). Im Rahmen der Shell-Studie wird beispielsweise auf Basis einer Liste von 18 Freizeitaktivitäten erhoben, welche fünf davon im Verlauf einer Woche am häufigsten ausgeführt werden (Shell Deutschland Holding 2010: 373). Darunter fallen sowohl mediale (z. B. Fernsehen, digitales Spielen) als auch nicht-mediale Aktivitäten (z. B. in die Kneipe gehen, Sport). In der Langzeitstudie Massenkommunikation (z. B. Reitze/ Ridder 2006: 259) wird die Häufigkeit medialer und nicht-medialer Aktivitäten anhand einer 5-stufigen Skala („täglich", „mehrmals pro Woche", „mehrmals pro Monat", „seltener", „nie") abgefragt. Im Rahmen der vorliegenden Untersuchung ist vor allem die außerhäusliche Freizeitorientierung, die Aktivitäten wie Ausgehen, Freunde treffen, Konzerte besuchen usw. umfasst, von Interesse (vgl. 5.2.1). Um

---

25 In Anlehnung an Strauß et al. (1996) wird auf die neutralen Items, die lediglich als „Füllitems" dienen, verzichtet.

diese faktoranalytisch extrahieren zu können, bietet sich eine Abfrage der Häufigkeit von Freizeitaktivitäten in Anlehnung an das Vorgehen von Reitze und Ridder (2006) an. Dabei sollen sowohl mediale als auch nicht-mediale sowie häusliche und außerhäusliche Beschäftigungen, wie sie im Rahmen der genannten Studien abgefragt werden, berücksichtigt werden.

Soziale Bedeutung digitaler Spiele

Hierunter wird das Ausmaß verstanden, zu dem digitales Spielen eine Beschäftigung darstellt, die mit anderen geteilt wird und die wesentlicher Bestandteil des sozialen Miteinanders ist. Dies kann daran abgelesen werden, wie hoch der Anteil der Spieler bzw. Nicht-Spieler im Freundes- und Bekanntenkreis ist, und wie oft digitale Spiele Thema interpersonaler Kommunikation im Freundes- und Bekanntenkreis sind.

Ausgaben für digitale Spiele

Bei den Ausgaben für digitale Spiele kann differenziert werden zwischen Ausgaben für Hardware und Software. Ausgaben für Software beziehen sich auf Datenträger und Downloads, Gebühren für Abonnements und Premium-Accounts (Online- und Browser-Games), Ausgaben für Spielerweiterungen und virtuelle Zusatzinhalte (vgl. BIU 2011). Ausgaben für Hardware lassen sich ablesen an der persönlichen Ausstattung mit Geräten zur Nutzung digitaler Spiele. Darunter fallen PCs in verschiedenen Varianten, Internetanschluss, Spielkonsolen (z. B. PlayStation, Xbox) und Kleinkonsolen (z. B. Nintendo DS), aber auch Handys bzw. Smartphones. Bei der Hardware-Ausstattung kann nochmals differenziert werden zwischen persönlichem Besitz und Verfügbarkeit im Haushalt. Die Ausgaben für Software und Hardware lassen sich jeweils als Single-Item-Messung (Ausgaben für Software in Euro, Gerätebesitz bzw. -verfügbarkeit) erfassen. Bezüglich des Gerätebesitzes kann auf Basis der Anzahl der Geräte ein additiver Index berechnet werden, wobei die Verfügbarkeit im Haushalt mit dem Faktor 0,5 gewichtet wird.

5.3.3 Nutzungsmotive und Genrepräferenzen

In den in Abschnitt 5.2.2 entwickelten Erklärungsmodellen auf Ebene des Spielverhaltens stellen Nutzungsmotive und Genrepräferenzen Einflusskomponenten der Spielverhaltensdimensionen dar. Gleichzeitig werden sie durch die Konstrukte Maskulinität und Femininität beeinflusst. Nachstehend soll ihre Messung festgelegt werden.

Nutzungsmotive

Zur Erhebung von Motiven zur Nutzung digitaler Spiele liegt bereits eine Reihe von Skalen vor (vgl. 3.2.3). Die modellrelevanten Motive *Herausforderung, Wettbewerb* und *soziale Interaktion* werden u. a. in den Skalen von Sherry et al. (2006), Yee (2006) sowie Seifert und Jöckel (2008) berücksichtigt. Damit kann auf valide und reliable Instrumente zurückgegriffen werden, die für diese Untersuchung angepasst bzw. übersetzt werden können. Um ein umfassendes Bild der Motivstruktur zur Nutzung digitaler Spiele zu erhalten, werden neben den Items zu den modellrelevanten Motiven Herausforderung, Wettbewerb und Soziale Interaktion auch Items, die die Motive Zeitvertreib und Fantasie abbilden, erhoben. Insbesondere die Skala von Sherry et al. (2006) erweist sich als geeignet, da diese nicht auf ein bestimmtes Genre (für First-Person-Shooter vgl. z. B. Lehmann et al. 2008) abstellt.

Genrepräferenzen

Wie in Abschnitt 3.2.4 diskutiert wurde, ergeben sich bei der Zuordnung digitaler Spiele zu bestimmten Genres Probleme der Einheitlichkeit und Überschneidungsfreiheit. Eine Kategorisierung von Spieltiteln, die der Ermittlung von Genrepräferenzen dient, muss für Spielnutzer als solche erkennbar und geläufig sein. Im Rahmen dieser Untersuchung geht es also weniger um eine Typologisierung nach einheitlichen und überschneidungsfreien Kriterien, sondern um einen Wiedererkennungswert der Genrekategorien durch die Probanden. Entsprechend empfiehlt sich eine Kategorisierung digitaler Spiele, wie sie in Fachzeitschriften zu digitalen Spielen (z. B. GameStar, PC Games) oder vom Hersteller vorgenommen wird, wobei auf weitere Differenzierungen in Subgenres und Mischformen verzichtet wird, da nicht vorausgesetzt werden kann, dass diese allen Spielern geläufig sind und auch hier in den Fachzeitschriften recht unterschiedliche Zuordnungen zu finden sind. Ein Abgleich der in den Spielzeitschriften GameStar und PC Games verwendeten Einteilung erbrachte die in Tabelle 5-3 mit entsprechenden Beispielen aufgelisteten Genres.[26] Die hier vorgenommene Kategorisierung deckt sich weitgehend mit der Genreeinteilung, wie sie in der JIM-Studie (MPFS 2009) vorgenommen wurde.

---

26 Stimmte die Zuordnung in den beiden Fachzeitschriften nicht überein, wurde eine dritte Quelle
    (Zeitschrift, Hersteller) herangezogen.

Genre	Beispieltitel bzw. –spielreihen
Action- und Shooterspiele	Grand Theft Auto, Call of Duty
Adventure-Spiele	Black Mirror, Monkey Island
Strategiespiele	Herr der Ringe, Command & Conquer
Rennspiele	Need for Speed, Formel 1
Denk-, Geschicklichkeits- und Kartenspiele	Tetris, Solitaire
Online-Rollenspiele	World of Warcraft
Fun-, Sport- und Gesellschaftsspiele	Sing Star, Wii Sports, Buzz
Jump 'n Run	Donkey Kong, Super Mario
Rollenspiele	Final Fantasy, Diablo
Beat 'em Up	Streetfighter
Sportspiele	FIFA, Pro Evolution Soccer

Tabelle 5-3   Genreeinteilung zur Messung von Genrepräferenzen

Darauf aufbauend lassen sich *Genrepräferenzen* zum einen über die Häufigkeit ihrer Nutzung, zum anderen über die Bildung von Rangfolgen nach Beliebtheit bestimmen. Beide Wege sollen im Rahmen dieser Untersuchung beschritten werden.

5.3.4 Spielverhalten, Nutzungsintensität und sonstige Variablen

Die Nutzung digitaler Spiele wurde in Abschnitt 5.1 auf allgemeiner Tätigkeitsebene als Nutzungsintensität und auf Ebene der Spielepisode bzw. des Spielhandelns als Spielverhalten in den Dimensionen kooperativ, konkurrierend, explorativ und zielorientiert konzeptionalisiert. Die Messung beider Konstrukte soll im Folgenden erläutert werden. Darüber hinaus wird auch auf die Operationalisierung von Drittvariablen eingegangen.

Nutzungsintensität

Hierunter werden zum einen die Häufigkeit der Nutzung digitaler Spiele und zum anderen die Nutzungsdauer (in Stunden pro Woche) gefasst. Bei der Nutzungshäufigkeit kann darüber hinaus nach Plattform (PC, Konsole, Kleinkonsole, Smartphone), nach Online- und Offline-Nutzung sowie nach alleiniger und gemeinsamer Nutzung differenziert werden.

Spielverhalten

Soziale und operative Aspekte des Spielverhaltens, wie sie im Rahmen dieser Untersuchung gemessen werden sollen, offenbaren sich in der Interaktion mit dem Spielprogramm und computergesteuerten Spielfiguren sowie mit anderen Spielern und am Spiel Interessierten in und außerhalb des Spiels. Kooperatives, konkurrierendes, exploratives und zielorientiertes Verhalten kann anhand dreier idealtypischer Situationen, mit denen der Nutzer im Spielverlauf konfrontiert wird, ermittelt werden. Die erste Situation betrifft die erstmalige Aneignung des Spiels, seiner Inhalte und Regeln. Hier kann das Verhalten dahingehend variieren, dass der Spieler eher zielorientiert den Vorgaben des Spiels folgt (Spielanleitung, Tutorial), Rat in Foren sucht oder sich das Spiel explorativ durch Probieren erschließt. Die zweite Situation bezieht sich auf das Auftreten scheinbar nicht zu überwindender Hindernisse und Gegner bzw. ein mangelndes Vorankommen im Spiel. Spieler können diesem Problem begegnen, indem sie sich mit anderen Mitspielern eine gemeinsame Lösung überlegen oder Rat bei anderen suchen (kooperativ), einfach weiter probieren (explorativ) oder das Spiel abbrechen (zielorientiert). Die dritte Situation impliziert eine erfolgreiche Beherrschung des Spiels. In diesem Fall können Spieler ihre Spielkompetenz dahingehend nutzen, dass sie ihre Erfahrungen an andere weitergeben (kooperativ) oder sich mit anderen messen und ihren Vorteil nutzen, um andere zu schlagen (konkurrierend). Des Weiteren ist auch denkbar, dass sie sich nach erfolgreichem Absolvieren anderen Aktivitäten zuwenden (zielorientiert). Bezüglich der drei erläuterten Situationen werden entsprechende Statements formuliert, deren Zutreffen bzw. Wahrscheinlichkeit von den Probanden beurteilt werden soll. Vereinfacht werden soll dies, indem zuvor das aktuell bzw. zuletzt gespielte Spiel in Erinnerung gebracht wird, auf das sich die Probanden in ihrer Einschätzung beziehen können. Dies ermöglicht eine realistische Beurteilung des Spielverhaltens. In einer simulierten Situation eines oder mehrerer vorgegebener Spiele wäre dies problematisch, da nicht sicher gestellt werden kann, dass die Probanden die Spiele kennen und diese die hier zu ermittelnden Verhaltensdimensionen in ihrer Gesamtheit abbilden. Entsprechend den Modellannahmen in Abschnitt 5.2.2 und

5.2.3 werden die Verhaltensdimensionen kooperativ und konkurrierend sowie explorativ und zielorientiert nicht bipolar, sondern unipolar konzipiert.

Sonstige Variablen

Die in den Modellerweiterungen (5.2.3) berücksichtigten Variablen Geschlecht, Alter und Bildung sollen strukturelle Faktoren (vgl. Best 2010) abdecken, die den Einfluss der Modellkomponenten moderieren. Hierzu dienen die Ermittlung des biologischen Geschlechts, des höchsten formalen Bildungsabschlusses bzw. der besuchten Schulform und eine kontinuierliche Altersabfrage.

6 Durchführung der empirischen Untersuchung

Im Folgenden soll das in dieser Arbeit gewählte Untersuchungsdesign kritisch diskutiert werden (6.1). Danach wird die Online-Befragung als Untersuchungsinstrument vorgestellt (6.2) und der Aufbau des Befragungsinstruments dokumentiert (6.3). Schließlich wird auf das Vorgehen bei der Rekrutierung der Befragungsteilnehmer (6.4) sowie bei der Datenauswertung eingegangen (6.5).

6.1 Untersuchungsdesign

Bei den in Kapitel fünf vorgestellten Erklärungsmodellen handelt es sich um eine multikausale Modellierung, die mediierende und moderierende Effekte berücksichtigt. Die Richtung der Kausalität ist theoretisch und sachlogisch hergeleitet und soll im Rahmen einer quantitativen, nicht-experimentellen Befragung (vgl. 6.2) geprüft werden. Nachfolgend wird die Wahl dieses Untersuchungsdesigns kritisch diskutiert.

Experimentelle Designs werden in der Forschung zur Nutzung digitaler Spiele häufig im Rahmen von Wirkungsstudien eingesetzt. Meist wird dabei versucht, den Einfluss bestimmter Spielinhalte (z. B. Gewalt, Repräsentation von Spielfiguren) und Eigenschaften des Spiels auf Kognitionen, Emotionen und Verhalten zu ermitteln. Eastin (2007) untersuchte experimentell den Einfluss des Geschlechts der Spielfigur auf das Präsenzerleben und aggressive Gedanken des Spielers in Spielen mit Egoperspektive. Hierzu manipulierte er das Geschlecht des Spieleravatars und des Gegners sowie die Art des Gegners (Spieler oder computergesteuert). Zur Bestimmung des Einflusses konkurrierenden und ko-operativen Spielens auf die aktuelle (kurzfristige) Feindseligkeit variierte er Gruppengröße und Spielmodus (Spielerfolg wird durch Kooperation bzw. Konkurrenz erzielt) (vgl. Eastin 2006). Klimmt (2006) untersuchte in zwei Experimenten den Einfluss des Verhältnisses zwischen Handlungsmöglichkeiten und Handlungsnotwendigkeit sowie der Realitätsnähe des Spiels auf das Unterhaltungserleben. Handlungsmöglichkeiten wurden im Rahmen eines Strategiespiels (Age of Empires) variiert über die Anzahl und Ausstattung der eigenen Armee, die Handlungsnotwendigkeit über Anzahl und Typ der Gegner. Die separate Manipulation von Handlungsmöglichkeit und Handlungsnotwendigkeit erwies sich jedoch als problematisch, da Spieler diese Aspekte nicht separat wahrnehmen, sondern als Aufgabenschwierigkeit interpretieren. In einem zweiten Experiment manipulierte Klimmt (2006) die Realitätsnähe der narrativen Rahmung eines Rennspiels, indem vor der Spielsession ein Video dargeboten bzw. nicht dargeboten wurde, sowie die Realitätsnähe der medialen Darstellung, indem die Steuerungsmöglichkeiten (Lenkrad vs. normaler Controller) variiert wurden. Die Variation der Realitätsnähe hatte im Fall der narrativen Rahmung keinen und im Fall der medialen Darstellung nur einen geringen Effekt auf das Unterhaltungserleben. Diese Untersuchungen zeigen, dass eine angemessene Kontrolle von Spielinhalten und Handlungsoptionen mit der Schwierigkeit verbunden ist, „die Interaktion zwischen Nutzer/in und Spielprogramm nicht [zu] beeinträchtigen bzw. Konfundierungen durch individuell unterschiedliche Spielverläufe [zu] vermeiden" (Klimmt 2006: 141; vgl. auch Shapiro/ Peña 2009: 393, 399). Zudem lässt sich im Labor eine alltagsnahe Spielsituation kaum reproduzieren. Darüber hinaus stehen in der vorliegenden Untersuchung nicht die Wirkungs-, sondern die Nutzungsaspekte digitaler Spiele im Vordergrund. Eine experimentelle Prüfung der hier entwickelten theoretischen Modelle wäre lediglich auf Ebene des Spielverhaltens denkbar. So könnte die Spielsituation nach Genre (z. B. Action-Shooter vs. Rollenspiel) variiert werden, um so den Einfluss des Genres bezüglich des Spielverhaltens zu kontrollieren. Dies würde aber eine Beschränkung auf wenige Genres sowie Spieler mit einer gewissen Erfahrung in Action- und Rollenspielen (vgl. 5.3.4) bedeuten, zumal der Einfluss des Genres auch ex-post über die Kategorisierung des aktuell gespielten Spiels, auf das sich die Aussagen zum Spielverhalten beziehen, kontrolliert werden kann.

Der Problematik von Kausalaussagen in nicht-experimentellen Studien (vgl. z. B. Scheufele/ Engelmann 2009) kann durch eine *Strukturgleichungsmodellierung* zumindest teilweise begegnet werden. Diese legt einerseits Messungenauigkeiten der verwendeten Konstrukte offen und berücksichtigt andererseits Einflüsse auf das zu erklärende Konstrukt, die nicht durch die unabhängigen Variablen im Modell abgedeckt werden (vgl. Weiber/ Mühlhaus 2010: 8).[27] Jedoch muss einschränkend konstatiert werden, dass die hier vorgenommene Modellierung eine Querschnittsbetrachtung impliziert, die *dynamische Beziehungen* zwischen den Modellkomponenten nicht erfassen kann.

Neben der Entscheidung für ein nicht-experimentelles Querschnittsdesign muss auch diskutiert werden, ob und inwiefern exogene und endogene Modellkomponenten mit unterschiedlichen Methoden erhoben werden sollen (vgl. Scheufele/ Engelmann 2009: 94). Williams et al. (2008) untersuchten den Zu-

---

27   Eine solche theoriebasierte kausale Interpretation der Zusammenhänge in Strukturgleichungsmodellen ist nicht unumstritten (vgl. dazu die Diskussion in Scholderer et al. 2006: 641f.). Sie wird jedoch durch die Berücksichtigung von Mediator- und Moderatoreffekten relativiert.

sammenhang zwischen Nutzungsmotiven und Nutzungsdauer bei Online-Spielern mittels einer Kombination von reaktiven und nicht-reaktiven Verfahren. So ermittelten sie Motive über eine Befragung und die Nutzungsdauer über Login-Daten, die vom Spielanbieter zur Verfügung gestellt wurden. Die Analyse beschränkte sich jedoch auf ein Spiel (EverQuest 2) bzw. ein Spielgenre (Online-Rollenspiele). Heeter et al. (2009) untersuchten Genrepräferenzen von Jungen und Mädchen, indem sie diese zunächst in alters- und geschlechtshomogenen Gruppen Spiele entwickeln ließen, diese inhaltsanalytisch auswerteten und dann weiteren Jungen und Mädchen der gleichen Altersgruppe zur Beurteilung hinsichtlich Spielvergnügen, persönlicher Präferenz und Eignung für jeweils beide Geschlechter vorlegten. Vor allem der erste Teil der Studie hatte jedoch eher explorativen Charakter.

Zur Prüfung der in dieser Arbeit bearbeiteten Fragestellung wäre eine Kombination von Beobachtung (zur Ermittlung des Spielverhaltens) und Befragung (zur Ermittlung der übrigen Variablen) denkbar. Allerdings impliziert eine Beobachtung im Falle des Verhaltens in digitalen Spielens eine Reihe von Unwägbarkeiten und Problemen. So erschwert die Vielfalt an Genres und Handlungsoptionen ein standardisiertes Vorgehen. Des Weiteren beschränkt die forschungsökonomisch im Rahmen eines Dissertationsvorhabens realisierbare Fallzahl die Möglichkeiten einer anspruchsvollen multivariaten Auswertung, die zur Prüfung der in Kapitel 5 vorgestellten Strukturgleichungsmodelle notwendig ist. Dies macht eine Beschränkung auf Befragungsdaten erforderlich. Jedoch bringt die Wahl eines Ein-Methoden-Designs die Gefahr eines *Common Method Bias* mit sich, wenn etwa untersuchungsrelevante Zusammenhänge zwischen abhängigen und unabhängigen Variablen von Probanden antizipiert werden und zu Konsistenzbestrebungen im Antwortverhalten führen (vgl. z. B. Backhaus et al. 2006a: 713f.; Homburg/ Klarmann 2006: 733). Diese Beschränkungen müssen bei einer kausalen Interpretation der Untersuchungsbefunde berücksichtigt werden.

6.2 Untersuchungsmethode

Zur Prüfung der in den Erklärungsmodellen zu Nutzungsintensität und Spielverhalten postulierten Zusammenhänge wird auf die Methode der standardisierten Befragung zurückgegriffen. Diese Methode ist dadurch gekennzeichnet, dass relevante Merkmale systematisch nach festgelegten Regeln abgefragt werden und die Menschen als Merkmalsträger selbst Auskunft geben (Scheufele/ Engelmann 2009: 119).

Befragungen werden in der Kommunikationswissenschaft insbesondere zur Erforschung von Meinungen, Einstellungen, Nutzungsmotiven und Verhaltens-

weisen im Umgang mit Medien sowie weiteren Rezipientenmerkmalen eingesetzt (vgl. Scholl 2003: 233ff.) und eignen sich daher auch zur Erhebung der für
die vorliegende Fragestellung relevanten Modellkomponenten. Wesentlicher
Nachteil der Untersuchungsmethode ist ihre Reaktivität (z. B. Möhring/ Schlütz
2003; Scholl 2003). Des Weiteren können auch systematische Antwortverzer-
rungen sowie durch Reihenfolge und Formulierung der Fragen verursachte Effekte vorliegen (vgl. z. B. Brosius et al. 2009; Scheufele/ Engelmann 2009).

In der vorliegenden Untersuchung wurde der Modus der Online-Befragung
gewählt. Dies hat den Vorteil, dass Befragten- und Interviewereffekte im Vergleich zu mündlichen Befragungen geringer ausfallen bzw. ausgeschaltet sind
(Welker/ Wünsch 2010: 493). Weitere Vorteile bestehen in der Möglichkeit einer
kostengünstigen, schnellen Durchführung, die auch die Realisierung großer
Stichproben zulässt, sowie der Verfügbarkeit multimedialer Präsentationsmög-
lichkeiten (Brosius et al. 2009: 126). Hinzu kommt, dass durch den Einsatz von
Software-Paketen mittlerweile eine leichte technische Handhabung ermöglicht
wird (Welker/ Wünsch 2010: 494). Für die vorliegende Befragung konnte auf
das Software-Angebot des Dienstleisters UniPark zurückgegriffen werden.
Nachteile der Online-Befragung bestehen vor allem bei der Stichprobenziehung
(vgl. dazu auch 6.4). So wird die Gruppe der Personen, die das Internet nicht
nutzen, systematisch ausgeschlossen (Scheufele/ Engelmann 2009: 128). Des
Weiteren sind Online-Stichproben häufig selbstselektiv. Es kann nicht kontrolliert, wer den Fragebogen tatsächlich ausfüllt (Brosius et al. 2009: 126). Darüber
hinaus bestehen auch spezifische Anforderungen an das Erhebungsinstrument.
So müssen Darstellungsschwierigkeiten bei unterschiedlichen Browsern und
bezüglich des Einsatzes multimedialer Applikationen berücksichtigt sowie Länge
und Komplexität des Fragebogens den Online-Nutzungsgewohnheiten angepasst
werden (vgl. Brosius et al. 2009: 126).

6.3 Untersuchungsinstrument

Insgesamt umfasst der in der hier durchgeführten Online-Befragung verwendete
Fragebogen 24 Fragen. Er lässt sich grob in drei Teilbereiche gliedern. Der erste
Teilbereich bildet den Einstieg in die Befragung, in dem die Probanden zunächst
nach ihrer allgemeinen Mediennutzung befragt werden, danach folgen im zweiten Teilbereich Fragen zur Nutzung digitaler Spiele sowie anschließend im dritten Teilbereich Fragen zur sozialen Bedeutung digitaler Spiele, Freizeitaktivitäten, Persönlichkeit und Soziodemografie. Differenzierter betrachtet, gliedert sich
der Aufbau in insgesamt sieben Blöcke (vgl. Abb. 6-1).

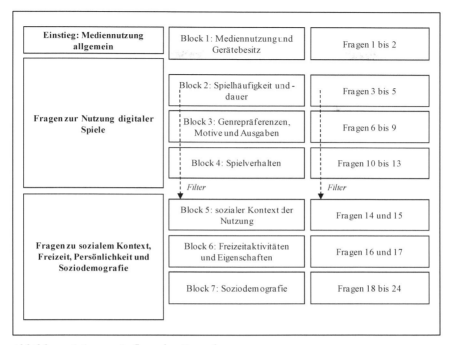

Abbildung 6-1   Aufbau des Fragebogens

Der erste Block (Fragen 1 und 2) widmet sich zunächst der Mediennutzung allgemein, wobei hier nach traditionellen (Fernsehen, Radio, Zeitung, Zeitschrift) und neuen Medien (Webangebote von TV- und Radiosendern, Zeitungen und Zeitschriften sowie Videoplattformen und soziale Netzwerke) differenziert wird. Die Nutzungshäufigkeit wird auf einer 5-stufigen Skala von „täglich" bis „nie" abgefragt. Des Weiteren ermittelt die zweite Frage den persönlichen Besitz bzw. die Verfügbarkeit von Mediengeräten wie Handy bzw. Smartphone, PC, Laptop, Netbook und Internetzugang, von namhaften Spielkonsolen wie PlayStation, Xbox, GamCube und Wii sowie von tragbaren Spielkonsolen wie PlayStation Portable, GameBoy und Nintendo DS. Bei den Spielkonsolen und tragbaren Spielkonsolen können zusätzlich weitere Geräte offen angegeben werden, sofern diese nicht aufgelistet sind. Der Befragte wird gebeten, anzugeben ob er diese Geräte persönlich besitzt, sie im Haushalt vorhanden oder nicht vorhanden sind. Zusätzlich wird durch die Antwort „weiß nicht, was das ist" dem möglichen Umstand Rechnung getragen, das den Befragten nicht alle Geräte bekannt sind.

Im zweiten Block wird die *Intensität der Nutzung digitaler Spiele* differenziert abgefragt: So wird zunächst allgemein nach der Häufigkeit der Nutzung auf einer 5-stufigen Skala von „täglich" bis „nie" ermittelt, ob die Befragten überhaupt digitale Spiele nutzen. Dementsprechend fungiert diese erste Frage des zweiten Blocks als Filterfrage, die Nichtnutzer zu den Fragen zum sozialen Kontext, Freizeitaktivitäten, Persönlichkeit und Soziodemografie weiterleitet (vgl. Abb. 6-2). Nach dieser allgemeinen Abfrage wird die Häufigkeit der Nutzung differenziert nach Plattform (PC und Konsole jeweils online und offline, Kleinkonsolen und Handy) eruiert. Danach wird gefragt, inwiefern jeweils online und offline allein oder mit anderen gespielt (5-stufige Skala von „trifft nie zu" bis „trifft immer zu") wird. Schließlich werden die Probanden gebeten, einzuschätzen, wieviele Stunden pro Woche auf die Nutzung digitaler Spiele entfallen. Dazu wird eine 6-stufige Skala von „weniger als eine Stunde" bis „mehr als fünf Stunden" vorgegeben.

Der dritte Block umfasst Fragen zu den *Genrepräferenzen* und *Nutzungsmotiven*: Hierzu werden zunächst die Häufigkeit der Nutzung (5-stufige Skala von „täglich" bis „nie") zwölf verschiedener Genres digitaler Spiele abgefragt. Die Abfrage folgt der in Abschnitt 5.3.3 vorgenommenen Kategorisierung (vgl. 5.3.3: Tab. 5-3). Da die Grenzen zwischen den Genres oft fließend sind bzw. zum Teil je nach Quelle eine etwas andere Zuordnung erfolgt, wurden für jedes Genre prägnante Beispieltitel angegeben, um den Befragten die Beantwortung zu erleichtern. In einem weiteren Schritt (Frage 7) werden die Probanden gebeten eine Rangfolge der von ihnen genutzten Genres zu erstellen. Genres, bei denen der Befragte in der vorangegangenen Frage angab, sie „nie" zu nutzen werden hier ausgeblendet, so dass nur die tatsächlich auch genutzten Genres nach ihrer Beliebtheit geordnet werden müssen (vgl. Abb. 6-2).

Im Anschluss werden Motive zur Nutzung digitaler Spiele anhand von 14 Items auf einer 5-stufigen Skala („trifft überhaupt nicht zu" bis „trifft vollkommen zu") ermittelt. Das *Motiv soziale Interaktion* wird über die Items „um im Team gemeinsam Aufgaben zu meistern", „weil Computerspiele eine Möglichkeit sind, etwas gemeinsam mit Freunden zu unternehmen" und „um Zeit mit anderen zu verbringen" abgefragt. Zur Ermittlung des *Wettbewerbsmotivs* werden die Items „weil es Spaß macht, andere zu provozieren", „um der/die schnellste und geschickteste Spieler(in) zu sein", „um meinen Freunden zu zeigen, dass ich der/ die Beste bin" und „weil ich mich im Spiel mit anderen messen kann" verwendet. Das *Herausforderungsmotiv* wird durch die Items „weil es mir Spaß macht, schwierige Spielaufgaben zu meistern", „weil es befriedigend ist, das nächste Spiellevel zu erreichen" und „weil ich gern nach neuen und kreativen Wegen suche, um ein Spiel zu meistern" abgedeckt. Zusätzlich wird das *Fantasiemotiv* über die Items „weil ich im Computerspiel eine andere Person sein kann" und „weil ich hier Dinge tun kann, die im realen Leben nicht möglich sind" sowie *Zeitvertreib* bzw. Zerstreuung als Beweggrund digitalen Spielens über die Items „um andere Sachen nicht tun zu müssen" und „um Zeit zwischen anderen Aktivitäten zu überbrücken" abgefragt. Eine weitere Frage bezieht sich auf die *Ausgaben für Spielesoftware* (PC-Spiele, Konsolenspiele, online für Spielabonnements oder Spielitems) innerhalb der letzten 12 Monate. Hier wird eine 7-stufige Skala von „gar nichts ausgegeben" bis „500 Euro und mehr" vorgegeben.

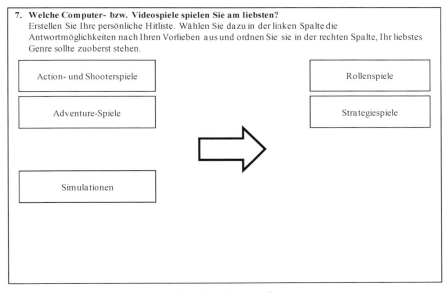

Abbildung 6-2   *Frage 7: Beliebtheit der Spielgenres*

10. Welches Computer- oder Videospiel spielen Sie aktuell bzw. haben Sie zuletzt gespielt?

Bitte tragen Sie den Titel ein.

_____

11. Denken Sie bei der Beantwortung der folgenden Fragen an dieses Spiel.

Wie ist das, wenn Sie ein Spiel zum ersten Mal spielen?

	trifft voll-kommen zu	teils teils	trifft überhaupt nicht zu
Ich probiere einfach mal verschiedene Dinge aus, um zu sehen, was passiert.			
Ich lese mir die Spielanleitung durch.			
Ich frage Mitspieler, was ich beachten muss.			
Ich schaue in Spielezeitschriften oder Foren nach Tipps.			
Ich folge den Hinweisen, die mir im Spiel gegeben werden (z. B. von der Spielleitung oder in Form eines Probedurchgangs).			

Abbildung 6-3   *Fragen 10 und 11: aktuell gespieltes Spiel und Spielverhalten I*

Der vierte Fragenblock zielt in Anlehnung an die in Abschnitt 5.3.4 vorgeschlagene Operationalisierung auf die Erfassung des *Spielverhaltens* ab. Dafür wird zunächst nach dem aktuell gespielten Spieltitel gefragt. Diese Abfrage soll als Bezugspunkt für die weiteren Fragen zum Spielverhalten dienen. So bezieht sich die folgende Frage direkt auf diesen Spieltitel und umfasst Statements zur ersten Nutzung dieses Spiels, etwa inwiefern es zutrifft, dass man sich zu Beginn des Spiels die Spielanleitung durchgelesen hat oder in Foren und Spielezeitschriften nach Tipps gesucht hat (vgl. Abb. 6-3). Eine weitere Frage befasst sich mit der Situation, dass im Spiel scheinbar unlösbare Probleme oder unüberwindbare Hindernisse auftauchen (Abb. 6-4). Der Befragte soll hier einschätzen, wie wahrscheinlich die vorgegebenen Aussagen zu bestimmten Verhaltensweisen (z. B. Spielabbruch, mit Mitspielern beraten usw.) für ihn sind. Als dritte Spielsituation wird unterstellt, dass der Befragte das Spiel jetzt erfolgreich beherrscht. Die Aussagen über mögliches Spielverhalten beziehen sich hier u. a. auf eine Zuwendung zu anderen Aktivitäten, die Weitergabe von Erfahrungen mit dem Spiel an andere sowie eine Fortsetzung des Spiels zu Wettkampfzwecken.

12. Stellen Sie sich vor, Sie kommen im Spiel überhaupt nicht mehr voran (können z. B. Gegner nicht überwinden, Rätsel nicht lösen, sind nicht schnell genug etc.).

Wie verhalten Sie sich?

	voll-kommen unwahr-scheinlich				sehr wahr-scheinlich
Ich breche das Spiel ab.	☐	☐	☐	☐	☐
Ich probiere solange, bis ich weiterkomme.	☐	☐	☐	☐	☐
Ich unterhalte mich mit anderen, vielleicht finden wir gemeinsam eine Lösung.	☐	☐	☐	☐	☐
Ich schaue mir Tricks von den besten Spielern ab.	☐	☐	☐	☐	☐

13. Stellen Sie sich nun vor, Sie beherrschen das Spiel (kennen alle wichtigen Tricks und kommen gut voran).

Wie verhalten Sie sich?

	voll-kommen unwahr-scheinlich				sehr wahr-scheinlich
Ich spiele weiter regelmäßig, da ich jetzt weiß, wie ich andere schlagen kann.	☐	☐	☐	☐	☐
Ich wende mich neuen Spielen bzw. anderen Aktivitäten zu.	☐	☐	☐	☐	☐
Ich gebe meine Erfahrungen mit dem Spiel an andere weiter.	☐	☐	☐	☐	☐
Ich messe mich mit anderen Spielern.	☐	☐	☐	☐	☐
Ich experimentiere herum (z. B. Erkunden des Spiels nach weiteren Herausforderungen).	☐	☐	☐	☐	☐
Ich spiele weiter einfach so zum Spaß.	☐	☐	☐	☐	☐

Abbildung 6-4   Fragen 12 und 13: Spielverhalten II und III

Die beiden Fragen in Block 5 widmen sich der *sozialen Bedeutung des Spielens.*
In Frage 14 werden die Probanden gebeten den Anteil der Spieler im Freundeskreis einzuschätzen (5-stufige Skala: „alle meine Freunde spielen", „die meisten
meiner Freunde spielen", „zum Teil: etwa die Hälfte meiner Freunde spielen",
„einige, wenige meiner Freunde spielen" und „keiner meiner Freunde spielt").
Frage 15 ermittelt die Häufigkeit, mit der im Freundeskreis über Spiele gesprochen wird (5-stufige Skala von „täglich" bis „nie"). Der sechste Block deckt
sowohl das *Freizeitverhalten* als auch die Selbsteinschätzung der Befragten hinsichtlich *expressiver und instrumenteller Eigenschaften (BSRI)* ab. So wird zunächst nach der Häufigkeit folgender Freizeitaktivitäten (5-stufige Skala von
„täglich" bis „nie") gefragt: Sport treiben, ins Kino gehen, Konzerte besuchen,
Theater, Museen, Ausstellungen besuchen, allein sein und ausspannen, selber
Musik machen, Basteln, Heimwerken, Schneidern, Stricken, Ausgehen in Res-
taurants, Kneipen, Diskotheken, Freunde treffen, mit Tieren beschäftigen, Videos bzw. DVDs anschauen und Bücher lesen (Frage 16). Danach werden die
Befragten in Frage 17 gebeten, anzugeben, wie sehr die aufgelisteten Persönlichkeitseigenschaften (5-stufige Skala von „trifft überhaupt nicht zu" bis „trifft
vollkommen zu") auf sie zutreffen. Die Liste der Eigenschaften stellt eine Kurzform des BSRI nach Strauß et al. (1996) dar (vgl. 5.3.1), die mittlerweile sowohl
in der deutschen (Strauß et al. 1996) als auch in der englischen Fassung (Campbell et al. 1997; Choi et al. 2009) der Langform überlegen gilt. Abschließend
werden im siebten Block wichtige soziodemografische Daten erhoben (Geschlecht, Alter, Schulbildung, Berufsausbildung, Nationalität). Darüber hinaus
wird hier auch die Angabe der Email-Adresse erbeten, für eine Teilnahme an
möglichen, weiteren Studien.

Bei der Gestaltung des Fragebogens sollten folgende Aspekte berücksichtigt
werden (vgl. dazu auch Maurer/ Jandura 2009). Erstens sollte der Fragebogen
möglichst kurz gehalten werden, so dass seine Bearbeitung nicht länger als zehn
bis 15 Minuten dauert. Dies wurde zum einen durch die Begrenzung auf 24 Fragen erreicht, sowie durch eine möglichst geringe Anzahl der Items pro Frage,
etwa, indem statt der Langform eine Kurzform des BSRI verwendet wurde.
Zweitens sollten die Gestaltungsmöglichkeiten des Online-Fragebogens möglichst optimal eingesetzt werden, so dass die Motivation zum Ausfüllen des Fragebogens im Verlauf stabil bleibt und es zu keinen Frustrationserlebnissen und
einem damit verbundenen Abbruch seitens des Befragten kommt. Daher wurde
auf jeder Befragungsseite eine Fortschrittsanzeige integriert. Zudem wurde darauf geachtet, dass die angezeigten Fragebogenseiten nicht überfrachtet sind, was
Text und Anzahl der dargebotenen Fragen betrifft. Darüber hinaus wurden verschiedene Gestaltungsvarianten (Rangfolge Spielgenres, Schieberegler bei den
Fragen 4 und 11) genutzt. Drittens wurden, um Verzerrungen im Antwortverhal-

ten zu vermeiden, die Items der Fragen rotiert, so dass Reihenfolgeeffekte auszu-
schließen sind. Die Nicht-Beantwortung von Items wurde zugelassen, sofern es
sich nicht um Filterfragen handelte (vgl. Baur/ Florian 2009: 125). Bei der Abfrage von Nutzungshäufigkeiten, Motiven, Persönlichkeitsmerkmalen und Verhaltensweisen wurde eine 5-stufige Skala verwendet, um die Anzahl der Ausprägungen auf ein für die Befragten realistisch einschätzbares Maß zu begrenzen.[28]
Der Fragebogen wurde zunächst in einem Pretest auf Verständlichkeit, logische
Fehler und Unklarheiten bei der Fragestellung geprüft und entsprechend angepasst. Insgesamt handelte es sich jedoch nur um geringfügige Änderungen und
leichte sprachliche Präzisierungen. Die oben beschriebene Struktur des Fragebogens konnte beibehalten werden.

6.4 Stichprobenrekrutierung

Die Problematik von Online-Stichproben wurde bereits in Abschnitt 6.2 angesprochen. Allgemein wird zwischen zufallsbasierten und nicht-zufallsbasierten
Stichproben unterschieden (Welker/ Wünsch 2010: 504ff.). Lediglich erstge-
nannte lassen Schlüsse auf eine größere Grundgesamtheit zu, vorausgesetzt, die
Grundgesamtheit ist bekannt und definierbar, ihre Elemente haben alle die gleiche Chance in die Stichprobe zu gelangen, und es wird eine ausreichende Aus-
schöpfung der Stichprobe erreicht (Baur/ Florian 2009: 109; Maurer/ Jandura
2009: 62ff.). Bezüglich der Grundgesamtheit können in dieser Arbeit keine ge-
nauen Angaben gemacht werden. Zwar betrifft das Erklärungsmodell auf Ebene
des Spielverhaltens die Nutzer digitaler Spiele, diese sind jedoch als Population
kaum erfassbar. Hinzu kommt, dass sich das Erklärungsmodell auf Ebene der
Handlungsselektion auch auf Nicht-Spieler bezieht. Selbst wenn die Grundgesamtheit bekannt und definierbar ist, sind die weiteren Bedingungen einer Zu-
fallsbasiertheit bei Online-Stichproben mit großem forschungsökonomischen
Aufwand verbunden und werden maximal annähernd erreicht (vgl. Welker/
Wünsch 2010: 506ff.). In der vorliegenden Untersuchung wurde auf ein zufallsbasiertes Vorgehen verzichtet, da es in dieser Arbeit um die Ermittlung von
Merkmalszusammenhängen und nicht um die Verteilung verschiedener Variablen in einer Population geht. Der im Rahmen dieser Untersuchung gewählte
Prozess der Stichprobengenerierung soll im Folgenden näher beschreiben wer-
den.

---

28   So wird zur Abfrage des BSRI überwiegend eine 7-stufige Skala verwendet (z. B. Bem 1974;
      Schneider-Düker/ Kohler 1988).

Die Rekrutierung der Stichprobe folgte einem vierstufigen Prozess. Zunächst wurden alle IVW-gelisteten[29] Online-Angebote zum Thema Computer- und Videospiele berücksichtigt, die auch ein entsprechendes Forum oder einen Newsletter anbieten, in denen ein Aufruf zur Teilnahme an der Befragung gestartet werden kann. Da die Nutzerschaft dieser Online-Angebote potentiell eher männlich ist, wurden ergänzend IVW-gelistete Online-Angebote für Frauen (vornehmlich Online-Ableger von Frauenzeitschriften) mit entsprechendem Forum mit einbezogen. In einem weiteren Schritt wurden weitere Spielportale mit einem Forum bzw. Foren zu bestimmten Spielgenres oder Spielreihen recherchiert sowie soziale Netzwerke berücksichtigt. Die Portalbetreiber wurden angeschrieben und über das Vorhaben informiert. Danach konnte ein Umfragelink in den Foren oder im Newsletter platziert werden. Insgesamt wurden 55 Portalbetreiber angeschrieben, schließlich ergaben sich daraus 13 Möglichkeiten der Veröffentlichung. Der Fragebogen war insgesamt 5 Wochen im Feld. Der Befragungszeitraum erstreckte sich über den März bis Anfang April 2011.

Kennzahlen des Online-Samples	
Bruttobeteiligung[a]	665
Nettobeteiligung[b]	507
beendete Fragebögen (bereinigt)	321 (317)
Beendigungsquote (bereinigt)[c]	48,3% (47,7%)
[a] Aufruf der Startseite des Fragebogens	
[b] Aufruf der ersten Seite (erste Frage)	
[c] Basis: Bruttobeteiligung	

Tabelle 6-1   Feldbericht: Selektionsraten der Befragung

Insgesamt wurde der Fragebogen 665-mal aufgerufen, 321 Personen schlossen die Befragung ab. Davon mussten vier Fälle aufgrund unplausibler bzw. fehlender Angaben ausgeschlossen werden, so dass insgesamt 317 Fälle auswertbar waren. Die durchschnittliche Bearbeitungsdauer lag bei etwa 10 Minuten. Es konnte eine bereinigte Beendigungsquote von etwa 48 Prozent erreicht werden. Etwa 29 Prozent brachen die Befragung bereits nach der ersten Seite des Fragebogens ab. Danach waren es nur noch 19 Prozent. Dies spricht für eine gute Gestaltung und Handhabbarkeit des Fragebogens. Tabelle 6-1 stellt relevante Kennzahlen zur Stichprobenbeteiligung überblicksartig zusammen.

Für die meisten Fälle (85%) konnte ermittelt werden, über welches Portal sie zur Befragung gelangt sind. Bei etwa 15 Prozent der Befragungsteilnehmer war dies aufgrund der Sicherheitseinstellungen der verwendeten Browser nicht

---

29 Informationsgemeinschaft zur Feststellung der Verbreitung von Werbeträgern e.V. (IVW).

möglich. Entsprechend wird in Tabelle 6-2 die Beteiligung an der Befragung nach Portalen aufgeschlüsselt. Es wird deutlich, dass die meisten Befragten über das Portal „World of Players" rekrutiert werden konnten, gefolgt von „Yahoo Spiele", „Bfriends Community" (ein Online-Forum der Zeitschrift Brigitte), „Glamunity" (Ein Forum der Zeitschrift Glamour) und PC Games. Zum Teil konnte für die Foren auch ermittelt werden, wie oft der entsprechende Forenbeitrag, der zur Teilnahme an der Befragung aufrief, angeklickt wurde (Hits) und wieviele Kommentare es zu diesem Beitrag gab (Antworten). Allerdings bezogen sich die Kommentare nicht immer auf den Umfrageaufruf.

Portal	Hits[d]	Antworten[d]	Nettobe-teiligung (n)	beendete Frage-bögen (n)[e]	Stichpro-benanteil[f]
World of Players	1694	33	116	85	27%
Simsforum	337	1	14	11	3%
Comunio	641	1	27	14	4%
PC Games[a]	-	9	33	27	9%
Bfriends Community	407	11	54	39	12%
Glamunity[a]	-	11	44	34	11%
sonstige Foren[b]	166	3	13	7	2%
Yahoo Spiele	-	-	124	43	14%
soziale Netz-werke & Newsletter[c]	-	-	20	11	3%
keine Angabe	-	-	62	46	15%
Gesamt			*507*	*317*	*100%*

[a] zwei Forenbeiträge
[b] Games aktuell, WoW ingame
[c] Facebook, fettspielen, girlsandgames u. a.
[d] Angaben des Portalbetreibers, Stand 12.05.2011
[e] bereinigter Wert
[f] Basis: beendete Fragebögen, bereinigter Wert

Tabelle 6-2   *Beteiligung nach Portalen*

6.5 Auswertungsverfahren

In Abschnitt 6.1 wurde bereits auf die Eignung der Strukturgleichungsmodellierung als in dieser Untersuchung verwendetes Verfahren zur Prüfung kausaler Zusammenhänge hingewiesen. Generell kennzeichnet Strukturgleichungsanalysen die Untersuchung komplexer Zusammenhänge zwischen *manifesten* (direkt beobachtbaren) und/ oder *latenten* (hypothetischen, nicht direkt beobachtbaren) Variablen, während beispielsweise in der multiplen Regressionsanalyse nur einfache Dependenzstrukturen geprüft werden können (Homburg et al. 2008b: 549f.). Strukturgleichungsanalysen zielen darauf ab, vorab theoretisch hergeleitete Hypothesensysteme, wie sie in Abschnitt 5.2 formuliert wurden, in ein System linearer Gleichungen zu übersetzen und eine Schätzung der Modellparameter vorzunehmen, die die Struktur der zu den Variablen erhobenen Daten möglichst gut reproduziert (vgl. Weiber/ Mühlhaus 2010: 17). Mit dem Begriff der *Kausalanalyse* werden gemeinhin Strukturmodelle bezeichnet, die Beziehungen zwischen latenten Variablen, also komplexen, nicht direkt beobachtbaren Konstrukten (z. B. Einstellungen und Motive) beinhalten (Homburg et al. 2008b: 549; Weiber/ Mühlhaus 2010: 19).[30] Bei der Durchführung von Kausalanalysen können zwei grundlegende Ansätze unterschieden werden. Den *varianzanalytischen* Ansatz (PLS-Ansatz) kennzeichnet ein zweistufiges Vorgehen, in dem zunächst die Konstruktwerte der latenten Variablen auf Basis der Daten zu den Indikatoren ermittelt werden und danach anhand der Konstruktwerte die Struktur des Kausalmodells regressionsanalytisch geschätzt wird (Weiber/ Mühlhaus 2010: 20; vgl. dazu auch Homburg et al. 2008b: 571ff.). Der *kovarianzanalytische* Ansatz (LISREL-Ansatz) greift hingegen auf das Modell der Faktorenanalyse zurück und schätzt die Messmodelle der latenten Konstrukte und die Beziehungen zwischen ihnen simultan (Weiber/ Mühlhaus 2010: 20). Im Rahmen der vorliegenden Untersuchung wird ein solcher kovarianzanalytischer Ansatz aus folgenden Gründen vorgezogen:

- Er erlaubt im Gegensatz zum varianzanalytischen Ansatz eine Isolation der Messfehler und verhindert so eine Konfundierung von Varianz und Messfehlervarianz bei Mess- und Strukturmodellen (Weiber/ Mühlhaus 2010: 67).

---

30   In Abgrenzung dazu werden im Rahmen einer *Pfadanalyse* komplexe Beziehungen zwischen manifesten, also direkt beobachtbaren Variablen, untersucht (vgl. Weiber/ Mühlhaus 2010: 19, 21ff.). Diese begriffliche Trennung ist inhaltlich nicht korrekt, da auch in Pfadanalysen kausale Zusammenhänge untersucht werden, hat sich aber in der Literatur weitgehend durchgesetzt (Homburg et al. 2008b: 549; Weiber/ Mühlhaus 2010: 19 FN 5).

- Darüber hinaus können in varianzerklärenden Kausalanalysen Mediatoreffekte (vgl. 6.5.5) nicht korrekt ermittelt werden (Homburg et al. 2008b: 572).
- Des Weiteren stehen nur beim kovarianzanalytischen Ansatz globale Gütemaße zur Modellbeurteilung (vgl. dazu 6.5.4) zur Verfügung, anhand derer Fehlspezifikationen erkannt werden können (Homburg et al. 2008b: 573; vgl. Weiber/ Mühlhaus 2010: 66ff.).

Die Anwendung einer Kausalanalyse im Sinne eines kovarianzanalytischen Ansatzes zur Prüfung der in Abschnitt 5.2 formulierten Hypothesensysteme erfordert eine Reihe von Entscheidungen bzw. die Erfüllung einiger Voraussetzungen, die im Folgenden diskutiert werden. Dazu gehört die Festlegung einer Messphilosophie für die latenten Modellkonstrukte und des Vorgehens bei der Identifikation der Faktoren (6.5.1). Darüber hinaus müssen Kriterien zur Prüfung der Reliabilität und Validität der Messmodelle bestimmt werden (6.5.2). Des Weiteren muss in Hinblick auf die Eignung der erhobenen Daten entschieden werden, welche Maßnahmen zur Aufbereitung der Daten für eine Schätzung des Gesamtmodells getroffen werden müssen (6.5.3). Um beurteilen zu können, ob die postulierte Modellstruktur die empirische Datenstruktur gut abbildet, ist die Auswahl, relevanter, globaler Gütekriterien erforderlich (6.5.4). Schließlich soll auch diskutiert werden, in welcher Weise Mediator- und Moderatoreffekte im Rahmen der Strukturgleichungsmodellierung geprüft werden können (6.5.5).

6.5.1 Messphilosophie und Faktorenbildung

Nachdem in Abschnitt 5.3 mögliche Indikatoren zur Messung der relevanten Konstrukte erarbeitet wurden, muss nun im Rahmen der Strukturgleichungsmodellierung eine Festlegung der Messkonzeption erfolgen, d. h. es muss entschieden werden, ob die Konstrukte *formativ* oder *reflektiv* gemessen werden (Weiber/ Mühlhaus 2010: 87). Während formative Messmodelle einem regressionsanalytischen Ansatz folgen, bei dem unterstellt wird, dass die nicht direkt messbare latente Variable die abhängige Größe ist, die durch ihre Indikatoren verursacht wird, entspricht die reflektive Messphilosophie einem faktoranalytischen Ansatz, der die latente Variable als verursachende Größe für die Messvariablen begreift (Weiber/ Mühlhaus 2010: 35). Der grundlegende Unterschied zwischen beiden Messphilosophien ist also die Kausalitätsrichtung zwischen latenter und manifester Variable. Jarvis et al. (2003: 203) entwickelten einen entsprechenden Fragenkatalog, nach dem entschieden werden kann, ob ein reflektives oder formatives Messmodell vorliegt. In der vorliegenden Untersuchung werden alle

Konstrukte durch reflektive Messmodelle operationalisiert. Dem reflektiven Ansatz folgend sind Items (fehlerbehaftete) Repräsentanten eines dahinterliegenden Konstrukts (Hildebrandt/ Temme 2006: 620). Ein einzelner Indikator kann nur eine Facette des Konstrukts erfassen. Ursächlich für das Messergebnis des Indikators sollte in erste Linie das betreffende Konstrukt sein. Das zugrunde liegende Konstrukt erklärt also einen (möglichst hohen) Varianzanteil des Indikators. Der nicht erklärte Varianzanteil resultiert aus dem Messfehler des Indikators (vgl. Homburg et al. 2008a: 278). Darüber hinaus sollten die Indikatoren eines Konstrukts austauschbar sein und miteinander kovariieren (Jarvis et al. 2003: 203). Schließlich ist „[d]ie Entscheidung zwischen einem reflektiven und einem formativen Modell [...] von der zugrundeliegenden Forschungsfrage abhängig. Bei einem formativen Messmodell besteht das Interesse darin, das Zustandekommen einer bestimmten Konstruktausprägung zu erklären." (Hildebrandt/ Temme 2006: 620). Im Rahmen dieser Arbeit geht es eher um die Beziehungen zwischen einzelnen latenten Konstrukten als um deren Zustandekommen, daher eignet sich die *reflektive Messphilosophie* besser für die vorliegende Modellkonzeption. Die latenten Konstrukte werden als Ursache ihrer Messindikatoren betrachtet.

Zu Identifikation der Faktorenstruktur werden in der Regel exploratorische Faktorenanalysen durchgeführt (vgl. z. B. Weiber/ Mühlhaus 2010). In diesem Zusammenhang wird häufig eine Hauptkomponentenanalyse in Verbindung mit dem Eigenwertkriterium und der orthogonalen Varimax-Rotation eingesetzt. Davon wird jedoch bei einer Generierung von Faktoren als Bestandteile von Strukturgleichungsmodellen aus folgenden Gründen abgeraten (Hildebrandt/ Temme 2006: 624):

- Die Messfehlervarianz und die spezifische Varianz der Indikatoren bleiben bei diesem Verfahren unberücksichtigt. Dies führt häufig zu einer Überschätzung der Faktorladung.

- Darüber hinaus trägt die Extraktion von Indikatoren anhand des Kriteriums „Eigenwert größer als 1" nur selten zur korrekten Bestimmung der Faktorenanzahl bei.

- Des Weiteren widerspricht die Annahme unkorrelierter Faktoren, die der Varimax-Rotation zugrunde liegt, weitgehend den Gegebenheiten der empirischen Realität. So werden in empirischen Studien häufig zumindest moderate Korrelationen der Faktoren festgestellt.

Zur Ermittlung von Faktoren als reflektive Messmodelle im Rahmen eines Strukturgleichungsmodells wird daher ein ML-Schätzverfahren bzw. für die Rotation der Faktorlösung ein schiefwinkeliges Verfahren wie z. B. Promax (Hildebrandt/

Temme 2006: 624) oder eine Hauptachsenanalyse ebenfalls mit Promax-Rotation (Weiber/ Mühlhaus 2010: 107) empfohlen.[31] Die daraus resultierende Faktorenstruktur wird nach Eliminierung „schlechter" Indikatoren mit schwachen Faktorladungen oder Ladung auf mehreren Faktoren einer konfirmatorischen Faktorenanalyse unterzogen (vgl. dazu z. B. Weiber/ Mühlhaus 2010: 116ff.). In der vorliegenden Untersuchung werden sowohl exploratorische Faktorenanalysen (Hauptachsenanalyse mit Promax-Rotation) als auch konfirmatorische Faktorenanalysen (ML-Schätzung) verwendet.

6.5.2 Reliabilität und Validität der Messmodelle

Im Rahmen der konfirmatorischen Faktorenanalyse (KFA) wird die Reliabilität und Validität der Messmodelle geprüft. Die Reliabilität wird in der Regel anhand der Indikatorreliabilität (IR), der Faktorreliabilität (FR) und der durchschnittlich erfassten Varianz (DEV) beurteilt (z. B. Hildebrandt/ Temme 2006: 625).[32] Um Schlussfolgerungen bezüglich der Validität der Konstrukte zu ziehen, werden die inhaltliche Validität und die Konstruktvalidität zur Beurteilung herangezogen (Homburg et al. 2008a: 279). *Inhaltsvalidität* ist gegeben, wenn die Indikatoren den theoretischen Bedeutungsgehalt des Konstrukts in seiner Gesamtheit repräsentieren. Sie wird durch eine präzise inhaltliche Definition und Abgrenzung des Konstrukts von anderen Konstrukten erreicht (Balderjahn 2003: 131). Die inhaltliche Validität gilt als das entscheidende Kriterium zur Beurteilung der Validität der Messinstrumente (Hildebrandt/ Temme 2006: 634; Homburg et al. 2008a: 279).

Konstruktvalidität ist gegeben, „wenn gemessene Konstrukte und empirische Relationen zwischen den Konstrukten der Theorie entsprechen" (Balderjahn 2003: 132). Sie setzt Konvergenz-, Diskriminanz- und nomologische Validität voraus (z. B. Weiber/ Mühlhaus 2010: 131). Während *Konvergenzvalidität* über die oben angesprochenen Reliabilitätskriterien nachgewiesen werden kann, wird zur Prüfung der *Diskriminanzvalidität* in der Regel auf das Fornell-Larcker-Kriterium (Fornell/ Larcker 1981) oder auch auf einen X^2-Differenztest zwischen verschiedenen Faktorenmodellen zurückgegriffen (vgl. z. B. Hildebrandt/ Temme 2006: 629; Homburg et al. 2008a: 287). Die Einhaltung des Fornell-Larcker-

---

31 Zu Unterschieden zwischen Hauptkomponenten- und Hauptachsenanalyse sowie zum Rotationsverfahren vgl. Backhaus et al. (2006b: 291f., 300).

32 Cronbach's Alpha wird hier als ungeeignetes Maß angesehen, da seine Beurteilung auf Faustregeln und nicht auf inferenzstatistischen Prüfungen beruht, seine Höhe positiv mit der Anzahl der Indikatoren zusammenhängt und Messfehler bezüglich der Indikatoren nicht geschätzt werden können (vgl. Homburg/ Giering 1996: 8f.; Weiber/ Mühlhaus 2010: 114f.).

Kriteriums setzt voraus, dass die durchschnittlich erfasste Varianz eines Faktors jeweils größer ist als die quadrierten Korrelationen mit den anderen Faktoren in einem konfirmatorischen Faktorenmodell (z. B. Weiber/ Mühlhaus 2010: 135). Als weniger strenges Kriterium wird bei einem X^2-Differenztest ein Zwei-Faktoren-Modell gegen ein spezielleres Modell getestet, bei dem die Korrelation zwischen den beiden Faktoren auf 1 fixiert wird. Weist das speziellere Modell einen signifikant höheren X^2-Wert auf, so ist das allgemeinere Zwei-Faktoren-Modell vorzuziehen und somit auf Diskriminanzvalidität zu schließen (vgl. Homburg et al. 2008a: 287). Korrelieren beispielsweise in den Erklärungsmodellen zum Spielverhalten (5.2.2) das Wettbewerbs- und das Herausforderungsmotiv sehr hoch miteinander, so kann durch Prüfung des Fornell-Larcker-Kriteriums oder mit dem X^2-Differenztest festgestellt werden, ob tatsächlich zwei unterschiedliche Motivdimensionen vorliegen. Generell ist eine Korrelation zwischen den Faktoren durchaus zulässig, darüber hinaus kann auch eine Korrelation von Messfehlern vorgenommen werden, diese muss jedoch theoretisch und methodisch begründbar sein (Homburg et al. 2008a: 283).

Nomologische Validität ist gegeben, wenn die Parameterschätzungen auf Basis der empirischen Daten die theoretisch postulierten Beziehungen gut abbilden. Dies kann anhand globaler Gütekriterien des Strukturgleichungsmodells beurteilt werden (vgl. Weiber/ Mühlhaus 2010: 131f.), auf die weiter unten noch genauer eingegangen wird (vgl. 6.5.4). Erste Anhaltspunkte im Hinblick auf nomologische Validität liefern darüber hinaus die vom Modell geschätzten Korrelationen zwischen den Faktoren in Abgleich mit den im theoretischen Modell postulierten Zusammenhängen. Gibt es hierbei eine hohe Übereinstimmung bzgl. Stärke und Richtung der Zusammenhänge, so deutet dies auf nomologische Validität hin (Homburg et al. 2008a: 287). Zum Beispiel kann im Erklärungsmodell zur Spielintensität (5.2.1) dann von nomologischer Validität ausgegangen werden, wenn die Konstrukte Maskulinität, Femininität, außerhäusliche Freizeitorientierung, soziale Bedeutung digitaler Spiele, Ausgaben für Spielesoftware und Nutzungsintensität zumindest teilweise miteinander korrelieren. Weist ein Faktor keine signifikanten Korrelationen mit den anderen Faktoren auf, sollte er aus dem Modell entfernt werden, da er keinen Beitrag zu Erklärung der Nutzungsintensität leistet.

Zur Beurteilung der Reliabilität und Validität des Faktorenmodells empfehlen Homburg et al. (2008a: 283) zunächst eine Berücksichtigung globaler Gütekriterien (vgl. 6.5.4), danach sollte eine Prüfung der Güte lokaler Modellbestandteile anhand der Indikator- und Faktorreliabilität, der durchschnittlich erfassten Varianz und des Fornell-Larcker-Kriteriums erfolgen, wobei die Reliabilität der Faktoren (FR, DEV) wichtiger und aussagekräftiger als die der Indikatoren (IR) ist (Homburg et al. 2008a: 286). In Tabelle 6-3 sind alle wichtigen Schwellenwerte, die im Rahmen dieser Untersuchung bezüglich der Reliabilität und Validität der Messmodelle berücksichtigt werden sollen, zusammengefasst. Bei einer Verletzung dieser Schwellenwerte sollte, bevor eine Eliminierung „schlechter" Indikatoren erwogen wird, auch die inhaltliche Validität der Konstrukte berücksichtigt werden:

> Gerade bei der Skalenentwicklung sollten inhaltliche Erwägungen eine viel stärkere Rolle spielen: Die Indikatoren eines Konstrukts müssen nicht nur zum Inhaltsbereich des Konstrukts gehören, sie sollten ihn auch weitestgehend abdecken. In diesem Zusammenhang können formal ‚schlechte' Indikatoren, d. h. Indikatoren mit einer relativ niedrigen Indikatorreliabilität, durchaus ‚gute' Indikatoren sein. (Homburg/ Klarmann 2006: 732; vgl. dazu auch Little et al. 1999)

Kriterium	Schwellenwert
Reliabilitätskriterien[a]	
Indikatorreliabilität (IR)	≥ 0.4
Faktorreliabilität (FR)	≥ 0.6
durchschnittlich erfasste Varianz (DEV)	≥ 0.5
Validitätskriterien[b]	
Fornell-Larcker-Kriterium (FL)	$DEV \geq \Phi^2_{ii} \; \forall \; i, j$
X^2-Differenztest	$\geq 3,84$
nomologische Validität	KFA- bzw. SGM-Modell mit hoher Güte, Korrelationen zwischen den Faktoren entsprechend der Hypothesen

$\Phi^2_{ij} \; \forall \; i, j$ = quadrierte Korrelation der Konstrukte i und j
[a] vgl. Homburg et al. (2008a: 288)
[b] vgl. Homburg et al. (2008a: 287), Weiber/ Mühlhaus (2010: 137)

Tabelle 6-3   Schwellenwerte Reliabilität und Validität

6.5.3 Analysevorbereitung und Modellschätzung

Die Anforderungen an Größe und Verteilung der Stichprobe bei der Schätzung von Strukturgleichungsmodellen sind abhängig von der gewählten Schätzmethode. Die Maximum-Likelihood-Methode (ML) ist in diesem Zusammenhang ein weit verbreitetes und häufig angewendetes Verfahren (z. B. Blunch 2008; Homburg et al. 2008b; Weiber/ Mühlhaus 2010). Dabei wird zu einem gegebenen Stichprobenergebnis S derjenige Wert $\hat{\Sigma}$ als Schätzer für die Kovarianzmatrix Σ gewählt, unter dem die Wahrscheinlichkeit des Eintretens von S am größten ist (Homburg et al. 2008a: 281). Die ML-Schätzfunktion setzt jedoch eine multivariate Normalverteilung der Daten voraus. Zur Prüfung der Normalverteilungsannahme können Schiefe und Wölbung der einzelnen Variablen inspiziert werden.[33] Diese sollten betragsmäßig nicht größer als 1 sein (Weiber/ Mühlhaus 2010: 146). West et al. (1995: 74) stellten jedoch fest, dass ML-Schätzungen auch bei moderater Nichtnormalität mit Werten ≤ 2 für den Schiefekoeffizienten und Werten ≤ 7 für den Wölbungskoeffzienten zuverlässige Ergebnisse liefern (siehe auch Curran et al. 1996: 26). Darüber hinaus konnten Lei und Lomax (2005) zeigen, dass auch bei stärkerer Verletzung der Normalverteilungsbedingung robuste Schätzergebnisse erzielt werden können, insbesondere NFI, TLI (NNFI) und CFI erwiesen sich als verlässliche Gütemaße (vgl. 6.5.4). Nichtnormalität, so die Autoren, bewirke zwar eine Verzerrung der Parameterschätzungen, diese lag in den von ihnen vorgenommenen Schätzungen jedoch überwiegend bei weit unter zehn Prozent und sei daher zu vernachlässigen (Lei/ Lomax 2005: 16). In der vorliegenden Untersuchung sollen zur Beurteilung von Abweichungen von der Normalverteilung die oben angegebenen Schwellenwerte von West et al. (1995) herangezogen werden.

Neben der Prüfung der Verteilung der Daten ist eine Analyse und Behandlung von fehlenden Werten und Ausreißern notwendig. Ausreißer müssen als aus sachlogischer Sicht unplausible Werte identifiziert und eliminiert werden (Weiber/ Mühlhaus 2010: 145). Dies ist im Rahmen einer ersten, explorativen Inspektion des Datensatzes bereits erfolgt (vgl. 6.4). Bezüglich des Auftretens fehlender Werte kann zwischen „Not Missing at Random" (NMAR), „Missing Completely at Random" (MCAR) und „Missing at Random" (MAR) unterschieden werden (vgl. Weiber/ Mühlhaus 2010: 142f.). Liegt NMAR vor, so muss für eine weitere Behandlung der fehlenden Werte der Ausfallmechanismus bekannt sein. Bei MAR und MCAR ist dies nicht notwendig (Backhaus/ Blechschmidt 2009: 270).

---

33 In einem weiteren Schritt kann Mardia's Maß der multivariaten Normalverteilung als Koeffizient der multivariaten Wölbung herangezogen werden (vgl. Weiber/ Mühlhaus 2010: 147f.). Dieser Koeffizient wird in Amos jedoch nur berechnet, wenn keine fehlenden Werte vorliegen und der FIML-Schätzer nicht verwendet wird.

In SPSS kann mit Hilfe des MCAR-Tests nach Little festgestellt werden, ob MCAR vorliegt oder nicht. Als Verfahren zum Ersetzen fehlender Werte nennen Weiber und Mühlhaus (2010: 143) zum einen die Schätzmethode Full Informati-on Maximum Likelihood (FIML) in Amos sowie zum anderen die Schätzung mit EM-Algorithmus in SPSS, die auch von Reinecke erwähnt wird (2005: 283ff.), und empfehlen insbesondere bei der Analyse von Strukturgleichungsmodellen mit Amos die Verwendung des FIML-Schätzers. Im Rahmen einer Simulations-studie konnten Backhaus und Blechschmidt (2009) zeigen, dass ML-basierte Verfahren zur Schätzung fehlender Werte anderen Verfahren (z. B. Regression, Mittelwertimputation, fallweiser Ausschluss) vorzuziehen sind. Daher wird auch im Rahmen dieser Untersuchung beim Auftreten von zufällig fehlenden Werten die FIML-Technik verwendet.

Für die Stichprobengröße empfehlen Homburg und Klarmann (2006: 733), einen Umfang von 200 bis 250 Fällen anzustreben. Es existiert jedoch kein ein-deutiger Schwellenwert, da auch andere Faktoren wie etwa die Modellkomplexi-tät die Stabilität der Ergebnisse beeinflussen (Backhaus et al. 2006a: 714). Je-doch wird von einer Schätzung kovarianzbasierter Strukturgleichungsmodelle bei Stichprobenumfängen unter 100 Fällen abgeraten (Homburg/ Klarmann 2006: 733). Der im Rahmen der Befragung zu dieser Untersuchung erzielte Stichprobenumfang von 317 Fällen kann hingegen als ausreichend angesehen werden.

6.5.4 Bewertung des Gesamtmodells

Im Zuge der Bewertung des Gesamtmodells wird geprüft, ob sich das dem Struk-turgleichungsmodell zugrunde liegende Hypothesensystem (vgl. für die vorlie-gende Untersuchung 5.2) anhand der erhobenen Daten empirisch bestätigen lässt. Hierzu ist zunächst eine Evaluation der Teilstrukturen in Form einer Reliabili-täts- und Validitätsprüfung der Messmodelle der latenten Variablen notwendig. Diese wurde unter Angabe relevanter Gütekriterien bereits in Abschnitt 6.5.2 erläutert (vgl. auch Tab. 6-3). Danach erfolgt die Evaluation des Gesamtmodells. Diese beinhaltet folgende Aspekte (vgl. Weiber/ Mühlhaus 2010: 157f., 168f., 189ff.):

- Zunächst kann anhand *inferenzstatistischer* und *deskriptiver* Gütekrite-rien festgestellt werden, ob die erhobenen Daten das postulierte Modell bestätigen oder nicht.

- Des Weiteren kann mittels *inkrementeller* Fitmaße eine vergleichende Prüfung der Modellgüte vorgenommen werden, bei der das postulierte Modell gegen ein Basismodell getestet wird, in dem alle Variablen voneinander unabhängig sind.
- Sollen „echte" Modellalternativen, in denen unterschiedliche theoretische Strukturen formuliert sind, geprüft werden, so können sog. *Informationskriterien* herangezogen werden. Anhand dieser Kriterien kann auch die Modellsparsamkeit beurteilt werden, d. h. inwiefern eine gute Modellpassung durch eine möglichst geringe Anzahl an Modellparametern erreicht werden kann.
- Darüber hinaus kann die Passung des Modells durch eine Modifikation der Modellstruktur verbessert werden. Dies kann eine Vereinfachung (durch Eliminierung nicht signifikanter Pfadbeziehungen) oder eine Erweiterung (durch Freisetzung von Messfehler-Kovarianzen und Aufnahme neuer Pfadbeziehungen) der Modellstruktur bedeuten. Im Gegensatz zum Testen echter, theoretisch begründeter Modellalternativen stellt dieser Modifikationsprozess ein exploratives Vorgehen dar.

Inferenzstatistisches Kriterium der Anpassungsgüte des gesamten Modells ist der *Chi-Quadrat-Wert* (X^2) als Maß für die Abweichung der empirischen von der modelltheoretischen Kovarianzmatrix. Problematisch ist, dass der Chi-Quadrat-Test eine vollständige Übereinstimmung von Modell und Varianz-Kovarianz-Matrix prüft (Homburg et al. 2008b: 561) und sensitiv auf die Stichprobengröße reagiert (Weiber/ Mühlhaus 2010: 161). Daher wird in der Regel auf den *Root-Mean-Square-Error of Approximation* (RMSEA) als inferenzstatistisches Maß zurückgegriffen (vgl. Backhaus et al. 2006b; Byrne 2010; Homburg et al. 2008b; Weiber/ Mühlhaus 2010). Dieser prüft nicht die absolute Richtigkeit des Modells, sondern seine annähernde Passung mit der Realität und berücksichtigt dabei auch die Modellkomplexität durch Erfassung der Freiheitsgrade (Weiber/ Mühlhaus 2010: 161). Werte unter 0.05 zeigen eine gute und Werte bis 0.08 eine akzeptable Passung an (vgl. Homburg et al. 2008b; Weiber/ Mühlhaus 2010). Darüber hinaus kann anhand deskriptiver Gütekriterien, die auf Erfahrungswerten aus Simulations- und Vergleichsstudien beruhen, festgestellt werden, ob die häufig gegebene Abweichung des Modells von der Datenstruktur vernachlässigt werden kann oder nicht. So kann beispielsweise der Chi-Quadrat-Wert als deskriptive Prüfgröße interpretiert und durch die Anzahl der Freiheitsgrade dividiert werden (X^2/DF; vgl. Weiber/ Mühlhaus 2010: 162). Der so ermittelte Quotient gibt Aufschluss über die Güte der Modellpassung unter Berücksichtigung der Modellkomplexität und sollte nicht größer als 3 sein (vgl. Homburg et al. 2008b).

Inkrementelle Anpassungsmaße geben den Prozentsatz an, zu dem das theoretisch postulierte Gesamtmodell eine bessere Passung an die empirische Datenstruktur aufweist als das Basismodell, in dem alle Variablen unabhängig sind und das keine inhaltliche Plausibilität und Aussagekraft besitzt (Weiber/ Mühlhaus 2010: 168f.). Entsprechend bedeuten Werte nahe 1 eine Überlegenheit des postulierten Modells. Häufig verwendete Vergleichsindizes sind in diesem Zusammenhang der *Tucker-Lewis-Index* (TLI) und der *Comparative Fit Index* (CFI), welche auch die Freiheitsgrade des Modells berücksichtigen und bei denen Werte größer 0.9 eine gute Modellpassung anzeigen (vgl. Homburg et al. 2008b).

Für den Vergleich echter Modellalternativen stehen sogenannte Informationskriterien zur Verfügung, bei denen die Anpassungsgüte des Modells in Relation zur Anzahl der Modellparameter (teilweise auch zur Stichprobengröße) betrachtet wird (Weiber/ Mühlhaus 2010: 173f.). Im Sinne der Modellsparsamkeit sollte das Modell vorgezogen werden, dass die wenigsten Modellparameter zum Erreichen einer guten Passung benötigt. Dies kann z. B. anhand des *Akaike Information Criterion* (AIC) sowie des *Expected Cross Validation Index* (ECVI) beurteilt werden, wobei im Modellvergleich das Modell mit den jeweils niedrigsten Werten gewählt werden sollte (vgl. Weiber/ Mühlhaus 2010: 174). Solche Informationskriterien können neben anderen oben genannten Gütekriterien auch bei der Entscheidung über mögliche Modellmodifikationen herangezogen werden. Allerdings ist bei solchen Modifikationen Vorsicht geboten und eine theoretische Begründung notwendig, da die Gefahr besteht, dass dadurch eher zufällige Stichprobengegebenheiten als die ursprünglich formulierte Theorie abgebildet werden (vgl. Homburg/ Klarmann 2006: 737; Weiber/ Mühlhaus 2010: 190).

Im Rahmen der vorliegenden Untersuchung soll zur globalen Modellbeurteilung auf die Gütemaße RMSEA, X²/DF, TLI und CFI unter Verwendung der gängigen Schwellenwerte zurückgegriffen werden (Tab. 6-4). Soweit alternative Modelle geprüft werden müssen, kommen die Informationskriterien AIC und ECVI zur Anwendung. Bei einer Gesamtbeurteilung des Modells auf Basis der hier zusammengestellten Gütekriterien ist zu berücksichtigen, dass ein Verfehlen einzelner Schwellenwerte nicht zwangsläufig zu einer Ablehnung des Modells führen muss (Homburg/ Klarmann 2006: 737). Vielmehr dienen die Schwellenwerte als Richtlinien, aus denen ein positives oder negatives Gesamturteil abgeleitet werden kann (vgl. Homburg et al. 2008b: 567).

Kriterium	Schwellenwert
Beurteilung des Gesamtmodells[a]	
Root-Mean-Square-Error of Approximation (RMSEA)	$\leq 0.05\text{-}0.08$
X²/DF	≤ 3
vergleichende Beurteilung alternativer Modelle[a]	
Tucker-Lewis-Index (TLI)	≥ 0.9
Comparative-Fit-Index (CFI)	≥ 0.9
Beurteilung der Modellsparsamkeit/ Vergleich „echter" Modellalternativen[b]	
Akaike Information Criterion (AIC)	Modell mit geringstem
Expected Cross Validation Index (ECVI)	Wert wählen

[a] vgl. Weiber/ Mühlhaus (2010: 176)
[b] vgl. Weiber/ Mühlhaus (2010: 173f.)

Tabelle 6-4   Globale Gütekriterien zur Modellbeurteilung

6.5.5 Prüfung von Interaktionseffekten

Die häufig bei der Anwendung von Strukturgleichungsmodellen zugrunde liegende Linearitätsannahme sollte nach Scholderer et al. (2006: 643) kritisch hinterfragt werden. Die Autoren empfehlen, Moderatorhypothesen bzw. nichtlineare Effekte explizit zu prüfen, z. B. mittels Mehrgruppenmodellen. Allgemein kann bei Interaktionseffekten von unabhängigen latenten Variablen zwischen Moderator- und Mediatoreffekten unterschieden werden.

Von einem *Mediatoreffekt* spricht man, wenn eine kausale Beziehung zwischen zwei Variablen durch eine dritte übermittelt oder unterbrochen wird (vgl.
Urban/ Mayerl 2011). Die dritte Variable wird dann auch als Mediator bezeichnet, die im Modell eine unabhängige und zugleich eine abhängige Variable darstellt. Ein totaler Mediatoreffekt liegt vor, wenn die Mediatorvariable den Effekt
komplett übermittelt und zwischen den anderen beiden Variablen kein direkter
Zusammenhang besteht. Bei einem partiellen Mediatoreffekt wird nur ein Teil
des Einflusses durch den Mediator interveniert, und es besteht darüber hinaus
noch eine direkte Beziehung zwischen unabhängiger und abhängiger Variable.
So wird in der vorliegenden Untersuchung beispielsweise im Modell zur Erklärung der Nutzungsintensität (vgl. 5.2.1; Abb. 5-2) eine partielle Mediation des

Einflusses der maskulinen Geschlechtsrollenorientierung auf die Nutzungsintensität durch die soziale Bedeutung digitaler Spiele vermutet (Abb. 6-5).

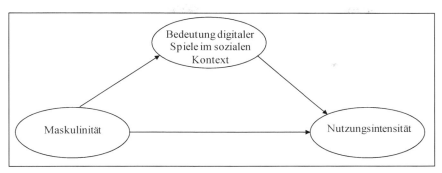

Abbildung 6-5   *Beispiel für Annahme eines partiellen Mediatoreffekts im Erklärungsmodell Nutzungsintensität*

Bei genauerer Betrachtung implizieren die in Abschnitt 5.2 formulierten Modelle eine Reihe von Mediatoreffekten. Während zur Ermittlung der direkten Effekte die Pfadkoeffizienten herangezogen werden können, lassen sich indirekte Effekte durch Multiplikation der direkten Effekte von unabhängiger Variable auf den Mediator und vom Mediator auf die abhängige Variable berechnen. Die Signifikanz indirekter Effekte kann beispielsweise anhand des Sobel-Tests (vgl. dazu Urban/ Mayerl 2011) geprüft werden.

Ein *Moderatoreffekt* liegt vor, wenn die Stärke und/ oder die Richtung der Beziehung zwischen einer unabhängigen und einer abhängigen Variable durch eine dritte Variable verändert wird (vgl. Baron/ Kenny 1986: 1174). Die Annahme von Einflüssen verschiedener Moderatorvariablen auf die in dieser Arbeit postulierten Modellzusammenhänge wurde in Abschnitt 5.2.4 in den Hypothesen H15 und H16 formuliert. Im Rahmen einer Strukturgleichungsmodellierung können Moderatoreffekte mittels Mehrgruppen-Kausalanalyse (MGKA) geprüft werden (vgl. Huber et al. 2006; Scholderer et al. 2006). Dabei wird die Schätzung des Strukturgleichungsmodells simultan für mehrere Teilgruppen durchgeführt (Weiber/ Mühlhaus 2010: 226). Voraussetzung für eine solche simultane Schätzung über mehrere Gruppen ist, dass die Höhe der Faktorladungen der Indikatoren in allen Gruppen identisch ist (*metrische Invarianz*) und zusätzlich auch die Konstanten der Indikatoren in den Gruppen übereinstimmen (*skalare Invarianz*; vgl. Weiber/ Mühlhaus 2010: 237f.).

Werden einzelne Identitätsrestriktionen verletzt, indem in einzelnen Gruppen bestimmte Parameter freigesetzt werden, um die Modellpassung zu verbessern, ist zumindest eine partielle metrische bzw. skalare Invarianz gegeben (vgl. Weiber/ Mühlhaus 2010). Sind die oben geschilderten Voraussetzungen für einen multiplen Gruppenvergleich gegeben, so können die Strukturbeziehungen zwischen den latenten Variablen verglichen werden, z. B. um die Wirksamkeit einer Moderatorvariable als Ursache für Modellunterschiede zwischen Gruppen zu prüfen. Hierzu werden die unstandardisierten Pfadkoeffizienten in den einzelnen Gruppen betrachtet. Anhand der C.R.-Werte (Critical Ratios for Differences) kann festgestellt werden, ob signifikante Unterschiede zwischen den Strukturbeziehungen in den Gruppen vorliegen (Tab. 6-5). Darüber hinaus können auch die Mittelwerte der latenten Variablen in den Gruppen verglichen werden. Auch hier geben die C.R.-Werte darüber Auskunft, ob die Werte zwischen den Gruppen statistisch signifikant voneinander abweichen (vgl. Weiber/ Mühlhaus 2010: 252).

Anwendungsbereich	Voraussetzung	Prüfung von Unterschieden
Vergleich der Strukturbeziehungen zwischen latenten Variablen (Moderatoreffekte)	metrische bzw. partielle metrische Invarianz	anhand der C.R.-Werte der unstandardisierten Pfadkoeffizienten (C.R. > 1,96)
Vergleich der Mittelwerte der latenten Variablen	skalare bzw. partielle skalare Invarianz	anhand der C.R.-Werte der latenten Mittelwerte (C.R. > 1,96)

Quelle: Weiber/ Mühlhaus (2010: 225ff.)

Tabelle 6-5   Prüfung von Gruppenunterschieden im Rahmen der MGKA

7 Ergebnisse und Interpretation

In diesem Kapitel werden die Ergebnisse der empirischen Untersuchung präsentiert. Dazu wird zunächst eine Grundauszählung aller relevanten Variablen vorgenommen (7.1). Anschließend werden die Reliabilität und Validität der Messmodelle geprüft (7.2). Die Darstellung der Ergebnisse erfolgt anhand der in Abschnitt 5.2 formulierten Erklärungsmodelle und Hypothesen (7.3). Abschließend werden die Ergebnisse zusammengefasst und interpretiert (7.4). Tabelle 7-1 zeigt die Analyseschritte, die in diesem Kapitel mit dem Ziel der Prüfung der in Abschnitt 5.2 formulierten Hypothesen durch eine Strukturgleichungsmodellierung abgearbeitet werden müssen.

Abschnitt	Analyseschritt	Erläuterung
7.1	deskriptive Analyse der modellrelevanten Variablen	Prüfung der Variablen auf Normalverteilung
7.2	Güteprüfung der Messmodelle	Identifikation der Faktorstruktur, Reliabilitäts- und Validitätsprüfung
7.3.1- 7.3.3	Schätzung der Kausalmodelle	Gesamtevaluation der Kausalmodelle anhand globaler Gütekriterien, Test der Hypothesen H1 bis H14 unter Berücksichtigung von Mediatoreffekten
7.3.4	Mehrgruppenkausalanalyse	Prüfung von Moderatoreffekten und Vergleich latenter Mittelwerte, Test der Hypothesen H15 bis H18
7.4	Interpretation	Beurteilung der Ergebnisse und theoretische Implikationen

Tabelle 7-1   *Analyseprozess im Rahmen der Strukturgleichungsmodellierung*

7.1 Deskriptive Statistik

In diesem Abschnitt erfolgt neben einer Zusammenstellung allgemeiner Eckdaten der Stichprobe (7.1.1) eine Grundauszählung aller modellrelevanten Variablen. Diese wird für die beiden Erklärungsebenen Selektion (7.1.2) und Spielverhalten (7.1.3) gesondert dargestellt. Abschließend werden relevante Erkenntnisse zur Verteilung der Variablen und zur Stichprobengröße im Hinblick auf weitere Analyseschritte der Strukturgleichungsmodellierung zusammengefasst (7.1.4).

7.1.1 Beschreibung der Stichprobe

Die in diesem Abschnitt präsentierten Eckdaten der Stichprobe betreffen insbesondere Soziodemografie und Präferenzen bestimmter Genres und Titel digitaler Spiele. Die Stichprobe setzt sich zu 48 Prozent aus Frauen und zu 52 Prozent aus Männern zusammen. Damit konnte durch das Vorgehen bei der Stichprobenrekrutierung (vgl. 6.4) ein für eine Befragung zu digitalen Spielen relativ hoher Frauenanteil erreicht werden (vgl. z. B. Hartmann 2008; Williams et al. 2008).[34] Das Durchschnittsalter der Befragten liegt bei 29 Jahren (MW = 29,28; SD = 12,32). 29 Prozent (n = 93) der Befragungsteilnehmer haben einen Hochschulabschluss, 23 Prozent einen niedrigeren formalen Bildungsabschluss, 41 Prozent befinden sich noch in Ausbildung, und 7 Prozent (n = 21) haben keinen Bildungsabschluss. Von den noch in Ausbildung befindlichen Befragten sind 14 Prozent (n = 45) Schüler, 22 Prozent (n = 70) sind Studenten, und 4 Prozent (n = 14) absolvieren eine Berufsausbildung.

Tabelle 7-2 zeigt die Eckdaten der Stichprobe im Überblick. Während die Geschlechterverteilung relativ ausgeglichen ist, sind bei den Altersgruppen die 20- bis 29-Jährigen am stärksten vertreten. Differenziert nach Bildungsabschlüssen dominieren Befragte mit Abitur. Dies entspricht in etwa dem Bild einer relativ jungen, gut gebildeten internetaffinen Bevölkerungsgruppe, die in Online-Umfragen überdurchschnittlich stark vertreten ist. Betrachtet man die Häufigkeit der Spielnutzung, so wird deutlich, dass die meisten Befragten mehrmals pro Woche spielen (39%), während der Anteil der Nichtspieler in der Stichprobe bei 10 Prozent liegt.

---

34   Schumann (2013) wählt in ihrer Untersuchung zum Publikumserfolg von Computerspielen eine ähnliche Rekrutierungsstrategie mit erheblich höherer Gesamtfallzahl (N = 5180). Sie erreicht dabei jedoch nur einen Frauenanteil von knapp 4 Prozent und einem Anteil über-40-Jähriger von 3 Prozent. Eine passive Online-Rekrutierung zum Thema Computerspiele führt in der Regel zu einer starken Überrepräsentierung jüngerer, männlicher Intensivspieler im Sample (vgl. auch Schumann 2013: 181ff.).

Um einen allgemeinen Eindruck zu bekommen, welche Spiele bzw. Spielgenres die Befragten bevorzugen, können die Antworten auf die Fragen 7, 8 und
10 zu Rate gezogen werden (vgl. 6.3). In Frage 10 des Fragebogens wurden die
Probanden nach dem Spiel gefragt, dass sie aktuell spielen bzw. zuletzt gespielt
haben. Am häufigsten wurden hier Titel der Spielreihe *Dragon Age* (n = 23)
genannt, gefolgt von *Die Sims* (n = 12), *World of Warcraft*, *MassEffect* und
Assassins Creed mit jeweils neun Nennungen (vgl. Tab. A-1 im Anhang).

Merkmale	Häufigkeit (n)	Anteil (%)
Geschlecht (n = 317)		
weiblich	151	48%
männlich	166	52%
Alter (n = 316)		
≤ 19 Jahre	67	21%
20-29 Jahre	123	39%
30-39 Jahre	68	21%
≥ 40 Jahre	59	19%
Bildung (n = 272)[a]		
Hauptschule	20	7%
Realschule	54	20%
Abitur	198	73%
Spielhäufigkeit (n = 317)[b]		
täglich	93	29%
mehrmals pro Woche	122	39%
mehrmals pro Monat	38	12%
Seltener	32	10%
nie	32	10%

[a] Frage: Welchen Schulabschluss besitzen Sie? („ohne Abschluss", „Hauptschulabschluss", „Real-
schulabschluss/mittlere Reife", „Abitur oder eine fachgebundene Hochschulreife" oder „noch in
der Schule")
[b] Frage: Wie oft spielen Sie Computer- bzw. Videospiele? („täglich", „mehrmals pro Woche",
„mehrmals pro Monat", „seltener" oder „nie")

Tabelle 7-2   *Zusammensetzung der Stichprobe*

Die angegebenen Spieltitel wurden entsprechend der in Abschnitt 5.3.3 vorgestellten Genreeinteilung zugeordnet. Abbildung 7-1 gibt die Häufigkeiten der
aktuell gespielten Genres wieder. Demnach spielten etwa 25 Prozent der Befragten zum Zeitpunkt der Befragung ein Rollenspiel. 17 Prozent spielten ein Action-
bzw. Shooterspiel, danach folgen Denk- und Geschicklichkeitsspiele (15%),
Simulationen (12%), Strategiespiele (10%) und Online-Rollenspiele (6%). In
Frage 7 wurden die Befragten gebeten, alle Spielgenres, die sie zumindest selten
spielen, nach Beliebtheit zu ordnen. Gemäß dieser Rangordnung sind Rollenspiele unter den Befragungsteilnehmern am beliebtesten, gefolgt von Action- und
Shooterspielen sowie Strategiespielen (Tab. 7-3).

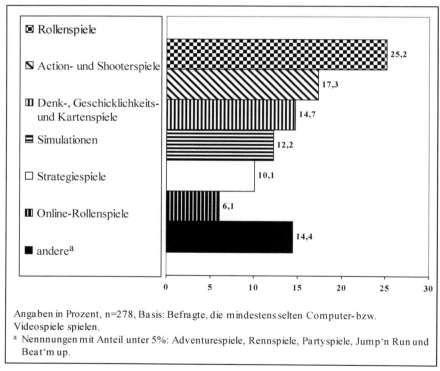

Angaben in Prozent, n=278, Basis: Befragte, die mindestens selten Computer- bzw.
Videospiele spielen.
[a] Nennnungen mit Anteil unter 5%: Adventurespiele, Rennspiele, Partyspiele, Jump'n Run und
   Beat'm up.

Abbildung 7-1   Aktuell gespielte Genres (Angaben in Prozent)

Genre[a]	N	durchschnitt-licher Rang
Rollenspiele	163	2,08
Action- u. Shooterspiele	151	2,95
Strategiespiele	142	3,11
Online-Rollenspiele	75	3,51
Adventurespiele	141	3,79
Simulationen	117	3,96
Denk-, Geschicklichkeits- und Kartenspiele	173	4,18
Sportspiele	74	4,31
Jump 'n Run	107	4,80
Rennspiele	112	4,90
Fun-, Sport- und Gesellschaftsspiele	75	5,20
Beat 'em up	61	6,85

n = 283
[a] Rangordnung von 1 („am beliebtesten") bis 12

Tabelle 7-3   Rangfolge der Beliebtheit der Spielgenres

7.1.2 Modellrelevante Variablen auf Selektionsebene

Nachdem die Stichprobe hinsichtlich grundlegender Merkmale beschrieben wurde, erfolgt nun eine Betrachtung der Verteilung aller modellrelevanten Variablen. In diesem Abschnitt werden die Verteilungen der Variablen präsentiert, die
für die Schätzung des Erklärungsmodells auf Selektionsebene (5.2.1) herangezogen werden. Tabelle 7-4 zeigt hierzu zunächst die Mittelwerte und Standardab-
weichungen der Variablen zur Messung der Geschlechtsrollenorientierung sowie
die Schiefe und Wölbung der Verteilungen. Bezüglich der Maskulinitätsitems
zeigt sich, dass nach eigenem Bekunden die Eigenschaft „verteidige meine Meinung" am stärksten (MW = 4,06) und die Eigenschaft „furchtlos" am wenigsten
auf die Befragten zutrifft (MW = 2,76). Bei den femininen Eigenschaften schreiben sich die Befragten am ehesten zu, „empfindsam" (MW = 3,74) zu sein, und
am wenigsten charakterisieren sie sich selbst als „romantisch" (MW = 3,10). Die
Verteilung fast aller Eigenschaftsitems ist leicht rechtsschief und hochgipflig und

weicht nur moderat von der Normalverteilung ab. Ähnliche Werte wurden auch
in Validierungsstudien zum BSRI berichtet (vgl. z. B. Altstötter-Gleich 2004).

Konstrukt	Item[a]	N	MW	SD	Schiefe	Kurtosis
Masku-linität	führungsstark	316	3,09	1,13	-0,04	-0,72
	sicher	317	3,19	1,02	-0,24	-0,37
	entschlossen	317	3,48	0,99	-0,15	-0,54
	furchtlos	317	2,76	1,01	0,12	-0,41
	konsequent	316	3,46	1,12	-0,18	-0,86
	verteidige meine Meinung	317	4,06	0,91	-0,86	0,54
	scharfsinnig	316	3,81	0,87	-0,12	-0,37
	hartnäckig	317	3,52	1,02	-0,27	-0,65
Femini-nität	weichherzig	315	3,46	1,10	-0,47	-0,47
	leidenschaftlich	315	3,47	1,00	-0,17	-0,46
	romantisch	316	3,10	1,18	-0,15	-0,82
	feinfühlig	314	3,61	1,04	-0,47	-0,39
	empfindsam	317	3,74	1,08	-0,63	-0,19
	herzlich	316	3,67	1,04	-0,57	-0,23
	sinnlich	316	3,21	1,07	-0,05	-0,51
	bemüht Gefühle zu besänftigen	315	3,65	1,08	-0,45	-0,53

n = 317
[a] 5-stufige Skala von „trifft überhaupt nicht zu" bis „trifft vollkommen zu"

Tabelle 7-4   Verteilung der Items zur Geschlechtsrollenorientierung

Bei den außerhäuslichen Freizeitaktivitäten, über deren Häufigkeit die außerhäusliche Freizeitorientierung gemessen werden soll, kann für Konzertbesuche
der niedrigste (1,93) und für das Treffen von Freunden der höchste Mittelwert
(3,92) festgestellt werden (Tab. 7-5). Außerdem fällt die flache Verteilung des
Items „Konzerte besuchen" und die hochgipfelige Verteilung des Items „Sport
treiben" auf. Auch die Items zu den Ausgaben für digitale Spiele und zur Nutzungsdauer sind zum Teil deutlich nichtnormalverteilt. Alle anderen Abweichungen von der Normalverteilung bewegen sich im moderaten Bereich.

Konstrukt	Item	N	MW	SD	Schiefe	Kurtosis
außerhäus-liche Freizeit-orientie-rung[a]	ins Kino gehen	314	2,37	0,84	0,40	-0,23
	Konzerte besuchen	316	1,93	0,75	0,94	1,83
	Theater, Museen, Ausstellungen besuchen	311	1,96	0,72	0,58	0,51
	Ausgehen in Knei-pen, Restaurants	317	3,0	1,19	-0,11	-0,98
	Sport treiben	317	3,56	1,45	-0,55	-1,16
	Freunde treffen	316	3,92	1,01	-0,95	0,47
soziale Bedeutung digitaler Spiele	Anteil der Spieler im Freundeskreis[b]	317	3,06	1,10	0,05	0,19
	Gespräche über digitale Spiele[a]	317	2,66	1,12	-0,91	-0,86
Ausgaben für digitale Spiele	Ausgaben für Spielesoftware[c]	283	3,70	1,81	-0,10	-1,12
	Spielgerätebesitz[d]	317	1,27	1,47	1,56	3,01
Nutzungs-intensität	Spielhäufigkeit[e]	317	3,67	1,27	-0,84	-0,36
	Nutzungsdauer[f]	283	4,36	1,87	-0,66	-1,14

n = 317
[a] 5-stufige Skala („nie" bis „mehrmals pro Woche")
[b] 5-stufige Skala („Keiner meiner Freunde spielt." bis „Alle meine Freunde spielen.")
[c] 7-stufige Skala (Ausgaben für Spielesoftware in den letzten 12 Monaten von „nichts" bis „500 Euro und mehr")
[d] Anzahl der Spielkonsolen inkl. Kleinkonsolen (persönlicher Besitz mit dem Faktor 1 und Ver-fügbarkeit im Haushalt mit dem Faktor 0,5)
[e] 5-stufige Skala („nie" bis „täglich")
[f] 6-stufige Skala („weniger als eine Stunde" bis „mehr als fünf Stunden")

Tabelle 7-5   *Verteilung der Items zu den Konstrukten im Modell Nutzungs-intensität*

7.1.3 Modellrelevante Variablen auf Ebene des Spielverhaltens

Im Folgenden werden alle Variablen betrachtet, die in den Strukturgleichungs-modellen auf Ebene des Spielverhaltens Berücksichtigung finden. Dazu gehören die Items zur Erfassung der Nutzungsmotive Wettbewerb, Herausforderung und soziale Interaktion, zur Erfassung der Genrepräferenzen für action-orientierte

Spiele und Rollenspiele sowie zur Erfassung konkurrierenden, kooperativen, explorativen und zielorientierten Spielverhaltens.

Nutzungsmotive

Bei den Aussagen zu Motiven der Nutzung digitaler Spiele findet das Item „weil es mir Spaß macht, schwierige Spielaufgaben zu meistern" die größte Zustimmung (MW = 3,62). Als am wenigsten zutreffend erachteten die Befragten die Motivation zum Spielen digitaler Spiele, um andere zu provozieren (MW = 1,47) sowie „um meinen Freunden zu zeigen, dass ich der/ die Beste bin" (MW = 1,62). Die Verteilung beider Items zeigt eine deutliche Linksschiefe und flache Wölbung (vgl. Tab. 7-6). Daten zur Verteilung der Items der Nutzungsmotive Zeitvertreib und Fantasie befinden sich im Anhang (Tab. A-2).

Genrepräferenzen

Wie schon in Abschnitt 7.1.1 anhand der Rangdaten und offenen Nennungen zu aktuell gespielten Spielen ersichtlich wurde, zeigt sich auch bei den Mittelwerten zur Häufigkeit der Nutzung verschiedener Spielgenres, dass Rollenspiele insgesamt – hier wurden Rollenspiele und Online-Rollenspiele zusammengefasst – am häufigsten genutzt werden (MW = 2,73). Danach folgen Action- und Shooterspiele (MW = 2,22). Tabelle 7-7 zeigt die Verteilung der Items zu action-orientierten Spielen und Rollenspielen. Zu action-orientierten Spielen werden Genres wie Action- und Shooterspiele, Renn- und Sportspiele und Beat 'em ups (Prügelspiele) gezählt, die eine hohe motorische und kognitive Reaktionsschnelligkeit erfordern. Insbesondere das Item zur Häufigkeit der Nutzung Beat'em ups weist eine starke Abweichung von der Normalverteilung auf. Auch bezüglich der anderen Items sind moderate bis deutliche Abweichungen festzustellen.

Konstrukt	Item[a]	N	MW	SD	Schiefe	Kurtosis
Wettbewerb	schnellster und geschicktester Spieler	281	2,1	1,24	0,80	-0,52
	Freunden zeigen, dass ich der/ die Beste bin	281	1,62	1,05	1,74	2,23
	weil ich mich mit anderen messen kann	283	2,34	1,31	0,50	-1,00
	Spaß, andere zu provozieren	282	1,47	0,97	2,31	4,67
Herausforderung	kreative Wege suchen das Spiel zu meistern	282	3,18	1,28	-0,28	-0,89
	Befriedigung, das nächste Spiellevel zu erreichen	282	3,26	1,24	-0,34	-0,84
	schwierige Aufgaben meistern	283	3,62	1,18	-0,65	-0,33
soziale Interaktion	etwas gemeinsam unternehmen	283	2,37	1,35	0,45	-1,11
	Zeit mit anderen verbringen	283	3,03	1,22	-0,12	-0,86
	Aufgaben im Team meistern	283	2,36	1,38	0,59	-0,98

n = 283, Basis: alle Befragten, die mindestens selten Computer- und Videospiele spielen
[a] 5-stufige Skala („trifft überhaupt nicht zu" bis „trifft vollkommen zu")

Tabelle 7-6   *Verteilung der Items zu den Nutzungsmotiven Wettbewerb, Herausforderung und soziale Interaktion*

Konstrukt	Item[a]	N	MW	SD	Schiefe	Kurtosis
action-orientierte Spiele	Action- und Shooterspiele	283	2,22	1,26	0,58	-0,93
	Rennspiele	283	1,69	0,86	1,14	0,69
	Sportspiele	283	1,58	1,06	1,80	2,13
	Beat 'em up	283	1,33	0,63	2,05	4,15
Rollenspiele insgesamt		283	2,73	1,49	0,04	-1,58

n = 283, Basis: alle Befragten, die mindestens selten Computer- und Videospiele spielen
[a] 5-stufige Skala („nie" bis „mehrmals pro Woche")

Tabelle 7-7　　　Verteilung der Items zur Häufigkeit der Nutzung von actionorientierten Spielen und Rollenspielen

Die Verteilungen zu den Rangdaten bezüglich der Beliebtheit der Spielgenres sowie die Mittelwerte zur Häufigkeit der Nutzung aller weiteren Spielgenres werden im Anhang (Tab. A-3 und A-4) präsentiert. Aufgrund des sehr hohen Anteils fehlender Werte (vgl. Tab. 7-3) werden diese Variablen in den weiteren Auswertungen nicht berücksichtigt.

Spielverhalten

Als am wenigsten zutreffend für das eigene Handeln im Spiel wurde – bezogen auf die Situation des erstmaligen Spielens – das Item „Ich frage Mitspieler, was ich beachten muss" (MW = 2,13) erachtet. Stattdessen neigen die Befragten am ehesten dazu, „einfach mal verschiedene Dinge auszuprobieren" (MW = 3,70). Insgesamt erfahren die Items zum explorativen Spielverhalten über alle drei modellierten Situationen hinweg (erstmaliges Spielen, Probleme überwinden, Beherrschung) die größte Zustimmung. Abgesehen von einer zum Teil recht hochgipfeligen Verteilung – insbesondere bei den Items zum kooperativen Spielverhalten – sind bei den Items zum Spielverhalten überwiegend nur moderate Abweichungen von der Normalverteilung festzustellen (Tab. 7-8).

Konstrukt	Item[a]	N	MW	SD	Schiefe	Kurtosis
konkurrierend	andere schlagen	281	3,03	1,26	-0,03	-0,98
	sich mit anderen messen	280	2,61	1,40	0,28	-1,28
kooperativ	gemeinsam eine Lösung finden	283	2,95	1,41	-0,04	-1,29
	Tricks von den besten Spielern holen	281	2,88	1,41	0,03	-1,30
	Erfahrungen an andere weitergeben	281	3,09	1,35	-0,19	-1,21
	Mitspieler fragen, was zu beachten ist	280	2,13	1,23	0,76	-0,54
explorativ	ausprobieren, um zu sehen, was passiert	283	3,70	1,20	-0,60	-0,51
	probieren, bis man weiterkommt	281	3,63	1,07	-0,41	-0,55
	herumexperimentieren	282	3,69	1,23	-0,82	-0,25
	kein Abbruch	281	3,35	1,20	-0,35	-0,75
zielorientiert	Spielanleitung durchlesen	280	2,54	1,37	0,49	-0,93
	in Spielezeitschriften nach Tipps suchen	280	2,58	1,35	0,35	-1,07
	Hinweisen im Spiel folgen	279	3,45	1,23	-0,40	-0,76
	sich anderen Aktivitäten/ Spielen zuwenden	283	3,42	1,14	-0,26	-0,74

n = 283, Basis: alle Befragten, die mindestens selten Computer- und Videospiele spielen
[a] 5-stufige Skala („trifft überhaupt nicht zu" bis „trifft vollkommen zu" bzw. „vollkommen unwahrscheinlich" bis „sehr wahrscheinlich")

Tabelle 7-8   Verteilung der Items zum Spielverhalten

7.1.4 Zusammenfassung

Bezüglich der Verteilung der modellrelevanten Variablen sind zum Teil moderate bis starke Abweichungen von der Normalverteilung festzustellen. Starke Abweichungen betreffen die Variablen „Spielgerätebesitz" (S = 1,56; K = 3,01)[35], „Spaß, andere zu provozieren" (S = 2,31; K = 4,67) als Item des Wettbewerbsmotivs und die Häufigkeit der Nutzung des Genres „Beat'em up" (S = 2,05; K = 4,15). Die beiden letztgenannten Variablen werden von der weiteren Analyse ausgeschlossen, da ihre Schiefe- und Wölbungskoeffizienten außerhalb des von West et al. (1995) als tolerierbar angesehenen Bereichs (S = |2| und K = |7|) liegen. Alle anderen Abweichungen überschreiten diesen Schwellenwert nicht. Entsprechend kann der ML-Schätzer verwendet werden.

Die Rangdaten zu den Genrepräferenzen können im Rahmen der Strukturgleichungsmodellierung aufgrund eines systematischen Ausfalls einer relativ großen Anzahl an Fällen (vgl. Tab. 7-2) nicht verwendet werden. Genrepräferenzen werden daher anhand der Nutzungshäufigkeit der Spielgenres gemessen (vgl. Tab. 7-7; Abschnitt 7.2.3). Für die Schätzung des Erklärungsmodells zur Nutzungsintensität, steht eine Fallzahl von n=317 zur Verfügung. Dies sind alle Befragten der bereinigten Stichprobe einschließlich der Personen, die nie digitale Spiele nutzen. Für die Schätzung der Erklärungsmodelle auf Ebene des Spielverhaltens sowie zum Zusammenhang zwischen Spielverhalten und Nutzungsintensität werden nur Daten von Befragten berücksichtigt, die mindestens selten digitale Spiele spielen. Entsprechend reduziert sich die Fallzahl etwas (n=283). Beide Stichproben sind zur Schätzung von Strukturgleichungsmodellen mit ML-Schätzverfahren ausreichend. Allerdings muss aufgrund einzelner, fehlender Werte, die aber alle im Zufallsbereich liegen,[36] der FIML-Schätzer verwendet werden.

---

35   S = Schiefe und K = Kurtosis (Wölbung).
36   Eine Ausnahme bilden die Variablen „Spielgerätebesitz" und „Ausgaben für Spielesoftware" (jeweils 10% fehlende Werte) im Erklärungsmodell zur Nutzungsintensität. Diese können jedoch ersetzt werden, da der Ausfallmechanismus (Filterfrage) bekannt ist (vgl. Backhaus/ Blechschmidt 2009).

7.2 Güteprüfung der Messmodelle

Zur Güteprüfung der Messmodelle werden konfirmatorische Faktorenanalysen durchgeführt.[37] Dabei wird der FIML-Schätzer verwendet. Die Reliabilität der Messmodelle wird anhand der Faktorladungen, der Faktorreliabilität (FR) und der durchschnittlich erfassten Varianz (DEV) beurteilt. Zur Prüfung der Diskriminanzvalidität wird das Fornell-Larcker-Kriterium (FL) herangezogen. Ergänzend wird bei Nichterfüllung des Kriteriums ein X^2-Differenztest durchgeführt. Zur Beurteilung der nomologischen Validität werden globale Gütekriterien (X^2/DF, RMSEA, TLI, CFI) berücksichtigt. Des Weiteren wird mittels der Korrelationsmatrix der Faktorenwerte festgestellt, ob überhaupt signifikante Beziehungen zwischen den einzelnen Modellkonstrukten bestehen, so dass Konstrukte, die in keinerlei Beziehung zu den anderen Konstrukten stehen, aus dem Faktorenmodell entfernt werden können. Zunächst erfolgt eine gesonderte Betrachtung der Messmodelle zur Geschlechtsrollenorientierung (7.2.1), deren Faktorenstruktur aufgrund widersprüchlicher Befunde in verschiedenen Validierungsstudien (vgl. 5.3.1) näher untersucht werden soll. Danach wird die Reliabilitäts- und Validitätsprüfung der übrigen Messmodelle anhand der oben angegeben Kriterien für das Erklärungsmodell zur Nutzungsintensität (7.2.2) und die Erklärungsmodelle zum Spielverhalten (7.2.3) dokumentiert. In Abschnitt 7.2.4 werden die Erkenntnisse im Hinblick auf das weitere Vorgehen zusammengefasst.

7.2.1 Messmodelle zur Geschlechtsrollenorientierung

In Abschnitt 5.3.1 wurden die Konstrukte Maskulinität und Femininität als voneinander unabhängige Dimensionen der Geschlechtsrollenorientierung herausgearbeitet, die mit der Kurzform der deutschen Version des BSRI (vgl. Strauß et al. 1996) gemessen werden sollen. Aufgrund der Kritik am BSRI (z. B. Hoffman/ Borders 2001) und der widersprüchlichen Ergebnisse bezüglich der Dimensionalität der Faktoren in verschiedenen Validierungsstudien (z. B. Blanchard-Fields et al. 1994; Campbell et al. 1997; Choi et al. 2009) sollen an dieser Stelle drei Aspekte des Messinstruments genauer untersucht werden:

- Dies betrifft zum einen die Validität der zwei Faktoren: Lässt sich die ursprünglich postulierte Zwei-Faktorenstruktur bestätigen, oder finden sich bei Femininität und Maskulinität unterschiedliche Subdimensionen, die auf eine Mehrdimensionalität der Faktoren hindeuten? Hierzu wer-

---

37 Alle Strukturgleichungsanalysen (KFA, KA, MGFA, MGKA), die in den folgenden Abschnitten 7.2 und 7.3 präsentiert werden, wurden mit dem Softwarepaket Amos (Version 19.0) durchgeführt.

den zunächst eine exploratorische Faktorenanalyse (EFA) und danach ein Vergleich alternativer Modelle mittels konfirmatorischer Faktorenanalyse (KFA) durchgeführt.

• Des Weiteren soll geklärt werden, inwiefern sich Männer und Frauen in ihrer Selbstbeschreibung anhand der Eigenschaften, die das BSRI beinhaltet, unterscheiden. Anhand eines Mittelwertvergleichs der Eigenschaften nach Geschlecht kann die Signifikanz der Unterschiede geprüft werden.

• Schließlich kann mittels Mehrgruppenfaktorenanalyse (MGFA) festgestellt werden, ob die auf Basis des BSRI ermittelte Faktorenstruktur für Männer und Frauen identisch ist und ob bei beiden Geschlechtern von einer Orthogonalität der Faktoren ausgegangen werden kann. Des Weiteren können im Rahmen der MGFA auch die latenten Mittelwerte der Faktoren bei beiden Geschlechtern verglichen werden.

Validierung der Faktorenstruktur

Eine exploratorische Faktorenanalyse (Hauptachsenanalyse mit Promax-Rotation) ergab zunächst eine Vier-Faktorenstruktur mit einem erklärten Varianzanteil von 44 Prozent (KMO = 0.82). Diese Faktorenlösung wurde anschließend im Rahmen konfirmatorischer Faktorenanalysen gegen die theoretisch postulierte Zwei-Faktoren-Struktur getestet. Insgesamt wurden drei Modelle verglichen (vgl. Abb. 7-2), und zwar (a) das ursprüngliche Zwei-Faktoren-Modell mit 16 Items, (b) das Vier-Faktoren-Modell mit 16 Items, das durch die exploratorische Faktorenanalyse ermittelt wurde, und (c) ein bereinigtes Zwei-Faktoren-Modell mit 12 Items, bei dem jeweils zwei Maskulinitäts- und Femininitätsitems aufgrund schwacher Faktorladungen entfernt wurden und eine Korrelation der Messfehler der Indikatoren „verteidige meine Meinung" und „hartnäckig" zugelassen wurde. Diese ist jedoch gering ($r = 0.19$; $p < 0.01$). Die exploratorische Faktorenanalyse deutet zwar auf eine Mehrdimensionalität der Konstrukte Maskulinität und Femininität hin, überführt man diese jedoch in ein konfirmatorisches Faktorenmodell (Abb. 7-2, Modell b), zeigen die Modellschätzungen Folgendes:

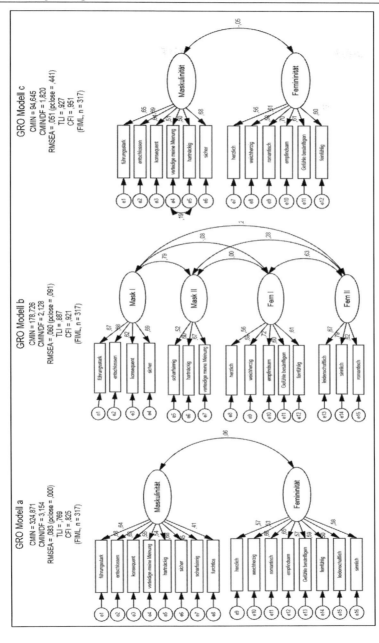

Abbildung 7-2   Messmodelle zur Geschlechtsrollenorientierung (GRO) im Vergleich

- Das Vier-Faktoren-Modell (b) hat eine schlechtere Passung als das bereinigte Zwei-Faktoren-Modell (c), welches im Vergleich aller drei Modelle die beste Modellpassung aufweist. Es erreicht bezüglich X^2/DF, RMSEA, TLI und CFI deutlich bessere Werte (Tab. 7-9). Auch die Informationskriterien, die speziell für Modellvergleiche entwickelt wurden, AIC (vgl. Homburg/ Klarmann 2006: 738) und ECVI (Weiber/ Mühlhaus 2010: 174) legen eine Bevorzugung des dritten Modells nahe.
- Des Weiteren deuten die hohen Korrelationen zwischen den Maskulinitäts-Subdimensionen „Mask I" und „Mask II" ($r = 0.79$; $p < 0.001$) und den Femininitäts-Subdimensionen „Fem I" und Fem II" ($r = 0.63$; $p < 0.001$), daraufhin, dass die Faktoren nicht trennscharf sind (vgl. Abb. 7-2).
- Darüber hinaus korrelieren „Mask I" ($r = 0.27$; $p < 0.001$) und „Mask II" ($r = 0.29$; $p < 0.001$) signifikant positiv mit „Fem II". Demgegenüber bleibt im (bereinigten) Zwei-Faktoren-Modell die von Bem (1974: 159) postulierte und empirisch bestätigte orthogonale Struktur der Faktoren erhalten ($r = -0.05$; $p = 0.449$), die auch von Campbell et al. (1997) und für eine deutsche Version von Altstötter-Gleich (2004) bestätigt wird.

	X^2/DF	RMSEA	TLI	CFI	AIC	ECVI
Modell a	3,15	0.08	0.77	0.83	422,87	1,34
Modell b	2,13	0.06	0.89	0.92	280,73	0,89
Modell c	1,82	0.05	0.93	0.95	170,65	0,54
KFA; Methode: FIML (n = 317)						

Tabelle 7-9 Modellvergleich GRO anhand globaler Gütekriterien

Die Ergebnisse des Modellvergleichs sprechen für die Überlegenheit einer konfirmatorischen Faktorenanalyse gegenüber explorativen Verfahren zur Bestimmung der Faktorenstruktur (vgl. Blanchard-Fields et al. 1994; Campbell et al. 1997). Darüber hinaus konnte die Orthogonalität und Eindimensionalität der Faktoren Maskulinität und Femininität für die Kurzform des BSRI bestätigt werden.

Geschlechterunterschiede bezüglich der BSRI-Eigenschaften

Neben der Gültigkeit der Faktorenstruktur stellt sich die Frage, ob und inwiefern Unterschiede bezüglich der Ausprägungen bei den geschlechterstereotypen Eigenschaften, die das BSRI misst, zwischen den männlichen und weiblichen Befragten in der vorliegenden Stichprobe bestehen. Tabelle 7-10 stellt die Mittelwerte der beiden Geschlechter für die BSRI-Eigenschaften einander gegenüber und zeigt, dass die weiblichen Befragten signifikant höhere Mittelwerte bei den meisten Eigenschaften der Femininitätsdimension (leidenschaftlich, feinfühlig, empfindsam, herzlich und sinnlich) aufweisen. Hingegen zeigt sich auf der Maskulinitätsdimension lediglich bei einer Eigenschaft (furchtlos) ein signifikant höherer Wert bei den männlichen Befragten als bei den Frauen in der Stichprobe. Demzufolge unterscheiden sich die beiden Geschlechter in ihrer Selbstbeschreibung primär hinsichtlich der femininen Eigenschaften.

Eigenschaft	MW	SD	MW_F	SD_F	MW_M	SD_M	
führungsstark (n = 316)	3,09	1,13	3,05	1,16	3,13	1,11	
sicher (n = 317)	3,19	1,02	3,19	1,06	3,19	0,98	
entschlossen (n = 317)	3,48	0,99	3,42	1,04	3,52	0,94	
furchtlos (n = 317)	**2,76**	**1,01**	**2,62**	**1,01**	**2,89**	**0,93**	*
konsequent (n = 316)	3,46	1,12	3,47	1,16	3,45	1,09	
verteidige meine Meinung (n = 317)	4,06	0,91	3,99	0,94	4,12	0,87	
scharfsinnig (n = 316)	3,81	0,87	3,82	0,89	3,80	0,86	
hartnäckig (n = 317)	3,52	1,02	3,50	1,04	3,53	1,00	
weichherzig (n = 315)	3,46	1,10	3,58	1,04	3,35	1,14	
leidenschaftlich (n = 315)	**3,47**	**1,00**	**3,62**	**1,01**	**3,33**	**0,98**	**
romantisch (n = 316)	3,10	1,18	3,10	1,26	3,10	1,11	
feinfühlig (n = 314)	**3,61**	**1,04**	**3,90**	**1,00**	**3,35**	**1,01**	***
empfindsam (n = 317)	**3,74**	**1,08**	**4,05**	**1,00**	**3,46**	**1,07**	***
herzlich (n = 316)	**3,67**	**1,04**	**3,89**	**0,96**	**3,46**	**1,07**	***
sinnlich (n = 316)	**3,21**	**1,07**	**3,38**	**1,07**	**3,05**	**1,05**	*
bemüht Gefühle zu besänftigen (n = 315)	3,65	1,08	3,73	1,11	3,58	1,06	

n = 317
Signifikanz der Unterschiede nach Mann-Whitney-U-Test
Fettgedruckte Werte sind signifikante Mittelwertunterschiede.
* $p < 0.05$, ** $p < 0.01$, *** $p < 0.001$

Tabelle 7-10   Mittelwertunterschiede GRO Items nach Geschlecht

In einem weiteren Schritt kann mittels MGFA geprüft werden, ob die Faktorenstruktur des BSRI für beide Geschlechter identisch ist, ob die Kovarianzstruktur übereinstimmt, d. h. ob bei beiden Geschlechtern eine Unabhängigkeit der Faktoren festzustellen ist und inwiefern sich die oben ermittelten Mittelwertunterschiede (Tab. 7-10) in Unterschieden zwischen den latenten Mittelwerten von Maskulinität und Femininität wiederfinden. Grundlage bildet das im Rahmen der KFA ermittelte bereinigte Zwei-Faktoren-Modell (Abb. 7-2, Modell c). An den Werten zu den globalen Gütekriterien in Tabelle 7-11 lässt sich ablesen, dass das Faktorenmodell in beiden Gruppen eine sehr gute Passung aufweist und somit skalare Invarianz gegeben ist.[38] Des Weiteren zeigt die Tabelle, dass die Faktoren in beiden Gruppen unabhängig voneinander sind und somit die Kovarianzstruktur ebenfalls übereinstimmt. Bezüglich der latenten Mittelwerte bestätigen sich die Vermutungen auf Basis der in Tabelle 7-10 dargestellten Mittelwertunterschiede. So weisen die Frauen signifikant höhere Werte auf der Femininitätsdimension auf als die Männer, während auf der Maskulinitätsdimension keine signifikanten Unterschiede zwischen den Geschlechtern bestehen. Es besteht also keine Kongruenz zwischen psychosozialem und biologischem Geschlecht.

	Frauen (n = 151)	Männer (n = 166)	C.R.-Werte
Pfad [a]			
Femininität ↔ Maskulinität	-0,09	0,00	0,660
latente Mittelwerte [b]			
Femininität	0,30	-0,25	-4,243***
Maskulinität	-0,04	0,04	0,622
Modellpassung			
X^2/DF		1,51	
RMSEA		0.03	
TLI		0.93	
CFI		0.94	

MGFA; Methode: FIML (n = 317); Modell: Measurement Intercepts; *** $p < 0.001$
[a] Kovarianz der Konstrukte
[b] Abweichungen der Mittelwerte von den Mittelwerten der Gesamtstichprobe

Tabelle 7-11   Gruppenvergleich GRO nach Geschlecht

38 Bei einer Mehrgruppenanalyse (Faktoren- oder Kausalanalyse) wird in Amos u. a ein restringiertes Modell („Measurement Intercepts") berechnet, bei dem die Faktorladungen und die Konstanten der Indikatoren über die Gruppen gleich gesetzt werden (vgl. dazu auch Weiber/ Mühlhaus 2010: 236ff.). Weist dieses Modell eine gute Passung auf, so kann von skalarer Invarianz ausgegangen werden. Dieses restringierte Modell wird auch in allen weiteren Mehrgruppenanalysen verwendet.

7.2.2 Messmodelle auf Selektionsebene

Im Folgenden werden Reliabilität und Validität der Konstrukte des Erklärungsmodells zur Nutzungsintensität (vgl. 5.2.1) geprüft. In einem ersten Schritt wird die Reliabilität der Messmodelle untersucht (Tab. 7-12). Während die Faktorreliabilitäten (FR) bei allen Konstrukten auf eine sehr hohe Reliabilität hinweisen (> 0,70), sind die durchschnittlich erfassten Varianzen (DEV) der Faktoren Femininität, Maskulinität und außerhäusliche Freizeitorientierung recht niedrig. Insgesamt kann die Reliabilität jedoch als akzeptabel beurteilt werden.

Faktor	Anzahl der Items	Faktorladung [a]	FR	DEV
Femininität	6	0,57-0,71	0,78	0,38
Maskulinität	6	0,50-0,70	0,79	0,38
Nutzungsintensität	2	0,84-0,91	0,87	0,77
außerhäusliche Freizeitorientierung	4	0,48-0,81	0,71	0,39
soziale Bedeutung digitaler Spiele	2	0,63-0,89	0,74	0,60
Ausgaben Spielesoftware[b]	1			
Gerätebesitz[b]	1			

KFA; Methode: FIML (n = 317); Modellpassung: $X^2/DF = 1,78$; RMSEA = 0.050; TLI = 0.90; CFI = 0.92.
[a] Faktorladungen p < 0.001
[b] Single-Item-Messungen

Tabelle 7-12   Reliabilitäten des Faktorenmodells zur Nutzungsintensität

Zur Prüfung der Diskriminanzvalidität kann das Fornell-Larcker-Kriterium (vgl. 6.5.2) heranzogen werden. Entsprechend zeigt Tabelle 7-13 auf der Diagonalen alle durchschnittlich erfassten Varianzen der Faktoren und unterhalb der Diagonalen alle quadrierten Korrelationen zwischen den Faktoren. Da alle durchschnittlich erfassten Varianzen höher sind als die quadrierten Korrelationen der einzelnen Faktoren mit allen anderen Faktoren des Modells, ist das Fornell-Larcker-Kriterium für alle Konstrukte erfüllt und eine Diskriminanzvalidität der Faktoren gegeben. Des Weiteren weisen die signifikanten Korrelationen zwischen den einzelnen Faktoren (Tab. 7-14), die auch in der Richtung den Hypothesen des Erklärungsmodells zur Nutzungsintensität entsprechen (vgl. 5.2.1), sowie die gute Modellpassung ($X^2/DF = 1,78$; RMSEA = 0.05; TLI = 0.90; CFI = 0.92) auf eine nomologische Validität des Faktorenmodells hin.

Faktor	FEM	MASK	AHFZ	SOZB	AUSG[a]	GB[a]	NI
FEM	**0,38**						
MASK	.00	**0,38**					
AHFZ	.02	.02	**0,39**				
SOZB	.04	.00	.00	**0,60**			
AUSG[a]	.02	.01	.00	.37	1		
GB[a]	.03	.00	.00	.15	.13	1	
NI	.00	.00	.04	.48	.37	.06	**0,78**

FEM = Femininität, MASK = Maskulinität; AHFZ = außerhäusliche Freizeitorientierung, SOZB = soziale Bedeutung digitaler Spiele, AUSG = Ausgaben für Spielesoftware, GB = Gerätebesitz, NI = Nutzungsintensität.
KFA; Methode: FIML (n = 317); Modellpassung: X²/DF = 1,78; RMSEA = 0.050; TLI = 0.90; CFI = 0.92.
Fettgedruckte Zahlen auf der Diagonalen sind durchschnittlich erfasste Varianzen, Zahlen unterhalb der Diagonalen quadrierte Korrelationen.
[a] Single-Item-Messungen

Tabelle 7-13   *Diskriminanzvalidität des Faktorenmodells zur Nutzungsintensität*

Faktor	FEM	MASK	AHFZ	SOZB	AUSG	GB	NI
FEM	-						
MASK	-.05	-					
AHFZ	-.13	.15*	-				
SOZB	-.19**	.06	-.01	-			
AUSG	-.14*	-.07	-.05	.61***	-		
GB	-.16*	-.02	-.05	.39***	.36***	-	
NI	-.03	.02	-.20**	.69***	.61***	.24***	-

FEM = Femininität, MASK = Maskulinität; AHFZ = außerhäusliche Freizeitorientierung, SOZB = soziale Bedeutung digitaler Spiele, AUSG = Ausgaben für Spielesoftware, GB = Gerätebesitz, NI = Nutzungsintensität.
KFA; Methode: FIML (n = 317); Modellpassung: X²/DF = 1,78; RMSEA = 0.050; TLI = 0.90; CFI = 0.92.
* p < 0.05, ** p < 0.01, *** p < 0.001

Tabelle 7-14   *Nomologische Validität des Faktorenmodells zur Nutzungsintensität*

7.2.3 Messmodelle auf Ebene des Spielverhaltens

In den folgenden Abschnitten wird die Prüfung der Reliabilität und Validität der Messmodelle auf Ebene des Spielverhaltens dokumentiert. Entsprechend der Erklärungsmodelle zum Spielverhalten, die in Abschnitt 7.3.2 dargestellt werden, umfasst dies Faktorenmodelle zum konkurrierenden (7.2.3.1), kooperativen (7.2.3.2), explorativen (7.2.3.3) und zielorientierten Spielverhalten (7.2.3.4).

7.2.3.1 Konkurrierendes Spielverhalten

Bezüglich der Reliabilitäten der Faktoren zur Erklärung konkurrierenden Spielverhaltens lässt sich feststellen, dass insbesondere die Faktorladungen und Faktorreliabilitäten alle im akzeptablen Bereich liegen (Tab. 7-15). Die durchschnittlich erfassten Varianzen der Konstrukte Wettbewerbsmotiv und konkurrierendes Spielverhalten sind ebenfalls zufriedenstellend. Die entsprechenden Werte der Faktoren Herausforderungsmotiv und Genrepräferenz Action sind hingegen recht niedrig.

Faktor	Anzahl der Items	Faktor-ladung[a]	FR	DEV
Femininität	6	0,55-0,71	0,78	0,38
Maskulinität	6	0,49-0,70	0,78	0,38
Wettbewerbsmotiv	3	0,63-0,83	0,76	0,51
Herausforderungsmotiv	3	0,55-0,71	0,69	0,42
Genrepräferenz Action	3	0,57-0,67	0,67	0,40
konkurrierendes Spielverhalten	2	0,57-0,90	0,71	0,57

KFA; Methode: FIML (n = 283); Modellpassung: $X^2/DF = 1{,}65$; RMSEA = 0.048; TLI = 0.89; CFI = 0.92.
[a] Faktorladungen $p < 0.001$

Tabelle 7-15   Reliabilitäten des Faktorenmodells zum konkurrierenden Spielverhalten

Mit Blick auf Tabelle 7-16 fällt auf, dass die Konstrukte konkurrierendes Spiel-verhalten und Wettbewerbsmotiv die Erfüllung des Fornell-Larcker-Kriteriums knapp verfehlen. Alle anderen Konstrukte sind trennscharf. Bezüglich der nicht trennscharfen Konstrukte Wettbewerbsmotiv und konkurrierendes Spielverhalten wird der X^2-Differenztest angewendet, um zu prüfen, ob die Indikatoren der beiden Faktoren tatsächlich auf einem Faktor laden. Hierzu wird im Rahmen einer konfirmatorischen Faktorenanalyse ein Ein-Faktor-Modell ($X^2 = 29,77$), in dem die Korrelation zwischen den beiden Faktoren gleich 1 gesetzt wird, gegen ein nicht restringiertes Zwei-Faktoren-Modell ($X^2 = 7,56$) getestet. Da das Ein-Faktor-Modell sich signifikant schlechter an die vorliegende Datenstruktur an-passt (X^2-Differenz = 22,21) als das Zwei-Faktoren-Modell, kann auf Diskrimi-nanzvalidität der beiden Faktoren geschlossen werden.

Faktor	FEM	MASK	WETT	HERFO	ACTION	KONK
FEM	**0,38**					
MASK	.01	**0,38**				
WETT	.01	.03	**0,51**			
HERFO	.00	.03	.28	**0,42**		
ACTION	.07	.00	.28	.07	**0,40**	
KONK	.03	.01	.58	.06	.27	**0,57**

FEM = Femininität, MASK = Maskulinität, WETT = Wettbewerbsmotiv, HERFO = Herausforde-rungsmotiv, ACTION = Genrepräferenz Actionspiele, KONK=konkurrierendes Spielverhalten. KFA; Methode: FIML (n = 283); Modellpassung: X^2/DF = 1,65; RMSEA = 0.048; TLI = 0.89; CFI = 0.92.
Fettgedruckte Zahlen auf der Diagonalen sind durchschnittlich erfasste Varianzen, Zahlen unter-halb der Diagonalen quadrierte Korrelationen.

Tabelle 7-16   Diskriminanzvalidität des Faktorenmodells zum konkurrieren-den Spielverhalten

Bezüglich der nomologischen Validität lässt sich feststellen, dass zwischen den Konstrukten signifikante Zusammenhänge bestehen, wie die Korrelationen in Tabelle 7-17 zeigen. Auch die insgesamt akzeptable Modellpassung des Fakto-renmodells kann als Indiz für nomologische Validität gewertet werden (X^2/DF = 1,65; RMSEA = 0.05; TLI = 0.89; CFI = 0.92).

Faktor	FEM	MASK	WETT	HERFO	ACTION	KONK
FEM	-					
MASK	-.07	-				
WETT	-.08	.17*	-			
HERFO	-.01	.17*	.53***	-		
ACTION	-.26***	-.02	.53***	.27**	-	
KONK	-.17*	.07	.76***	.25***	.52***	-

FEM = Femininität, MASK = Maskulinität, WETT = Wettbewerbsmotiv, HERFO = Herausforderungsmotiv, ACTION = Genrepräferenz Actionspiele, KONK = konkurrierendes Spielverhalten.
KFA; Methode: FIML (n = 283); Modellpassung: X^2/DF = 1,65; RMSEA = 0.048; TLI = 0.89; CFI = 0.92.
* p < 0.05, ** p < 0.01, *** p < 0.001.

Tabelle 7-17   Nomologische Validität des Faktorenmodells zum konkurrierenden Spielverhalten

7.2.3.2   Kooperatives Spielverhalten

Zu den Reliabilitäten des Faktorenmodells zum kooperativen Spielverhalten lässt sich Ähnliches sagen wie zu den oben bereits analysierten Messmodellen zu Nutzungsintensität und konkurrierendem Spielverhalten (Tab. 7-18). Faktorladungen und Faktorreliabilitäten deuten auf gute Reliabilität hin, jedoch ist die durchschnittlich erfasste Varianz des Konstrukts kooperatives Spielverhalten recht niedrig.[39] Für das Motiv soziale Interaktion konnten insgesamt recht hohe Reliabilitätswerte erreicht werden. Des Weiteren zeigt Tabelle 7-19, dass alle Faktoren des Faktorenmodells zur Erklärung kooperativen Spielverhaltens trennscharf sind, da alle quadrierten Korrelationen niedriger sind als die jeweiligen durchschnittlich erfassten Varianzen der Faktoren. Somit erfüllen alle Faktoren das Fornell-Larcker-Kriterium.

---

39   Darüber hinaus wird im Messmodell des Konstrukts kooperatives Spielverhalten eine Korrelation der Messfehler der Items „Ich unterhalte mich mit anderen, vielleicht finden wir gemeinsam eine Lösung" und „Ich schaue mir Tricks von den besten Spielern ab" zugelassen (0.29; p < 0.001).

Faktor	Anzahl der Items	Faktorladung[a]	FR	DEV
Femininität	6	0,55-0,71	0,78	0,38
Maskulinität	6	0,49-0,70	0,78	0,38
soziales Motiv	3	0,74-0,89	0,87	0,69
Herausforderungsmotiv	3	0,55-0,71	0,69	0,42
Genrepräferenz Rollenspiele[b]	1			
kooperatives Spielverhalten	3	0,42-0,78	0,66	0,40

KFA; Methode: FIML (n = 283); Modellpassung: $X^2/DF = 1{,}59$; RMSEA = 0.046; TLI = 0.91; CFI = 0.93.
[a] Faktorladungen $p < 0.001$
[b] Single-Item-Messung

Tabelle 7-18   *Reliabilitäten des Faktorenmodells zum kooperativen Spielverhalten*

Faktor	FEM	MASK	SOZIN	HERFO	ROLLEN[a]	KOOP
FEM	**0,38**					
MASK	.01	**0,38**				
SOZIN	.00	.00	**0,69**			
HERFO	.00	.03	.06	**0,42**		
ROLLEN[a]	.00	.02	.15	.07	**1**	
KOOP	.01	.00	.23	.19	.28	**0,40**

FEM = Femininität, MASK = Maskulinität, SOZIN = Motiv soziale Interaktion, HERFO = Herausforderungsmotiv, ROLLEN = Genrepräferenz für Rollenspiele, KOOP = kooperatives Spielverhalten.
KFA; Methode: FIML (n = 283); Modellpassung: $X^2/DF = 1{,}59$; RMSEA = 0.046; TLI = 0.91; CFI = 0.93.
Fettgedruckte Zahlen auf der Diagonalen sind durchschnittlich erfasste Varianzen, Zahlen unterhalb der Diagonalen quadrierte Korrelationen.
[a] Single-Item-Messung

Tabelle 7-19   *Diskriminanzvalidität des Faktorenmodells zum kooperativen Spielverhalten*

Mit Blick auf die Korrelationsmatrix der Faktorenwerte zeigt sich (Tab. 7-20), dass das Femininitätskonstrukt keinerlei signifikante Korrelationen mit den anderen Konstrukten aufweist. Daher erscheint eine Eliminierung dieses Konstrukts aus dem Modell plausibel. Eine entsprechende konfirmatorische Faktorenanalyse erbringt ebenfalls eine gute Modellpassung (X^2/DF=1,49; RMSEA=0.042; TLI=0.95; CFI=0.97), so dass dieses Modell als nomologisch valide angesehen werden kann. Folglich wird das Konstrukt Femininität bei der Schätzung des Erklärungsmodells zum kooperativen Spielverhalten nicht berücksichtigt (vgl. 7.3.2.2).

Faktor	FEM	MASK	SOZIN	HERFO	ROLLEN	KOOP
FEM	-					
MASK	-.07	-				
SOZIN	-.05	-.01	-			
HERFO	-.01	.17*	.25**	-		
ROLLEN	-.04	-.13	.39***	.27***	-	
KOOP	.07	.03	.48***	.44***	.53***	-

FEM = Femininität, MASK = Maskulinität, SOZIN = Motiv soziale Interaktion, HERFO = Herausforde-rungsmotiv, ROLLEN = Genrepräferenz für Rollenspiele, KOOP = kooperatives Spielverhalten.
KFA; Methode: FIML (n = 283); Modellpassung: X^2/DF = 1,59; RMSEA = 0.046; TLI = 0.91; CFI = 0.93.
* p < 0.05, ** p < 0.01, *** p < 0.001

Tabelle 7-20   *Nomologische Validität des Faktorenmodells zum kooperativen Spielverhalten*

7.2.3.3 Exploratives Spielverhalten

Die Reliabilitätswerte der Messmodelle zur Erklärung explorativen Spielverhaltens sind, zumindest, was die Faktorladungen und Faktorreliabilitäten betrifft, akzeptabel. Das Konstrukt exploratives Spielverhalten weist jedoch insgesamt eine recht schwache Reliabilität auf (Tab. 7-21). Eine Eliminierung einzelner Indikatoren würde hier jedoch die inhaltliche Konsistenz gefährden, so dass für die vorliegende Untersuchung dieser recht niedrige Reliabilitätswert vorerst akzeptiert werden soll. Des Weiteren wird für das Konstrukt eine Korrelation der

Messfehler der Items „Ich probiere solange, bis ich weiterkomme" und „Ich breche das Spiel ab" (umgepolt) zugelassen (0.25; $p < 0.001$). Wie in Tabelle 7-22 zu sehen ist, erfüllen die beiden Konstrukte Herausforderungsmotiv und exploratives Spielverhalten das Fornell-Larcker-Kriterium nicht. Eine EFA (KMO = 0.78; Varianzaufklärung 42%) erbringt zwar eine Zwei-Faktor-Lösung für die beiden Konstrukte, jedoch keine eindeutige Zuordnung des Items „Ich experimentiere herum (z. B. Erkunden des Spiels nach weiteren Herausforderungen)", das ursprünglich dem explorativen Spielverhalten zugeordnet war: Dieses Item lädt auf beiden Faktoren gleichermaßen schwach (0,31).[40] Daher werden mittels KFA zwei Modellvergleiche durchgeführt. Zunächst wird eine Ein-Faktor- gegen eine Zwei-Faktor-Lösung getestet. Aus der Differenz der X^2-Werte des Zwei-Faktoren-Modells ($X^2 = 8,43$) und des Ein-Faktor-Modells ($X^2 = 19,23$) ergibt sich eine signifikant schlechtere Passung (X^2-Differenz = 10,80) des Ein-Faktor-Modells. Es kann also von einer Diskriminanzvalidität der beiden Faktoren ausgegangen werden. In einem zweiten Schritt wird das postulierte Zwei-Faktoren-Modell ($X^2 = 8,43$) gegen ein weiteres Zwei-Faktoren-Modell getestet, in dem das Item „Herumexperimentieren" dem Faktor Herausforderungsmotiv zugeordnet ist ($X^2 = 13,24$). Auch in diesem Modellvergleich schneidet das ursprünglich postulierte Zwei-Faktoren-Modell besser ab, wie der X^2-Differenztest zeigt (X^2-Differenz = 4,81). Somit bestätigen die Daten die theoretisch postulierte Zuordnung der Items zu den Faktoren.

Der Korrelationsmatrix der Faktorenwerte ist zu entnehmen, dass das Femininitätskonstrukt auch in diesem Faktorenmodell keinerlei signifikante Korrelationen mit den anderen Konstrukten aufweist (Tab. 7-23). Daher erscheint eine Eliminierung dieses Konstrukts aus dem Modell plausibel. Eine entsprechende konfirmatorische Faktorenanalyse erbringt eine akzeptable Modellpassung ($X^2/DF = 1,84$; RMSEA = 0.054; TLI = 0.90; CFI = 0.94), die auf nomologische Validität schließen lässt.

---

40   Im konfirmatorischen Faktorenmodell lädt das Item „Herumexperimentieren" allerdings höher (0,61) auf dem Faktor exploratives Spielverhalten. Daher, sowie auch aus Gründen der inhaltlichen Validität, wird das Item nicht aus dem Messmodell entfernt.

Faktor	Anzahl der Items	Faktor-ladung[a]	FR	DEV
Femininität	6	0,55-0,71	0,78	0,38
Maskulinität	6	0,49-0,70	0,78	0,38
Herausforderungsmotiv	3	0,55-0,71	0,69	0,42
Genrepräferenz Rollenspiele[b]	1			
exploratives Spielverhalten	3	0,45-0,61	0,55	0,30

KFA; Methode: FIML (n = 283); Modellpassung: $X^2/DF = 1,73$; RMSEA = 0.051; TLI = 0.89; CFI = 0.92.
[a] Faktorladungen $p < 0.001$
[b] Single-Item-Messung

Tabelle 7-21   Reliabilitäten des Faktorenmodells zum explorativen Spielverhalten

Faktor	FEM	MASK	HERFO	ROLLEN[a]	EXPLO
FEM	**0,38**				
MASK	.01	**0,38**			
HERFO	.00	.03	**0,42**		
ROLLEN[a]	.00	.02	.07	**1**	
EXPLO	.01	.02	.69	.28	**0,30**

FEM = Femininität, MASK = Maskulinität, HERFO = Herausforderungsmotiv, ROLLEN = Genrepräferenz Rollenspiele, EXPLO = exploratives Spielverhalten.
KFA; Methode: FIML (n = 283); Modellpassung: $X^2/DF = 1,73$; RMSEA = 0.051; TLI = 0.89; CFI = 0.92.
Fettgedruckte Zahlen auf der Diagonalen sind durchschnittlich erfasste Varianzen, Zahlen unterhalb der Diagonalen quadrierte Korrelationen.
[a] Single-Item-Messung

Tabelle 7-22   Diskriminanzvalidität des Faktorenmodells zum explorativen Spielverhalten

Faktor	FEM	MASK	HERFO	ROLLEN	EXPLO
FEM	-				
MASK	-.07	-			
HERFO	-.01	.17*	-		
ROLLEN	-.04	-.13	.27***	-	
EXPLO	-.09	.13	.83***	.53***	-

FEM = Femininität, MASK = Maskulinität, HERFO = Herausforderungsmotiv, ROLLEN = Genrepräferenz Rollenspiele, EXPLO = exploratives Spielverhalten.
KFA; Methode: FIML (n = 283); Modellpassung: X^2/DF = 1,73; RMSEA = 0.051; TLI = 0.89; CFI = 0.92.
* $p < 0.05$, ** $p < 0.01$, *** $p < 0.001$

Tabelle 7-23   Nomologische Validität des Faktorenmodells zum explorativen Spielverhalten

7.2.3.4 Zielorientiertes Spielverhalten

Neben den bereits in den vorangegangenen Abschnitten untersuchten Faktoren Femininität, Maskulinität und Herausforderungsmotiv zeigt Tabelle 7-24 die Reliabilitätswerte des Konstrukts zielorientiertes Spielverhalten, die durchaus als kritisch zu beurteilen sind. So besteht das Konstrukt aus zwei lediglich schwach ladenden Items. Dies hat auch zur Folge, dass das Fornell-Larcker-Kriterium für diesen Faktor nicht erfüllt ist (Tab. 7-25), da die quadrierte Korrelation mit dem Herausforderungsmotiv höher ist als die durchschnittlich erfasst Varianz.

Analog zum Vorgehen in den vorangegangenen Abschnitten wird auch hier ein X^2-Differenztest durchgeführt, indem ein Zwei-Faktoren- gegen ein Ein-Faktoren-Modell getestet wird. Die Differenz der X^2-Werte liegt deutlich über dem kritischen Wert von 3,84 (X^2-Differenz = 52,70), was bedeutet, dass das Ein-Faktor-Modell das signifikant schlechtere Modell ist und somit eine Diskriminanzvalidität der beiden Faktoren gegeben ist.

Bezüglich der nomologischen Validität des Faktorenmodells zum zielorientierten Spielverhalten lässt sich sagen, dass alle Faktoren mit mindestens einem anderen Faktor im Modell korrelieren und die Modellpassung anhand der globalen Gütekriterien überwiegend als akzeptabel zu bewerten ist (Tab. 7-26).

Faktor	Anzahl der Items	Faktor-ladung[a]	FR	DEV
Femininität	6	0,55-0,71	0,78	0,38
Maskulinität	6	0,49-0,70	0,78	0,38
Herausforderungsmotiv	3	0,55-0,71	0,69	0,42
Genrepräferenz Rollenspiele[b]	1			
zielorientiertes Spielverhalten	2	0,45-0,48	0,36	0,22

KFA; Methode: FIML (n = 283); Modellpassung: X^2/DF = 1,84; RMSEA = 0.054; TLI = 0.86; CFI = 0.90.
[a] Faktorladungen $p < 0.001$
[b] Single-Item-Messung

Tabelle 7-24   Reliabilitäten des Faktorenmodells zum zielorientierten Spielverhalten

Faktor	FEM	MASK	HERFO	ROLLEN[a]	ZIEL
FEM	**0,38**				
MASK	.01	**0,38**			
HERFO	.00	.03	**0,42**		
ROLLEN[a]	.00	.02	.07	1	
ZIEL	.07	.03	.26	.20	**0,22**

FEM = Femininität, MASK = Maskulinität, HERFO = Herausforderung, ROLLEN = Genrepräferenz Rollenspiele, ZIEL = zielorientiertes Spielverhalten.
KFA; Methode: FIML (n = 283); Modellpassung: X^2/DF = 1,84; RMSEA = 0.054; TLI = 0.86; CFI = 0.90.
Fettgedruckte Zahlen auf der Diagonalen sind durchschnittlich erfasste Varianzen, Zahlen unterhalb der Diagonalen quadrierte Korrelationen.
[a] Single-Item-Messung

Tabelle 7-25   Diskriminanzvalidität des Faktorenmodells zum zielorientierten Spielverhalten

Faktor	FEM	MASK	HERFO	ROLLEN	ZIEL
FEM	-				
MASK	-.07	-			
HERFO	-.01	.17*	-		
ROLLEN	-.04	-.13	.27***	-	
ZIEL	.27*	-.18	.51***	.45***	-

FEM = Femininität, MASK = Maskulinität, HERFO = Herausforderung, ROLLEN = Genrepräferenz Rollenspiele, ZIEL = zielorientiertes Spielverhalten.
KFA; Methode: FIML (n = 283); Modellpassung: X^2/DF = 1,84; RMSEA = 0.054; TLI = 0.86; CFI = 0.90.
* $p < 0.05$, ** $p < 0.01$, *** $p < 0.001$

Tabelle 7-26   *Nomologische Validität des Faktorenmodells zum zielorientierten Spielverhalten*

7.2.4 Zusammenfassung

Abschließend sollen die Erkenntnisse zur Reliabilität und Validität der im Rahmen der Strukturgleichungsmodellierung zu verwendenden Messmodelle noch einmal kritisch zusammengefasst werden:

- Die zunächst gesondert betrachtete Validität der Faktorenstruktur zur Messung der Geschlechtsrollenorientierung konnte in Abschnitt 7.2.1 durch einen Modellvergleich nachgewiesen werden.

- Insgesamt sind die Reliabilitäten der Messmodelle überwiegend als zufriedenstellend zu beurteilen, abgesehen von den deutlich eingeschränkten Reliabilitäten einiger Dimensionen des Spielverhaltens (insbesondere die Faktoren exploratives und zielorientiertes Spielverhalten). Hierzu ist anzumerken, dass es sich bei den Messmodellen zu den Spielverhaltensdimensionen um Neukonstruktionen und nicht um bereits bewährte Skalen handelt. Gerade wenn noch relativ wenige Informationen zum inhaltlichen Gehalt eines Konstrukts vorliegen, sollte die Itemauswahl nicht primär auf möglichst hohe Reliabilitäten und somit auf eine hohe interne Konsistenz abzielen. Vielmehr geht es darum, das Konstrukt möglichst in seiner ganzen Breite zu erfassen, auch wenn dies mit einer relativ niedrigen internen Konsistenz verbunden ist (vgl. Little et al. 1999: 207).

- Bezüglich der Diskriminanzvalidität der Konstrukte ist festzuhalten, dass das relativ strenge Fornell-Larcker-Kriterium (vgl. Weiber/ Mühlhaus 2010: 135) von einigen Faktoren zwar nicht erfüllt wird, jedoch die ergänzend durchgeführten X^2-Differenztests bei allen Faktoren auf eine ausreichende Trennschärfe hinweisen.

- Das Femininitätskonstrukt wurde aus den Faktorenmodellen zum kooperativen und explorativen Spielverhalten entfernt, da keine signifikanten Beziehungen zu anderen Faktoren der Modelle bestehen und angenommen werden muss, dass das Konstrukt keinen Beitrag zur Erklärung kooperativen und explorativen Spielverhaltens leistet. Insgesamt betrachtet weisen alle Faktorenmodelle eine akzeptable bis gute Modellpassung auf, so dass auf nomologische Validität geschlossen werden kann.

Damit ist die Reliabilitäts- und Validitätsprüfung der Messmodelle abgeschlossen und die Faktorenmodelle können zur Prüfung der Hypothesen in Strukturgleichungsmodelle überführt werden.[41]

7.3 Ergebnisse

In diesem Abschnitt werden die Ergebnisse der Kausalanalysen (KA) und Mehrgruppenkausalanalysen (MGKA) präsentiert. Die Abfolge der Darstellung orientiert sich an dem Vorgehen bei der Modell- bzw. Hypothesenformulierung in den Abschnitten 5.2.1 bis 5.2.4, so dass zunächst die Ergebnisse zur Schätzung des Erklärungsmodells auf Selektionsebene berichtet werden (7.3.1). Anschließend werden die Schätzungen der Strukturgleichungsmodelle zur Erklärung konkurrierenden, kooperativen, explorativen und zielorientierten Spielverhaltens präsentiert (7.3.2). Die Ergebnisse zum Kausalmodell, dass die beiden Handlungsebenen Selektion und Spielverhalten miteinander verbindet, werden in Abschnitt 7.3.3 dargestellt. Danach wird die Prüfung möglicher Moderatoreffekte bezüglich der auf den beiden Handlungsebenen vermuteten Beziehungen, die mittels Mehrgruppenkausalanalyse erfolgt, dokumentiert (7.3.4). Abschließend werden die Ergebnisse noch einmal zusammengefasst (7.3.5). In jedem Abschnitt werden zunächst die Modellschätzungen präsentiert, die Modellpassung mit Hilfe globaler Gütekriterien beurteilt und die Erklärungskraft des Modells anhand der standardisierten Pfadkoeffizienten und der erklärten Varianz der endogenen

---

41   Ergänzend befinden sich im Anhang die Ergebnisse zur Validitätsprüfung des Faktorenmodells zum Zusammenhang zwischen Spielverhalten und Nutzungsintensität (Tab. A-5 und A-6). Das FL-Kriterium ist hier für alle Konstrukte erfüllt und aufgrund einer guten Modellpassung kann auch auf das Vorliegen nomologischer Validität geschlossen werden. Eine Reliabilitätsprüfung der relevanten Messmodelle wurde bereits in den Abschnitten 7.2.2 und 7.2.3 vorgenommen. Eine weitere Betrachtung des Modells erfolgt in Abschnitt 7.3.3.

latenten Variable geprüft. Danach findet jeweils ein Abgleich mit den in Abschnitt 5.2 hergeleiteten Hypothesen statt.

7.3.1 Erklärungsmodell Nutzungsintensität

In Abbildung 7-3 sind die Schätzergebnisse des Erklärungsmodells zur Nutzungsintensität dargestellt. Das Modell weist eine gute Passung auf (X^2/DF = 1,75; RMSEA = 0.05; TLI = 0.90; CFI = 0.92) und erklärt 54 Prozent der Varianz der endogenen latenten Variablen Nutzungsintensität. Die standardisierten Regressionsgewichte, die in der Abbildung als Pfeile dargestellt sind, geben den Einfluss der exogenen und intervenierenden latenten Variablen wieder. Es zeigt sich, dass die Nutzungsintensität am stärksten durch die soziale Bedeutung digitaler Spiele (0.48; $p < 0.001$) und die Ausgaben für Spielesoftware (0.31; $p < 0.001$) beeinflusst wird. Die außerhäusliche Freizeitorientierung hat wie vermutet einen, wenn auch nur schwachen, negativen Effekt (-0.18; $p < 0.001$) auf die Nutzungsintensität. Maskulinität, Femininität und der Besitz von Spielehardware haben keinen direkten Einfluss auf die Intensität der Nutzung digitaler Spiele. Jedoch hat die Maskulinität einen schwachen positiven Effekt (0.15; $p < 0.05$) auf die außerhäusliche Freizeitorientierung. Ebenso beeinflusst der Besitz von Spielehardware die Ausgaben für Spielesoftware leicht positiv (0.15; $p < 0.01$). Femininität hat wiederum einen leicht negativen Effekt auf die soziale Bedeutung digitaler Spiele.

Neben den direkten Effekten bestehen auch signifikante indirekte Effekte zwischen den Konstrukten. So hat die soziale Bedeutung digitaler Spiele einen totalen Effekt von 0.67 auf die Nutzungsintensität. Dieser setzt sich zusammen aus einem direkten Effekt von 0.48 und einem indirekten Effekt von 0.19 über die Faktoren Gerätebesitz (0.02; $p > 0.05$) und Ausgaben für Spielesoftware (0.17; $p < 0.001$).[42] Man kann in diesem Zusammenhang also von einer partiellen Mediation des Einflusses der sozialen Bedeutung digitaler Spiele auf die Nutzungsintensität durch die Ausgaben für digitale Spiele sprechen. Wie bereits weiter oben festgestellt wurde, hat Femininität insgesamt keinen signifikanten Effekt auf die Intensität der Nutzung digitaler Spiele. Jedoch kann ein indirekter, schwach negativer Einfluss über die Bedeutung digitaler Spiele (-0.09; $p < 0.05$) auf die Nutzungsintensität festgestellt werden. In diesem Fall wirkt die soziale Bedeutung digitaler Spiele als Suppressor des Einflusses der femininen Geschlechtsrollenorientierung. Auch der leicht negative, indirekte Einfluss der

---

42   Wie bereits in Abschnitt 6.5.5 erläutert, wird hier und in allen weiteren Analysen zur Prüfung der Signifikanz der indirekten Effekte der Sobel-Test angewendet (vgl. dazu Urban/ Mayerl 2011).

Femininität auf die Ausgaben für Spielesoftware wird von der sozialen Bedeutung digitaler Spiele vollkommen mediiert (-0.11; p < 0.05).

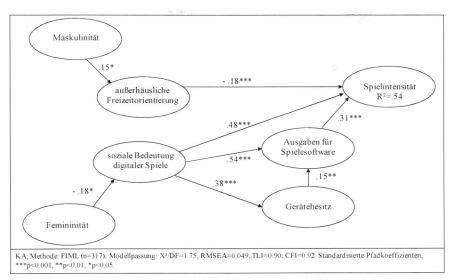

K.A; Methode: FIML (n=317); Modellpassung: X²/DF=1.75; RMSEA=0.049; TLI=0.90; CFI=0.92. Standardisierte Pfadkoeffizienten, ***p<0.001, **p<0.01, *p<0.05.

Abbildung 7-3   *Ergebnisse Erklärungsmodell Nutzungsintensität*

Was bedeuten diese Ergebnisse nun hinsichtlich der in Abschnitt 5.2.1 zur Erklärung der Nutzungsintensität formulierten Hypothesen? In Hypothese H1 wurde angenommen, dass je stärker maskulin die Geschlechtsrollenorientierung einer Person ist, (a) desto eher hat sie eine außerhäusliche Freizeitorientierung, (b) desto größer ist die Bedeutung digitaler Spiele in ihrem sozialen Kontext, (c) desto höher sind ihre Ausgaben für digitale Spiele und (d) desto intensiver nutzt sie digitale Spiele. Die Ergebnisse des Strukturmodells deuten jedoch daraufhin, dass Maskulinität weder die soziale Bedeutung digitaler Spiele noch die Ausgaben für digitale Spiele und die Nutzungsintensität beeinflusst. Insofern lässt sich lediglich Hypothese H1a bestätigen, da ein leicht positiver Einfluss der Maskulinität auf die außerhäusliche Freizeitorientierung vorhanden ist.

Bezüglich der femininen Geschlechtsrollenorientierung wurde angenommen (H2), dass diese (a) die außerhäusliche Freizeitorientierung, (b) die soziale Bedeutung digitaler Spiele, (c) die Ausgaben für digitale Spiele und (d) die Intensität der Nutzung digitaler Spiele negativ beeinflusst. Diese Hypothese kann zumindest als teilweise bestätigt gelten, da bezüglich der sozialen Bedeutung digitaler Spiele (H2b) ein direkter negativer und bezüglich der Ausgaben für digitale

Spiele (H2c) und der Nutzungsintensität (H2d) indirekte negative Effekte festgestellt werden konnten. Hypothese H2a muss hingegen verworfen werden, da Femininität keinen Einfluss auf die außerhäusliche Freizeitorientierung hat. Alle weiteren Hypothesen konnten anhand der Schätzungen des Strukturmodells bestätigt werden. Dies betrifft den negativen Einfluss der außerhäuslichen Freizeitorientierung auf die Nutzungsintensität (H3), den positiven Einfluss der sozialen Bedeutung digitaler Spiele auf die Ausgaben für digitale Spiele (H4) sowie den positiven Einfluss der sozialen Bedeutung (H5a) und der Ausgaben auf die Nutzungsintensität (H5b). Tabelle 7-27 fasst die Ergebnisse des Hypothesentests zur Erklärung der Nutzungsintensität noch einmal zusammen.

Hypothese	Pfad	post. VZ	stand. Pfadk.	
H1a	MASK → AHFZ	+	.15*	bestätigt
H1b	MASK → SOZB	+	n.s.	nicht best.
H1c	MASK → AUSG	+	n.s.	nicht best.
H1d	MASK → NI	+	n.s.	nicht best.
H2a	FEM → AHFZ	-	n. s.	nicht best.
H2b	FEM → SOZB	-	-.18*	bestätigt
H2c	FEM → AUSG	-	n. s.	teilweise
	FEM (→) AUSG		-.11*	bestätigt
H2d	FEM → NI	-	n. s.	teilweise
	FEM (→) NI		-.09*	bestätigt
H3	AHFZ → NI	-	-.18***	bestätigt
H4	SOZB → AUSG	+	.54***	bestätigt
	SOZB → GB		.38***	
H5a	SOZB → NI	+	.48***	bestätigt
	SOZB (→) NI		.19***	
H5b	AUSG → NI	+	.31***	teilweise
	GB → NI		n. s.	bestätigt

FEM = Femininität, MASK = Maskulinität; AHFZ = außerhäusliche Freizeitorientierung, SOZB = soziale Bedeutung digitaler Spiele, AUSG = Ausgaben für Spielesoftware, GB = Gerätebesitz, NI=Nutzungs-intensität.
→ direkter Effekt; (→) indirekter Effekt.
*** p < 0.001, ** p < 0.01, * p <0.05.

Tabelle 7-27   Hypothesentest Erklärungsmodell Nutzungsintensität

7.3.2   *Erklärungsmodelle Spielverhalten*

Nachfolgend werden die Ergebnisse der Modellschätzungen zur Erklärung des Spielverhaltens dargestellt. Hierzu wurden vier Strukturgleichungsmodelle berechnet, entsprechend der vier herausgearbeiteten Dimensionen des Spielverhaltens. So wird der soziale Charakter der Spielhandlungen anhand der Modelle zum konkurrierenden (7.3.2.1) und kooperativen Spielverhalten (7.3.2.2) erklärt. Darüber hinaus decken die Modelle zur Erklärung des explorativen (7.3.2.3) und zielorientierten Spielverhaltens die operativen Aspekte digitalen Spielens ab.

7.3.2.1 Konkurrierendes Spielverhalten

Das Strukturgleichungsmodell zum konkurrierenden Verhalten im Spiel (Abb. 7-4) passt sich gut an die Datenstruktur an (X^2/DF = 1,63; RMSEA = 0.05; TLI = 0.90; CFI = 0.92) und kann 62 Prozent der Varianz konkurrierenden Spielverhaltens erklären. Maßgeblicher Prädiktor ist das Wettbewerbsmotiv (0.75; p < 0.001). Ebenso besteht ein positiver Einfluss der Genrepräferenz für action-orientierte Spiele (0.19; p < 0.05) und ein negativer Einfluss des Herausforderungsmotivs (-0.19; p < 0.05) auf das konkurrierende Spielverhalten. Die maskuline Geschlechtsrollenorientierung bedingt das Wettbewerbsmotiv (0.15; p < 0.05) und das Herausforderungsmotiv (0.18; p < 0.05) leicht positiv, während die feminine Geschlechtsrollenorientierung einen negativen Einfluss auf die Präferenz für action-orientierte Spiele hat (-0.23; p < 0.01).

Die Korrelation zwischen Herausforderungsmotiv und Wettbewerbsmotiv (0.51; p < 0.001) impliziert die Existenz eines Faktorenmodells höherer Ordnung, wie es auch von Yee (2006) identifiziert wurde. So betrachtet Yee (2006) die beiden Faktoren als Subdimensionen des Achievement-Motivs (vgl. 3.2.3).[43] Darüber hinaus dient die Präferenz für action-orientierte Spiele als partieller Mediator des Einflusses des Wettbewerbsmotivs auf das konkurrierende Spielverhalten (0.10; p < 0.05). Bezüglich der anderen Pfadbeziehungen bestehen keine signifikanten Mediatoreffekte.

---

43 Die Integration eines Faktorenmodells höherer Ordnung (Second-Order-Faktorenmodell) in ein Strukturgleichungsmodell ist nur dann sinnvoll, wenn mindesten drei Konstrukte 1. Ordnung vorhanden sind und diese einen gleichgerichteten (positiven oder negativen) Effekt auf andere Konstrukte haben. Des Weiteren sollten die mit dem Konstrukt zweiter Ordnung in Beziehung stehenden Faktoren einen vergleichbaren Abstraktionsgrad aufweisen (vgl. Weiber/ Mühlhaus 2010: 217ff.). All diese Voraussetzungen sind im vorliegenden Strukturgleichungsmodell nicht gegeben.

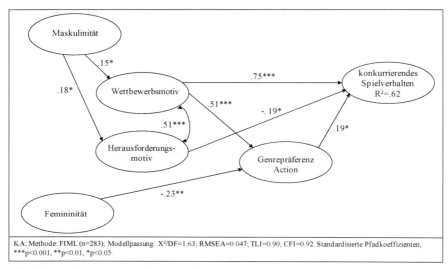

K.A; Methode: FIML (n=283); Modellpassung: X²/DF=1.63; RMSEA=0.047; TLI=0.90; CFI=0.92. Standardisierte Pfadkoeffizienten, ***p<0.001, **p<0.01, *p<0.05.

Abbildung 7-4   *Ergebnisse Erklärungsmodell konkurrierendes Spielverhalten*

Die Ergebnisse der Modellschätzung sprechen nur teilweise für eine Bestätigung der Annahmen in Hypothese H6 (Tab. 7-28): So besteht zwar ein positiver Einfluss der Maskulinität auf Wettbewerbs- und Herausforderungsmotiv (H6a), diese hat jedoch weder direkt noch indirekt einen signifikanten Effekt auf die Präferenz action-orientierter Spiele (H6b) und konkurrierendes Spielverhalten (H6c). Im Gegensatz dazu können die Annahmen eines positiven Einflusses des Wettbewerbsmotivs auf die Präferenz für Actionspiele (H8) und konkurrierendes Spielverhalten (H9a) sowie der Actionspielpräferenz auf konkurrierendes Spielverhalten (H9b) bestätigt werden. Darüber hinaus lässt sich das Erklärungsmodell durch die Aufnahme der Konstrukte Femininität und Herausforderungsmotiv erweitern, so dass auch der negative Einfluss der femininen Geschlechtsrollenorientierung auf die Actionspielpräferenz, der ebenfalls negative Effekt des Herausforderungsmotivs auf das konkurrierende Spielverhalten sowie der positive Zusammenhang zwischen den beiden Nutzungsmotiven Wettbewerb und Herausforderung abgebildet wird (vgl. Tab. 7-28).

Hypothese	Pfad	post. VZ	stand. Pfadk.	
H6a	MASK → WETT	+	.15*	bestätigt
	MASK → HERFO		.18*	
H6b	MASK → ACTION	+	n. s.	nicht best.
H6c	MASK → KONK	+	n. s.	nicht best.
H8	WETT → ACTION	+	.51***	bestätigt
H9a	WETT → KONK	+	.75***	bestätigt
	WETT (→) KONK		.10*	
H9b	ACTION → KONK	+	.19*	bestätigt
Modellerweiterungen				
	FEM → ACTION		-.23**	
	HERFO → KONK		-.19*	
	HERFO ↔ WETT		.51***	

FEM = Femininität, MASK = Maskulinität, WETT = Wettbewerbsmotiv, HERFO = Herausforderungsmotiv, ACTION = Genrepräferenz Actionspiele, KONK = konkurrierendes Spielverhalten.
→ direkter Effekt; (→) indirekter Effekt.
*** p < 0.001, ** p < 0.01, * p < 0.05.

Tabelle 7-28   Hypothesentest Erklärungsmodell konkurrierendes Spielver-
halten

7.3.2.2 Kooperatives Spielverhalten

Wie in Abschnitt 7.2.3.2 bereits erläutert, wurde das Femininitätskonstrukt aus
dem Faktorenmodell zum kooperativen Spielverhalten entfernt, da es keinerlei
signifikante Beziehungen mit den anderen Faktoren aufwies. Das entsprechend
reduzierte Strukturgleichungsmodell erklärt 41 Prozent des Konstrukts kooperatives Spielverhalten (Abb. 7-5). Seine Passung kann mit Blick auf die globalen
Gütekriterien als gut bezeichnet werden (X^2/DF = 1,57; RMSEA = 0.05; TLI =
0.94; CFI = 0.96). Zur Varianzaufklärung der endogenen latenten Variable kooperatives Spielverhalten tragen maßgeblich die direkten, positiven Effekte des
Motivs für soziale Interaktion (0.30; p < 0.001), der Präferenz für Rollenspiele
(0.35; p < 0.001) und des Herausforderungsmotivs (0.28; p < 0.001) bei.

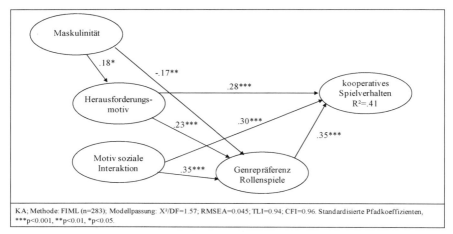

Abbildung 7-5   *Ergebnisse Erklärungsmodell kooperatives Spielverhalten*

Darüber hinaus fungiert die Rollenspielpräferenz als partieller Mediator für die indirekten Effekte des Herausforderungsmotivs (0.08; p < 0.01) und des sozialen Motivs (0.12; p < 0.001) auf kooperatives Spielverhalten. Das Maskulinitätskonstrukt hat zwar einen positiven Einfluss auf das Herausforderungsmotiv (0.18; p < 0.05) und einen negativen Einfluss auf die Rollenspielpräferenz (-0.17; p < 0.01), jedoch zeigt sich kein Effekt – weder direkt noch indirekt – auf das kooperative Spielverhalten.

Die Ergebnisse der Modellschätzung stützen die in Abschnitt 5.2.2 formulierten Hypothesen zum kooperativen Spielverhalten nur teilweise (H7, H10 und H11). Aufgrund der Eliminierung des Femininitätskonstrukts aus dem Erklärungsmodell müssen die Annahmen zum Einfluss der femininen Geschlechtsrollenorientierung auf das Motiv soziale Interaktion (H7a), die Präferenz für Rollenspiele (H7b) und das kooperative Spielverhalten (H7c) verworfen werden. Hingegen finden die Hypothesen H10 und H11 zu den Beziehungen zwischen sozialem Motiv, Rollenspielpräferenz und kooperativem Spielverhalten Bestätigung (Tab. 7-29). Ergänzt werden kann das Erklärungsmodell durch Aufnahme der Konstrukte Maskulinität und Herausforderungsmotiv, da die Maskulinität die Rollenspielpräferenz negativ beeinflusst und das Herausforderungsmotiv sowohl die Rollenspielpräferenz als auch das kooperative Spielverhalten positiv bedingt.

Hypothese	Pfad	post. VZ	stand. Pfadk.	
H6a	MASK → HERFO	+	.18*	bestätigt
H7a	FEM → SOZIN	+	n. s.	nicht best.
H7b	FEM → ROLLEN	+	n. s.	nicht best.
H7c	FEM → KOOP	+	n. s.	nicht best.
H10	SOZIN → ROLLEN	+	.35***	bestätigt
H11a	SOZIN → KOOP SOZIN (→) KOOP	+	.30*** .12***	bestätigt
H11b	ROLLEN → KOOP	+	.35***	bestätigt
Modellerweiterungen				
	MASK → ROLLEN		-.17**	
	HERFO → KOOP		.28***	
	HERFO (→) KOOP		.08**	
	HERFO → ROLLEN		.23***	

FEM = Femininität, MASK = Maskulinität, SOZIN = Motiv soziale Interaktion, HERFO = Herausforde-rungsmotiv, ROLLEN = Genrepräferenz Rollenspiele, KOOP = kooperatives Spielverhalten.
→ direkter Effekt; (→) indirekter Effekt.
*** p < 0.001, ** p < 0.01, * p < 0.05.

Tabelle 7-29   Hypothesentest Erklärungsmodell kooperatives Spielverhalten

7.3.2.3 Exploratives Spielverhalten

Auch das Erklärungsmodel zum explorativen Spielverhalten (Abb. 7-6) weist eine gute Modellpassung auf, wie die Werte der globalen Gütekriterien zeigen ($X^2/DF = 1,81$; RMSEA = 0.05; TLI = 0.91; CFI = 0.94). Darüber hinaus kann die Varianzaufklärung des Modells mit 79 Prozent als hoch bezeichnet werden. Diese ist maßgeblich bedingt durch den stark positiven Einfluss des Herausforderungsmotivs (0.75; p < 0.01).

Des Weiteren hat auch die Rollenspielpräferenz einen direkten positiven Effekt (0.32; p < 0.01) auf das explorative Spielverhalten. Maskulinität hat zwar einen leicht positiven Einfluss (0.14) auf exploratives Spielverhalten, der durch das Herausforderungsmotiv vollkommen mediert wird, dieser Effekt ist jedoch nicht signifikant (p > 0.05). Darüber hinaus wird der Einfluss des Herausforderungsmotivs auf das explorative Spielweise teilweise von der Präferenz für Rollenspiele mediiert (0.10; p < 0.05).

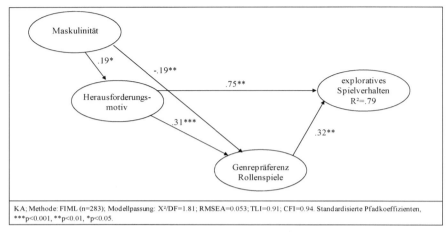

Abbildung 7-6   Ergebnisse Erklärungsmodell exploratives Spielverhalten

Hinsichtlich der zu prüfenden Hypothesen (H6 und H12) ergeben sich daraus folgende Konsequenzen (Tab. 7-30): Hypothese H6 kann auch hier dahingehend bestätigt werden, dass Maskulinität das Herausforderungsmotiv positiv bedingt (H6a). Sie muss jedoch abgelehnt werden, was den Einfluss der maskulinen Geschlechtsrollenorientierung auf das explorative Spielverhalten betrifft (H6c). Hypothese H12 kann sowohl bezüglich des Einflusses des Herausforderungsmotivs (H12a) als auch der Rollenspielpräferenz (H12b) bestätigt werden. Des Weiteren konnten – wie schon im Erklärungsmodell zu kooperativen Spielverhalten – Pfadbeziehungen zwischen Maskulinität und Rollenspielpräferenz sowie zwischen Herausforderungsmotiv und Rollenspielpräferenz ergänzt werden, wie Tabelle 7-30 zeigt.

Hypothese	Pfad	post. VZ	stand. Pfadk.	
H6a	MASK → HERFO	+	.19*	bestätigt
H6c	MASK → EXPLO	+	n. s.	nicht best.
H12a	HERFO → EXPLO	+	.75**	bestätigt
	HERFO (→) EXPLO		.10*	
H12b	ROLLEN → EXPLO	+	.32**	bestätigt
Modellerweiterungen				
	MASK → ROLLEN		-.19**	
	HERFO → ROLLEN		.31***	

MASK = Maskulinität, HERFO = Herausforderungsmotiv, ROLLEN = Genrepräferenz Rollen-spiele, EXPLO = exploratives Spielverhalten.
→ direkter Effekt; (→) indirekter Effekt.
*** p < 0.001, ** p < 0.01, * p < 0.05.

Tabelle 7-30   Hypothesentest Erklärungsmodell exploratives Spielverhalten

7.3.2.4 Zielorientiertes Spielverhalten

Die Werte der globalen Gütekriterien der Modellschätzung zum zielorientierten Spielverhalten deuten auf eine insgesamt akzeptable Modellpassung hin (X^2/DF = 1,82; RMSEA = 0.05; TLI = 0.87; CFI = 0.90). Der geforderte Cutoff-Wert von 0.90 wird zwar für den TLI knapp verfehlt, jedoch zeigen alle anderen Fit-maße eine gute Passung des Modells an. Die Modellschätzung zeigt (Abb. 7-7), dass die Faktoren Herausforderungsmotiv (0.40; p < 0.01), Femininität (0.31; p < 0.01) und Genrepräferenz Rollenspiele (0.34; p < 0.01) zielorientiertes Spielver-halten maßgeblich beeinflussen und zu einer Varianzaufklärung von 45 Prozent beitragen.

Im Modell zeigen sich auch signifikante indirekte Effekte. So hat das Mas-kulinitätskonstrukt einen indirekten, leicht negativen Einfluss auf zielorientiertes Spielverhalten, der durch die Präferenz für Rollenspiele vollkommen mediiert wird (-0.06; p < 0.05). Demnach handelt es sich hierbei um einen Suppressions-effekt (vgl. Urban/ Mayerl 2011). Darüber hinaus wirkt die Präferenz für Rollen-spiele als partieller Mediator des Einflusses des Herausforderungsmotivs auf das zielorientierte Spielverhalten (0.10, p < 0.05).

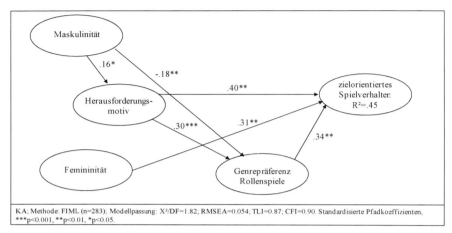

KA; Methode: FIML (n=283); Modellpassung: X²/DF=1.82; RMSEA=0.054; TLI=0.87; CFI=0.90. Standardisierte Pfadkoeffizienten, ***p<0.001, **p<0.01, *p<0.05.

Abbildung 7-7   *Ergebnisse Erklärungsmodell zielorientiertes Spielverhalten*

Hypothese	Pfad	post. VZ	stand. Pfadk.	
H6a	MASK → HERFO	+	.16*	bestätigt
H7c	FEM → ZIEL	+	.31**	bestätigt
H13	HERFO → ZIEL	+	.40**	bestätigt
	HERFO (→) ZIEL		.10*	
Modellerweiterungen				
	MASK → ROLLEN		-.18**	
	MASK (→) ZIEL		-.06*	
	HERFO → ROLLEN		.30***	
	ROLLEN → ZIEL		.34**	

FEM = Femininität, MASK = Maskulinität, HERFO = Herausforderungsmotiv, ROLLEN = Genrepräferenz Rollenspiele, ZIEL = zielorientiertes Spielverhalten.
→ direkter Effekt; (→) indirekter Effekt.
*** p < 0.001, ** p < 0.01, * p < 0.05.

Tabelle 7-31   *Hypothesentest Erklärungsmodell zielorientiertes Spielverhalten*

Bei der Betrachtung der Ergebnisse muss jedoch die schlechte Reliabilität des Konstrukts zielorientiertes Spielverhalten (vgl. Abschnitt 7.2.3.4) berücksichtigt werden. Insofern ist bei der Interpretation der Pfadbeziehungen im Modell Vorsicht geboten. Dennoch soll auch für dieses Erklärungsmodell ein Abgleich mit den in Abschnitt 5.2.2 formulierten Hypothesen erfolgen (Tab. 7-31). Hierbei lässt sich feststellen, dass sich der positive Einfluss der femininen Geschlechts-rollenorientierung auf das zielorientierte Spielverhalten, wie er in Hypothese H7c angenommen wurde, auch in der empirischen Kovarianzstruktur wiederfindet und damit eine Bestätigung der Hypothese nahe legt. Auch der positive Effekt des Herausforderungsmotivs auf das zielorientierte Spielverhalten (H13) kann anhand der Modellschätzung bestätigt werden. Im Zuge einer Erweiterung des Erklärungsmodells durch die Aufnahme der Konstrukte Maskulinität und Rollenspielpräferenz konnte ein negativer indirekter Effekt des Maskulinitätskonstrukts und ein direkter positiver Effekt der Rollenspielpräferenz auf das zielorientierte Spielverhalten festgestellt werden (vgl. Tab. 7-31).

7.3.3 Erklärungsmodell Spielverhalten und Nutzungsintensität

Nachdem die Ergebnisse zu den Erklärungsmodellen auf beiden Ebenen der Nutzung digitaler Spiele gesondert präsentiert wurden, widmet sich dieser Abschnitt der Betrachtung des Erklärungsmodells zum Zusammenhang der beiden Handlungsebenen. Ein entsprechendes Strukturgleichungsmodell ist in Abbildung 7-8 dargestellt. Das Modell weist eine sehr gute Passung auf (X^2/DF = 1,69; RMSEA = 0.05; TLI = 0.96; CFI = 0.99), wobei jedoch ein Item des Konstrukts exploratives Spielverhalten entfernt werden musste.[44] Die Spielverhaltensdimensionen konkurrierendes (0.32; $p < 0.01$) und exploratives Spielverhalten (0.37; $p < 0.05$) haben einen positiven Einfluss auf die Nutzungsintensität. Insgesamt erklären diese Effekte 34 Prozent der Gesamtvarianz der endogenen latenten Variablen. Darüber hinaus korrelieren die beiden exogenen latenten Konstrukte konkurrierendes und exploratives Spielverhalten positiv miteinander (0.43; $p < 0.001$). Dies entspricht der bereits in Abschnitt 5.2.3 geäußerten Vermutung, dass Zusammenhänge zwischen den einzelnen Verhaltensdimensionen bestehen.

Die anderen beiden Verhaltensdimensionen (kooperatives und zielorientiertes Spielverhalten) hatten keinen signifikanten Effekt auf die Nutzungsintensität und wurden daher aus dem Modell entfernt. Insofern kann Hypothese H14 nur hinsichtlich der vermuteten positiven Einflüsse konkurrierenden (H14a) und explorativen Spielverhaltens (H14b) auf die Nutzungsintensität bestätigt werden. Die Annahme negativer Einflüsse des kooperativen (H14c) und zielorientierten Spielverhaltens (H14d) auf die Intensität der Nutzung digitaler Spiele muss hingegen verworfen werden (vgl. Tab. 7-32).

---

44 Dabei handelt es sich um das umgepolte Item „Ich breche das Spiel ab", das sich auf eine Spielsituation bezieht, in der der Spieler mit großen Hindernissen bzw. schwierigen Aufgaben konfrontiert ist.

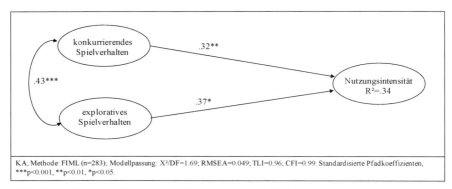

KA; Methode: FIML (n=283); Modellpassung: X²/DF=1.69; RMSEA=0.049; TLI=0.96; CFI=0.99. Standardisierte Pfadkoeffizienten, ***p<0.001, **p<0.01, *p<0.05.

Abbildung 7-8   *Ergebnisse Erklärungsmodell Spielverhalten und Nutzungs-*
                    intensität

Hypothese	Pfad	post. VZ	stand. Pfadk.	
H14a	KONK → NI	+	.32**	bestätigt
H14b	EXPLO → NI	+	.37*	bestätigt
H14c	KOOP → NI	-	n. s.	nicht best.
H14d	ZIEL → NI	-	n. s.	nicht best.
Modellerweiterung				
	KONK ↔ EXPLO		.43***	

KONK = konkurrierendes Spielverhalten, EXPLO = exploratives Spielverhalten, KOOP = kooperatives Spielverhalten, ZIEL = zielorientiertes Spielverhalten.
*** p < 0.001, ** p < 0.01, * p < 0.05.

Tabelle 7-32   *Hypothesentest Erklärungsmodell Spielverhalten und Nut-*
                    zungsintensität

7.3.4 Gruppenvergleiche nach soziodemografischen Variablen

In diesem Abschnitt wird geprüft, ob und inwiefern die in den vorangegangenen Abschnitten nachgewiesenen Modellbeziehungen durch verschiedene Strukturvariablen (Geschlecht, Alter, Bildung) moderiert werden. Hierzu werden das Erklärungsmodell zur Nutzungsintensität sowie die Erklärungsmodelle zu den Spielverhaltensdimensionen verschiedenen Mehrgruppenkausalanalysen unterzogen. Entsprechend wird die Gesamtstichprobe für jede Strukturvariable in zwei Teilstichproben geteilt, so dass jeweils zwei Gruppen zum Vergleich der

Geschlechter, jüngerer (bis 29 Jahre) und älterer (ab 30 Jahre), formal niedriger (Haupt- und Realschule) und höher gebildeter (Gymnasium) Befragter zur Verfügung stehen.[45] Eine Aufteilung der Stichprobe in mehr als zwei Gruppen ist aufgrund der Stichprobengröße und der Komplexität der Modelle nicht möglich. Wie in Abschnitt 6.5.5 ausgeführt wurde, setzt die Durchführung einer Mehrgruppenkausalanalyse voraus, dass die Faktorladungen und die Konstanten der Indikatoren über die Gruppen invariant sind (skalare Invarianz). Im Softwarepaket Amos wird eine solche Restriktion im Modell „Measurement Intercepts" definiert. Weist die Schätzung dieser Modellvariante eine gute Passung auf, kann auf skalare Invarianz geschlossen werden. Wird durch die Aufhebung der Restriktion für einzelne Parameter eine gute Modellpassung erreicht, so kann zumindest von partieller skalarer Invarianz ausgegangen werden.

Bezüglich der zwei Altersgruppen (bis 29 Jahre, ab 30 Jahre) ist zu beachten, dass diese sich hinsichtlich des Geschlechts signifikant unterscheiden (X^2 = 31,19; p < 0.001). So weist bezogen auf die Gesamtstichprobe (n = 317) die jüngere Altersgruppe einen höheren Männeranteil (65%) und die ältere Altersgruppe einen höheren Frauenanteil (67%) auf. Dieser Unterschied zeig sich auch, wenn man nur die Spieler der Stichprobe betrachtet (n = 283; X^2 = 26,03; p < 0.001): Hier liegt der Männeranteil in der jüngeren Altersgruppe bei 66 Prozent und in der älteren Altersgruppe bei 35 Prozent. Bei den Bildungsgruppen zeigt sich in der Teilpopulation der Spieler (n = 283), dass bei den formal höher Gebildeten ein größerer Anteil jünger als 30 Jahre ist (68% im Vergleich zu 53% bei formal niedrigerem Bildungsniveau; X^2=5,38; p<0.05). Diese Unterschiede in der Zusammensetzung der Teilstichproben sind bei der Betrachtung der Ergebnisse zu den Gruppenvergleichen zu berücksichtigen, die nachfolgend präsentiert werden. Begonnen wird mit der Darstellung des Gruppenvergleichs für das Erklärungsmodell zur Nutzungsintensität (7.3.4.1). Danach folgen die Gruppenvergleiche für die Erklärungsmodelle zum konkurrierenden (7.3.4.2), kooperativen (7.3.4.3), explorativen (7.3.4.4) und zielorientierten Spielverhalten (7.3.4.5). In jedem Abschnitt werden zunächst anhand der unstandardisierten Regressionsgewichte Unterschiede in den Strukturbeziehungen zwischen den Gruppen und in einem weiteren Schritt Unterschiede zwischen den latenten Mittelwerten der Gruppen geprüft.

---

45 Personen, die die Haupt- oder Realschule besuchen bzw. einen entsprechenden Bildungsabschluss haben, wurden der Gruppe der formal niedriger Gebildeten zugeordnet. Analog wurden Personen, die das Gymnasium besuchen oder Abitur haben, den formal höher Gebildeten zugeordnet.

7.3.4.1 Gruppenvergleich Nutzungsintensität

In diesem Abschnitt werden die Strukturbeziehungen und Konstruktmittelwerte des Erklärungsmodells zur Intensität der Nutzung digitaler Spiele hinsichtlich der Strukturvariablen Geschlecht, Alter und Bildung verglichen. Die Modellpassungen der drei Mehrgruppenmodelle, die in Tabelle 7-33 unten anhand der globalen Gütemaße wiedergegeben werden, sind als akzeptabel (Geschlecht) bis gut (Alter und Bildung) zu beurteilen. Das bedeutet, dass für alle Modelle skalare Invarianz gegeben ist und sowohl Pfadkoeffizienten als auch Mittelwerte verglichen werden können.

	Geschlecht		Alter		formale Bildung	
	Frauen (n=151)	Männer (n=166)	$\leq$ 29 J. (n=189)	$\geq$ 30 J. (n=127)	HS u. RS (n=81)	Gymn. (n=233)
Pfad						
MASK $\rightarrow$ AHFZ	0,05	0,08	0,07	0,06	0,13	0,07
FEM $\rightarrow$ SOZB	-0,09	-0,04	-0,05	-0,11	-0,09	-0,14
AHFZ $\rightarrow$ NI	-0,71	-0,26	-0,31	-0,89	-0,27	-0,48
SOZ $\rightarrow$ NI	0,72	0,78	0,67	0,83	0,61	0,86
SOZB $\rightarrow$ AUSG	1,64	0,94	1,20	2,06	1,23	1,69
SOZB $\rightarrow$ GB	0,67	0,87	0,68	0,63	0,80	0,81
GB $\rightarrow$ AUSG	0,08	0,25	0,23	0,10	0,13	0,22
AUSG $\rightarrow$ NI	0,23	0,12	0,17	0,17	0,12	0,18
FEM $\leftrightarrow$ MASK	-	-	-	-	**-0,34**	-
Modellpassung						
X^2/DF		1,53		1,45		1,48
RMSEA		.029		.027		.028
TLI		.89		.91		.90
CFI		.91		.92		.91

FEM = Femininität, MASK = Maskulinität, AHFZ = außerhäusliche Freizeitorientierung, SOZB = soziale Bedeutung digitaler Spiele, AUSG = Ausgaben für Spielesoftware, GB = Gerätebesitz, NI = Nutzungsintensität
MGKA, Methode: FIML. Modell: Measurement Intercepts.
Fettgedruckte Zahlen sind signifikante Unterschiede zwischen den jeweiligen Gruppen p < 0.05.

Tabelle 7-33   Gruppenvergleich der Pfadkoeffizienten im Modell Nutzungsintensität

Tabelle 7-33 gibt die unstandardisierten Pfadkoeffizienten des Erklärungsmodells zur Nutzungsintensität für alle hier betrachteten Teilgruppen wieder. Bezüglich der Modellbeziehungen zeigt sich, dass in den beiden Geschlechtergruppen und Altersgruppen jeweils bedeutsame Unterschiede im Einfluss der außerhäuslichen Freizeitorientierung auf die Nutzungsintensität sowie im Einfluss der sozialen Bedeutung digitaler Spiele auf die Ausgaben für Spielesoftware bestehen. So beeinflusst die außerhäusliche Freizeitorientierung die Nutzungsintensität bei weiblichen und älteren Befragten stärker negativ als bei männlichen und jüngeren Befragten. Darüber hinaus hat die soziale Bedeutung digitaler Spiele in diesen Teilgruppen einen stärker positiven Effekt auf die Ausgaben für Spielesoftware als dies in den Teilgruppen der männlichen Befragten und Personen unter 30 Jahren der Fall ist. Die Unterschiede sind jedoch knapp nicht signifikant ($p > 0.05$).[46] Im Vergleich der Bildungsgruppen erhält das Strukturgleichungsmodell einen zusätzlichen Pfad, da für die Gruppe der Haupt- und Realschüler eine signifikante negative Korrelation zwischen Femininität und Maskulinität besteht. Diese Beziehung findet sich nur in der formal niedriger gebildeten Gruppe. Daher wird hier eine Kovarianz der Konstrukte zugelassen, in allen anderen Teilgruppen wird der Pfad gleich Null gesetzt.

In einem weiteren Schritt werden im Rahmen von Mehrgruppenfaktorenanalysen die Mittelwerte der latenten Konstrukte in den Gruppen verglichen.[47] Auch in den Faktorenmodellen ist für alle Gruppen skalare Invarianz gegeben (vgl. Tab. 7-34 unten). Ein Mittelwertvergleich ist daher zulässig. Beim Vergleich der Geschlechtergruppen zeigen sich signifikante Unterschiede bezüglich der Konstrukte Femininität (wie bereits in Abschnitt 7.2.1 festgestellt wurde), soziale Bedeutung digitaler Spiele, Ausgaben für Spielesoftware, Gerätebesitz und Spielesoftware. Analog finden sich Unterschiede zwischen den beiden Altersgruppen (Tab. 7-34). Ältere und weibliche Befragte sind demnach femininer (vgl. 7.2.1), geben weniger Geld für Spielesoftware aus, besitzen weniger Spielkonsolen und Ähnliches und nutzen digitale Spiele weniger intensiv als männliche und jüngere Befragte. Darüber hinaus haben digitale Spiele in ihrem sozialen Kontext eine geringere Bedeutung.[48] Bezüglich der Bildungsgruppen ist ein signifikanter Unterschied in der außerhäuslichen Freizeitorientierung festzustellen. So verbringen Personen mit formal höherer Bildung ihrer Freizeit häufiger mit außerhäuslichen Aktivitäten als Personen mit formal niedrigerer formaler

---

46   Detailliertere Darstellungen der Gruppenunterschiede inklusive aller C.R.-Werte befinden sich
      für alle durchgeführten Mehrgruppenkausalananlysen in Tab. A-7 bis Tab. A-11 im Anhang.
47   Single-Item-Messungen werden in den Faktorenmodellen nicht berücksichtigt. Für diese werden gesonderte Tests auf Mittelwertunterschiede (Mann-Whitney-U-Test) durchgeführt.
48   Die Ergebnisse verdeutlichen auch die oben bereits angesprochenen problematischen Überlagerungen in der Zusammensetzung der Alters- und Geschlechtergruppen.

Bildung. Alle anderen Konstruktmittelwerte der Bildungsgruppen sich nicht signifikant voneinander verschieden.

	Geschlecht		Alter		formale Bildung	
	Frauen (n=151)	Männer (n=166)	≤ 29 J. (n=189)	≥ 30 J. (n=127)	HS u. RS (n=81)	Gymn. (n=233)
Faktor						
MASK[a]		n. s.		n. s.		n. s.
FEM[a]	+ + +	− − −	− −	+ +		n. s.
AHFZ[a]		n. s.		n. s.	− − −	+ + +
SOZB[a]	− − −	+ + +	+ + +	− − −		n. s.
AUSG[b]	− − −	+ + +	+ + +	− − −		n. s.
GB[b]	− − −	+ + +	+ + +	− − −		n. s.
NI[a]	− − −	+ + +	+ + +	− − −		n. s.
Modellpassung						
X^2/DF	1,56		1,49		1,48	
RMSEA	.030		.028		.028	
TLI	.90		.91		.91	
CFI	.91		.92		.92	

FEM = Femininität, MASK = Maskulinität, AHFZ = außerhäusliche Freizeitorientierung, SOZB = soziale Bedeutung digitaler Spiele, AUSG = Ausgaben für Spielesoftware, GB = Gerätebesitz, NI = Nutzungsintensität
[a] MGFA, Methode: FIML. Modell: Measurement Intercepts.
[b] Mann-Whitney-U-Test
Signifikante Unterschiede der latenten Mittelwerte (MW) zwischen den Gruppen:

+ + + = MW signifikant höher (p<0.001)   − − − = MW signifikant niedriger (p<0.001)
+ +   = MW signifikant höher (p<0.01)   − −   = MW signifikant niedriger (p<0.01)
+   = MW signifikant höher (p<0.05)   −   = MW signifikant niedriger (p<0.05)

Tabelle 7-34   Gruppenvergleich der Mittelwerte im Modell Nutzungsintensität

Die Ergebnisse der Mehrgruppenanalysen des Erklärungsmodells zur Nutzungsintensität lassen sich folgendermaßen zusammenfassen:

- Die in Hypothese H15 vermuteten Moderatoreffekte der Variablen Geschlecht (H15a) und Alter (H15b) lassen sich nicht bestätigen, da keine signifikanten Unterschiede hinsichtlich der Pfadkoeffizienten bestehen. Insofern kann in diesen Gruppen von einer Invarianz der Pfadbeziehungen ausgegangen werden (vgl. Weiber/ Mühlhaus 2010: 236ff.). Bezüglich der Bildungsgruppen bestehen zwar ebenfalls keine signifikanten Unterschiede in der Stärke der kausalen Beziehungen, jedoch moderiert die Variable Bildung den Zusammenhang zwischen Femininität und Maskulinität. Demzufolge bestätigt sich zumindest Hypothese H15c für die Beziehung zwischen den beiden Konstrukten der Geschlechtsrollenorientierung.

• Des Weiteren zeigen die signifikanten Unterschiede in den Mittelwerten der Modellkonstrukte, dass sowohl das biologische Geschlecht (H17a), das Alter (H17b) und die formale Bildung (H17c) die Ausprägungen eines Großteils der Modellkomponenten beeinflussen. Hypothese H17 kann daher weitgehend bestätigt werden.

Hypothese	Moderator	bestätigt für Pfad/ MW	Signifikanzniveau
H15a	Geschlecht	-	
H15b	Alter	-	
H15c	Bildung	FEM ↔ MASK	*
H17a	Geschlecht	FEM	***
		SOZB	***
		AUSG	***
		GB	***
		NI	***
H17b	Alter	FEM	**
		SOZB	***
		AUSG	***
		GB	***
		NI	***
H17c	Bildung	AHFZ	***

FEM = Femininität, MASK = Maskulinität, AHFZ = außerhäusliche Freizeitorientierung, SOZB = soziale Bedeutung digitaler Spiele, AUSG = Ausgaben für Spielesoftware, GB = Gerätebesitz, NI = Nutzungsintensität
*** $p < 0.001$, ** $p < 0.01$, * $p < 0.05$.

Tabelle 7-35   Hypothesentest zu Moderatoreffekten im Modell Nutzungsintensität

In Tabelle 7-35 wird differenziert dargestellt, welche Hypothesen bzw. Annahmen zu Moderatoreffekten und Mittelwertunterschieden sich für welche Pfadbeziehungen und Modellkonstrukte bestätigen lassen.

7.3.4.2 Gruppenvergleich konkurrierendes Spielverhalten

Um die Alters- und Geschlechtergruppen in Bezug auf das Erklärungsmodell zum konkurrierenden Spielverhalten vergleichen zu können, mussten einige Modifikationen des Modells vorgenommen werden. In einem ersten Schritt wurde für beide Gruppenvergleiche das Item „weil ich mich mit anderen messen kann" des Wettbewerbsmotivs aus dem Modell entfernt, da für dieses Item in den Teilgruppen keine verlässlichen Schätzungen erzielt werden konnten (vgl. dazu Weiber/ Mühlhaus 2010: 159). Des Weiteren wurde für den Geschlechtervergleich die Konstante des Indikators „weil ich gern nach neuen und kreativen Wegen suche, um ein Spiel zu meistern" für die Gruppe der Frauen sowie die Konstante des Items „romantisch" für beide Gruppen freigesetzt. Darüber hinaus wurde das Modell um zwei Pfadbeziehungen ergänzt, da diese in jeweils einer Teilgruppe signifikant wurden. Dies betrifft den Einfluss der Maskulinität auf die Präferenz für Actionspiele und den Einfluss der Femininität auf das konkurrierende Spielverhalten. Durch diese Parameterfreisetzungen und Pfadergänzungen konnte eine gute Modellpassung (vgl. Tab. 7-36 unten) und damit partielle skalare Invarianz erreicht werden. Für den Modellvergleich nach Altersgruppen waren keine weiteren Änderungen notwendig, so dass in diesem Fall skalare Invarianz gegeben ist. Dies trifft auch auf den Vergleich der Bildungsgruppen zu, wobei in diesem Modell – wie auch im Gruppenvergleich des Erklärungsmodells zur Nutzungsintensität – eine Korrelation zwischen Maskulinität und Femininität für die Gruppe der Haupt- und Realschüler zugelassen wurde.

Betrachtet man nun die Unterschiede zwischen den unstandardisierten Regressionsgewichten in den Teilgruppen (Tab. 7-36), so zeigt sich für den Geschlechtervergleich, dass das Wettbewerbsmotiv in der Männergruppe einen signifikant höheren Einfluss auf die Präferenz für Actionspiele hat. Des Weiteren hat Femininität in der Männergruppe einen negativen Einfluss auf konkurrierendes Spielverhalten. Bei den Frauen ist dies nicht der Fall. Auf der anderen Seite ist der negative Einfluss der Maskulinität auf die Präferenz für Actionspiele nur in der Frauengruppe signifikant. Dieses Ergebnis steht im Gegensatz zur Annahme in Hypothese H6b, in der ein positiver Einfluss der Maskulinität auf die Actionspielpräferenz vermutet wurde. Die Interaktion von Geschlechtsrollenorientierung und biologischem Geschlecht mindert in diesem Fall die Präferenz für action-orientierte Spielgenres. Bei den Altersgruppen zeigt sich wie bei den Geschlechtergruppen eine Moderation des Einflusses des Wettbewerbsmotivs auf die Actionspielpräferenz. So besteht hier für die jüngere Altersgruppe ein starker und im Gegensatz dazu für die älteren Befragten kein Zusammenhang.

Pfad	Geschlecht		Alter		formale Bildung	
	Frauen (n=128)	Männer (n=157)	≤ 29 J. (n=183)	≥ 30 J. (n=101)	HS u. RS (n=77)	Gymn. (n=205)
MASK → HERFO	0,15	0,15	0,10	0,23	**0,44**	**0,03**
MASK → WETT	0,30	0,14	0,17	0,34	**0,43**	**0,03**
MASK → ACTION	-0,17	-0,13	-	-	-	-
FEM → ACTION	-0,14	-0,05	-0,15	-0,23	-0,33	-0,14
FEM → KONK	**0,09**	**-0,16**	-	-	-	-
HERFO → KONK	-0,04	-0,23	-0,19	-0,06	0,01	-0,30
WETT → ACTION	**0,22**	**0,60**	**0,66**	**-0,01**	0,34	0,57
WETT → KONK	0,36	0,58	0,60	0,38	0,50	0,79
ACTION → KONK	0,21	0,13	0,17	0,23	0,09	0,20
FEM ↔ MASK	-	-	-	-	**-0,29**	-
Modellpassung						
X²/DF	1,37		1,42		1,42	
RMSEA	.026		.027		.027	
TLI	.90		.89		.90	
CFI	.91		.90		.91	

FEM = Femininität, MASK = Maskulinität, WETT = Wettbewerbsmotiv, HERFO = Herausforde-rungsmotiv, ACTION = Genrepräferenz Actionspiele, KONK = konkurrierendes Spielverhalten MGKA, Methode: FIML. Modell: Measurement Intercepts.
Fettgedruckte Zahlen sind signifikante Unterschiede zwischen den jeweiligen Gruppen p < 0.05.

Tabelle 7-36   Gruppenvergleich der Pfadkoeffizienten im Modell konkurrie-rendes Spielverhalten

Bezüglich der Bildungsgruppen ist festzustellen, dass der Einfluss der Maskuli-nität auf das Wettbewerbs- und Herausforderungsmotiv nur in der Gruppe der formal niedriger Gebildeten besteht. Demgegenüber hat das Herausforderungs-motiv nur bei den Gymnasiasten einen negativen Einfluss auf konkurrierendes

Spielverhalten, und der positive Effekt des Wettbewerbsmotivs auf die Spielver-
haltensdimension ist in dieser Gruppe stärker.
Mit Blick auf die Konstruktmittelwerte der Gruppen fällt auf (Tab. 7-37),
dass Frauen und ältere Befragte eine signifikant geringere Präferenz für Actionspiele aufweisen und sich weniger stark konkurrierend verhalten als jüngere und
männliche Befragte. Zwischen den beiden Bildungsgruppen bestehen keine signifikanten Mittelwertunterschiede der Modellkonstrukte. Die Passungen der
Faktorenmodelle sind als akzeptabel zu beurteilen, da die Schwellenwerte der
globalen Gütemaße erreicht bzw. im Fall der inkrementellen Gütemaße annähernd erreicht werden.

	Geschlecht		Alter		formale Bildung	
	Frauen (n=128)	Männer (n=157)	≤ 29 J. (n=183)	≥ 30 J. (n=101)	HS u. RS (n=77)	Gymn. (n=205)
Faktor						
HERFO	n. s.		n. s.		n. s.	
WETT	n. s.		n. s.		n. s.	
ACTION	− − −	+ + +	+ + +	− − −	n. s.	
KONK	− − −	+ + +	+ + +	− − −	n. s.	
Modellpassung						
X^2/DF	1,46		1,44		1,42	
RMSEA	.028		.028		.027	
TLI	.88		.89		.89	
CFI	.89		.90		.91	

FEM = Femininität, MASK = Maskulinität, WETT = Wettbewerbsmotiv, HERFO = Herausforde-
rungsmotiv, ACTION = Genrepräferenz Actionspiele, KONK = konkurrierendes Spielverhalten
MGFA, Methode: FIML. Modell: Measurement Intercepts.
Signifikante Unterschiede der latenten Mittelwerte (MW) zwischen den Gruppen:
+ + +   = MW signifikant höher (p<0.001)   − − −   = MW signifikant niedriger (p<0.001)
+ +   = MW signifikant höher (p<0.01)   − −   = MW signifikant niedriger (p<0.01)
+   = MW signifikant höher (p<0.05)   −   = MW signifikant niedriger (p<0.05)

*Tabelle 7-37   Gruppenvergleich der Mittelwerte im Modell konkurrierenden
Spielverhalten*

Insgesamt können die Annahmen in den Hypothesen H16 und H18 anhand der
Mehrgruppenanalysen für das Erklärungsmodell zum konkurrierenden Spielverhalten weitgehend bestätigt werden, denn

- Geschlecht, Alter und Bildung moderieren verschiedenen Beziehungen des Strukturmodells (H16a bis c), und
- es zeigen sich Geschlechts- und Altersunterschiede bezüglich der Ausprägung einzelner Modellkonstrukte (H18a und b). Der formale Bildungsgrad hat jedoch keinen Einfluss auf die Faktoren. Entsprechend wird Hypothese H18c für das Faktorenmodell zum konkurrierenden Spielverhalten verworfen.

Tabelle 7-38 fasst die hier geprüften Moderatoreffekte und Mittelwertunterschiede noch einmal zusammen.

Hypothese	Moderator	bestätigt für Pfad/ MW	Signifikanzniveau
H16a	Geschlecht	FEM → KONK	**
		WETT → ACTION	**
H16b	Alter	WETT → ACTION	***
		MASK → HERFO	**
H16c	Bildung	MASK → WETT	**
		FEM ↔ MASK	*
H18a	Geschlecht	ACTION	***
		KONK	***
H18b	Alter	ACTION	***
		KONK	***
H18c	Bildung	-	

FEM = Femininität, MASK = Maskulinität, WETT = Wettbewerbsmotiv, HERFO = Herausforderungsmotiv, ACTION = Genrepräferenz Actionspiele, KONK = konkurrierendes Spielverhalten
*** p < 0.001, ** p < 0.01, * p < 0.05

Tabelle 7-38   Hypothesentest zu Moderatoreffekten im Modell konkurrierendes Spielverhalten

7.3.4.3   Gruppenvergleich kooperatives Spielverhalten

Für die Gruppenvergleiche des Erklärungsmodells zum kooperativen Spielverhalten werden zwei Ergänzungen vorgenommen. Zum einen wird für den Vergleich der Altersgruppen ein Pfad zwischen Maskulinität und kooperativem
Spielverhalten hinzugefügt und zum anderen für den Vergleich der Bildungsgruppen eine Verbindung zwischen Maskulinität und dem Motiv für soziale
Interaktion ergänzt. Die sehr guten Werte der Gütekriterien in Tab. 7-39 deuten
daraufhin, dass für alle drei Mehrguppenmodelle skalare Invarianz gegeben ist.
Auch für das Erklärungsmodell zum kooperativen Spielverhalten werden nun die
unstandardisierten Pfadkoeffizienten in den Gruppen verglichen. Im Vergleich
der Geschlechter offenbart sich ein signifikanter Unterschied im Einfluss des
Motivs soziale Interaktion auf die Rollenspielpräferenz (Tab. 7-39). Demnach
führt eine soziale Motivation digitalen Spielens bei den Frauen in stärkerem
Maße zu einer Präferenz für Rollenspiele als bei den Männern der Stichprobe.
Altersunterschiede ergeben sich für den Einfluss der Maskulinität auf kooperatives Spielverhalten. Dieser ist für die älteren Befragten negativ und im Gegensatz
dazu für die jüngere Altersgruppe positiv. Auch zwischen den Bildungsgruppen
bestehen Unterschiede zwischen den Pfadkoeffizienten. So sind der negative
Einfluss der maskulinen Geschlechtsrollenorientierung und der positive Einfluss
des Herausforderungsmotivs auf die Rollenspielpräferenz nur in der Gruppe der
Gymnasiasten vorhanden. Des Weiteren zeigt sich bei den Haupt- und Realschülern ein positiver Einfluss der Maskulinität auf das Motiv sozialer Interaktion.
Bei den Gymnasiasten ist dieser Einfluss leicht negativ (vgl. Tab 7-39).

Die Mehrgruppenfaktorenanalyse erbringt für alle Gruppenvergleiche eine
sehr gute Modellpassung (Tab. 7-40), so dass auch hier skalare Invarianz gegeben ist und die Konstruktmittelwerte verglichen werden können. Wie in Tabelle
7-40 zu sehen ist, ist das Motiv sozialer Interaktion und die Präferenz für Rollenspiele bei den männlichen und jüngeren Befragten stärker ausgeprägt als bei den
Frauen und älteren Befragungsteilnehmern. Ein Altersunterschied zeigt sich
darüber hinaus für das kooperative Spielverhalten. Demnach spielen ältere Personen signifikant weniger kooperativ als jüngere Personen. Zwischen den Bildungsgruppen sind hingegen keine signifikanten Mittelwertunterschiede festzustellen.

Pfad	Geschlecht		Alter		formale Bildung	
	Frauen (n=128)	Männer (n=157)	≤ 29 J. (n=183)	≥ 30 J. (n=101)	HS u. RS (n=77)	Gymn. (n=205)
MASK → HERFO	0,13	0,16	0,10	0,21	**0,48**	**0,06**
MASK → ROLLEN	-0,23	-0,28	-0,13	-0,29	-0,01	-0,29
MASK → SOZIN	-	-	-	-	**0,38**	**-0,12**
MASK → KOOP	-	-	**0,19**	**-0,28**	-	-
HERFO → KOOP	0,29	0,34	0,52	0,23	0,36	0,23
HERFO →. ROLLEN	0,42	0,38	0,54	0,33	0,05	0,52
SOZIN → ROLLEN	**0,63**	**0,22**	0,37	0,54	0,63	0,34
SOZIN → KOOP	0,34	0,19	0,25	0,25	0,17	0,23
ROLLEN → KOOP	0,26	0,19	0,18	0,25	0,20	0,23
Modellpassung						
X^2/DF	1,25		1,31		1,29	
RMSEA	.021		.024		.023	
TLI	.96		.95		.96	
CFI	.97		.96		.96	

MASK = Maskulinität, SOZIN = Motiv soziale Interaktion, HERFO = Herausforderungsmotiv, ROLLEN = Genrepräferenz Rollenspiele, KOOP = kooperatives Spielverhalten
MGKA, Methode: FIML. Modell: Measurement Intercepts.
Fettgedruckte Zahlen sind signifikante Unterschiede zwischen den jeweiligen Gruppen $p < 0.05$.

Tabelle 7-39   Gruppenvergleich der Pfadkoeffizienten im Modell kooperatives Spielverhalten

	Geschlecht		Alter		formale Bildung	
	Frauen (n=128)	Männer (n=157)	≤ 29 J. (n=183)	≥ 30 J. (n=101)	HS u. RS (n=77)	Gymn. (n=205)
Faktor						
SOZIN[a]	– –	+ +	+ + +	– – –	n. s.	
ROLLEN[b]	– – –	+ + +	+ + +	– – –	n. s.	
KOOP[a]	n. s.		+ + +	– – –	n. s.	
Modellpassung						
X^2/DF	1,17		1,26		1,14	
RMSEA	.017		.021		.015	
TLI	.98		.96		.98	
CFI	.98		.97		.98	

SOZIN = Motiv soziale Interaktion, ROLLEN = Genrepräferenz Rollenspiele, KOOP = kooperatives Spielverhalten
[a] MGFA, Methode: FIML. Modell: Measurement Intercepts.
[b] Mann-Whitney-U-Test
Signifikante Unterschiede der latenten Mittelwerte (MW) zwischen den Gruppen:
+ + + = MW signifikant höher ($p<0.001$)   – – – = MW signifikant niedriger ($p<0.001$)
+ + = MW signifikant höher ($p<0.01$)   – – = MW signifikant niedriger ($p<0.01$)
+ = MW signifikant höher ($p<0.05$)   – = MW signifikant niedriger ($p<0.05$)

Tabelle 7-40   *Gruppenvergleich der Mittelwerte im Modell kooperatives Spielverhalten*

Zusammenfassend betrachtet ergibt sich hinsichtlich der Existenz von Moderatoreffekten und Mittelwertunterschieden im Erklärungsmodell zum kooperativen Spielverhalten ein ähnliches Bild wie beim konkurrierenden Spielverhalten:

•   Alle drei Strukturvariablen wirken jeweils als Moderator einzelner Modellbeziehungen. Damit kann Hypothese H16 auch für das Erklärungsmodell zum kooperativen Spielverhalten als bestätigt gelten.

•   Darüber hinaus sind einige Konstrukte Geschlechter- und Alterseffekten ausgesetzt. Dies bestätigt die Annahmen in Hypothese H18a und H18b. Hinzu kommt, dass auch in diesem Faktorenmodell Bildungseffekte bezüglich der Ausprägung der Konstrukte keine Rolle spielen. Demnach wird Hypothese H18c auch für das Faktorenmodell zum kooperativen Spielverhalten verworfen.

Analog zu den vorangegangenen Abschnitten werden die Ergebnisse der Hypo-
thesenprüfung zu Moderatoreffekten und Mittelwertunterschieden in einer Tabelle zusammengefasst (Tab. 7-41).

Hypothese	Moderator	bestätigt für Pfad/ MW	Signifikanzniveau
H16a	Geschlecht	SOZIN → ROLLEN	*
H16b	Alter	MASK → KOOP	**
H16c	Bildung	MASK → HERFO	**
		MASK → SOZIN	**
H18a	Geschlecht	SOZIN	**
		ROLLEN	***
H18b	Alter	SOZIN	***
		ROLLEN	***
		KOOP	***
H18c	Bildung	-	

MASK = Maskulinität, SOZIN = Motiv soziale Interaktion, HERFO = Herausforderungsmotiv,
ROLLEN = Genrepräferenz Rollenspiele, KOOP = kooperatives Spielverhalten
*** p < 0.001, ** p < 0.01, * p < 0.05

*Tabelle 7-41   Hypothesentest zu Moderatoreffekten im Modell kooperatives
Spielverhalten*

7.3.4.4 Gruppenvergleich exploratives Spielverhalten

Um die Gruppenvergleiche zum explorativen Spielverhalten durchführen zu
können, wurde das Item „Ich probiere solange, bis ich weiterkomme" für die
Alters- und Bildungsgruppen aus dem Messmodell des Konstrukts exploratives
Spielverhalten aufgrund unzuverlässiger Schätzungen in den Teilgruppen entfernt. Weitere Modifikationen wurden nicht vorgenommen, so dass für alle drei
Mehrgruppenmodelle skalare Invarianz gegeben ist, wie sich an den guten bis
sehr guten Werten der Gütekriterien ablesen lässt (Tab. 7-42). Es zeigt sich, dass
zwischen den Alters- und Geschlechtergruppen jeweils keine signifikanten Unterschiede hinsichtlich der Pfadbeziehungen bestehen und demnach keine moderierenden Effekte dieser Strukturvariablen auftreten. Die Bildungseffekte bezüglich der Einflüsse der Maskulinität auf das Herausforderungsmotiv und die Rollenspielpräferenz sowie des Herausforderungsmotivs auf die Rollenspielpräferenz wurden bereits in den vorherigen Abschnitten besprochen (vgl. Tab. 7-42).
Ergänzend soll an dieser Stelle noch auf den moderierenden Effekt der Bildung
auf die Beziehung zwischen Rollenspielpräferenz und explorativem Spielverhal-

ten hingewiesen werden. So ist der Einfluss der Rollenspielpräferenz auf das explorative Spielverhalten nur in der Gruppe der Gymnasiasten signifikant positiv (vgl. dazu auch Tab. A-9). Einschränkend ist jedoch festzustellen, dass der Unterschied zwischen den Pfadkoeffizienten nicht signifikant ist.

| | **Geschlecht** | | **Alter** | | **formale Bildung** | |
	Frauen (n=128)	Männer (n=157)	≤ 29 J. (n=183)	≥ 30 J. (n=101)	HS u. RS (n=77)	Gymn. (n=205)
Pfad						
MASK → HERFO	0,15	0,18	0,13	0,24	**0,50**	**0,09**
MASK → ROLLEN	-0,29	-0,29	-0,14	-0,35	0,14	-0,36
HERFO → EXPLO	0,48	0,35	0,35	0,40	0,38	0,38
HERFO → ROLLEN	0,53	0,43	0,67	0,39	0,19	0,62
ROLLEN → EXPLO	0,07	0,11	0,10	0,15	0,05	0,15
Modellpassung						
X^2/DF	1,30		1,53		1,51	
RMSEA	.023		.031		.030	
TLI	.95		.91		.92	
CFI	.96		.93		.94	

MASK = Maskulinität, HERFO = Herausforderungsmotiv, ROLLEN = Genrepräferenz Rollenspiele, EXPLO = exploratives Spielverhalten
MGKA, Methode: FIML. Modell: Measurement Intercepts.
Fettgedruckte Zahlen sind signifikante Unterschiede zwischen den jeweiligen Gruppen p < 0.05.

Tabelle 7-42   Gruppenvergleich der Pfadkoeffizienten im Modell exploratives Spielverhalten

In Tabelle 7-43 werden die Mittelwertunterschiede zwischen den Gruppen bezüglich des Konstrukts exploratives Spielverhalten dargestellt. Die übrigen Konstrukte waren bereits Bestandteil der Faktorenmodelle zum konkurrierenden und kooperativen Spielverhalten und werden daher an dieser Stelle ausgespart. Der Mittelwertvergleich ist auch hier zulässig, da die Schätzungen im Rahmen der Mehrgruppenfaktorenanalysen sehr gute Modellpassungen erbringen. So können auch für den Faktor exploratives Spielverhalten Geschlechter- und Alterseffekte festgestellt werden. Frauen und ältere Befragte verhalten sich demnach im Spiel weniger explorativ als jüngere und männliche Befragte. Zwischen den Bildungsgruppen gibt es diesbezüglich keine signifikanten Unterschiede.

	Geschlecht		**Alter**		**formale Bildung**	
	Frauen (n=128)	Männer (n=157)	$\leq$ 29 J. (n=183)	$\geq$ 30 J. (n=101)	HS u. RS (n=77)	Gymn. (n=205)
Faktor						
EXPLO	$---$	$+++$	$++$	$--$	n. s.	
Modellpassung						
X²/DF	1,21		1,34		1,26	
RMSEA	.019		.025		.021	
TLI	.97		.95		.96	
CFI	.97		.96		.97	

EXPLO = exploratives Spielverhalten
MGFA, Methode: FIML. Modell: Measurement Intercepts.
Signifikante Unterschiede der latenten Mittelwerte (MW) zwischen den Gruppen:
$+++$ = MW signifikant höher (p<0.001) $---$ = MW signifikant niedriger (p<0.001)
$++$ = MW signifikant höher (p<0.01) $--$ = MW signifikant niedriger (p<0.01)
$+$ = MW signifikant höher (p<0.05) $-$ = MW signifikant niedriger (p<0.05)

Tabelle 7-43   Gruppenvergleich der Mittelwerte im Modell exploratives Spielverhalten

Die Hypothesen zu Moderatoreffekten (H16) und Mittelwertunterschieden (H18) lassen sich für das Erklärungsmodell zum explorativen Spielverhalten folgendermaßen bestätigen bzw. nicht bestätigen:

- Moderatoreffekte der Strukturvariablen Geschlecht und Alter treten in diesem Erklärungsmodell nicht auf, so dass die Hypothesen H16a und H16b verworfen werden müssen. Lediglich die Variable Bildung beeinflusst eine Pfadbeziehung signifikant. Somit kann zumindest für diesen Zusammenhang Hypothese H16c bestätigt werden.
- Darüber hinaus beeinflussen Geschlecht und Alter das explorative Spielverhalten, wie die Mittelwertunterschiede zeigen. Hypothese H18a und H18b werden daher angenommen. Bildung hat hingegen keinen Einfluss auf die Ausprägung des Konstrukts. Hypothese H18 wird daher auch für dieses Faktorenmodell verworfen.

Die Ergebnisse des Hypothesentests zum Einfluss der Strukturvariablen auf das Erklärungsmodell zum explorativen Spielverhalten sind in Tabelle 7-44 im Überblick dargestellt.

Hypothese	Moderator	bestätigt für Pfad/ MW	Signifikanzniveau
H16a	Geschlecht	-	
H16b	Alter	-	
H16c	Bildung	MASK → HERFO	*
H18a	Geschlecht	EXPLO	***
H18b	Alter	EXPLO	**
H18c	Bildung	-	

MASK = Maskulinität, HERFO = Herausforderungsmotiv, ROLLEN = Genrepräferenz Rollen-spiele, EXPLO = exploratives Spielverhalten
*** p < 0.001, ** p < 0.01, * p < 0.05

Tabelle 7-44   *Hypothesentest zu Moderatoreffekten im Modell exploratives Spielverhalten*

7.3.4.5 Gruppenvergleich zielorientiertes Spielverhalten

Zur Durchführung der Gruppenvergleiche des Erklärungsmodells zum zielorien-tierten Spielverhalten musste lediglich eine Modifikation vorgenommen werden. So wurde für den Geschlechtervergleich die Konstante des Indikators „roman-tisch", der Teil des Messmodells der femininen Geschlechtsrollenorientierung ist, in beiden Gruppen frei geschätzt. Hinsichtlich der globalen Gütekriterien weisen die Mehrgruppenmodelle insgesamt weitgehend akzeptable Werte auf (Tab. 7-45), so dass bezüglich der Alters- und Bildungsgruppen von skalarer Invarianz sowie bezüglich der Geschlechtergruppen von partieller skalarer Inva-rianz ausgegangen werden kann. Beim Gruppenvergleich der Pfadkoeffizienten, konzentriert sich der Blick an dieser Stelle auf die Pfadbeziehungen, die noch nicht im Rahmen der vorangegangenen Gruppenvergleiche zu den anderen Spielverhaltensdimensionen besprochen wurden. So zeigen sich bei den Ge-schlechtern unterschiedliche Einflüsse der Maskulinität auf das zielorientierte Spielverhalten. In der Gruppe der männlichen Befragten ist dieser signifikant negativ, wohingegen bei den weiblichen Befragten überhaupt kein Einfluss fest-zustellen ist (Tab. 7-45; vgl. auch Tab. A-10). Der Unterschied zwischen den Gruppen verfehlt nur knapp das Signifikanzniveau (p<0.05). Bei den Altersgrup-pen findet sich ein signifikanter Unterschied hinsichtlich des positiven Einflusses der Rollenspielpräferenz auf das zielorientierte Spielverhalten. Dieser ist nur bei den älteren Befragten vorhanden. In der jüngeren Altersgruppe besteht kein Zusammenhang zwischen Rollenspielpräferenz und zielorientiertem Spielverhalten. Neben den bereits besprochenen Moderatoreffekten der Bildungsvariable zeigt sich im Erklärungsmodell zum zielorientierten Spielverhalten ein Unterschied im Einfluss der Femininität auf die Zielorientierung, der jedoch knapp nicht signifikant ist (vgl. Tab. A-10). Der für die Gesamtstichprobe bestätigte positive Einfluss lässt sich hier nur für die Gymnasiasten belegen.

Pfad	Geschlecht		Alter		formale Bildung	
	Frauen (n=128)	Männer (n=157)	≤ 29 J. (n=183)	≥ 30 J. (n=101)	HS u. RS (n=77)	Gymn. (n=205)
MASK → HERF	0,14	0,15	0,10	0,21	**0,45**	**0,04**
MASK → ROLLEN	-0,29	-0,28	-0,13	-0,34	0,13	-0,33
MASK → ZIEL	-0,01	-0,24	-0,20	0,07	-0,25	-0,10
FEM → ZIEL	0,15	0,18	0,21	0,14	-0,02	0,21
HERF → ZIEL	0,33	0,29	0,23	0,38	0,28	0,35
HERF →. ROLLEN	0,56	0,44	0,72	0,40	0,21	0,63
ROLLEN → ZIEL	0,16	0,04	**0,06**	**0,24**	0,18	0,09
FEM ↔ MASK	-	-	-	-	**-0,28**	-
Modellpassung						
X²/DF	1,49		1,50		1,56	
RMSEA	.029		.030		.031	
TLI	.88		.88		.87	
CFI	.90		.90		.89	

FEM = Femininität, MASK = Maskulinität, HERF = Herausforderungsmotiv, ROLLEN = Genrepräferenz Rollenspiele, ZIEL = zielorientiertes Spielverhalten
MGKA, Methode: FIML. Modell: Measurement Intercepts.
Fettgedruckte Zahlen sind signifikante Unterschiede zwischen den jeweiligen Gruppen p < 0.05.

Tabelle 7-45   *Gruppenvergleich der Pfadkoeffizienten im Modell zielorientiertes Spielverhalten*

Die Mehrgruppenfaktorenanalysen zu den Mittelwertunterschieden im zielorientierten Spielverhalten erbrachten für alle drei Gruppenvergleiche keine signifikanten Unterschiede. Daher ist eine tabellarische Darstellung der Analyse verzichtbar. Der Vollständigkeit halber soll jedoch auf die akzeptablen Passungen der Faktorenmodelle zum Vergleich der Geschlechter- (X^2/DF = 1,50; RMSEA = 0.03; TLI = 0.89; CFI = 0.90), Alters- (X^2/DF = 1,53; RMSEA = 0.03; TLI = 0.88; CFI = 0.90) und Bildungsgruppen (X^2/DF = 1,51; RMSEA = 0.03; TLI = 0.89; CFI = 0.90) hingewiesen werden. Insgesamt zeigen die Ergebnisse Folgendes:

- Die Beziehungen im Erklärungsmodell zum zielorientierten Spielverhalten werden teilweise durch die Strukturvariablen Alter und Bildung moderiert. Bezüglich des Geschlechts zeigen sich hingegen keinerlei Effekte. Entsprechend können die Hypothesen H16b und H16c für das Erklärungsmodell angenommen werden, während Hypothese H16a verworfen werden muss.
- Des Weiteren muss Hypothese H18 für das Konstrukt zielorientiertes Spielverhalten verworfen werden, da es von keiner der Strukturvariablen signifikant beeinflusst wird.

Abschließend stellt Tabelle 7-46 die Ergebnisse der Gruppenvergleiche zum zielorientierten Spielverhalten in der Übersicht dar.

Hypothese	Moderator	bestätigt für Pfad/ MW	Signifikanzniveau
H16a	Geschlecht	-	
H16b	Alter	ROLLEN → ZIEL	*
H16c	Bildung	MASK → HERFO	**
		FEM ↔ MASK	*
H18a	Geschlecht	-	
H18b	Alter	-	
H18c	Bildung	-	

FEM = Femininität, MASK = Maskulinität, HERFO = Herausforderungsmotiv, ROLLEN = Genrepräferenz Rollenspiele, ZIEL = zielorientiertes Spielverhalten
*** p < 0.001, ** p < 0.01, * p < 0.05

Tabelle 7-46   Hypothesentest zu Moderatoreffekten im Modell zielorientiertes Spielverhalten

7.3.5 Zusammenfassung

Die in den vorangegangenen Abschnitten (7.3.1 bis 7.3.4) dargestellten Ergebnisse sollen an dieser Stelle noch einmal zusammenfassend betrachtet werden. Dabei wird zunächst auf das Erklärungsmodell zur Nutzungsintensität und danach auf die Erklärungsmodelle zu den Dimensionen des Spielverhaltens eingegangen. Begleitend werden auch Moderatoreffekte bezüglich der Modellbeziehungen herausgestellt. Schließlich werden die Befunde zum Zusammenhang der beiden betrachteten Handlungsebenen reflektiert.

Die Ergebnisse des Erklärungsmodells auf *Selektionsebene* zeigen, dass die Nutzungsintensität durch ein komplexes Zusammenspiel verschiedener Faktoren beeinflusst wird. Im Einzelnen bedeutet das:

- Je schwächer die außerhäusliche Freizeitorientierung und je größer die soziale Bedeutung digitaler Spiele ist, sowie je höher die Ausgaben für Spielesoftware sind, desto intensiver ist die Nutzung digitaler Spiele (vgl. Tab. 7-47). Stärkster Prädiktor der Nutzungsintensität ist die soziale Bedeutung digitaler Spiele, deren Einfluss teilweise von den Ausgaben für Spielesoftware mediiert wird.

Zur Bedeutung der Geschlechtsrollenorientierung für die Nutzungsintensität ist Folgendes zu konstatieren:

- Eine maskulinere Geschlechtsrollenorientierung führt zu einer stärkeren außerhäuslichen Freizeitorientierung. Demgegenüber steht eine stärker feminine Geschlechtsrollenorientierung in Verbindung mit einer geringeren sozialen Bedeutung digitaler Spiele. Demnach wirkt sich die Orientierung an Geschlechterrollen hauptsächlich auf die Freizeitorientierung und die Bedeutung digitalen Spielens im sozialen Kontext aus.
- Die feminine Geschlechtsrollenorientierung hat zwar darüber hinaus einen indirekten negativen Effekt auf die Nutzungsintensität, dieser wird jedoch von der sozialen Bedeutung digitaler Spiele, die hier als Suppressor wirkt, aufgehoben.

Des Weiteren wurde festgestellt, dass die Beziehungen im Erklärungsmodell auf Selektionsebene kaum durch strukturelle Variablen wie Geschlecht, Alter und Bildung beeinflusst sind. Lediglich die Struktur der Geschlechtsrollenorientierung ist abhängig vom Bildungsniveau. So korrelieren Maskulinität und Femininität bei formal niedriger gebildeten Personen negativ miteinander, während die

Konstrukte bei Personen mit höherem Bildungsniveau unabhängig voneinander sind. Bezüglich der Erklärungsmodelle auf *Ebene des Spielverhaltens* ergibt sich ein differenziertes Bild. Mit Blick auf die Gesamtstichprobe scheint das Spielverhalten im Wesentlichen durch ein Zusammenspiel von Nutzungsmotiven und Genrepräferenzen beeinflusst zu sein, wobei die Genrepräferenzen als partielle Mediatoren des Einflusses der Nutzungsmotive fungieren. Eine Ausnahme bildet hier das zielorientierte Spielverhalten, das zusätzlich durch Femininität und Maskulinität direkt bzw. indirekt bedingt wird. Betrachtet man jedoch einzelne Teilgruppen, so lassen sich auch beim konkurrierenden und kooperativen Spielverhalten Einflüsse der Geschlechtsrollenorientierung ausmachen (Tab. 7-47). Insgesamt lässt sich die Wirkung der Geschlechtsrollenorientierung auf der Ebene des Spielverhaltens so zusammenfassen:

- Je stärker die feminine Geschlechtsrollenorientierung einer Person, desto eher neigt sie zu zielorientiertem Spielverhalten und desto weniger präferiert sie action-orientierte Spiele. Differenziert nach Geschlecht kann hinzugefügt werden, dass je stärker die feminine Geschlechtsrollenorientierung männlicher Personen ist, desto weniger verhalten sie sich im Spiel konkurrierend.

- Je stärker die maskuline Geschlechtsrollenorientierung von jüngeren Personen, desto eher verhalten sie sich im Spiel kooperativ und desto weniger verhalten sie sich zielorientiert. Im Gegensatz dazu konnte festgestellt werden, dass je stärker die maskuline Geschlechtsrollenorientierung älterer Personen ist, desto weniger verhalten sie sich im Spiel kooperativ. Des Weiteren führt eine stärker maskuline Geschlechtsrollenorientierung bei männlichen Personen zu einem weniger zielorientieren Verhalten im Spiel. Bei formal niedriger gebildeten Personen bedingt Maskulinität zudem eine stärkere Motivation digitalen Spielens durch Wettbewerb, Herausforderung und soziale Interaktion.

In allen vier Erklärungsmodellen zum Spielverhalten können die *Nutzungsmotive* als Hauptprädiktoren identifiziert werden. Im Einzelnen konnten folgende Effekte festgestellt werden:

- Je stärker Personen durch Herausforderung motiviert sind, desto eher verhalten sie sich im Spiel kooperativ, explorativ und zielorientiert, und desto weniger zeigen sie ein konkurrierendes Spielverhalten. Darüber hinaus wirkt sich das Herausforderungsmotiv positiv auf die Präferenz für Rollenspiele aus.

- Je stärker Personen durch Wettbewerb motiviert sind, desto stärker präferieren sie action-orientierte Spiele und desto eher verhalten sie sich im Spiel konkurrierend. Der Einfluss des Wettbewerbsmotivs auf die Actionspielpräferenz wird von den Strukturvariablen Alter und Geschlecht moderiert.

- Je stärker Personen durch soziale Interaktion motiviert sind, desto eher präferieren sie Rollenspiele und desto eher verhalten sie sich im Spiel kooperativ. Der Effekt auf die Rollenspielpräferenz ist bei weiblichen Personen stärker als bei männlichen Personen.

Bezüglich des Einflusses der *Genrepräferenzen* wurden in den hier geprüften Erklärungsmodellen die Präferenzen für action-orientierte Spiele und Rollenspiele berücksichtigt, da für diese Genrepräferenzen ein Einfluss der Geschlechterrollen vermutet und nachgewiesen werden konnte. In den Strukturgleichungsmodellen zeigten sich entsprechend folgende Effekte:

- Je stärker die Präferenz einer Person für action-orientierte Spiele ist, desto eher verhält sie sich im Spiel konkurrierend. Dieser Effekt zeigt sich primär bei älteren und formal höher gebildeten Personen.

- Je stärker die Präferenz einer Person für Rollenspiele ist, desto eher verhält sie sich im Spiel kooperativ, explorativ und zielorientiert. Auch hier offenbart sich für die verschieden Bevölkerungsgruppen ein differenzierteres Bild. So führt eine Präferenz für Rollenspiele vor allem bei jüngeren, formal höher gebildeten Personen zu stärker explorativem Spielverhalten. Demgegenüber bringt sie bei weiblichen und älteren Personen eher eine stärkere Zielorientierung mit sich.

Nach dem die Ergebnisse auf den beiden Handlungsebenen Selektion und Spielverhalten für sich betrachtet wurden, soll nun noch auf eine mögliche Verbindung der beiden Ebenen eingegangen werden. Ein *Zusammenhang zwischen Spielverhalten und Nutzungsintensität* konnte dahingehend belegt werden, dass je stärker konkurrierend und explorativ sich Personen verhalten, desto intensiver fällt ihre Nutzung digitaler Spiele aus. Kooperation und Zielorientierung im Spielverhalten zeigen hingegen keine Auswirkungen auf die Nutzungsintensität.

In Tabelle 7-47 sind alle gefundenen Effekte bezüglich der endogenen Modellkonstrukte auf Selektions- und Verhaltensebene für die Gesamtstichprobe sowie die einzelnen Teilstichproben zusammengefasst. Insgesamt konnten für alle Kausalmodelle und Mehrgruppenmodelle akzeptable bis gute Modellpassungen erreicht werden. Das bedeutet, dass die modelltheoretischen Kovarianzstrukturen die empirischen Kovarianzstrukturen gut repräsentieren.

Prädik-tor	endogene latente Variable: Spielintensität						
	Gesamt-stichprobe	Frauen	Männer	≤ 29 Jahre	≥ 30 Jahre	HS u. RS	Gymn.
FEM	(-)	/	/	/	/	/	/
MASK	/	/	/	/	/	/	/
AHFZ	-	- -	/	-	- -	/	-
SOZB	++ / (+)	++	+++	++	++	++	+++
AUSG	++	++	+	++	+	/	++
GB	/	/	/	/	/	/	/
KONK	++	x	x	x	x	x	x
EXPLO	++	x	x	x	x	x	x
endogene latente Variable: konkurrierendes Spielverhalten							
FEM	/	/	- -	/	/	/	/
MASK	/	/	/	/	/	/	/
WETT	+++ / (+)	+++	++	++	+++	+++	+++
HERFO	-	/	/	/	/	/	- -
ACTION	+	/	/	/	+	/	+
endogene latente Variable: kooperatives Spielverhalten							
MASK	/	/	/	++	-	/	/
SOZIN	++ / (+)	++	+	++	+	/	++
HERFO	++ / (+)	+	++	++	/	+	+
ROLLEN	++	++	++	++	++	+	++
endogene latente Variable: exploratives Spielverhalten							
MASK	/	/	/	/	/	/	/
HERFO	+++ / (+)	+++	+++	+++	+++	+++	+++
ROLLEN	++	/	++	++	++	/	++
endogene latente Variable: zielorientiertes Spielverhalten							
FEM	++	/	+	++	/	/	++
MASK	(-)	/	- -	- -	/	/	/
HERFO	++ (+)	++	+	/	++	/	+++
ROLLEN	++	++	/	/	++	++	+

/	nicht signifikant	+ / -	schwacher Effekt (p < .05)
x	nicht geprüft	++ / - -	mittlerer Effekt (p < .01 und stand. Pfadkoeffizient > .20)
(+)	indirekter Effekt	+++ / - - -	starker Effekt (p < .001 und stand. Pfadkoeffizient > .50)

Tabelle 7-47   *Determinanten der Nutzung digitaler Spiele*

Einschränkend ist jedoch festzuhalten, dass die zum Teil schwache Reliabilität der Konstrukte die Aussagekraft der Modelle schmälert und die Stichprobengröße keine Teilung des Samples zum Zwecke einer Kreuzvalidierung zulässt. Hinsichtlich der geprüften Moderatoreffekte muss festgehalten werden, dass aufgrund des geringen Stichprobenumfangs auf Gruppenebene zuverlässige Schätzungen in den Teilgruppen erschwert wurden. In der Konsequenz mussten einzelne Items aus den Messmodellen entfernt werden. Die Stichprobengröße trägt auch dazu bei, dass einzelnen Pfadkoeffizienten in den Teilgruppen das geforderte Signifikanzniveau ($p < 0.05$) verfehlen (vgl. Tab. 7-47; Tab. A-6 bis A-10).

7.4 Interpretation

Im Zuge einer Interpretation sollen die empirischen Erkenntnisse nun mit Blick auf die in Kapitel zwei bis vier hergeleiteten theoretischen Bezüge diskutiert werden. Darüber hinaus werden die Befunde auch vor dem Hintergrund des methodischen Vorgehens kritisch beleuchtet.

Zunächst kann aus *handlungstheoretischer Perspektive* festgestellt werden, dass die Wahl medialer Aktivitäten wie etwa der Nutzung digitaler Spiele maßgeblich durch deren Bedeutung im sozialen Kontext, Ausgaben für digitale Spiele sowie – wenn auch weniger stark – durch allgemeine Freizeitpräferenzen beeinflusst wird. So offenbart sich, dass je größer die soziale Bedeutung digitaler Spiele ist, desto mehr wird für Spielehardware und -software ausgegeben und desto intensiver wird gespielt. Umgekehrt trägt eine außerhäusliche Freizeitorientierung dazu bei, dass weniger intensiv gespielt wird. Diese Zusammenhänge deuten daraufhin, dass es sich bei der Selektion digitaler Spiele um eine nutzenorientierte Abwägungsentscheidung handelt. Des Weiteren ergeben sich aus den empirisch bestätigten Strukturbeziehungen Anhaltspunkte dafür, dass auch die finanziellen Ausgaben bei der Selektionsentscheidung eine Rolle spielen, wie bereits von Hartmann (2006) angenommen wurde. Demzufolge trifft die Vorstellung einer Mediennutzung als Niedrigkostensituation (vgl. Jäckel 1992) auf die Nutzung digitaler Spiele eher nicht zu.

Die Befunde auf Selektionsebene lassen sich auch im Sinne des *Leisure-Constraints-Modells* (Crawford et al. 1991; vgl. Best 2010) und der *Personal-Community-Hypothese* (Burch 1969) interpretieren. Aus dieser Perspektive entscheiden soziale und strukturelle Faktoren über den Zugang zu bestimmten Freizeitaktivitäten wie der Nutzung digitaler Spiele. Dies kann in der vorliegenden Untersuchung anhand des Einflusses der sozialen Bedeutung digitaler Spiele auf die Nutzungsintensität sowie auch bezugnehmend auf die Unterschiede in der Freizeitorientierung bei den Bildungsgruppen belegt werden. Die Effekte sind

jedoch nicht sehr stark, was eher für eine zunehmende Auflösung von Freizeitbarrieren, wie sie auch Bryce und Rutter (2003, 2005) vermuten, spricht. Auf der
anderen Seite deuten die strukturellen Unterschiede daraufhin, dass digitale Spiele nach wie vor vorrangig die Freizeit überwiegend männlicher Jugendlicher und
junger Erwachsener zu dominieren (vgl. auch Quandt et al. 2011). Diese nutzen
digitale Spiele nicht nur intensiver, sondern unterhalten sich auch öfter über sie,
geben mehr Geld für Spiele aus, sind besser mit Spielkonsolen und Ähnlichem
ausgestattet und können sich mit einer größeren Zahl an befreundeten Spielern
austauschen (vgl. Abschnitt 7.3.4.1: Tab. 7-34).

Die Einflusskomponenten Freizeitorientierung, soziale Bedeutung digitaler
Spiele und Ausgaben für digitale Spiele stehen wiederum in Verbindung mit der
Orientierung an Geschlechterrollen, wobei eine feminine Geschlechtsrollenorien-
tierung die soziale Bedeutung digitaler Spiele negativ beeinflusst, was sich auch
auf die Spielausgaben und die Nutzungsintensität auswirkt, und eine maskuline
Geschlechtsrollenorientierung die Zuwendung zu außerhäuslichen Freizeitaktivitäten begünstigt. Die Beziehungen sind auch über verschiedene Alters- und Bildungsgruppen sowie geschlechtshomogene Gruppen weitgehend stabil. Diese
Befunde decken sich weitgehend mit den Annahmen der *Theorie sozialer Rollen*
(Eagly 1987), die davon ausgeht, dass die Orientierung an Geschlechterrollen
soziales Handeln determiniert. Auf Ebene des Spielverhaltens offenbart sich
jedoch eine Reihe von strukturellen Einflüssen, die die Beziehungen zwischen
Geschlechtsrollenorientierung, Nutzungsmotiven, Genrepräferenzen und Spielverhaltensdimensionen moderieren. Ein Beispiel hierfür ist der negative Einfluss
der femininen Geschlechtsrollenorientierung auf das konkurrierende Spielverhalten, der sich nur bei den männlichen Befragten zeigt. Solche Interaktionseffekte
sprechen für eine Anwendbarkeit des von Wood und Eagly (2002) vorgeschlagenen *biosozialen Modells*, das von einer wechselseitigen Beeinflussung sozialer
(Geschlechter)-Rollen, biologischer und struktureller Faktoren ausgeht. So machen die Ergebnisse deutlich, dass die Geschlechtsrollenorientierung stark mit
Strukturvariablen wie Alter, Geschlecht und Bildung interagiert und in den verschiedenen soziodemografischen Gruppen recht unterschiedliche Wirkungen auf
Motive, Präferenzen und Verhalten entfaltet (vgl. dazu auch Calvo-Salguero et
al. 2008; Strough et al. 2007). Entsprechend hat das feminine bzw. maskuline
Selbstkonzept in verschiedenen Lebensphasen und Lebenssituationen eine jeweils andere Bedeutung für das Verhalten in Interaktionen und den Umgang mit
digitalen Spielen. Darüber hinaus muss mit Blick auf die Befunde zum Einfluss
der Geschlechtsrollenorientierung eine bipolare Konzeption des psychosozialen
Geschlechts und geschlechtstypischer Verhaltensweisen einmal mehr verworfen
werden. So spricht eine starke Maskulinität, Wettbewerbsorientierung und Ac-

tionspielpräferenz nicht gleichzeitig gegen eine soziale Motivation und kooperatives Spielverhalten.

Die starken Zusammenhänge zwischen Nutzungsmotiven und Spielverhaltensdimensionen legen nahe, dass eine Einbindung des *Uses-and-Gratifications-Ansatzes* einen essentiellen Beitrag zur Erklärung des Spielverhaltens leisten kann. Voraussetzung hierfür ist, dass die zugrunde gelegten Nutzungsmotive die Besonderheiten der Spielhandlung reflektieren. Die hier untersuchten Motive Herausforderung, Wettbewerb und soziale Interaktion stellen, wie in Kapitel 3 erarbeitet wurde, auf grundlegende Eigenschaften digitaler Spiele (vgl. Egenfeldt-Nielsen et al. 2008; Juul 2003; Oerter 1993) und wesentliche Dimensionen des Spielverhaltens ab (vgl. z. B. Ang et al. 2010). Auch die Vermutung *situativer* Einflüsse auf das Spielverhalten lässt sich mit Blick auf die Wirkung von Genrepräferenzen auf das Spielverhalten bestätigen. So zeigen die Befunde, dass die Motive zwar einerseits das Verhalten direkt bestimmen, aber andererseits auch die Wahl des Spielgenres beeinflussen, wodurch sich wiederum die Wahrscheinlichkeit bestimmter Spielsituationen, die kooperatives, konkurrierendes, exploratives oder zielorientiertes Verhalten erfordern, erhöht oder verringert. Darüber hinaus deutet der moderierende Effekt struktureller Variablen auf die Beziehung zwischen Genrepräferenzen und Spielverhalten daraufhin, dass Personen verschiedenen Alters, Geschlechts und Bildungsniveaus Spielgenres unterschiedlich nutzen und die darin vorkommenden Spielsituationen unterschiedlich interpretieren.

Eine weitere wichtige Erkenntnis kann aus den Befunden zum Zusammenhang zwischen Spielverhaltensdimensionen und Nutzungsintensität abgeleitet werden. Während, wie es die Pfadbeziehungen des entsprechenden Strukturmodells zeigen, exploratives und konkurrierendes Spielverhalten zu einer Ausweitung der Nutzung beitragen, ließ sich dies für kooperatives und zielorientiertes Spielen nicht belegen. Dass Herumexperimentieren, exploratives Erkunden des Spiels und ein kontinuierliches Kräftemessen mit anderen Spielern zu einer Intensivierung der Nutzung führt, erscheint plausibel. Ebenso ist nachvollziehbar, dass dieser Zusammenhang bei zielorientiertem Spielverhalten, dass auf einen möglichst effizienten Spielverlauf abzielt, nicht gegeben ist (vgl. dazu auch den Begriff des progressiven Spielens bei Ang et al. 2010). Wie erklärt sich jedoch die weitgehende Unabhängigkeit der Spielintensität vom kooperativen Spielverhalten? Hier hilft ein Blick auf die inhaltliche Breite des Konstrukts, das eben nicht nur auf das Verhalten im Spiel, sondern auch auf die Interaktion um das Spiel herum abstellt (z. B. das Weitergeben von Erfahrungen). Entsprechend wirkt sich kooperatives Spielen weder positiv noch negativ auf die Nutzungsdauer aus. Vielmehr ist zu vermuten, dass es die (soziale) Auseinandersetzung mit dem Thema Spiele intensiviert. Kooperatives Spielen zeigt sich demnach sowohl im intrinsischen und als auch im extrinsischen Spielverhalten (vgl. auch Ang et al. 2010). Dies trifft zwar in Teilen auch auf die anderen Spielverhaltens-dimensionen zu (z. B. exploratives Spielverhalten), jedoch ist kooperatives Spielverhalten in besonderem Maße auf die Integration der virtuellen Spielwelt in die Alltagsrealität ausgerichtet.

Betrachtet man nun noch einmal das ursprüngliche in Kapitel 5 theoretisch hergeleitete Gesamtmodell zur Erklärung einer geschlechtstypischen Nutzung digitaler Spiele (Abb. 5-1), so lassen sich folgende Erweiterungen und Spezifi-zierungen vornehmen (Abb. 7-9):

1. Geschlechtsrollenorientierungen wirken als *distale* Faktoren auf die Wahl von und das Verhalten in digitalen Spielen. Dieser Einfluss wird von *proximalen* Faktorenbündeln übermittelt.
2. Auf den beiden Handlungsebenen wirken jeweils unterschiedliche Ein-flussfaktoren. Auf Ebene des Spielverhaltens sind dies Nutzungsmotive und Genrepräferenzen, auf Selektionsebene setzt sich das Bündel pro-ximaler Einflusskomponenten aus Freizeitpräferenzen, sozialen und ökonomischen Faktoren zusammen.
3. Die beiden Handlungsebenen stehen in enger Beziehung zueinander. So bestimmen Verhaltensweisen im Spiel Häufigkeit und Dauer digitalen Spielens.
4. Schließlich werden distale Faktoren und proximale Faktorenbündel so-wie die Dimensionen der Spielhandlung selbst durch strukturelle Fakto-ren wie Geschlecht, Alter und Bildung beeinflusst. Diese wirken auch auf die Beziehungen zwischen den einzelnen Modellkomponenten ein.

Gleichwohl diese Ausführungen und auch die grafische Darstellung (Abb. 7-9) unidirektionale Wirkbeziehungen nahe legen, erscheint die Annahme wechselsei-tiger Einflüsse, insbesondere zwischen dem Spielverhalten und der Nutzungsin-tensität, mehr als plausibel. Eine solche Dynamik konnte aufgrund der in dieser Arbeit gewählten Untersuchungsanlage jedoch nicht geprüft werden (vgl. Ab-schnitt 6.1). Auf der anderen Seite konnten komplexe Wirkbeziehungen durch die Anwendung einer Strukturgleichungsanalyse überhaupt erst aufgedeckt wer-den, deren Dynamik nun in weiteren Studien geprüft werden könnte.

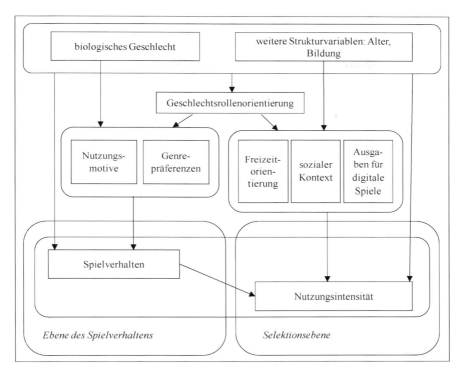

*Abbildung 7-9   Erweitertes Gesamtmodell zur Erklärung der Nutzung digita-
ler Spiele*

Abschließend sei nochmals auf einige Beschränkungen hinsichtlich der Aussagekraft der Untersuchungsergebnisse hingewiesen. Zum einen erlaubt das nicht
zufallsbasierte Vorgehen bei der Stichprobenziehung keine Verallgemeiner-
barkeit der Ergebnisse. Des Weiteren bedürfen die Skalen zur Erfassung der
Dimensionen des Spielverhaltens einer weiteren Überarbeitung. Zudem kann
nicht vollkommen ausgeschlossen werden, dass die engen Beziehungen zwischen Nutzungsmotiven und Spielverhaltensdimensionen, zum Teil durch einen
Common Method Bias verursacht sind. Schließlich ist auch bei der kausalen
Interpretation der Beziehungen in den Strukturgleichungsmodellen Vorsicht
geboten, da die Schätzungen auf Basis nicht-experimenteller Querschnittsdaten
vorgenommen wurden.

8 Fazit

Im Rahmen der vorliegenden Untersuchung wurde deutlich, dass die Wahl medialer Aktivitäten wie der Nutzung digitaler Spiele vor dem Hintergrund genereller Freizeitpräferenzen getroffen wird und in einen sozialen Kontext eingebettet ist. Geschlechterstereotype Vorstellungen beeinflussen die Freizeitgestaltung und dabei insbesondere die Zuwendung zu digitalen Spielen. Während eine Selbstzuschreibung maskuliner Eigenschaften den freizeitlichen Aktivitätsspielraum eher erweitert, begrenzt der soziale Kontext bei eher femininer Geschlechtsrollenorientierung die Nutzung digitaler Spiele. Auch beim Verhalten im Spiel offenbart sich die Wirkung von Geschlechterstereotypen. So beeinflusst die Geschlechtsrollenorientierung Nutzungsmotive, Genrepräferenzen und Dimensionen des Spielverhaltens. Jedoch fallen diese Effekte für die beiden Geschlechter sowie Altersgruppen und Bildungsniveaus unterschiedlich aus. Geschlechtstypisches Verhalten im Spiel und die Beziehungen zwischen Motiven, Genrepräferenzen und Verhaltensdimensionen werden durch strukturelle Variablen wie biologisches Geschlecht, Alter und Bildung moderiert.

Abschließend soll nun das Vorgehen und die daraus resultierenden Erkenntnisse dieser Arbeit diskutiert werden (8.1). Darüber hinaus werden weitere Forschungsperspektiven, die an die vorliegende Untersuchung anknüpfen, ergründet (8.2).

8.1 Schlussfolgerungen

Die nachstehende Diskussion bezieht sich auf den theoretischen Beitrag der Arbeit (8.1.1), methodische Implikationen (8.1.2) sowie die Relevanz der Befunde aus anwendungsorientierter Perspektive (8.1.3).

8.1.1 Theoretische Schlussfolgerungen

Im Mittelpunkt der vorliegenden Arbeit stand eine geschlechtsbezogene Betrachtung der Nutzung digitaler Spiele. Hierzu wurde zunächst die Nutzung digitaler Spiele handlungstheoretisch fundiert und auf zwei Ebenen differenziert: So interessierte auf Selektionsebene die Erklärung der Wahl digitalen Spielens als Handlungsalternative unter anderen Freizeitaktivitäten in einem sozialen Kontext. Auf Ebene des Spielverhaltens wurde die Beziehung zwischen Nutzungsmotiven, Genrepräferenzen und unterschiedlichen Dimensionen des Spielverhaltens untersucht, die den sozialen und operativen Charakter der Spielhandlung abbilden. Schließlich wurden für beide Handlungsebenen Erklärungsmodelle formuliert, die die Bedeutung geschlechtsbezogener Merkmale für die Selektion von und das Verhalten in digitalen Spielen spezifizieren. Im Folgenden wird der theoretische Beitrag dieser Arbeit zunächst allgemein aus handlungstheoretischer Perspektive diskutiert. Danach werden die Erkenntnisse aus Perspektive der Genderforschung sowie aus kommunikationswissenschaftlichem Blickwinkel gewürdigt.

Handlungstheoretische Perspektive

In der vorliegenden Arbeit wurde ein handlungstheoretischer Zugang gewählt und digitales Spielen als eine bewusst selegierte, intrinsisch motivierte Handlung konzeptualisiert, deren Wahl sich an sozialen Rollen und ihrer Bedeutung im sozialen Kontext orientiert, die bei häufiger Wiederholung routiniert und ritualisiert erfolgt und die in Konkurrenz zu anderen Freizeitalternativen steht. Eine solche Konzeption berücksichtigt, dass es sich um eine Auswahlentscheidung handelt,

- die mehr oder weniger geprägt ist durch das Wissen über *rollenkonformes Verhalten*, und auf Basis dieses Wissens in Abhängigkeit von *individuellen, sozialen* und *strukturellen* Faktoren nutzenorientiert getroffen wurde;
- die dann routiniert erfolgt, d. h. nicht mehr hinterfragt wird und bei der der Nutzen in der Handlung selbst liegt.

Damit wurden strukturfunktionalistische Bezüge (rollenkonformes Verhalten; vgl. Parsons/ Shils 1951) mit einer Auffassung des Medienhandelns als Alltagshandeln, wie sie in der Handlungstheorie von Schütz (1991) vertreten wird, sowie Annahmen zur intrinsischen Motivation der handlungspsychologischen Spieltheorie (Oerter 1993) verbunden. Rollenkonformes Verhalten impliziert hier eine mit traditionellen Geschlechterrollen konforme Freizeitgestaltung,

- die individuell davon abhängt, inwiefern geschlechtsrollenspezifische Merkmale Teil des Selbstkonzeptes sind, wie stark also die Geschlechtsrollenorientierung ausgeprägt ist,

- die sozial dadurch bestimmt wird, inwiefern das soziale Umfeld ein solches Verhalten begünstigt oder begrenzt und
- strukturell beeinflusst wird von der mehr oder weniger starken Persistenz von Geschlechterrollen in unterschiedlichen Teilen der Gesellschaft.

Vor diesem Hintergrund findet eine nutzenorientierte Abwägung über die Wahl digitalen Spielens als Freizeitaktivität statt, wobei der Nutzen der Handlung spieltheoretisch dahingehend spezifiziert wurde, dass digitales Spielen eine intrinsisch motivierte Tätigkeit darstellt, die unbewusst der Bearbeitung von Lebensthemen sowie der Alltagsbewältigung dient (vgl. Oerter 1993; Vorderer 2001).

Zur Konzeptualisierung der *Handlungsstruktur* wurde in der vorliegenden Arbeit ein tätigkeitspsychologischer Ansatz gewählt (Leontjew 1984), der zwischen allgemeiner Tätigkeit, Handlungsepisoden und -operationen unterscheidet. Diese Unterscheidung wurde auf die zwei Handlungsebenen allgemeine Tätigkeit als Handlungswahl und die Episode als Ebene des Spielverhaltens reduziert, da eine strenge analytische Trennung von Episode und Operation, insbesondere die dynamischen Transformationsprozesse dieser Ebenen (vgl. dazu Leontjew 1984) in Bezug auf digitales Spielen empirisch kaum erfassbar sind (vgl. auch Klimmt 2006).

Die Spezifizierung unterschiedlicher Dimensionen des Spielverhaltens, die den sozialen und operativen Charakter der Spielhandlung abbilden sollen, kann als besonderer theoretischer Beitrag dieser Arbeit gelten, da

- sowohl der soziale als auch der operative Charakter des Spielverhaltens aus der kulturellen Bedeutung des Spiels und der entwicklungspsychologischen Relevanz des Spielens abgeleitet wurde;
- und damit auch die wechselseitige Orientierung am Verhalten anderer, wie sie im kooperativen und konkurrierenden Spielverhalten abgebildet wird, berücksichtigt wurde.

In der Zusammenführung der einzelnen Handlungskomponenten entstand ein Gesamtmodell, das aus zwei Handlungsebenen besteht, die miteinander verknüpft sind, und das auch den Einfluss struktureller Variablen auf die Beziehungen zwischen den verschiedenen Komponenten berücksichtigt.

Genderperspektive

Mit dieser Arbeit wurde ein psychosozialer Geschlechterbegriff auf die Nutzung digitaler Spiele angewendet. Die Bedeutung von Geschlechterrollen und Geschlechterstereotypen wurde zwar bereits mehrfach hervorgehoben (z. B. Bryce/ Rutter 2005; Cooper/ Weaver 2003; Williams et al. 2009a), jedoch wurde der Einfluss entsprechender theoretischer Konstrukte wie Geschlechtsidentität und Geschlechtsrollenorientierung bisher meist nur bezüglich der Nutzung anderer Medien wie etwa Zeitschriften (Knobloch-Westerwick/ Hoplamazian 2011) und Fernsehen (Trepte 2004) modelliert und empirisch geprüft (Ausnahmen: Ogletree/ Drake 2007; Norris 2004).[49]

In der vorliegenden Untersuchung wurde auf das Konstrukt der Geschlechtsrollenorientierung, das aus den beiden orthogonalen Dimensionen Maskulinität und Femininität besteht und durch die Geschlechter-Schema-Theorie von Bem (1981a) theoretisch fundiert wurde, zurückgegriffen. In diesem Zusammenhang zeigte sich,

- dass entgegen der Befunde anderer Studien, die auf eine Multidimensionalität hindeuten (z. B. Blanchard-Fields et al. 1994; vgl. Choi/ Fuqua 2003; Choi et al. 2009) und die Aussagekraft des Konstrukts in Frage stellen, die Ergebnisse dieser Untersuchung eine zweidimensionale Konzeption stützen, und
- dass auch eine Orthogonalität der beiden Dimensionen, zumindest wenn man die Gesamtstichprobe oder aber auch beide Geschlechter getrennt betrachtet, gegeben ist.

Das bedeutet, Maskulinität und Femininität stellen zwei voneinander unabhängige Konstrukte dar, die nicht zwingend kongruent zum biologischen Geschlecht ausgeprägt sein müssen. Ergänzend ist jedoch auch festzustellen, dass die negative Beziehung der beiden Konstrukte bei formal niedriger gebildeten Personen auf eine traditionellere Geschlechtsrollenorientierung dieser Bildungsgruppe hindeutet. Der Einfluss von Geschlechterrollen auf digitales Spielen wurde auf Basis der Theorie sozialer Rollen (Eagly 1987) bzw. deren Weiterentwicklung zu einem biosozialen Modell (Wood/ Eagly 2002) erklärt. So konnte der Einfluss des Geschlechts als Interaktion von psychosozialen und biologischen Aspekten modelliert werden. Die Prüfung der Erklärungsmodelle offenbarte

---

49 Diese Arbeiten untersuchten jedoch nur den Einfluss der Geschlechtsrollenorientierung auf die Nutzungsintensität. Zusammenhänge mit Nutzungsmotiven, Genrepräferenzen, Spielverhalten, sozialem und ökonomischem Kontext sowie genereller Freizeitorientierung wurden dabei jedoch nicht berücksichtigt.

- Belege für einen *distalen* Einfluss von Geschlechterrollen auf die Nutzung digitaler Spiele, der auf Selektionsebene durch *proximale* Faktoren wie Freizeitorientierung, soziale Bedeutung und Ausgaben für digitale Spiele und auf Ebene des Spielverhaltens durch *proximale* Faktoren wie Nutzungsmotive und Genrepräferenzen übermittelt wird und,
- dass dieser Einfluss durch strukturelle Variablen wie Geschlecht, Alter und Bildung moderiert wird.

Darüber hinaus zeigen die Schätzungen der Strukturgleichungsmodelle, dass sich die geschlechtsbezogene Bipolarität, die in der Logik des Hypothesensystems implizit mit angelegt war, nicht bestätigt. Geschlechtstypische Verhaltensweisen folgen keiner strengen Dichotomie. Geschlechterrollen werden flexibel interpretiert und ihre Bedeutung ist auch an situative Aspekte gebunden. Der Modellierung dieser situativen Aspekte (Deaux/ Major 1987) wurde im Rahmen dieser Untersuchung nur dahingehend Rechnung getragen, dass die Genres digitaler Spiele als unterschiedliche Spielsituationen interpretiert wurden. Die Zusammenhänge zwischen Geschlechtsrollenorientierungen und Genrepräferenzen deuten daraufhin, dass situative Komponenten einen bedeutsamen Einfluss auf geschlechtstypisches Verhalten haben (vgl. z. B. Alfermann/ Stiller 2001; Palomares 2009). Des Weiteren wurde bereits in Abschnitt 5.3.1 kritisch angemerkt, dass das hier verwendete Konstrukt der Geschlechtsrollenorientierung nicht alle Komponenten des Geschlechterselbstkonzepts abdeckt. Diese Beschränkung lässt sich jedoch damit rechtfertigen, dass weitere Komponenten wie etwa die Einstellung zu Geschlechterrollen einen kaum nennenswerten Einfluss auf soziales Handeln haben (vgl. Deaux/ Lafrance 1998, Twenge 1997) und sozialem Wandel unterliegen, während Geschlechterstereotype, wie sie in der Geschlechtsrollenorientierung zum Ausdruck kommen, nach wie vor eine stabile Einflusskomponente darstellen (vgl. Lueptow et al. 1995).

Kommunikationswissenschaftliche Perspektive

Aus kommunikationswissenschaftlicher Perspektive sind drei Aspekte der hier formulierten theoretischen Erklärungsmodelle zur Nutzung digitaler Spiele besonders relevant:

- Durch die mehrdimensionale Betrachtung der Spielhandlung wurde ein Erklärungsmodell bereit gestellt, das sich zur Erklärung der Nutzung *interaktiver* Medien eignet.
- Bei der Betrachtung der Selektion digitalen Spielens als *Medienselektion* wurde deren Einbettung in einen sozialen Kontext berücksichtigt.

Darüber hinaus wurden soziale Aspekte des Spielverhaltens modelliert. Dabei wurde digitales Spielen einerseits als *soziale Interaktion* mit anderen Spielern, die *kooperativ* oder *konkurrierend* erfolgen kann, und andererseits als *Interaktion mit dem Spielprogramm*, die als *explorativ* oder *zielorientiert* beschrieben werden kann, konzipiert.

• Insgesamt wurde durch die Integration *struktureller* und *situativer* Variablen in ein empirisch prüfbares Modell zur Erklärung der Mediennutzung eine Verbindung zwischen handlungstheoretischer Aneignungsforschung und funktionalistischer Uses-and-Gratifications-Tradition hergestellt (vgl. dazu Schweiger 2007: 322f.).

• Des Weiteren wurden *Motive* zur Nutzung digitaler Spiele nicht einfach zur Erklärung von Häufigkeit und Dauer der Nutzung herangezogen, sondern theoretisch zur Erklärung der verschiedenen Dimensionen des Spielverhaltens eingebunden.

8.1.2 Methodische Schlussfolgerungen

In diesem Abschnitt wird das Vorgehen der vorliegenden Untersuchung bezüglich der Wahl der Messinstrumente, Untersuchungsdesign und -methode, Stichprobenziehung und des Auswertungsverfahrens kritisch diskutiert.

Bei der *Operationalisierung* der Modellkonstrukte wurde soweit vorhanden auf bereits bewährte Messinstrumente gesetzt, wie etwa das BSRI zur Messung der Geschlechtsrollenorientierung (z. B. Strauß et al. 1996) sowie etablierte Motivskalen zur Nutzung digitaler Spiele (z. B. Sherry et al. 2006). Bezüglich der Messung des Spielverhaltens wurde hingegen eine eigene Konzeption vorgelegt, die auf einer Abfrage von Verhaltensweisen in drei verschiedenen Spielsituationen beruht. Auf diese Weise sollte kooperatives, konkurrierendes, exploratives und zielorientiertes Spielverhalten ermittelt werden. Die Reliabilitätswerte dieser Modellkonstrukte zeigen, dass bezüglich der Konstruktion der Skalen noch weiterer Forschungsbedarf besteht. Jedoch stellt die hier entwickelte Konzeption einen ersten Schritt zur standardisierten Messung solcher Spielverhaltensdimensionen dar. Alternativ müssen aber auch beobachtende Verfahren in Betracht gezogen werden. Dies spräche auch für die Verwendung eines *Mehr-Methoden-Designs*, durch das sich mögliche Verzerrungen im Sinne eines Common Method Bias vermeiden ließen. Gerade in Hinblick auf die im Rahmen dieser Untersuchung festgestellten engen Beziehungen zwischen Nutzungsmotiven und Spielverhaltensdimensionen erscheint eine Verwendung unterschiedlicher Erhebungsmethoden plausibel. Des Weiteren wurde eine wechselseitige Dynamik der Modellkomponenten sowie der beiden Handlungsebenen zwar mitgedacht, konnte aber im Rahmen der hier gewählten *nicht-experimentellen Querschnitts-designs* nicht geprüft werden (vgl. dazu 6.1; 8.2).

Die Ergebnisse der Untersuchung müssen auch vor dem Hintergrund des gewählten Befragungsmodus der *Online-Befragung* und der damit verbundenen Stichprobenziehung diskutiert werden. Wie in Abschnitt 6.3 erläutert, wurde ein nicht zufallsbasiertes Verfahren der Stichprobenziehung angewendet. Die hier vorgestellten Ergebnisse sind demnach nicht verallgemeinerbar und gelten lediglich für die gezogene Stichprobe. Durch ein mehrstufiges Vorgehen bei der Stichprobenziehung konnte jedoch eine in Bezug auf Alter und Geschlecht heterogenere Stichprobenzusammensetzung erreicht werden als in Online-Befragungen zu digitalen Spielen üblich (vgl. z. B. Behr 2010; Lehmann et al. 2008; Schultheiss 2010; Schumann 2013; Williams et al. 2009a; Yee 2008).

Durch das verwendete Analyseverfahren der *Strukturgleichungsmodellierung* konnten die Beziehungen zwischen den Modellkomponenten simultan geschätzt und damit komplexe Zusammenhänge zwischen exogenen Modellkomponenten, Mediatoren und endogenen Modellkomponenten aufgedeckt werden. Des Weiteren konnte durch multiple Gruppenvergleiche der Einfluss von Drittvariablen auf die Modellbeziehungen kontrolliert werden. Die Modellschätzungen ermöglichten somit eine differenzierte Betrachtung der geschlechtstypischen Nutzung digitaler Spiele. Aufgrund der Stichprobengröße war jedoch eine Teilung der Stichprobe zur Kreuzvalidierung der Ergebnisse nicht möglich.

8.1.3 Praktische Relevanz der Befunde

In diesem Abschnitt soll erläutert werden, welche Implikationen die Ergebnisse dieser Untersuchung für die Entwicklung Gestaltung und Vermarktung digitaler Spiele haben können. So ermöglicht der empirische Beitrag dieser Untersuchung in erster Linie eine differenziertere Betrachtung des geschlechtstypischen Spielverhaltens sowie der Erklärung von Präferenzen und Motiven verschiedener Nutzergruppen. Dabei sind aus anwendungsorientierter Perspektive insbesondere weibliche und ältere Nutzer interessant, da diese Gruppen hinsichtlich ihres Nutzerpotentials bei weitem noch nicht ausgeschöpft sind.

Die Befunde zeigen insgesamt, dass der Einfluss von Geschlechterstereotypen auf das Nutzungsverhalten nach Geschlecht, Alter und Bildung der Nutzer zum Teil stark variiert. Bei Frauen stellen ausgeprägte Geschlechterstereotype nach wie vor Barrieren im Umgang mit digitalen Spielen dar. Dies betrifft im Besonderen die Nutzung action-orientierter Spielgenres, die von Frauen mit stark femininer Geschlechtsrollenorientierung eher gemieden wird. Dies steht auch im Einklang mit Ergebnissen von Studien zur Gewalthaltigkeit und stereotypen

Geschlechterrepräsentation in bestimmten Spielgenres (z. B. Klimmt/ Hartmann 2006; Graner Ray 2004). Auf der anderen Seite sollte berücksichtigt werden, dass – so die Befunde dieser Untersuchung – bei Frauen die Nutzung von Rollenspielen stärker sozial motiviert ist als bei Männern. Darüber hinaus sind sie gleichermaßen durch Wettbewerb und Herausforderung motiviert wie männliche Spieler. Bei den männlichen Befragten führt eine eher feminine Geschlechtsrollenorientierung zu einem weniger konkurrierenden Spielverhalten, während eine stärkere Maskulinität in Verbindung steht mit einer geringeren Präferenz für Rollenspiele und einem weniger zielorientierten Verhalten im Spiel.

Alterseffekte offenbaren sich bezüglich des Einflusses von Maskulinität auf kooperatives Verhalten. Dieser ist bei der jüngeren Altersgruppe positiv und bei der älteren Altersgruppe negativ, insofern zeigt sich hier eher bei den Älteren ein geschlechtstypisches Spielverhalten. Außerdem nutzen jüngere Spiele stärker Spielformen, die kooperatives Verhalten erfordern (Rollenspiele), wobei die Präferenz für Rollenspiele bei Älteren eher mit zielorientiertem Verhalten verbunden ist.

Des Weiteren konnte in der vorliegenden Untersuchung festgestellt werden, dass in niedrigeren Bildungsniveaus traditionellere Rollenvorstellungen vorherrschen. Darauf deutet die negative Korrelation zwischen Femininität und Maskulinität hin, die nur bei den Haupt- und Realschülern zu finden ist. Bezüglich der geschlechtstypischen Nutzung digitaler Spiele kann konstatiert werden, dass Maskulinität lediglich in niedrigen Bildungsniveaus einen starken positiven Einfluss auf die Motive Wettbewerb, Herausforderung und soziale Interaktion hat. Bei Befragten mit formal höherer Bildung zeigen sich diese Zusammenhänge nicht.

Insgesamt zeigt diese geschlechtsbezogene Betrachtung der Nutzung digitaler Spiele, dass Spiele, die Männer und Frauen gleichermaßen ansprechen wollen, sowohl kooperatives, konkurrierendes, exploratives als auch zielorientiertes Spielverhalten ermöglichen müssen. Des Weiteren ist die Möglichkeit sozialer Teilhabe an der Spielkultur, wie sie etwa in Online-Foren geboten wird oder durch gemeinsames Spielen gegeben ist, ein wesentlicher Faktor, der sowohl die Ausgaben für Spielehardware und -software sowie das zeitliche Ausmaß der Nutzung positiv beeinflusst.

8.2 Ausblick

Abschließend stellt sich die Frage, welche theoretischen und methodischen Anknüpfungspunkte und Erweiterungsmöglichkeiten sich bezüglich der vorliegenden Untersuchung ergeben. In theoretischer Hinsicht bietet sich eine Anpassung bzw. Erweiterung der Erklärungsmodelle an, die eine Anwendung auf weitere interaktive Mediennutzungsformen wie etwa der Internetnutzung oder der Nutzung von Lernsoftware, insbesondere in Form von Serious Games ermöglicht. Darüber hinaus ist eine Verknüpfung mit Konzepten der Unterhaltungsforschung und mit tätigkeitsbezogenen Konzepten wie dem Flow-Erleben denkbar. Solche Verbindungen könnten Aufschluss über den Zusammenhang zwischen verschiedenen Dimensionen des Spielverhaltens und dem Unterhaltungs- bzw. Flow-Erleben geben. Eine weitere theoretische Herausforderung stellt die Modellierung dynamischer Effekte zwischen den Handlungsebenen und den jeweiligen Modellkomponenten dar. So ist beispielsweise zu fragen, inwiefern eine wechselseitige Beziehung zwischen Nutzungsintensität und Spielverhalten besteht.

In methodischer Hinsicht könnte durch Verwendung eines Mehr-Methoden-Designs die Gefahr eines Common Method Bias vermieden werden, aber auch die Beschränkung auf ein Befragungsverfahren wäre bei einer Verbesserung der Validität und Reliabilität der Skalen zum Spielverhalten vertretbar. Darüber hinaus würde eine weitere Differenzierung des Spielverhaltens, die auch eine Unterscheidung in extrinsisches und intrinsisches Spielverhalten beinhaltet (vgl. Ang et al. 2010), das Phänomen digitalen Spielens ganzheitlich abdecken.

Bezüglich der Erfassung der Geschlechtsrollenorientierung besteht in der Verwendung kontextbezogener Messinstrumente (vgl. z. B. Leszczynski/ Strough 2008) die Möglichkeit, situative Aspekte des Einflusses von Geschlechterrollen auf die Mediennutzung stärker einzubinden. Gleichzeitig sollten Alter- und Bildungseffekte eine stärkere Berücksichtigung finden. Schließlich kann jedoch nur eine Längsschnittbetrachtung zeigen, wie sich ein Wandel der Geschlechterrollen auf den Umgang mit digitalen Spielen auswirkt und, analysiert man gleichzeitig auch das Angebot digitaler Spiele, inwiefern sich dies auch in der Entwicklung und Gestaltung von digitalen Spielen niederschlägt.

Literatur

Aitchison, Cara C. (2003): Gender and Leisure. Social and Cultural Perspectives. Routledge: London.

Alfermann, Dorothee (1996): Geschlechterrollen und geschlechtstypisches Verhalten. Stuttgart: Kohlhammer.

Alfermann, Dorothee/ Stiller, Jeannine (2001): Geschlechtsrollenidentität und Kommunikation. In: Brähler, Elmar/ Kupfer, Jörg (Hrsg.): Mann und Medizin. Göttingen: Hogrefe. S. 72-89.

Altstötter-Gleich, Christine (2004): Expressivität, Instrumentalität und psychische Gesundheit. Ein Beitrag zur Validierung einer Skala zur Erfassung des geschlechtsrollenbezogenen Selbstkonzeptes. In: Zeitschrift für Differentielle und Diagnostische Psychologie, 25. Jg., S. 123-139.

Ameln, Falko v. (2004): Konstruktivismus. Die Grundlagen systemischer Therapie, Beratung und Bildungsarbeit. Tübingen u. a.: UTB.

Ang, Chee S./ Zaphiris, Panayiotis/ Wilson, Stephanie (2010): Computer Games and Sociocultural Play. An Activity Theoretical Perspective. In: Games and Culture, 5. Jg., S. 354-380.

Apperley, Thomas (2006): Genre and Game Studies. Toward a Critical Approach to Video Games. In: Simulation & Gaming, 37. Jg., S. 6-23.

Aries, Elizabeth (2006): Sex Differences in Interaction. A Reexamination. In: Dindia, Kathryn/ Canary, Daniel J. (Hrsg.): Sex Differences and Similarities in Communication. Mahwah, New Jersey: Erlbaum. S. 21-36.

Athenstaedt, Ursula (2000): Normative Geschlechtsrollenorientierung. Entwicklung und Validierung eines Fragebogens. In: Zeitschrift für Differentielle und Diagnostische Psychologie, 21. Jg., S. 91-104.

Athenstaedt, Ursula (2003): On the Content and Structure of the Gender Role Self-Concept. Including Gender-Stereotypical Behaviors in Addition to Traits. In: Psychology of Women Quarterly, 27. Jg., S. 309-318.

Backhaus, Klaus/ Blechschmidt, Boris (2009): Fehlende Werte und Datenqualität. Eine Simulationsstudie am Beispiel der Kausalanalyse. In: Die Betriebswirtschaft, 69. Jg., S. 265-287.

Backhaus, Klaus/ Blechschmidt, Boris/ Eisenbeiß, Maik (2006a): Der Stichprobeneinfluss bei Kausalanalysen. In: Die Betriebswirtschaft, 66. Jg., S. 711-726.

Backhaus, Klaus/ Erichson, Bernd/ Plinke, Wulff/ Weiber, Rolf (2006b): Multivariate Analysemethoden. Eine anwendungsorientierte Einführung. Berlin, Heidelberg: Springer.

Bakan, David (1976): Mensch im Zwiespalt. Psychoanalytische, soziologische und religiöse Aspekte der Anthropologie. München: Kaiser.

Balderjahn, Ingo (2003): Validität. Konzept und Methoden. In: Wirtschaftswissenschaftliches Studium, 32. Jg., S. 130-135.

Bamberg, Eva (2004): Occupation and Gender. In: Spielberger, Charles D. (Hrsg.): Encyclopedia of Applied Psychology. Band 2. Oxford, Amsterdam: Elsevier. S. 699-705.

Bandura, Albert (1977): Self-Efficacy. Toward a Unifying Theory of Behavioral Change. In: Psychological Review, 84. Jg., S. 191-215.

Bandura, Albert (1997): Self-Efficacy. The Exercise of Control. New York: Freeman.

Banks, John/ Potts, Jason (2010): Co-Creating Games. A Co-Evolutionary Analysis. In: New Media & Society, 12. Jg., S. 253-270.

Baron, Reuben M./ Kenny, David A. (1986): The Moderator-Mediator Variable Distinction in Social Psychological Research. Conceptual, Strategic, and Statistical Considerations. In: Journal of Personality and Social Psychology, 51. Jg., S. 1173-1182.

Barwise, Patrick/ Ehrenberg, Andrew (1994): Television and its Audience. London u. a.: Sage.

Bateson, Gregory (1985): A Theory of Play and Fantasy. In: Innis, Robert E. (Hrsg.): Semiotics. An Introductory Anthology. Bloomington: Indiana University Press. S. 131-144.

Baur, Nina/ Florian, Michael J. (2009): Stichprobenprobleme bei Online-Umfragen. In: Jackob, Nikolaus/ Schoen, Harald/ Zerback, Thomas (Hrsg.): Sozialforschung im Internet. Methodologie und Praxis der Online-Befragung. Wiesbaden: VS. S. 109-128.

Behr, Katharina-Maria (2008): Kreative Spiel(weiter)entwicklung. Modding als Sonderform des Umgangs mit Computerspielen. In: Quandt, Thorsten/ Wimmer, Jeffrey/ Wolling, Jens (Hrsg.): Die Computerspieler. Studien zur Nutzung von Computergames. Wiesbaden: VS. S. 193-207.

Behr, Katharina-Maria (2010): Kreativer Umgang mit Computerspielen. Die Entwicklung von Spielmodifikationen aus aneignungstheoretischer Sicht. Boizenburg: Hülsbusch.

Behr, Katharina-Maria/ Klimmt, Christoph/ Vorderer, Peter (2008): Leistungshandeln und Unterhaltungserleben im Computerspiel. In: Quandt, Thorsten/ Wimmer, Jeffrey/ Wolling, Jens (Hrsg.): Die Computerspieler. Studien zur Nutzung von Computergames. Wiesbaden: VS. S. 225-240.

Behrendt, Wernher/ Geser, Guntram/ Mulrenin, Andrea/ Reich, Siegfried (2003): EP2010 – The Future of Electronic Publishing Towards 2010. A Strategic Study on the Future of Research Into Publishing, Content and Knowledge Technologies. Salzburg: Salzburg Research Forschungsgesellschaft m.b.H.

Bem, Sandra L. (1974): The Measurement of Psychological Androgyny. In: Journal of Consulting and Clinical Psychology, 42. Jg., S. 155-162.

Bem, Sandra L. (1975): Sex Role Adaptability. One Consequence of Psychological Androgyny. In: Journal of Personality and Social Psychology, 31. Jg., S. 634-643.

Bem, Sandra L. (1981a): Gender Schema Theory. A Cognitive Account of Sex Typing. In: Psychological Review, 88. Jg., S. 354-364.

Bem, Sandra L. (1981b): The BSRI and Gender Schema Theory. A Reply to Spence and Helmreich. In: Psychological Review, 88. Jg., S. 369-371.

Bem, Sandra L./ Lenney, Ellen (1976): Sex Typing and the Avoidance of Cross-Sex Behavior. In: Journal of Personality and Social Psychology, 33. Jg., S. 48-54.

Bem, Sandra L./ Martyna, Wendy / Watson, Carol (1976): Sex Typing and Androgyny. Further Explorations of the Expressive Domain. Journal of Personality and Social Psychology, 34. Jg., S. 1016-1023.

Berger, Peter L./ Luckmann, Thomas (1969): Die gesellschaftliche Konstruktion der Wirklichkeit. Eine Theorie der Wissenssoziologie. Frankfurt am Main: Fischer.

Berlyne, Daniel E. (1974): Konflikt, Erregung, Neugier. Zur Psychologie der kognitiven Motivation. Stuttgart: Klett.

Best, Deborah L. (2009): Another View oft he Gender-Status Relation. In: Sex Roles, 61. Jg., S. 341-351.

Best, Shaun (2010): Leisure Studies. Themes and Perspectives. London: Sage.

Bierhoff-Alfermann, Dorothee (1989): Androgynie. Möglichkeiten und Grenzen der Geschlechterrollen. Opladen: Westdeutscher Verlag.

Bilandzic, Helena (2004): Synchrone Programmauswahl. Der Einfluss formaler und inhaltlicher Merkmale der Fernsehbotschaft auf die Fernsehnutzung. München: Fischer.

BIU (2011): Marktzahlen. In: http://www.biu-online.de/de/fakten/marktzahlen.html [13.02.2011].

Blanchard-Fields, Fredda/ Suhrer-Roussel, Lynda/ Hertzog, Christopher (1994): A Confirmatory Factor Analysis of the Bem Sex Role Inventory. Old Questions, New Answers. In Sex Roles, 30. Jg., S. 423-457.

Blumer, Herbert (1969): Sociological Analysis and the 'Variable'. In: Blumer, Herbert (Hrsg.): Symbolic Interactionism. Perspective and Method. Englewood Cliffs: Prentice Hall. S. 127-139.

Blunch, Niels J. (2008): Introduction to Structural Equation Modelling using AMOS and SPSS. London u. a.: Sage.

Bohan, Janis S. (1993): Regarding Gender. Essentialism, Constructionism, and Feminist Psychology. In: Psychology of Women Quarterly, 17. Jg., S. 5-21.

Boudon, Raymond (1980): Die Logik des gesellschaftlichen Handelns. Eine Einführung in die soziologische Denk- und Arbeitsweise. Neuwied, Darmstadt: Luchterhand.

Bourdieu, Pierre (1982): Die feinen Unterschiede. Kritik der gesellschaftlichen Urteilskraft. Frankfurt am Main: Suhrkamp.

Brosnan, Mark J. (1998): The Impact of Psychological Gender, Gender-Related Perceptions, Significant Others, and the Introducer of Technology Upon Computer Anxiety in Students. In: Journal of Educational Computing Research, 18. Jg., S. 73-78.

Brosius, Hans-Bernd/ Koschel, Friederike/ Haas, Alexander (2009): Methoden der empirischen Kommunikationsforschung. Eine Einführung. Wiesbaden: VS.

Bryce, Jo/ Rutter, Jason (2003): The Gendering of Computer Gaming: Experience and Space. In: Fleming, Scott/ Jones, Ian (Hrsg.): Leisure Cultures. Investigations in Sport, Media and Technology. Eastbourne: Leisure Studies Association Corporation. S. 3-22.

Bryce, Jo/ Rutter, Jason (2005): Gendered Gaming in Gendered Space. In: Raessens, Jost/ Goldstein, Jeffrey (Hrsg.): Handbook of Computer Game Studies. Cambridge: MIT Press. S. 301-310.

Burch, William R. (1969): Social Circles of Leisure. Competing Explanations. In: Journal of Leisure Research, 1. Jg., S. 125-147.

Bussey, Kay/ Bandura, Albert (1999): Social Cognitive Theory of Gender Development and Differentiation. In: Psychological Review, 106. Jg., S. 676-713.

Butler, Judith (1991): Das Unbehagen der Geschlechter. Frankfurt am Main: Suhrkamp.

Byrne, Barbara M. (2010): Structural Equation Modeling with Amos. Basic Concepts, Applications, and Programming. New York: Routledge.

Caillois, Roger (1958): Die Spiele und die Menschen. Maske und Rausch. München u. a.: Langen.

Calvo-Salguero, Antonia/ García-Martínez, José M./ Monteoliva, Adelaida (2008): Differences Between and Within Genders in Gender Role Orientation According to Age and Level of Education. In: Sex Roles, 58. Jg., S. 535-548.

Campbell, Todd/ Gillaspy, James A./ Thompson, Bruce (1997): The Factor Structure of the Bem Sex-Role Inventory (BSRI). Confirmatory Analysis of Long and Short Forms. In: Educational and Psychological Measurement, 57. Jg., S. 118-124.

Canary, Daniel J./ Wahba Jodi (2006): Do Women Work Harder Than Men at Maintaining Relationships? In: Dindia, Kathryn/ Canary, Daniel J. (Hrsg.): Sex Differences and Similarities in Communication. Mahwah, New Jersey: Erlbaum. S. 359-378.

Carr, Diane (2005): Contexts, Gaming Pleasures, and Gendered Preferences. In: Simulation & Gaming, 36. Jg., S. 464-482.

Cassell, Justine/ Jenkins, Henry (Hrsg.) (1998): From Barbie to Mortal Combat. Gender and Computer Games. Cambridge: MIT Press.

Charlton, Michael (2004): „Para-social Interaction". Social Interaction as a Matter of Fact? In: Renckstorf, Karsten/ McQuail, Denis/ Rosenbaum, Judith E./ Schaap, Gabi (Hrsg.): Action Theory and Communication Research. Recent Development in Europe. Berlin, New York: de Gruyter. S. 177-186.

Charlton, Michael/ Neumann, Klaus (1990): Spracherwerb und Mediengebrauch. Tübingen: Narr.

Choi, Namok/ Fuqua, Dale R. (2003): The Structure of the Bem Sex Role Inventory. A Summary Report of 23 Validation Studies. In: Educational and Psychological Measurement, 63. Jg., S. 872-887.

Choi, Namok/ Fuqua, Dale R./ Newman, Jody L (2008): The Bem-Sex-Role-Inventory. Continuing Theoretical Problems. In: Educational and Psychological Measurement, 68. Jg., S. 881-900.

Choi, Namok/ Fuqua, Dale R./ Newman, Jody L. (2009): Exploratory and Confirmatory Studies of the Structure of the Bem Sex Role Inventory Short Form With Two Divergent Samples. In: Educational and Psychological Measurement, 69. Jg., S. 696-705.

Clément-Guillotin, Corentin/ Fontayne, Paul (2011): Situational Malleability of Gender Schema. The Case of the Competitive Sport Context. In: Sex Roles, 64. Jg., S. 426-439.

Constantinople, Anne (1973): Masculinity – Femininity. An Exception to a Famous Dictum? In: Psychological Bulletin, 80 Jg., S. 389-407.

Cooper, Joel (2006): The Digital Divide. The Special Case of Gender. In: Journal of Computer Assisted Learning, 22. Jg., S. 320-334.

Cooper, Joel/ Weaver, Kimberlee D. (2003): Gender and Computers. Understanding Digital Divide. Mahwah: Erlbaum.

Corliss, Jonathan (2011): Introduction. The Social Science Study of Video Games. In: Games and Culture, 6. Jg., S. 3-16.

Cranach, Marion v./ Kalbermatten, Urs (1997): Soziales Handeln. In: Frey, Dieter/ Greif Siegfried (Hrsg.): Sozialpsychologie. Ein Handbuch in Schlüsselbegriffen. Weinheim: Beltz. S. 321-325.

Crawford, Duane W./ Jackson, Edgar L./ Godbey, Geoffrey (1991): A Hierarchical Model of Leisure Constraints. In: Leisure Sciences, 9. Jg., S. 119-127.

Csikszentmihalyi, Mihaly (1999): Das flow-Erlebnis. Jenseits von Angst und Langeweile. Im Tun aufgehen. Stuttgart: Klett-Cotta.

Curran, Patrick J./ West, Stephen G./ Finch, John F. (1996): The Robustness of Test Statistics of Test Statistics to Nonnormality and Specification Error in Confirmatory Factor Analysis. In: Psychological Methods, 1. Jg., S. 16-29.

Cyba, Eva (2000): Geschlecht und soziale Ungleichheit. Konstellationen der Frauenbenachteiligung. Opladen: Leske + Budrich.

Deal, David (2008): Time for Play. An Exploratory Analysis of the Changing Consumption Contexts of Digital Games. In: electronic International Journal of Time Use Research, 5. Jg., S. 65-89.

Deaux, Kay/ Lafrance, Marianne (1998): Gender. In: Gilbert, Daniel T./ Fiske, Susan T./ Lindzey, Gardner (Hrsg.): The Handbook of Social Psychology. Band 1. Boston: McGraw-Hill. S. 788-827.

Deaux, Kay/ Major, Brenda (1987): Putting Gender Into Context. An Interactive Model of Gender-Related Behavior. In: Psychological Review, 94. Jg., S. 369-389.

De Kort, Yvonne A. W./ Ijsselsteijn, Wijnand A./ Gajadhar, Brian J. (2007): People, Places, and Play. A Research Framework for Digital Game Experience in a Socio-Spatial Context. DiGRA Conference, 24.-28. September 2007, Tokio. S. 823-830.

De Schutter, Bob (2011): Never Too Old to Play. The Appeal of Digital Games to an Older Audience. In: Games and Culture, 6. Jg., S. 155-170.

Dewey, John/ Bentley, Arthur F. (1949): Knowing and the Known. Boston: Beacon Press.

Dill, Karen E./ Thill, Kathryn P. (2007): Video Game Characters and the Socialization of Gender Roles. Young People's Perceptions Mirror Sexist Media Depictions. In: Sex Roles, 57. Jg., S. 851-864.

Dindia, Kathryn (2006): Men are From North Dakota, Women are From South Dakota. In: Dindia, Kathryn/ Canary, Daniel J. (Hrsg.): Sex Differences and Similarities in Communication. Mahwah, New Jersey: Erlbaum. S. 3-20.

Doise, Willem/ Deschamps, Jean-Claude/ Meyer, Gil (1978): The Accentuation of Intra-category Similarities. In: Tajfel, Henri (Hrsg.): Differentiation Between Social Groups. Studies in the Social Psychology of Intergroup Relations. New York: Academic Press. S. 159-168.

Durkin, Kevin/ Aisbett, Kate (1999): Computer Games and Australians Today. Sydney: Office of Film and Literature Classification.

Eagly, Alice H. (1987): Sex Differences in Social Behavior. A Social-Role Interpretation. Hillsdale: Erlbaum.

Eagly, Alice H./ Koenig, Anne M. (2006): Social Role Theory of Sex Differences and Similarities. Implication for Prosocial Behavior. In: Dindia, Kathryn/ Canary, Daniel J. (Hrsg.): Sex Differences and Similarities in Communication. Mahwah, New Jersey: Erlbaum. S. 161-177.

Eagly, Alice H./ Wood, Wendy/ Johannesen-Schmidt, Mary C. (2004): Social Role Theory of Sex Differences and Similarities. Implications for the Partner Preferences of Women and Men. In: Eagly, Alice H./ Beall, Anne E./ Sternberg, Robert J. (Hrsg.): The Psychology of Gender. New York: Guilford Press. S. 269-295.

Eastin, Matthew S. (2006): Video Game Violence and the Female Game Player. Self- and Opponent Gender Effects on Presence and Aggressive Thoughts. In: Human Communication Research, 32. Jg., S. 351-372.

Eastin, Matthew S. (2007): The Influence of Competitive and Cooperative Group Game Play on State Hostility. In: Human Communication Research, 33. Jg., S. 450-466.

Eastin, Matthew S./ Griffiths, Robert P. (2009): Unreal. Hostile Expectations from Social Gameplay. In: New Media & Society, 11. Jg., S. 509-531.

Eckes, Thomas (2010): Geschlechterstereotype. Von Rollen, Identitäten und Vorurteilen. In: Becker, Ruth/ Kortendiek, Beate (Hrsg.): Handbuch Frauen- und Geschlechterforschung. Theorie, Methoden, Empirie. Wiesbaden: VS. S. 178-189.

Egenfeldt-Nielsen, Simon/ Smith, Jonas H./ Tosca, Susana P. (2008): Understanding Video Games. The Essential Introduction. New York: Routledge.

Esser, Hartmut (1999): Soziologie. Band 1. Situationslogik und Handeln. Frankfurt am Main: Campus.

Esser, Hartmut (2001): Soziologie. Band 6. Sinn und Kultur. Frankfurt am Main: Campus.

Fehr, Wolfgang/ Fritz, Jürgen (1993): Videospiele und ihre Typisierung. In: Bundeszentrale für politische Bildung (Hrsg.): Computerspiele. Bunte Welt im grauen Alltag. Ein Medien- und kulturpädagogisches Arbeitsbuch. Bonn: Bundeszentrale für politische Bildung. S. 67-88.

Feng, Jing/ Spence, Ian/ Pratt, Jay (2007): Playing an Action Video Game Reduces Gender Differences in Spatial Cognition. In: Psychological Science, 18. Jg., S. 850-855.

Ferguson, Christopher J./ Cruz, Amanda M./ Rueda, Stephanie M. (2008): Gender, Video Game Playing Habits and Visual Memory Tasks. In: Sex Roles, 58. Jg., S. 279-286.

Fishbein, Martin/ Ajzen, Icek (1975): Belief, Attitude, Intention, and Behavior. An Introduction to Theory and Research. London u. a.: Addison-Wesley.

Fornell, Claes/ Larcker, David F. (1981): Evaluating Structural Equation Models with Unobservable Variables and Measurement Error. In: Journal of Marketing Research, 18. Jg., S. 38-50.

Frasca, Gonzalo (2003): Ludologists Love Stories, too. Notes From a Debate That Never Took Place. Level Up. Digital Games Conference, 4.-6. November 2003, Utrecht. S.92-99.

Friedman, Howard S./ Schuhstack, Miriam W. (2004): Persönlichkeitspsychologie und Differentielle Psychologie. München u. a.: Pearson.

Fritz, Jürgen (2008): Spielen in virtuellen Gemeinschaften. In: Quandt, Thorsten/ Wimmer, Jeffrey/ Wolling, Jens (Hrsg.): Die Computerspieler. Studien zur Nutzung von Computergames. Wiesbaden: VS. S. 135-147.

Früh, Werner (2002): Unterhaltung durch das Fernsehen. Eine molare Theorie. Konstanz: UVK.

Früh, Werner/ Schönbach, Klaus (1982): Der dynamisch-transaktionale Ansatz. Ein neues Paradigma der Medienwirkungen. In: Publizistik, 27. Jg., S. 74-88.

Gehrau, Volker (2008): Fernsehbewertung und Fernsehhandlung. Ansätze und Daten zur Erhebung, Modellierung und Folgen von Qualitätsurteilen des Publikums über Fernsehangebote. München: Fischer.

Goffman, Erving (1986): Interaktionsrituale. Über Verhalten in direkter Kommunikation. Frankfurt: Suhrkamp.

Gosling, Victoria K./ Crawford, Garry (2011): Game Scenes. Theorizing Digital Game Audiences. In: Games and Culture, 6. Jg., S. 135-154.

Graner Ray, Sheri (2004): Gender Inclusive Game Design. Expanding the Market. Hingham: Charles River Media.

Greenberg, Bradley S. (1974): Gratifications of Television Viewing and their Correlates for British Children. In: Blumler, Jay G./ Katz, Elihu (Hrsg.): The Uses of Mass Communications. Current Perspectives on Gratifications Research. Beverly Hills, London: Sage. S. 71-92.

Hall, Judith A. (2006): How Big Are Nonverbal Sex Differences? The Case of Smiling and Nonverbal Sensitivity In: Dindia, Kathryn/ Canary, Daniel J. (Hrsg.): Sex Differences and Similarities in Communication. Mahwah, New Jersey: Erlbaum. S. 59-82.

Hall, Stuart (1999): Encoding / Decoding. In: During, Simon (Hrsg.): The Cultural Studies Reader. London, New York: Routledge. S. 507-517.

Hampton, Elizabeth/ Moffat, Scott D. (2004): The Psychobiology of Gender. Cognitive Effects of Reproductive Hormones in the Adult Nervous System. In: Eagly, Alice H./ Beall, Anne E./ Sternberg, Robert J. (Hrsg.): The Psychology of Gender. New York: Guilford Press. S. 38-64.

Hartmann, Tilo (2006): Die Selektion unterhaltsamer Medienangebote am Beispiel von Computerspielen. Struktur und Ursachen. Köln: Halem.

Hartmann, Tilo (2008): Let's compete! Wer nutzt den sozialen Wettbewerb in Computerspielen? In: Quandt, Thorsten/ Wimmer, Jeffrey/ Wolling, Jens (Hrsg.): Die Computerspieler. Studien zur Nutzung von Computergames. Wiesbaden: VS. S. 211-224.

Hartmann, Tilo (Hrsg.) (2009a): Media Choice. A Theoretical and Empirical Overview. New York: Routledge.

Hartmann, Tilo (2009b): Action Theory, Theory of Planned Behavior and Media Choice. In: Hartmann, Tilo (Hrsg.): Media Choice. A Theoretical and Empirical Overview. New York: Routledge. S. 32-52.

Hartmann, Tilo/ Klimmt, Christoph (2006): Gender and Computer Games. Exploring Females' Dislikes. In: Journal of Computer-Mediated Communication, 11. Jg., S. 910-931.

Hayes, Elisabeth (2007): Gendered Identities at Play. Case Studies of Two Women Playing Morrowind. In: Games and Culture, 2. Jg., S. 23-48.

Heckhausen, Heinz (1989): Motivation und Handeln. Berlin: Springer.

Heeter, Carrie/ Egidio, Rhonda/ Mishra, Punya/ Winn, Brian/ Winn, Jillian (2009): Alien Games. Do Girls Prefer Games Designed by Girls? In: Games and Culture, 4. Jg., S. 74-100.

Heintz, Bettina (1993): Die Auflösung der Geschlechterdifferenz. Entwicklungstendenzen in der Theorie der Geschlechter. In: Bühler, Elisabeth/ Meyer, Heidi/ Reichert, Dagmar (Hrsg.): Ortssuche. Zur Geographie der Geschlechterdifferenz. Zürich, Dortmund: eFeF-Verlag. S. 17-48.

Helmreich, Robert L./ Spence, Janet T./ Holahan, Carole K. (1979): Psychological Androgyny and Sex Role Flexibility. A Test of Two Hypotheses. In: Journal of Personality and Social Psychology, 37. Jg., S. 1631-1644.

Helsper, Ellen J. (2010): Gendered Internet Use Across Generations and Life Stages. In Communication Research, 37. Jg., S. 352-374.

Hildebrandt, Lutz/ Temme, Dirk (2006): Probleme der Validierung mit Strukturgleichungsmodellen. In: Die Betriebswirtschaft, 66. Jg., S. 618-639.

Hines, Melissa (2004): Androgen, Estrogen, and Gender. Contributions of the Early Hormone Environment to Gender-Related Behavior. In: Eagly, Alice H./ Beall, Anne E./ Sternberg, Robert J. (Hrsg.): The Psychology of Gender. New York: Guilford Press. S. 9-37.

Hippel, Klemens (1992): Parasoziale Interaktion. Bericht und Bibliographie. In: Montage/AV, 1. Jg., S. 135-150.

Hippel, Klemens (1993): Parasoziale Interaktion als Spiel. Bemerkungen zu einer interaktionistischen Fernsehtheorie. In: Montage/AV, 2. Jg., S. 127-145.

Hoffman, Rose M./ Borders, L. DiAnne (2001): Twenty-Five Years After the Bem-Sex-Role-Inventory. A Reassessment and New Issues Regarding Classification Variability. In: Measurement and Evaluation in Counseling and Development, 34. Jg., S. 39-55.

Homburg, Christian/ Giering, Annette (1996): Konzeptualisierung und Operationalisierung komplexer Konstrukte. Ein Leitfaden für die Marketingforschung. In: Marketing: Zeitschrift für Forschung und Praxis, 18. Jg., S. 5-24.

Homburg, Christian/ Klarmann, Martin (2006): Die Kausalanalyse in der empirischen betriebswirtschaftlichen Forschung - Problemfelder und Anwendungsempfehlungen. In: Die Betriebswirtschaft, 66. Jg., S. 727-748.

Homburg, Christian/ Klarmann, Martin/ Pflesser, Christian (2008a): Konfirmatorische Faktorenanalyse. In: Herrmann, Andreas/ Homburg, Christian/ Klarmann, Martin (Hrsg.): Handbuch Marktforschung. Methoden – Anwendungen – Praxisbeispiele. Wiesbaden: Gabler. S. 271-303.

Homburg, Christian/ Pflesser, Christian/ Klarmann, Martin (2008b): Strukturgleichungsmodelle mit latenten Variablen: Kausalanalyse. In: Herrmann, Andreas/ Homburg, Christian/ Klarmann, Martin (Hrsg.): Handbuch Marktforschung. Methoden – Anwendungen – Praxisbeispiele. Wiesbaden: Gabler. S. 547-577.

Horkheimer, Max/ Adorno, Theodor W. (1969): Dialektik der Aufklärung. Philosophische Fragmente. Frankfurt am Main: Fischer.

Horton, Donald/ Strauss, Anselm L. (1957): Interaction in Audience-Participation Shows. In: The American Journal of Sociology, 62. Jg., S. 579-787.

Horton, Donald/ Wohl, Richard R. (1956): Mass Communication and Para-social Interaction. Observations on Intimacy at a Distance. In: Psychiatry, 19. Jg., S. 215-229.

Huber, Frank/ Heitmann, Mark/ Herrmann, Andreas (2006): Ansätze zur Kausalmodellierung mit Interaktionseffekten. Ein Überblick. In: Die Betriebswirtschaft, 66. Jg., S. 696-710.

Huizinga, Johan (1956): Homo Ludens. Vom Ursprung der Kultur im Spiel. Hamburg: Rowohlt.

Hyde, Janet S. (2005): The Gender Similarites Hypothesis. In: American Psychologist, 60. Jg., S. 581-592.

Hyde, Janet S. (2007): Half the Human Experience. The Psychology of Women. Boston: Houghton Mifflin.

Jäckel, Michael (1992): Mediennutzung als Niedrigkostensituation. Anmerkungen zum Nutzen- und Belohnungsansatz. In: Medienpsychologie, 4. Jg., S. 246-266.

Jäckel, Michael (1994): Interaktion. Soziologische Anmerkungen zu einem Begriff. In: Rundfunk und Fernsehen, 43. Jg., S. 463-476.

Jäckel, Michael (2001): Über welche Brücke muss man gehen? Die Mehr-Ebenen-Analyse und ihre Relevanz für die Rezeptionsforschung. In: Rössler, Patrick/ Hasebrink, Uwe/ Jäckel, Michael (Hrsg.): Theoretische Perspektiven der Rezeptionsforschung. München: Reinhard Fischer. S. 35-58.

Jackson, Edgar L. (1988). Leisure Constraints. A Survey of Past Research. In: Leisure Sciences, 10. Jg., S. 203-215.

Jansz, Jeroen/ Martens, Lonneke (2005): Gaming at a LAN Event. The Social Context of Playing Video Games. In: New Media & Society, 7. Jg., S. 333-355.

Jansz, Jeroen/ Vosmeer, Mirjam (2009): Girls as Serious Gamers. Pitfalls and Possibilities. In: Ritterfeld, Ute/ Cody, Michael/ Vorderer, Peter (Hrsg.): Serious Games. Mechanisms and effects. New York: Routledge. S. 236-247.

Jansz, Jeroen/ Avis, Corinne/ Vosmeer, Mirjam (2010): Playing The Sims2. An Exploration of Gender Differences in Players' Motivations and Patterns of Play. In: New Media & Society, 12. Jg., S. 235-251.

Jarvis, Cheryl B./ Mackenzie, Scott B./ Podsakoff, Philip M. (2003): A Critical Review of Construct Indicators and Measurement Model Misspecification in Marketing and Consumer Research. In: Journal of Consumer Research, 30. Jg., S. 199-218.

Jenkins, Henry/ Cassell, Justine (2008): From Quake Grrls to Desperate Housewives. A Debate of Gender and Computer Games. In: Kafai, Yasmin B./ Heeter, Carrie/ Denner, Jill/ Sun, Jennifer Y. (Hrsg.): Beyond Barbie and Mortal Kombat. New Perspectives on Gender and Gaming. Cambridge: MIT Press. S. 5-20.

Jenson, Jennifer/ De Castell, Suzanne (2007): Girls and Gaming: Gender Research, "Progress" and the Death of Interpretation. DiGRA Conference, 24.-28. September 2007, Tokio. S. 769-771.

Jonas, Klaus/ Brömer, Philip (2002): Die sozial-kognitive Theorie von Bandura. In: Frey, Dieter/ Irle, Martin (Hrsg.): Theorien der Sozialpsychologie. Band II. Gruppen-, Interaktions- und Lerntheorien. Bern u. a.: Hans Huber. S. 277-299

Juul, Jesper (2003): The Game, the Player, the World. Looking for a Heart of Gameness. Level Up. Digital Games Conference, 4.-6. November 2003, Utrecht. S. 30-45.

Juul, Jesper (2005): Half-Real. Video Games Between Real Rules and Fictional Worlds. Cambridge: MIT Press.

Kafai, Yasmin B./ Heeter, Carrie/ Denner, Jill/ Sun, Jennifer Y. (Hrsg.) (2008): Beyond Barbie and Mortal Kombat. New Perspectives on Gender and Gaming. Cambridge: MIT Press.

Kallio, Kirsi P./ Mäyrä, Frans/ Kaipainen, Kirsikka (2011): At Least Nine Ways to Play. Approaching Gamer Mentalities. In: Games and Culture, 6. Jg., S. 327-353.

Kamwahi, Rasha/ Grabe Maria E. (2008): Engaging the Female Audience. An Evolutionary Psychology Perspective on Gendered Responses to News Valence Frames. In: Journal of Broadcasting & Electronic Media, 52. Jg., S. 33-51.

Katz, Elihu/ Blumler, Jay G./ Gurevitch, Michael (1973): Uses and Gratifications Research. In: Public Opinion Quarterly, 37. Jg., S. 509-523.

Kenrick, Douglas T./ Trost, Melanie R./ Sundie, Jill M. (2004): Sex Roles as Adaptations. An Evolutionary Perspective on Gender Differences and Similarities. In: Eagly, Alice H./ Beall, Anne E./ Sternberg, Robert J. (Hrsg.): The Psychology of Gender. New York: Guilford Press. S. 65-91.

Keppler, Angela (2004): Media Communication and Social Interaction. Perspectives on Action Theory Based Reception Research. In: Renckstorf, Karsten/ McQuail, Denis/ Rosenbaum, Judith E./ Schaap, Gabi (Hrsg.): Action Theory and Communication Research. Recent Development in Europe. Berlin, New York: de Gruyter. S. 103-114.

Kerr, Aphra (2003): ~~Girls~~ Women Just Want to Have Fun. A Study of Adult Female Players of Digital Games. Level Up. Digital Games Conference, 4.-6. November 2003, Utrecht. S. 270-285.

Kirkcaldy, Bruce/ Furnham, Adrian (1990): Personality and Sex Differences in Recreational Choices. In: Sportwissenschaft, 20. Jg., S. 43-55.

Klastrup, Lisbeth (2003): "You can't help shouting and yelling": Fun and Social Interaction in Super Monkey Ball. Level Up. Digital Games Conference, 4.-6. November 2003, Utrecht. S. 382-390.

Klimmt, Christoph (2001): Ego-Shooter, Prügelspiel, Sportsimulation? Zur Typologisierung von Computer- und Videospielen. In: Medien- und Kommunikationswissenschaft, 49. Jg., S. 480-497.

Klimmt, Christoph (2006): Computerspielen als Handlung. Dimensionen und Determinanten des Erlebens interaktiver Unterhaltungsangebote. Köln: Halem.

Klimmt, Christoph/ Vorderer, Peter (2002): „Lara ist mein Medium." Parasoziale Interaktionen mit Lara Croft im Vergleich zur Lieblingsfigur aus Film und Fernsehen. In: Rössler, Patrick/ Kubisch, Susanne/ Gehrau, Volker (Hrsg.): Empirische Perspektiven der Rezeptionsforschung. München: Fischer, S. 177-192.

Klimmt, Christoph/ Hefner, Dorothée/ Vorderer, Peter (2009): The Video Game Experience as „True" Identification. A Theory of Enjoyable Alterations of Players' Self-Perception. In: Communication Theory, 19. Jg., S.351-272.

Knobloch-Westerwick, Silvia (2007): Gender Differences in Selective Media Use for Mood Management and Mood Adjustment. In: Journal of Broadcasting & Electronic Media, 51. Jg., S. 73-92.

Knobloch, Silvia/ Zillmann, Dolf (2003): Appeal of Love Themes in Popular Music. In: Psychological Reports, 93. Jg., S. 653-658.

Knobloch-Westerwick, Silvia/ Alter, Scott (2007): Sex-segregated News Consumption. Origins of Gender-typed Patterns of Americans' Selective Exposure to News Topics. In: Journal of Communication, 57. Jg., S. 739-758.

Knobloch-Westerwick, Silvia/ Hoplamazian, Gregory J. (2011): Gendering the Self. Selective Magazine Reading and Reinforcement of Gender Conformity. In: Communication Research, DOI: 10.1177/0093650211425040, online veröffentlicht am 14.11.2011.

Knobloch-Westerwick, Silvia/ Brück, Julia/ Hastall, Matthias R. (2006): The Gender News Use Divide. Impacts of Sex, Gender, Self-Esteem, Achievement and Affiliation Motivations on German News Readers' Exposure to News Topics. In: Communications – The European Journal of Communication, 31. Jg., S. 329-345.

Krampen, Günter (1979): Eine Skala zur Messung der normativen Geschlechtsrollen-Orientierung (GRO-Skala). In: Zeitschrift für Soziologie, 8. Jg., S. 254-266.

Krampen, Günter (1983): Eine Kurzform der Skala zur Messung normativer Geschlechtsrollen-Orientierungen. In: Zeitschrift für Soziologie, 12. Jg., S. 152-126.

Krcmar, Maria/ Strizhakova, Yuliya (2009): Uses and Gratifications as Media Choice. In: Hartmann, Tilo (Hrsg.): Media Choice. A Theoretical and Empirical Overview. New York: Routledge. S. 53-69.

Krotz, Friedrich (2001): Der Symbolische Interaktionismus und die Kommunikationsforschung. Zum hoffnungsvollen Stand einer schwierigen Beziehung. In: Rössler, Patrick/ Hasebrink, Uwe/ Jäckel, Michael (Hrsg.): Theoretische Perspektiven der Rezeptionsforschung. München: Reinhard Fischer. S. 73-95.

Krotz, Friedrich (2008a): Handlungstheorien und Symbolischer Interaktionismus als Grundlage kommunikationswissenschaftlicher Forschung. In: Winter, Carsten/ Hepp, Andreas/ Krotz, Friedrich (Hrsg.): Theorien der Kommunikations- und Medienwissenschaft. Grundlegende Diskussionen, Forschungsfelder und Theorieentwicklungen. Wiesbaden: VS. S. 29-46.

Krotz, Friedrich (2008b): Computerspiele als neuer Kommunikationstypus. In: Quandt, Thorsten/ Wimmer, Jeffrey/ Wolling, Jens (Hrsg.): Die Computerspieler. Studien zur Nutzung von Computergames. Wiesbaden: VS. S. 25-40.

Krymkowski, Daniel H./ Mintz, Beth (2008): What Types of Occupations Are Women Entering? Determinants of Changes in Female Representation: 1970-2000. In: Research in Social Stratification and Mobility, 26. Jg., S. 1-14.

Kyllo, L. Blaine/ Landers, Daniel M. (1995): Goal Setting in Sport and Exercise. A Research Synthesis to Resolve the Controversy. In: Journal of Sport & Exercise Psychology, 17. Jg., S. 117 – 137.

Lafrance, Marianne/ Paluck, Elizabeth L./ Brescoll, Victoria (2004): Sex Changes. A Current Perspective on the Psychology of Gender. In: Eagly, Alice H./ Beall, Anne E./ Sternberg, Robert J. (Hrsg.): The Psychology of Gender. New York: Guilford Press. S. 328-344.

LaRose, Robert (2009): Social Cognitive Theories of Media Selection. In: Hartmann, Tilo (Hrsg.): Media Choice. A Theoretical and Empirical Overview. New York: Routledge. S. 10-31.

Lauzen, Martha M./ Dozier, David M./ Horan, Nora (2008): Constructing Gender Stereotypes Through Social Roles in Prime-Time Television. In: Journal of Broadcasting & Electronic Media, 52. Jg., S. 200-214.

Lazzaro, Nicole (2008): Are Boy Games Even Necessary? In: Kafai, Yasmin B./ Heeter, Carrie/ Denner, Jill/ Sun, Jennifer Y. (Hrsg.): Beyond Barbie and Mortal Kombat. New Perspectives on Gender and Gaming. Cambridge: MIT Press. S. 199-215.

Lee, Doohwang/ LaRose, Robert (2007): A Socio-Cognitive Model of Video Game Usage. In: Journal of Broadcasting & Electronic Media, 51. Jg., S. 632-650.

Lee, Eun-Ju (2007): Effects of Gendered Language on Gender Stereotyping in Computer-Mediated Communication. The moderating role of Depersonalization and Gender-Role Orientation. In: Human Communication Research, 33. Jg., H. 4, 515-535.

Lehmann, Philipp/ Reiter, Andreas/ Schumann, Christina/ Wolling, Jens (2008): Die First-Person-Shooter. Wie Lebensstil und Nutzungsmotive die Spielweise beeinflussen. In: Quandt, Thorsten/ Wimmer, Jeffrey/ Wolling, Jens (Hrsg.): Die Computerspieler. Studien zur Nutzung von Computergames. Wiesbaden: VS. S. 241-268.

Lei, Ming/ Lomax, Richard G. (2005): The Effect of Varying Degrees of Nonnormality in Structural Equation Modeling. In: Structural Equation Modeling, 12. Jg., S. 1-27.

Leontjew, Alexej N. (1979): Tätigkeit. Bewusstsein. Persönlichkeit. Berlin: Volk und Wissen.

Leontjew, Aleksej N. (1984): Der allgemeine Tätigkeitsbegriff. In: Viehweger, Dieter (Hrsg.): Grundfragen einer Theorie der sprachlichen Tätigkeit. Sprache und Gesellschaft. Band 13. Berlin: Akademie. S. 13-30.

Leszczynski, Jennifer P./ Strough, JoNell (2008): The Contextual Specificity of Masculinity and Femininity in Early Adolescence. In: Social Development, 17. Jg., S. 719-736.

Leven, Ingo/ Quenzel, Gudrun/ Hurrelmann, Klaus (2010): Familie, Schule, Freizeit. Kontinuitäten im Wandel. In: Shell Deutschland Holding (Hrsg.): Jugend 2010. Eine pragmatische Generation behauptet sich. Frankfurt am Main: Fischer. S. 53-128.

Levy, Mark R./ Windahl, Sven (1985): The Concept of Audience Activity. In: Rosengren, Karl E./ Wenner, Lawrence A./ Palmgreen, Philip (Hrsg.): Media Gratifications Research. Current Perspectives. Beverly Hills: Sage. S. 109-122.

Lin, Holin (2008): Body, Space, and Gendered Gaming Experiences. A Cultural Geography of Homes, Cybercafés, and Dormitories. In: Kafai, Yasmin B./ Heeter, Carrie/ Denner, Jill/ Sun, Jennifer Y. (Hrsg.): Beyond Barbie and Mortal Kombat. New Perspectives on Gender and Gaming. Cambridge: MIT Press. S. 67-81.

Lin, Holin/ Sun, Cuen-Tsai/ Tinn, Hong-Hong (2003): Exploring Clan Culture. Social Enclaves and Cooperation in Online Gaming. Level Up. Digital Games Conference, 4.-6. November 2003, Utrecht. S. 288-299.

Little, Todd D./ Lindenberger, Ulman/ Nesselroade, John R. (1999): On Selecting Indicators for Multivariate Measurement and Modeling With Latent Variables. When "Good" Indicators Are Bad and "Bad" Indicators Are Good. In: Psychological Methods, 4. Jg., S. 192-211.

Lucas, Kristen/ Sherry, John L. (2004): Sex Differences in Video Game Play. A Communication-Based Explanation. In: Communication Research, 31. Jg., S. 499-523.

Lueptow, Lloyd B./ Garovich, Lori/ Lueptow, Margaret B. (1995): The Persistence of Gender Stereotypes in the Face of Changing Sex Roles. Evidence Contrary to the Sociocultural Model. In: Ethnology and Sociobiology, 16. Jg., S. 509-530.

Maccoby, Eleanor E./ Jacklin Carol N. (1974): The Psychology of Sex Differences. Stanford: Stanford University Press.

Marecek, Jeanne/ Crawford, Mary/ Popp, Danielle (2004): On the Constructions of Gender, Sex, and Sexualities. In: Eagly, Alice H./ Beall, Anne E./ Sternberg, Robert J. (Hrsg.): The Psychology of Gender. New York: Guilford Press. S. 192-216.

Maurer, Marcus/ Jandura, Olaf (2009): Masse statt Klasse? Einige kritische Anmerkungen zu Repräsentativität und Validität von Online-Befragungen. In: Jackob, Nikolaus/ Schoen, Harald/ Zerback, Thomas (Hrsg.): Sozialforschung im Internet. Methodologie und Praxis der Online-Befragung. Wiesbaden: VS. S. 61-73.

Mäyrä, Frans (2007): The Contextual Game Experience. On the Socio-Cultural Contexts for Meaning in Digital Play. DiGRA Conference, 24.-28. September 2007, Tokio. S. 810-814.

Mead, George H. (1968): Geist, Identität und Gesellschaft. Frankfurt am Main: Suhrkamp.

McLeod, Jack M./ Becker, Lee B. (1981): The Uses and Gratifications Approach. In: Communication in Politics. Addresses, Essays, Lectures. Beverly Hills, London: Sage. S. 67-99.

McQuail, Denis (1984): Communication. London u. a.: Longman.

McQuail, Denis/ Renckstorf, Karsten (2004): Action Theory and Communication Research. An Introduction. . In: Renckstorf, Karsten/ McQuail, Denis/ Rosenbaum, Judith E./ Schaap, Gabi (Hrsg.): Action Theory and Communication Research. Recent Development in Europe. Berlin, New York: de Gruyter. S. 1-10.

Merton, Robert K. (1995): Soziologische Theorie und soziale Struktur. Berlin: de Gruyter.

Miller, Monica K./ Summers, Alicia (2007): Gender Differences in Video Game Characters' Roles, Appearances, and Attire as Portrayed in Video Game Magazines. In: Sex Roles, 57. Jg., S. 733-742.

Möhring, Wiebke/ Schlütz, Daniela (2003): Die Befragung in der Medien- und Kommunikationswissenschaft. Eine praxisorientierte Einführung. Wiesbaden: VS.

Moss, Dorothy (2006): Gender, Space and Time. Women and Higher Education. Lanham: Lexington Books.

MPFS (Hrsg.) (2009): JIM-Studie 2009. Jugend, Information, (Multi)Media. Basisstudie zum Medienumgang 12- bis 19-Jähriger in Deutschland. Stuttgart: MPFS.

MPFS (Hrsg.) (2011): JIM-Studie 2011. Jugend, Information, (Multi)Media. Basisstudie zum Medienumgang 12- bis 19-Jähriger in Deutschland. Stuttgart: MPFS.

Muehlenhard, Charlene L./ Peterson, Zoe D. (2011): Distinguishing Between Sex and Gender. History, Current Conceptualizations, and Implications. In: Sex Roles, 64. Jg., S. 791-803.

Mulac, Anthony (2006): The Gender-Linked Language Effect. Do Language Differences Really Make a Difference? In: Dindia, Kathryn/ Canary, Daniel J. (Hrsg.): Sex Differences and Similarities in Communication. Mahwah, New Jersey: Erlbaum. S. 219-240.

Norris, Kamala O. (2004): Gender Stereotypes, Aggression, and Computer Games. An Online Survey of Women. In: CyberPsychology & Behavior, 7. Jg., S. 714-727.

Neuberger, Christoph (2007): Interaktivität, Interaktion, Internet. Eine Begriffsanalyse. In: Publizistik, 52. Jg., S. 33-50.

Oerter, Rolf (1993): Psychologie des Spiels. Ein handlungstheoretischer Ansatz. München: Quintessenz.

Oerter, Rolf (2000): Spiel als Lebensbewältigung. In: Hoppe-Graff, Siegfried/ Oerter, Rolf (Hrsg.): Spielen und Fernsehen. Über die Zusammenhänge von Spiel und Medien in der Welt des Kindes. Weinheim: Juventa. S. 47-58.

Ogletree, Shirley M./ Drake, Ryan (2007): College Students' Video Game Participation and Perceptions. Gender Differences and Implications. In: Sex Roles, 56. Jg., S. 537-542.

Oliver, Mary B. (2000): The Respondent Gender Gap. In: Zillmann, Dolf/ Vorderer, Peter (Hrsg.): Media Entertainment. The Psychology of its Appeal. Mahwah: Erlbaum. S. 215-234.

Opaschowski, Horst W. (2008): Einführung in die Freizeitwissenschaft. Wiesbaden: VS.

Palmgreen, Philip/ Rayburn, Jay D. (1985): An Expectancy-value Approach to Media Gratifications. In: Rosengren, Karl E./ Wenner, Lawrence A./ Palmgreen, Philip (Hrsg.): Media Gratifications Research. Current Perspectives. London u. a.: Sage. S. 61-72.

Palomares, Nicholas A. (2009): Women Are Sort of More Tentative Than Men, Aren't They? How Men and Women Use Tentative Language Differently, Similarly, and Counterstereotypically as a Function of Gender Salience. In: Communication Research, 36. Jg., S. 538-560.

Parsons, Talcott/ Bales, Robert F. (1955): Family, Socialization and Interaction Process. New York: The Free Press.

Parsons, Talcott/ Shils, Edward A. (1951): Values, Motives, and Systems of Actions. In: Parsons, Talcott/ Shils, Edward A. (Hrsg.): Toward a General Theory of Action. Cambridge: Harvard University Press. S. 47-275.

Pearce, Celia (2008): The Truth About Baby Boomer Gamers. A Study of Over-Forty Computer Game Players. In: Games and Culture, 3. Jg., S. 142-174.

Pedhazur, Elazar J./ Tetenbaum, Toby J. (1979): Bem Sex Role Inventory. A Theoretical and Metho-
    dological Critique. In: Journal of Personality and Social Psychology, 37. Jg., S. 996-1016.
Piaget, Jean (1969): Nachahmung, Spiel und Traum. Die Entwicklung der Symbolfunktion beim
    Kinde. Stuttgart: Klett.
Pratto, Felicia/ Walker, Angela (2004): The Bases of Gendered Power. In: Eagly, Alice H./ Beall,
    Anne E./ Sternberg, Robert J. (Hrsg.): The Psychology of Gender. New York: Guilford Press. S.
    242-268.
Prentice, Deborah A./ Carranza, Erica (2002): What Women and Men Should Be, Shouldn't Be, Are
    Allowed to Be, and Don't Have to Be. The Contents of Prescriptive Gender Stereotypes. In: Psy-
    chology of Women Quarterly, 26. Jg., S. 269-281.
Quandt, Thorsten/ Wimmer, Jeffrey (2008): Online-Spieler in Deutschland 2007. Befunde einer
    repräsentativen Befragungsstudie. In: Quandt, Thorsten/ Wimmer, Jeffrey/ Wolling, Jens
    (Hrsg.): Die Computerspieler. Studien zur Nutzung von Computergames. Wiesbaden: VS. S.
    169-192.
Quandt, Thorsten/ Grüninger, Helmut/ Wimmer, Jeffrey (2009): The Gray Haired Gaming Generati-
    on. Findings From an Explorative Interview Study on Older Computer Gamers. In: Games and
    Culture, 4. Jg., S. 27-46.
Quandt, Thorsten/ Festl, Ruth/ Scharkow, Michael (2011): Digitales Spielen. Medienunterhaltung im
    Mainstream. In: Media Perspektiven, o. Jg., H. 9, S. 414-422.
Reinecke, Jost (2005): Strukturgleichungsmodelle in den Sozialwissenschaften. München: Olden-
    bourg.
Reinecke, Leonard/ Trepte, Sabine/ Behr, Katharina-Maria (2007): Why Girls Play. Results of a
    Qualitative Interview Study with Female Video Game Players. Hamburger Forschungsbericht
    zur Sozialpsychologie Nr. 77. Hamburg: Universität Hamburg, Arbeitsbereich Sozialpsycholo-
    gie.
Reitze, Helmut/ Ridder, Christa-Maria (2006): Massenkommunikation VII. Eine Langzeitstudie zur
    Medien¬nutzung und Medienbewertung 1964-2005. Baden-Baden: Nomos.
Renckstorf, Karsten (1989): Mediennutzung als soziales Handeln. Zur Entwicklung einer handlungs-
    theoretischen Perspektive der (Massen-) Kommunikationsforschung. In: Kölner Zeitschrift für
    Soziologie und Sozialpsychologie, SH 30, S. 314-336.
Renckstorf, Karsten/ Wester, Fred (2001): Mediennutzung als soziales Handeln. Eine handlungstheo-
    retische Perspektive empirischer (Massen-) Kommunikationsforschung. Theoretischer Ansatz,
    methodische Implikationen und forschungspraktische Konsequenzen. In: Sutter, Tilman/ Charl-
    ton, Michael (Hrsg.): Massenkommunikation, Interaktion und soziales Handeln. Wiesbaden:
    Westdeutscher Verlag. S. 146-181.
Renckstorf, Karsten/ Wester, Fred (2004): The „Media Use as Social Action" Approach. Theory,
    Methodology, and Research Evidence So Far. In: Renckstorf, Karsten/ McQuail, Denis/ Rosen-
    baum, Judith E./ Schaap, Gabi (Hrsg.): Action Theory and Communication Research. Recent
    Development in Europe. Berlin, New York: de Gruyter. S. 51-83.
Renckstorf, Karsten/ McQuail, Denis/ Rosenbaum, Judith E./ Schaap, Gabi (Hrsg.) (2004): Action
    Theory and Communication Research. Recent Development in Europe. Berlin, New York: de
    Gruyter.
Rheinberg, Falko/ Vollmeyer, Regina (2003): Flow-Erleben in einem Computerspiel unter experi-
    mentell variierten Bedingungen. In: Zeitschrift für Psychologie, 211. Jg., S. 161-170.
Rheinberg, Falko/ Manig, Yvette/ Kliegl, Reinhold/ Engeser, Stefan/ Vollmeyer, Regina (2007):
    Flow bei der Arbeit, doch Glück in der Freizeit. Zielausrichtung, Flow und Glücksgefühle. In:
    Zeitschrift für Arbeits- u. Organisationspsychologie, 51. Jg., S. 105-115.
Riegraf, Birgit (2010): Konstruktion von Geschlecht. In: Aulenbacher, Brigitte/ Meuser, Michael/
    Riegraf, Birgit (Hrsg.): Soziologische Geschlechterforschung. Eine Einführung. Wiesbaden: VS.
    S. 59-77.

Ritterfeld, Ute/ Cody, Michael/ Vorderer, Peter (Hrsg.) (2009): Serious Games. Mechanisms and effects. New York: Routledge.

Rosengren, Karl E. (1974): Uses and Gratifications. A Paradigm Outlined. In: Blumler, Jay G./ Katz, Elihu (Hrsg.): The Uses of Mass Communication. Current Perspectives on Gratifications Research. Beverly Hills: Sage. S. 269-286.

Rossmann, Constanze (2011): Theory of Reasoned Action – Theory of Planned Behavior. Baden-Baden: Nomos.

Rothermund, Klaus/ Eder, Andreas (2011): Allgemeine Psychologie. Motivation und Emotion. Wiesbaden: VS.

Royse, Pam/ Lee, Joon/ Undrahbuyan, Baasanjav/ Hopson, Mark/ Consalvo, Mia (2007): Women and Games. Technologies of the Gendered Self. In: New Media & Society, 9. Jg., S. 555-576.

Rubin, Alan M. (1984): Ritualized and Instrumental Television Viewing. In: Journal of Communication, 34. Jg., S. 67-77.

Scheuch, Erwin K. (2004): Action Theory as Part of Social Science. In: Renckstorf, Karsten/ McQuail, Denis/ Rosenbaum, Judith E./ Schaap, Gabi (Hrsg.): Action Theory and Communication Research. Recent Development in Europe. Berlin, New York: de Gruyter. S. 13-33.

Scheufele, Bertram/ Engelmann, Ines (2009): Empirische Kommunikationsforschung. Konstanz: UVK.

Schneider-Düker, Marianne/ Kohler, André (1988): Die Erfassung von Geschlechtsrollen. Ergebnisse zur deutschen Neukonstruktion des Bem Sex-Role-Inventory. In: Diagnostica, 34. Jg., S. 256-270.

Scholderer, Joachim/ Balderjahn, Ingo/ Paulssen, Marcel (2006): Kausalität, Linearität, Reliabilität. Drei Dinge, die Sie nie über Strukturgleichungsmodelle wissen wollten. In: Die Betriebswirtschaft, 66. Jg., S. 640-650.

Scholl, Armin (2003): Die Befragung. Sozialwissenschaftliche Methode und kommunikationswissenschaftliche Anwendung. Konstanz: UVK.

Schönbach, Klaus/ Früh, Werner (1991): Der dynamisch-transaktionale Ansatz II. Konsequenzen. In: Früh, Werner: Medienwirkungen. Das dynamisch-transaktionale Modell. Theorie und empirische Forschung. Opladen: Westdeutscher Verlag. S. 41-58.

Schott, Gareth R./ Horrell, Kirsty R. (2000): Girls Gamers and Their Relationship with the Gaming Culture. In: Convergence, 6. Jg., S. 36-53.

Schultheiss, Daniel (2011): Spielen im Internet. Eine Längsschnittstudie zu personellen Variablen, Motivation, Nutzung, Erleben und deren Interdependenzen in verschiedenen Typen internetbasierter digitaler Spiele (mit Hinweisen für Praxis und Game-Design). Ilmenau: Universitätsverlag Ilmenau.

Schumann, Christina (2013): Der Publikumserfolg von Computerspielen. Qualität als Erklärung für Selektion und Spielerleben. Baden-Baden: Nomos.

Schulz-Schaeffer, Ingo (2007): Zugeschriebene Handlungen. Ein Beitrag zur Theorie sozialen Handelns. Göttingen: Velbrück.

Schulz-Schaeffer, Ingo (2009): Handlungszuschreibung und Situationsdefinition. In: Kölner Zeitschrift für Soziologie und Sozialpsychologie, 61. Jg., S. 159-182.

Schütz, Alfred (1991): Der sinnhafte Aufbau der sozialen Welt. Eine Einleitung in die verstehende Soziologie. Frankfurt am Main: Suhrkamp.

Schütz, Alfred/ Luckmann, Thomas (2003): Strukturen der Lebenswelt. Konstanz: UVK.

Schweiger, Wolfgang (2007): Theorien der Mediennutzung. Eine Einführung. Wiesbaden: VS.

Seifert, Robert/ Jöckel, Sven (2008): Die Welt der Kriegskunst. Nutzungsmotivation und Spielerleben im Massively Multiplayer Roleplaying Game World of Warcraft. In: Quandt, Thorsten/ Wimmer, Jeffrey/ Wolling, Jens (Hrsg.): Die Computerspieler. Studien zur Nutzung von Computergames. Wiesbaden: VS. S. 297-311.

Shapiro, Michael A./ Peña, Jorge (2009): Generalizability and Validity in Digital Game Research. In: Ritterfeld, Ute/ Cody, Michael/ Vorderer, Peter (Hrsg.): Serious Games. Mechanisms and effects. New York: Routledge. S. 389-403.

Shaw, Adrienne (2012): Do You Identify as a Gamer? Gender, Race, Sexuality, and Gamer Identity. In: New Media & Society, 14. Jg., S. 28-44.

Shell Deutschland Holding (2010): Jugend 2010. Eine pragmatische Generation behauptet sich. Frankfurt am Main: Fischer.

Sherry, John L./ Lucas, Kristen/ Greenberg, Bradley S./ Lachlan, Ken (2006): Video Game Uses and Gratifications as Predictors of Use and Game Preference. In: Vorderer, Peter/ Bryant, Jennings (Hrsg.): Playing Video Games. Motives, Responses, and Consequences. Mahwah, New Jersey: Erlbaum. S. 213-224.

Sidanius, Jim/ Pratto, Felicia (1999): Social Dominance. An Intergroup Theory of Social Hierarchy and Oppression. Cambridge u. a.: Cambridge University Press.

Sieverding, Monika/ Alfermann, Dorothee (1992): Instrumentelles (maskulines) und expressives (feminines) Selbstkonzept. Ihre Bedeutung für die Geschlechtsrollenforschung. In: Zeitschrift für Sozialpsychologie, 23. Jg., S. 6-15.

Smith, Barry P. (2006): The (Computer) Games People Play. In: Vorderer, Peter/ Bryant, Jennings (Hrsg.): Playing Video Games. Motives, Responses, and Consequences. Mahwah, New Jersey: Erlbaum. S. 43-56.

Smith, Barbara (2007): The Psychology of Sex and Gender. Boston: Pearson/ Allyn & Bacon.

Sotamaa, Olli (2010): When the Game Is Not Enough. Motivations and Practices Among Computer Game Modding Culture. In: Games and Culture, 5. Jg., S. 239-255.

Spence, Janet T. (1993): Gender-Related Traits and Gender Ideology. Evidence for a Multifactorial Theory. In: Journal of Personality and Social Psychology, 64. Jg., S. 624-635.

Spence, Janet T./ Buckner, Camille E. (2000): Instrumental and Expressive Traits, Trait Stereotypes, and Sexist Attitudes. What Do they Signify? In: Psychology of Women Quarterly, 24. Jg., S. 44-62.

Spence, Janet T./ Helmreich, Robert L. (1981): Androgyny Versus Gender Schema. A Comment on Bem's Gender Schema Theory. In: Psychological Review, 88. Jg. S. 365-368.

Spence, Janet T./ Helmreich, Robert L., Stapp, Joy (1975): Ratings of Self and Peers on Sex Role Attributes and Their Relation to Self-Esteem and Conceptions of Masculinity and Femininity. In: Journal of Personality and Social Psychology, 32. Jg., S. 29-39.

Stainton Rogers, Wendy/ Stainton Rogers, Rex (2001): The Psychology of Gender and Sexuality. An Introduction. Buckingham: Open University Press.

Stengel, Martin (2007): Psychologie der Freizeit. Psychologie des Tourismus. In: Frey, Dieter/ v. Rosenstiel, Lutz/ Birbaumer, Niels (Hrsg.): Enzyklopädie der Psychologie. Wirtschafts-, Organisations- und Arbeitspsychologie. Band 6. Wirtschaftspsychologie. Göttingen: Hogrefe. S. 649-697.

Stephenson, William (1988): The Play Theory of Mass Communication. New Brunswick: Transaction.

Strauß, Bernd/ Köller, Olaf/ Möller, Jens (1996): Geschlechtsrollentypologien. Eine empirische Prüfung des additiven und des balancierten Modells. In: Zeitschrift für Differentielle und Diagnostische Psychologie, 17. Jg., S. 67-83.

Strough, JoNell/ Leszczynski, Jennifer P./ Neely, Tara L./ Flinn, Jennifer A./ Margrett, Jennifer (2007): From Adolescence to Later Adulthood. Femininity, Masculinity, and Androgyny in Six Age Groups. In: Sex Roles, 57. Jg., S. 385-396.

Sutton-Smith, Brian (1978): Dialektik des Spiels. Eine Theorie des Spielens, der Spiele und des Sports. Schorndorf: Karl Hofmann.

Sutton-Smith, Brian (1988): Introduction to the Transaction Edition. In: Stephenson, William: The Play Theory of Mass Communication. New Brunswick: Transaction. S. IX-XIX.

Swazina, Karl R./ Waldherr, Karin/ Maier, Kathrin (2004): Geschlechtsspezifische Ideale im Wandel der Zeit. In: Zeitschrift für Differentielle und Diagnostische Psychologie, 25. Jg. S. 165-176.

Tajfel, Henri (1963): Stereotypes. In: Race & Class, 5. Jg., 3-14.

Tajfel, Henri (1978): Social Categorization, Social Identity and Social Comparison. In: Tajfel, Henri (Hrsg.): Differentiation Between Social Groups. Studies in the Social Psychology of Intergroup Relations. New York: Academic Press. S. 61-76.

Taylor, T. L. (2003): Power Gamers Just Want to Have Fun? Instrumental Play in a MMOG. Level Up. Digital Games Conference, 4.-6. November 2003, Utrecht. S. 300-311.

Teichert, Will (1972): ‚Fernsehen‘ als soziales Handeln. Zur Situation der Rezipientenforschung. Ansätze und Kritik. In: Rundfunk und Fernsehen, 20. Jg., S. 421-439.

Teichert, Will (1973): ‚Fernsehen‘ als soziales Handeln II. Entwürfe und Modelle zur dialogischen Kommunikation zwischen Publikum und Massenmedien. In: Rundfunk und Fernsehen, 21. Jg., S. 356-382.

Trepte, Sabine (2004): Soziale Identität und Medienwahl. Eine binationale Studie zum Einfluss von Gender-Identität und nationaler Identität auf die Selektion unterhaltender Medieninhalte. In: Medien- & Kommunikationswissenschaft, 52. Jg., S. 230-249.

Trepte, Sabine/ Reinecke, Leonard (2010): Medienpsychologie. Gender und Games – Medienpsychologische Gender-Forschung am Beispiel Video- und Computerspiele. In: Steins, Gisela (Hrsg.): Handbuch Psychologie und Geschlechterforschung. Wiesbaden: VS. S. 229-248.

Trepte, Sabine/ Reinecke, Leonard (2013): Medienpsychologie. Stuttgart: Kohlhammer.

Turkle, Sherry (1995): Life on the Screen. Identity in the Age of Internet. New York: Simon & Schuster.

Turner, John C./ Hogg, Michael A./ Oakes, Penelope J./ Reicher, Stephen D./ Wetherell, Margaret S. (1987): Rediscovering the Social Group. A Self-Categorization Theory. New York: Blackwell.

Twenge, Jean M. (1997): Changes in Masculine and Feminine Traits Over Time. A Meta-Analysis. In: Sex Roles, 36. Jg., S. 305-325.

Unger, Rhoda K. (1979): Toward a Redefinition of Sex and Gender. In: American Psychologist, 34. Jg., S. 1085-1094.

Urban, Dieter/ Mayerl, Jochen (2011): Regressionsanalyse. Theorie, Technik und Anwendung. Wiesbaden: VS.

Vorderer, Peter (1992): Fernsehen als Handlung. Fernsehfilmrezeption aus motivationspsychologischer Perspektive. Berlin: Edition Stigma.

Vorderer, Peter (1996): Rezeptionsmotivation. Warum nutzen Rezipienten mediale Unterhaltungsangebote? In: Publizistik, 41. Jg., S. 310-326.

Vorderer, Peter (2001): Was wissen wir über Unterhaltung? In: Schmidt, Siegfried J./ Westerbarkey, Joachim/ Zurstiege, Guido (Hrsg.): a/effektive Kommunikation. Unterhaltung und Werbung. Münster: LIT. S. 111-131.

Weber, Max (1980): Wirtschaft und Gesellschaft. Grundriss der verstehenden Soziologie. Tübingen: Mohr.

Weiber, Rolf/ Mühlhaus, Daniel (2010): Strukturgleichungsmodellierung. Eine anwendungsorientierte Einführung in die Kausalanalyse mit Hilfe von Amos, SmartPLS und SPSS. Berlin: Springer.

Weisgram, Erica S./ Dinella, Lisa M./ Fulcher, Megan (2011): The Role of Masculinity/Femininity, Values, and Occupational Value Affordances in Shaping Young Men's and Women's Occupational Choices. In: Sex Roles, 65. Jg., S. 243-258.

Welker, Martin/ Wünsch, Carsten (2010): Methoden der Online-Forschung. In: Schweiger, Wolfgang/ Beck, Klaus (Hrsg.): Handbuch Online-Kommunikation. Wiesbaden: VS. S. 487-516.

West, Candace/ Zimmerman, Don H. (1991): Doing Gender. In: Lorber, Judith/ Farrell, Susan A. (Hrsg.): The Social Construction of Gender. Newbury Park u. a.: Sage. S. 13-37.

West, Stephen G./ Finch John F./ Curran, Patrick J. (1995): Structural Equation Models With Non-normal Variables. Problems and Remedies. In: Hoyle, Rick H. (Hrsg.): Structural Equation Modeling. Concepts, Issues, and Applications. Thousand Oaks: Sage. S. 56-75.

White, Dave D. (2008): A Structural Model of Leisure Constraints. Negotiation in Outdoor Recreaction. In: Leisure Sciences, 30. Jg., 342-359.

Williams, Dmitri/ Yee, Nick/ Caplan Scott E. (2008): Who Plays, How Much, and Why? Debunking the Stereotypical Gamer Profile. In: Journal of Computer-Mediated Communication, 13. Jg., S. 993-1018.

Williams, Dmitri/ Consalvo, Mia/ Caplan, Scott/ Yee, Nick (2009a): Looking for Gender. Gender Roles and Behaviors Among Online Gamers. In: Journal of Communication, 59. Jg., S. 700-725.

Williams, Dmitri/ Martins, Nicole/ Consalvo, Mia/ Ivory, James D. (2009b): The Virtual Census. Representations of Gender, Race and Age in Video Games. In: New Media & Society, 11. Jg., S. 815-834.

Wimmer, Jeffrey/ Quandt, Thorsten/ Vogel, Kristin (2008): Teamplay, Clanhopping und Wallhacker. Eine explorative Analyse des Computerspielens in Clans. In: Quandt, Thorsten/ Wimmer, Jeffrey/ Wolling, Jens (Hrsg.): Die Computerspieler. Studien zur Nutzung von Computergames. Wiesbaden: VS. S. 149-167.

Winter, Rainer (2010): Sozialer Konstruktionismus. In: Mey, Günter/ Mruck, Katja (Hrsg.): Handbuch Qualitative Forschung in der Psychologie. Wiesbaden: VS. S. 123-135.

Wolling, Jens (2009): The Effect of Subjective Quality Assessments on Media Selection.In: Hartmann, Tilo (Hrsg.): Media Choice. A Theoretical and Empirical Overview. New York: Routledge. S. 840-101.

Wolling, Jens/ Quandt, Thorsten/ Wimmer, Jeffrey (2008): Warum Computerspieler mit dem Computer spielen. Vorschlag eines Analyserahmens für die Nutzungsforschung. In: Quandt, Thorsten/ Wimmer, Jeffrey/ Wolling, Jens (Hrsg.): Die Computerspieler. Studien zur Nutzung von Computergames. Wiesbaden: VS. S. 13-21.

Wood, Wendy/ Eagly, Alice H. (2002): A Cross-Cultural Analysis of the Behavior of Women and Men. Implications for the Origins of Sex Differences. In: Psychological Bulletin, 128. Jg., S. 699-727.

Wünsch, Carsten (2002): Unterhaltungstheorien. Ein systematischer Überblick. In: Früh, Werner: Unterhaltung durch das Fernsehen. Eine molare Theorie. Konstanz: UVK. S. 15-48.

Wygotski, Lew S. (1981): Das Spiel und seine Rolle für die psychische Entwicklung des Kindes. In: Röhrs, Hermann (Hrsg.): Das Spiel, ein Urphänomen des Lebens. Wiesbaden: Akademische Verlagsgesellschaft. S. 126-146.

Yates, Simeon J./ Littleton, Karen (1999): Understanding Computer Game Cultures. A Situated Approach. In: Information, Communication & Society, 2. Jg., S. 566-583.

Yee, Nick (2006): Motivations for Play in Online Games. In: CyberPsychology & Behavior, 9. Jg., S. 772-775.

Yee, Nick (2008): Maps of Digital Desires. Exploring the Topography of Gender and Play in Online Games. In: Kafai, Yasmin B./ Heeter, Carrie/ Denner, Jill/ Sun, Jennifer Y. (Hrsg.): Beyond Barbie and Mortal Kombat. New Perspectives on Gender and Gaming. Cambridge: MIT Press. S. 83-96.

Yerkes, Robert M./ Dodson, John D. (1908): The Relation of Strength of Stimulus to Rapidity of Habit-Formation. In: Journal of Comparative Neurology and Psychology, 18. Jg., S. 459-482.

Zillich, Arne F. (2013): Fernsehen als Event. Unterhaltungserleben bei der Fernsehrezeption in der Gruppe. Köln: Halem.

Zillien, Nicole (2006): Digital Ungleichheit. Neue Technologien und alte Ungleichheiten in der Informations- und Wissensgesellschaft. Wiesbaden: VS.

Zimmermann, Friederike/ Sieverding, Monika/ Müller, Stephanie M. (2011): Gender-Related Traits as Predictors of Alcohol Use in Male German and Spanish University Students. In: Sex Roles, 64. Jg., S. 394-404.

Anhang

Spielreihe	n	Prozent
Dragon Age	23	8,3
Die Sims	12	4,3
Assassin's Creed	9	3,2
Mass Effect	9	3,2
World of Warcraft	9	3,2
Crysis	8	2,9
Call of Duty	7	2,5
FIFA	7	2,5
Gothic	7	2,5
Minecraft	7	2,5
sonstige[a]	180	64,7
gesamt	*278*	*100,0*

n = 278, Basis: Befragte, die mindestens selten Computer- bzw. Videospiele spielen
[a] Einzeltitel und Spielreihen mit ≤ 5 Nennungen

Tabelle A-1   Aktuell gespielte Spielreihen (häufigste Nennungen)

Kon-strukt	Item[a]	n	MW	SD	Schiefe	Kurtosis
Wettbe-werb	schnellster und ge-schicktester Spieler	281	2,1	1,24	0,80	-0,52
	Freunden zeigen, dass ich der/ die Bes-te bin	281	1,62	1,05	1,74	2,23
	weil ich mich mit anderen messen kann	283	2,34	1,31	0,50	-1,00
	Spaß, andere zu pro-vozieren	282	1,47	0,97	2,31	4,67
Heraus-forde-rung	kreative Wege suchen das Spiel zu meistern	282	3,18	1,28	-0,28	-0,89
	Befriedigung, das nächste Spiellevel zu erreichen	282	3,26	1,24	-0,34	-0,84
	schwierige Aufgaben meistern	283	3,62	1,18	-0,65	-0,33
soziale Interak-tion	etwas gemeinsam unternehmen	283	2,37	1,35	0,45	-1,11
	Zeit mit anderen verbringen	283	3,03	1,22	-0,12	-0,86
	Aufgaben im Team meistern	283	2,36	1,38	0,59	-0,98
Fantasie	Dinge tun, die im realen Leben nicht möglich sind	281	2,96	1,55	-0,05	-1,49
	eine andere Person sein können	283	2,35	1,45	0,54	-1,20
Zeitver-treib	andere Sachen nicht tun müssen	283	2,26	1,25	0,61	0,76
	Zeit überbrücken	283	3,03	1,22	-0,12	-0,86

n = 283
[a] 5er-Skala („trifft überhaupt nicht zu" bis „trifft vollkommen zu")

Tabelle A-2   Verteilung der Items zu den Nutzungsmotiven digitaler Spiele

Item[a]	n	MW	SD	Schiefe	Kurtosis
Action- u. Shooterspiele	283	2,22	1,26	0,58	-0,93
Rennspiele	283	1,69	0,86	1,14	0,69
Sportspiele	283	1,58	1,06	1,80	2,13
Beat 'em up	283	1,33	0,63	2,05	4,15
Rollenspiele (offl.)	283	2,54	1,47	0,26	-1,50
Online-Rollenspiele	283	1,61	1,11	1,74	1,77
Denk-, Geschicklich-keits- und Kartenspiele	283	2,35	1,14	0,66	-0,40
Fun-, Sport- und Gesell-schaftsspiele	283	1,45	0,73	1,55	1,72
Simulationen	283	1,95	1,23	1,14	0,21
Jump 'n Run	283	1,66	0,84	1,14	0,57
Strategiespiele	283	2,04	1,17	0,87	-0,35
Adventurespiele	283	1,83	0,89	1,04	0,74

n = 283
[a] 5er-Skala („nie" bis „mehrmals pro Woche")

Tabelle A-3   Verteilung der Items zur Häufigkeit der Nutzung verschiedener Spielgenres

Item[a]	n	MW	SD	Schiefe	Kurtosis
Action- u. Shooterspiele	151	2,95	1,89	1,27	1,47
Rennspiele	112	4,90	2,29	0,92	1,09
Sportspiele	74	4,31	2,77	0,80	-0,07
Beat 'em up	61	6,85	2,26	0,13	0,04
Rollenspiele (offl.)	163	2,08	1,79	2,27	5,54
Online-Rollenspiele	75	3,51	2,21	0,98	0,49
Denk-, Geschicklich- keits- und Kartenspiele	173	4,18	2,75	0,58	-0,75
Fun-, Sport- und Gesell- schaftsspiele	75	5,20	2,90	0,25	-1,01
Simulationen	117	3,96	2,25	0,40	-0,66
Jump 'n Run	107	4,80	2,07	0,51	-0,14
Strategiespiele	142	3,11	1,84	1,05	0,82
Adventurespiele	141	3,79	2,21	0,89	0,33

n = 283
[a] Rangordnung von 1 („am beliebtesten") bis 12

Tabelle A-4   Beliebtheit der Spielgenres: durchschnittliche Ränge

Faktor	KONK	EXPLO	NI
KONK	**0,57**		
EXPLO	.19	**0,45**	
NI	.23	.26	**0,77**

KONK = konkurrierendes Spielverhalten, EXPLO = exploratives Spielverhalten, NI = Nutzungs-intensität
KFA; Methode: FIML (n = 283); Modellpassung: X^2/DF = 1,69; RMSEA = 0.049; TLI = 0.96; CFI = 0.99.
Fettgedruckte Zahlen auf der Diagonalen sind durchschnittlich erfasste Varianzen, Zahlen unter-halb der Diagonalen quadrierte Korrelationen.

Tabelle A-5   Diskriminanzvalidität des Faktorenmodells Spielverhalten und Nutzungsintensität

Faktor	KONK	EXPLO	NI
KONK	-		
EXPLO	.43***	-	
NI	.48***	.51***	-

KONK = konkurrierendes Spielverhalten, EXPLO = exploratives Spielverhalten, NI = Nutzungs-intensität
KFA; Methode: FIML (n = 283); Modellpassung: X^2/DF = 1,69; RMSEA = 0.049; TLI = 0.96; CFI = 0.99.
* p < 0.05, ** p < 0.01, *** p < 0.001

Tabelle A-6	*Nomologische Validität des Faktorenmodells Spielverhalten und Nutzungsintensität*

Pfad	Geschlecht		Alter		formale Bildung	
	Frauen (n=151)	Männer (n=166)	≤ 29 J. (n=189)	≥ 30 J. (n=127)	HS u. RS (n=81)	Gymn. (n=233)
MASK → AHFZ	0,05	0,08	0,07	0,06	**0,13***	**0,07***
C.R.-Wert	0,484 (n. s.)		-0,191 (n. s.)		-0,864 (n. s.)	
FEM → SOZB	-0,09	-0,04	-0,05	-0,11	-0,09	**-0,14****
C.R.-Wert	0,577 (n. s.)		-0,74 (n. s.)		-0,54 (n. s.)	
AHFZ → NI	**-0,71*****	-0,26	**-0,31***	**-0,89****	-0,27	**-0,48****
C.R.-Wert	1,729 (n. s.)		-1,866 (n. s.)		-0,69 (n. s.)	
SOZ → NI	**0,72*****	**0,78*****	**0,67*****	**0,83*****	**0,61****	**0,86*****
C.R.-Wert	0,284 (n. s.)		0,558 (n. s.)		0,955 (n. s.)	
SOZB → AUSG	**1,64*****	**0,94*****	**1,20*****	**2,06*****	**1,23*****	**1,69*****
C.R.-Wert	-1,861 (n. s.)		1,845 (n. s.)		1,03 (n. s.)	
SOZB → GB	**0,67*****	**0,87*****	**0,68*****	**0,63*****	**0,80****	**0,81*****
C.R.-Wert	0,743 (n. s.)		-0,172 (n. s.)		0,037 (n. s.)	
GB → AUSG	0,08	**0,25****	**0,23****	0,10	0,13	**0,22****
C.R.-Wert	1,237 (n. s.)		-0,81 (n. s.)		0,535 (n. s.)	
AUSG → NI	**0,23*****	**0,12***	**0,17*****	**0,17***	0,12	**0,18*****
C.R.-Wert	-1,465 (n. s.)		0,003 (n. s.)		0,816 (n. s.)	
FEM ↔ MASK	-	-	-	-	**-0,34****	-
Modellpassung						
X²/DF	1,53		1,45		1,48	
RMSEA	.029		.027		.028	
TLI	.89		.91		.90	
CFI	.91		.92		.91	

FEM = Femininität, MASK = Maskulinität, AHFZ = außerhäusliche Freizeitorientierung, SOZB = soziale Bedeutung digitaler Spiele, AUSG = Ausgaben für Spielesoftware, GB = Gerätebesitz, NI = Nutzungsintensität
MGKA, Methode: FIML. Modell: Measurement Intercepts, *** p < 0.001, ** p < 0.01, * p < 0.05.
Fettgedruckte Zahlen sind signifikante Unterschiede zwischen den jeweiligen Gruppen.

Tabelle A-7   *Gruppenvergleich der unstandardisierten Pfadkoeffizienten im Erklärungsmodell zur Nutzungsintensität*

Pfad	Geschlecht		Alter		formale Bildung	
	Frauen (n=128)	Männer (n=157)	≤ 29 J. (n=183)	≥ 30 J. (n=101)	HS u. RS (n=77)	Gymn. (n=205)
MASK → HERF	0,15	0,15	0,10	0,23	**0,44*****	0,03
C.R.-Wert	0,013 (n. s.)		0,944 (n. s.)		-2,765**	
MASK → WETT	0,30**	0,14	0,17*	0,34**	**0,43*****	0,03
C.R.-Wert	-1,066 (n. s.)		1,143 (n. s.)		-2,808**	
MASK → ACT	-0,17*	-0,13	-	-	-	-
C.R.-Wert	0,342 (n. s.)					
FEM → ACT	-0,14*	-0,05	-0,15	-0,23*	-0,33*	-0,14*
C.R.-Wert	0,842 (n. s.)		-0,649 (n. s.)		1,283 (n. s.)	
FEM → KONK	**0,09**	**-0,16****	-	-	-	-
C.R.-Wert	-2,677**					
HERF → KONK	-0,04	-0,23	-0,19	-0,06	0,01	-0,30**
C.R.-Wert	-1,063 (n. s.)		0,66 (n. s.)		-1,951 (n. s.)	
WETT → ACT	**0,22*****	**0,60*****	**0,66*****	**-0,01**	0,34*	0,57***
C.R.-Wert	2,639**		-4,293***		1,331 (n. s.)	
WETT → KONK	0,36***	0,58**	0,60**	0,38***	0,50***	0,79***
C.R.-Wert	0,96 (n. s.)		-0,912 (n. s.)		1,617 (n. s.)	
ACT → KONK	0,21	0,13	0,17	0,23*	0,09	0,20*
C.R.-Wert	-0,314 (n. s.)		0,294 (n. s.)		0,756 (n. s.)	
FEM ↔ MASK	-	-	-	-	**-0,29***	-
Modellpassung						
X²/DF	1,37		1,42		1,42	
RMSEA	.026		.027		.027	
TLI	.90		.89		.90	
CFI	.91		.90		.91	

FEM = Femininität, MASK = Maskulinität, WETT = Wettbewerbsmotiv, HERF = Herausforderungsmotiv, ACT = Genrepräferenz Actionspiele, KONK = konkurrierendes Spielverhalten MGKA, Methode: FIML. Modell: Measurement Intercepts, *** p < 0.001, ** p < 0.01, * p < 0.05. Fettgedruckte Zahlen sind signifikante Unterschiede zwischen den jeweiligen Gruppen.

Tabelle A-8   Gruppenvergleich der unstandardisierten Pfadkoeffizienten im Erklärungsmodell zum konkurrierenden Spielverhalten

	Geschlecht		Alter		formale Bildung	
	Frauen (n=128)	Männer (n=157)	≤ 29 J. (n=183)	≥ 30 J. (n=101)	HS u. RS (n=77)	Gymn. (n=205)
Pfad						
MASK → HERF	0,13	0,16*	0,10	0,21	**0,48***	**0,06**
C.R.-Wert	0,243 (n. s.)		0.798 (n. s.)		-2,682**	
MASK → ROLLEN	-0,23	-0,28*	-0,13	-0,29	-0,01	-0,29**
C.R.-Wert	-0,331 (n. s.)		-0,842 (n. s.)		-1,114	
MASK → SOZ	-	-	-	-	**0,38***	**-0,12**
C.R.-Wert					-2,604**	
MASK → KOOP	-	-	**0,19***	**-0,28***	-	-
C.R.-Wert			-3,267**			
HERF → KOOP	0,29*	0,34**	0,52***	0,23	0,36*	0,23*
C.R.-Wert	0,311 (n. s)		-1,543 (n. s.)		-0,739 (n. s.)	
HERF →. ROLLEN	0,42**	0,38*	0,54**	0,33*	0,05	0,52***
C.R.-Wert	-0,171 (n. s.)		-0,853 (n. s.)		1,742 (n. s.)	
SOZ → ROLLEN	**0,63***	**0,22***	0,37***	0,54***	0,63***	0,34***
C.R.-Wert	-2,508*		1,034 (n. s.)		-1,758 (n. s.)	
SOZ → KOOP	0,34***	0,19*	0,25***	0,25*	0,17	0,23***
C.R.-Wert	-1,184 (n. s.)		0,013 (n. s.)		0,440 (n. s.)	
ROLLEN → KOOP	0,26***	0,19***	0,18***	0,25**	0,20*	0,23***
C.R.-Wert	-0,807		0,727 (n. s.)		0,263 (n. s.)	
Modellpassung						
X^2/DF	1,25		1,31		1,29	
RMSEA	.021		.024		.023	
TLI	.96		.95		.96	
CFI	.97		.96		.96	

MASK = Maskulinität, SOZ = Motiv soziale Interaktion, HERFO = Herausforderungsmotiv, ROLL = Genrepräferenz Rollenspiele, KOOP = kooperatives Spielverhalten
MGKA, Methode: FIML. Modell: Measurement Intercepts, *** $p < 0.001$, ** $p < 0.01$, * $p < 0.05$.
Fettgedruckte Zahlen sind signifikante Unterschiede zwischen den jeweiligen Gruppen.

Tabelle A-9 *Gruppenvergleich unstandardisierter Pfadkoeffizienten im Erklärungsmodell zum kooperativen Spielverhalten*

Pfad	Geschlecht		Alter		formale Bildung	
	Frauen (n=128)	Männer (n=157)	≤ 29 J. (n=183)	≥ 30 J. (n=101)	HS u. RS (n=77)	Gymn. (n=205)
MASK → HERFO	0,15	0,18*	0,13	0,24	**0,50***	**0,09**
C.R.-Wert	0,244 (n. s.)		0,704 (n. s.)		-2,555*	
MASK → ROLLEN	-0,29*	-0,29*	-0,14	-0,35*	0,14	-0,36***
C.R.-Wert	0,037 (n. s.)		-1,02 (n. s.)		-1,860 (n. s.)	
HERFO → EXPLO	0,48***	0,35***	0,35***	0,40***	0,38***	0,38***
C.R.-Wert	-1,347 (n. s.)		0,354 (n. s.)		-0,005 (n. s.)	
HERFO → ROLLEN	0,53***	0,43*	0,67***	0,39**	0,19	0,62***
C.R.-Wert	-0,399		-1,112 (n. s.)		1,502 (n. s.)	
ROLLEN → EXPLO	0,07	0,11***	0,10**	0,15**	0,05	0,15***
C.R.-Wert	0,823 (n. s.)		0,779 (n. s.)		1,455 (n. s.)	
Modellpassung						
X²/DF	1,30		1,53		1,51	
RMSEA	.023		.031		.030	
TLI	.95		.91		.92	
CFI	.96		.93		.94	

MASK = Maskulinität, HERFO = Herausforderungsmotiv, ROLLEN = Genrepräferenz Rollen-spiele, EXPLO = exploratives Spielverhalten
MGKA, Methode: FIML. Modell: Measurement Intercepts, *** p < 0.001, ** p < 0.01, * p < 0.05.
Fettgedruckte Zahlen sind signifikante Unterschiede zwischen den jeweiligen Gruppen.

Tabelle A-10   *Gruppenvergleich der unstandardisierten Pfadkoeffizienten im Erklärungsmodell zum explorativen Spielverhalten*

	Geschlecht		Alter		formale Bildung	
	Frauen (n=128)	Männer (n=157)	≤ 29 J. (n=183)	≥ 30 J. (n=101)	HS u. RS (n=77)	Gymn. (n=205)
Pfad						
MASK → HERFO	0,14	0,15	0,10	0,21	**0,45***	**0,04**
C.R.-Wert	0,065 (n. s.)		0,813 (n. s.)		-2,695**	
MASK → ROLLEN	-0,29*	-0,28*	-0,13	-0,34*	0,13	-0,33**
C.R.-Wert	0,02 (n. s.)		-1,089 (n. s.)		-1,745 (n. s.)	
MASK → ZIEL	-0,01	-0,24**	-0,20**	0,07	-0,25	-0,10
C.R.-Wert	-1,872 (n. s.)		1,908 (n. s.)		0,911 (n. s.)	
FEM → ZIEL	0,15	0,18*	0,21**	0,14	-0,02	0,21**
C.R.-Wert	-0,241 (n. s.)		-0,524 (n. s.)		1,654 (n. s.)	
HERFO → ZIEL	0,33**	0,29*	0,23	0,38**	0,28	0,35***
C.R.-Wert	-0,274 (n. s.)		0,824 (n. s.)		0,368 (n. s.)	
HERFO →. ROLLEN	0,56***	0,44*	0,72***	0,40*	0,21	0,63***
C.R.-Wert	-0,489 (n. s.)		-1,195 (n. s.)		1,401 (n. s.)	
ROLLEN → ZIEL	0,16**	0,04	**0,06**	**0,24***	0,18**	0,09*
C.R.-Wert	-1,497 (n. s.)		1,979*		-1,142	
FEM ↔ MASK	-	-	-	-	**-0,28***	-
Modellpassung						
X²/DF		1,49		1,50		1,56
RMSEA		.029		.030		.031
TLI		.88		.88		.87
CFI		.90		.90		.89

FEM = Femininität, MASK = Maskulinität, HERFO = Herausforderungsmotiv, ROLLEN = Genrepräferenz Rollenspiele, ZIEL = zielorientiertes Spielverhalten
MGKA, Methode: FIML. Modell: Measurement Intercepts, *** p < 0.001, ** p < 0.01, * p < 0.05.
Fettgedruckte Zahlen sind signifikante Unterschiede zwischen den jeweiligen Gruppen.

Tabelle A-11   *Gruppenvergleich der unstandardisierten Pfadkoeffizienten im Erklärungsmodell zielorientiertes Spielverhalten*

4695407R00161

Printed in Germany
by Amazon Distribution
GmbH, Leipzig